古代東アジアとガラスの考古学

小寺智津子 著

同成社

巻き付け技法の痕跡
（鳥取門上谷1号墓第1主体）

引き伸ばし技法の痕跡
（佐賀二塚山26号土壙墓）

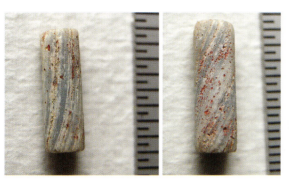
捻り引き技法の痕跡（鳥取宮内1号墓第1主体）

孔形成の痕跡
（京都大山5号墓第2主体）

楽浪土城管珠

高アルミナソーダ石灰ガラス小珠
（長崎対馬椎ノ浦箱式石棺墓）
※赤褐色および緑色不透明のもの

カリガラス小珠（京都三坂神社3号墓第5主体）

引き伸ばし技法による気泡の状態
（京都左坂墳墓群）

鉛珪酸塩ガラス小珠（島根西谷3号墓）

韓国原三国時代小珠
（韓国慶尚南道昌原三東洞4号甕棺墓）

中国漢代小珠（中国広西合浦風門嶺M26号墓）

はじめに

　日本でガラス製品が出土するのは弥生時代以降である。前期末にごく少量のガラス小珠が北部九州を中心に出土しており、その後弥生時代中期になるとそれにガラス管珠や勾珠、璧などが加わる。後期になると珠類はさらに数量が増加し、釧など新たな製品も加わりつつ、また出土する地域も広範囲にわたる。特に小珠は列島全土に見られるものとなる。これらガラス製品の大半は墳墓から副葬品として出土している点も重要である。

　出土したガラス製品個々の考古学的分析は科学的分析も含めて行われているが、例えばガラス製珠類の全体的な形態の違いや地域性、という問題に関しての研究はほとんどなされていない。

　弥生社会においてガラス製品は首長層の間で単なる貴重な奢侈品や装飾品としての用途以上に、高度な政治的意味を担う威信財として使用されており、その使用や分配の分析はまた、それら社会の分析へとつながるものである。さらにこれらガラス製品の大半が搬入品であり、弥生社会はアジア地域におけるガラス交易の最終消費地であった。当時のアジアにおいては地域を越えてさまざまな製品が広く流通していたと考えられるが、長い時間を超えて残存するものは少ない。その中で金属製品の研究は多く見られるが、ガラス製品の研究はあまり行われてこなかった。しかしガラスは奢侈品として、また威信財として広範囲に流通しており、弥生だけでなくアジア各地域の墳墓に副葬品として残る。それゆえ当時の社会や地域間交渉を解明するにあたり、大きな役割を果たすことができる遺物である。

　これまでその製作地や搬入ルートについては、鉛同位対比や共伴遺物から、楽浪郡など中国文化圏や朝鮮半島から入手したという推測がなされている。これらを日本側より検討することは不可能に近い。より詳細に検証するため、弥生時代併行期における朝鮮半島や、また中国文化圏のガラス製品の様相を把握する必要がある。しかし残念ながら、アジア各地におけるガラス製品の様相は

明らかになっているとはいえない。

　本書の研究目的は二つある。第一の研究目的は、ガラス製品を通じた弥生社会の分析である。一括して扱われることの多い弥生時代のガラス製品の分析、分類を行い、その時代的変遷や分布などを明らかにする。そしてそれを基に、弥生時代におけるガラス製品の所有や副葬の様相を分析し、その背後にある集団の意図や行動、また集団間の交流など、弥生社会の様相に新たな考察を加えることである。

　第二の研究目的は、ガラスからみた弥生社会とアジアの対外交渉の検討である。弥生時代のガラス製品の様相を明らかにした上で、列島外のガラス製品と比較検討していくことで、弥生社会の対外交渉を、ひいてはアジア全体の交流をより明らかにしていくことを目論む。

　このため本書は二部構成をとる。まず第Ⅰ部は弥生社会から出土したガラス製品を種類ごとに取り上げて、その形態や時期的空間的変遷を明らかにする。これはその後の研究の基礎作業ともなる。そしてこの基礎作業を基に、各種ガラス製品を通じ弥生社会の諸相について分析を行っていく。第Ⅱ部では弥生社会の対外交渉を検討する上で、最も重要と思われるアジアのガラス製品を取り上げ、特に弥生社会と関わる側面に関して検討を行う。対象は朝鮮半島のガラス製品、中国のガラス製品、アジアのカリガラス製品である。さらに鉛同位体比についても取り上げる。最終的には、これらの結果と弥生社会のガラス製品を比較検討し、弥生社会とアジアの対外交渉、そしてアジア全体の交流について考察を行う。

註
（1）筆者は研究の中で中国の玉（ぎょく）製品を取り上げることも多く、混同をさけるため、「小玉」「勾玉」「管玉」など、いわゆる「玉類」の表記については、「玉」でなく「珠」を使用する。なお「玉作り」という単語に関しては遺跡名でもある場合も多いため、固有名詞として「玉」の表記を変更しない。
（2）弥生時代においては珪酸と溶融剤という原材料からガラスそのものをつくるガラス生産や、そこから製品を作る一次的な製作は行われていない、と考えている。列島内で行われたのは、二次的な製作である改鋳もしくは研磨加工のみである。詳細は本書中で述べる。

目　次

はじめに

第Ⅰ部　弥生時代のガラス製品と弥生社会

第1章　研究史およびガラスの特性にみる諸問題 …………………… 3

　　第1節　弥生時代のガラス製品に関する研究史　3
　　第2節　ガラス製品の特性と研究上の諸問題　6

第2章　ガラス管珠・勾珠の分類と
　　　　　その副葬にみられる意味 …………………………………… 17

　　第1節　現状の課題　17
　　第2節　ガラス管珠の分類　19
　　第3節　ガラス勾珠の分類　38
　　第4節　ガラスの時代変遷・分布と流通の様相　53
　　第5節　ガラス製珠類の副葬の意味　68
　　結　語　89

第3章　ガラス釧とその副葬 ……………………………………… 97

　　第1節　研究史　97
　　第2節　出土遺物の検討と分類　98
　　第3節　弥生時代の釧の系譜とガラス釧の関係　106

第4節　ガラス釧の副葬にみる弥生社会　116

結　語　122

第4章　ガラス璧の様相と舶載の背景　125

第1節　ガラス璧の様相　126

第2節　塞杆状ガラス器の検討　136

第3節　ガラス璧がもたらされた形態とその背景　143

第4節　ガラス璧の格の問題　152

結　語　159

第5章　ガラス小珠の様相　163

第1節　研究史と課題　163

第2節　ガラス小珠の形態と材質の特徴および製作技法　164

第3節　弥生時代のガラス小珠の分布と変遷　172

第4節　ガラス小珠の分布にみられる地域差とその意味　177

結　語　180

終　章　ガラス製品からみた弥生社会　183

第1節　北部九州　183

第2節　山　陰　187

第3節　北近畿　191

第2部　アジア各地のガラス製品の様相と弥生社会の対外交流

第1章　弥生時代併行期における朝鮮半島のガラス製品
　　　　──管珠・曲珠を中心とする様相──　205

第1節　朝鮮半島の珠類および副葬品の変遷　205

第2節　弥生併行期における朝鮮半島のガラス製品　209
　　第3節　ガラス珠類の分類と日本出土品との比較　220
　　第4節　ガラス製品の製作地と弥生社会　226
　　結　語　236

第2章　戦国時代から漢代における
　　　　中国のガラス管珠の様相 ………………………… 239

　　第1節　中国古代ガラス研究史　240
　　第2節　西周時代から漢代までのガラス製品の概要　244
　　第3節　戦国時代〜漢代のガラス管珠の様相　248
　　第4節　楽浪郡出土のガラス管珠　270
　　第5節　戦国時代〜漢代の管珠と弥生管珠　289
　　結　語　299

第3章　カリガラス製品と
　　　　古代アジアの交易ネットワーク ………………… 307

　　第1節　アジア全体にみられるカリガラス製品の種類と内容　308
　　第2節　カリガラスの組成分析と生産地推定　331
　　第3節　カリガラス製品の製作地の検討　335
　　結　語　351

第4章　鉛同位体比からみるガラス製品の関係 ………………… 355

　　第1節　これまでの研究とその問題点　355
　　第2節　中国の戦国〜漢代におけるガラス製品の鉛同位体比　365
　　第3節　弥生時代のガラス製品の鉛同位体比とその分布　376
　　結　語　389

終　章　ガラスの諸相からみた
　　　　古代アジアと弥生社会の対外交渉 ……………………… 393
　　　第1節　中期におけるガラス製品と対外交渉の諸相　393
　　　第2節　後期におけるガラス製品と対外交渉の諸相　395
　　　第3節　弥生社会のガラス製品流入量の変化と東アジアの動向　403
　　　第4節　ガラス製品と鉄製品の様相からみる対外交渉の重層性　405

参考文献一覧　411
掲載図版出典一覧　434
初出一覧　437
おわりに　439

第Ⅰ部
弥生時代のガラス製品と弥生社会

第1章

研究史およびガラスの特性にみる諸問題

第1節 弥生時代のガラス製品に関する研究史

　古代のガラス製品の研究は、須玖岡本遺跡の出土品など個々の遺物に対し行われていたが（中山 1922a・1922b、後藤守 1921 ほか）、弥生時代を含めた日本列島の古代に見られるガラス製品の本格的な研究は、昭和30年代に始まる。
　梅原末治は「日本上古の玻璃」（梅原 1960）で弥生時代の遺跡から出土しているガラス製品をまとめている。ガラス製の勾珠・管珠・小珠・釧・塞杆状製品と勾珠鋳型を取り上げ、上古における玻璃品は中国本土で作られたものが他の遺物と共にもたらされたこと、技術もまた伝えられ勾珠などを製作したことを考察し、出土遺跡の時代を共伴遺物と共に類推している。さらに「日本上古の玻璃補説」（梅原 1971）では、新たに出土した遺物も加え、成分についても予察を行っている。小林行雄は『続古代の技術』（小林 1964）で、弥生〜古墳時代のガラス製品を取り上げ、全体的な様相を概括し、さらに成分など組成の分析や製作技法についてまとめと考察を行った。古代における技術の一つとして、ガラス製品が取り上げられたことは非常に意義のあることであった。また小林はさらに「弥生・古墳時代のガラス工芸」（小林 1978）で、あらためて弥生・古墳時代のガラス製品の製作法について論じている。D. Blair（1973）は、日本のガラスについて古代から近現代まで通史を記した。弥生時代についての言及は少なく、三雲南小路や須玖岡本の遺物について取り上げている。しかし「弥生時代の人々がその心に持っていたガラス品の象徴的、もしくは護符的な意義を、正確に知ることはできない」（Blair 邦訳 1993）と、当時の人々

の意識にまで踏み込む言及はこれまでにないもので印象的である。このほか由水常雄（1978）が弥生時代のガラス勾珠の製作技法を検討している。

　1980年代にはガラス製品の出土遺物も増加し、発掘報告書の中で個々の遺物の検討や科学的な考察も行われるようになった。製作技法の研究としては、小瀬康行がガラス小珠や古墳時代の勾珠の製作技法について検討を行っている（小瀬 1987・1989）。科学的な研究としては、組成分析と鉛同位体比による産地分析があげられる。ガラスの組成の化学分析は、遺跡からのガラスの出土にあたり1980年代以前は散見される程度であったが、1990年代には非常に頻繁に分析が行われるようになった。その結果も反映し、近年は肥塚隆保を中心に全体的な研究も行われており（肥塚 1999ほか）、日本の古代から出土しているガラス製品の組成については解明が非常に進んでいるといえよう（肥塚 2009ほか、肥塚ほか 2010）。鉛同位体比からの産地分析は1970年代にR. H. Brillによって考案されたものだが、1980年代から山崎一雄（山崎・室住 1986ほか）や馬淵久夫・平尾良光（1985ほか）らによってガラス製品にも応用されている。これについての研究史は第Ⅱ部第4章でさらに詳しく触れる。

　このような出土品や科学分析の情報の増加を背景に、藤田等は1994年に『弥生時代ガラスの研究』を発表した。弥生時代のガラス製品を網羅し、詳細に検討を加え、また製作技法についても詳細な検討を行っている。現在、弥生時代のガラス製品の最も重要かつ基本となる研究書である。

　2000年代には、ガラス小珠の研究も盛んに行われはじめた。大賀克彦（2002・2010a）・田中清美（2007）・京嶋覚（2009）などの、分類や製作技法についての論考が見られる。これについては第Ⅰ部第5章でより詳細に述べる。また管珠や勾珠についての研究も多くはないものの、大賀（2010b）や柳田康雄（2008）の論考が見られる。こちらについては第Ⅰ部第2章でより詳細に述べる。

　このように、組成や製作技法といったガラス製品そのものの研究は進んでいるものの、ガラスを製作技法や形態などから考古学的に分類し、その分布や流通の背景といったより社会的な分析に踏み込んだ研究は多くは行われていない。これについては大賀の小珠（2002）と管珠（2010a）の分類とその様相についての論考、柳田（2008）の北部九州のガラス製品に関する論考、谷澤亜里

(2011) の北部九州のガラス小珠の分布とその流通の社会的背景に迫った論考がある。

筆者はかつて弥生時代出土のガラス製品について「弥生時代のガラス製品の分類とその副葬に見る意味」(2006a) を発表、ガラス管珠と勾珠の分類を提唱し、またその分布や副葬の様相に見る社会的な背景について考察した。また「弥生時代のガラス釧とその副葬」(2010a) では、ガラス釧の分類を行い、弥生時代出土の銅釧と対比させた上で、列島外で製作された搬入品であることを明らかにし、釧を入手した社会の対外交渉について分析を行った。本書の第Ⅰ部第2章・第3章はその論考を基にしたものである。

一方2000年代には、ガラスも含めた珠類の集成（島根県古代文化センター2005、米田 2011 ほか）や副葬品の集成（会下 2000 ほか）が特に西日本において盛んになっている。これらの研究の中でガラス製品の集成も行われており、研究の基礎を固めるものである。また、これらの集成を基に、西日本における珠類を中心とした副葬品の様相や儀礼の様相についての研究も行われている（会下 1999・2000、小寺 2006c、大賀 2010c ほか）。直接的なガラスの研究ではないが、ガラス製品はこのような珠類の中心に置かれる存在であり、ガラス製品の詳細な分類や分析は、これらの研究に欠くべからざるものである。しかし残念ながら近畿以東では、ガラスのみならずそれ以外の素材も含めた珠類および副葬品の集成は見られない。

これら弥生時代のガラス製品は、そのガラス素材はすべて大陸で作られたものであり、勾珠を除くほとんどの製品もまた大陸製であると考えられる。このため製作地などの研究を行う場合は、大陸の製品と比較検討を行う必要がある。しかしこのような研究は非常に少ない。藤田 (1994) は弥生出土のガラス璧や塞杆状製品に関して、中国の遺物と比較検討も行っている。また岡内三眞 (1993) は韓国の合松里と日本の吉野ヶ里から出土した長大太身なガラス管珠の製作地を検討するために、西周から漢代までのガラス管珠の出土遺物をまとめ、その傾向を検討し朝鮮半島のガラス管珠とのつながりを考察した。これら弥生時代のガラス製品と大陸のそれとの比較についての研究史は、第Ⅱ部で詳細に取り上げる。

筆者は、弥生社会とアジア社会との交流をガラス製品から検討するため、

「弥生時代併行期における朝鮮半島のガラス製品―管玉・曲玉を中心とする様相―」(2006b)において、弥生時代併行期の朝鮮半島中南部のガラス管珠と曲珠について詳細に検討し、それらと弥生時代のガラス製品との関係を分析し、また弥生社会と朝鮮半島中南部の交流について考察を加えた。さらに「紀元前後のカリガラス製装飾品とアジア社会の交流」(2010b)では、小珠を中心としたカリガラス製品の古代アジアの広がりを検討し、製作地を推定、弥生社会への流入経路を検討した。それぞれ本書の第Ⅱ部第1章・第3章の基となった論考である。

以上、弥生時代のガラス製品の研究史を簡単にまとめた。今後は前説でも述べたようにガラスを製作技法や形態などから考古学的に分類し、その分布や流通、所有といった背景の分析、すなわち社会の様相に踏み込んだ分析が求められる。またアジアのガラス製品の詳細な研究および、それを基にした弥生時代のガラス製品との対比研究が必須である。

第2節　ガラス製品の特性と研究上の諸問題

まずガラス製品を研究する上で重要な、ガラスの特性に関する問題を取り上げる。

ガラスを作るための原料はどこにでもあるありふれたものだが、その原料配合は各地によって異なる。ガラスの基礎的な材質はガラスの生産に利用した素材の種類に規定されるものと考えられ、ガラスの生産地を考える上で最も重要な指標となる。

またガラスは金属と異なる物質である。金属製品などの鋳造や加工と同列に扱われることも多いが、それら金属製品と異なった特殊な素材であり、ガラスの生産・流通・製造にはガラス独自の特性が反映され、金属製品と異なった様相が見られる。

古代のガラス製品を研究する上では、このようなガラスの特性ゆえの利点と、そこから生じる問題が存在する。

1. ガラスの組成と色調

(1) 古代ガラスの成分と日本古代に見られる特徴

　ガラスの主成分は珪酸（ケイ素）であるが、古代においてはこれを溶融するほどの高い温度は作り出すことができないため、アルカリや鉛などの溶融剤を加えて融点を下げる技術が開発された。この主要混合物に、着色や消色のため、あるいは不透明ガラスをつくるために化合物（金属酸化物）を加え、ガラスが作られる。珪酸と溶融剤などの主要混合物はそのガラスの成分構成の基礎をなし、基礎ガラスと呼ばれる。この基礎ガラスの構成成分（化学組成）により、ガラスの種類が決定される。

　古代におけるガラスは、そのガラスの化学組成からソーダやカリウムを含むアルカリ珪酸塩ガラスと、鉛を含む鉛珪酸塩ガラスに分けることができる。最初にガラスが誕生した西アジアでは珪酸にアルカリ成分である天然ナトロン（天然ソーダ）や植物灰と安定剤としての石灰を加えた、ソーダ石灰ガラスが生まれた。この後、古代における西アジアや地中海地域では、主にアルカリ珪酸塩ガラスが作られる。一方ガラスが伝来した古代の東アジアでは、原料の調合がおそらく独自に考案されており、中国では鉛を溶融剤として使用した鉛珪酸塩ガラスが作られることとなる。

　日本列島では、弥生時代から古墳時代にかけて多種類の材質のガラスが発見されている。この時期に列島で見られるそれらのガラスは、古代アジアで出土するガラスの材質の種類を、ほぼ網羅しているといってよく、鉛珪酸塩ガラスとアルカリ珪酸塩ガラスに大きく二分される（図1）（肥塚ほか 2010）。

a．鉛珪酸塩ガラス

　鉛珪酸塩ガラスは、酸化鉛と二酸化珪素を主成分とする鉛ガラス（PbO-SiO_2系）と、鉛ガラスに酸化バリウム（BaO）が加わった鉛バリウムガラス[1]（PbO-BaO-SiO_2系）に分類される。

　日本で出土する鉛ガラスは、酸化鉛（PbO）の含有量が60〜70％と高い値を示すのが特徴である。一方日本で出土する鉛バリウムガラスの組成は幅広く、鉛30〜60％、バリウム10〜20％、二酸化ケイ素（SiO_2）40〜60％、酸化

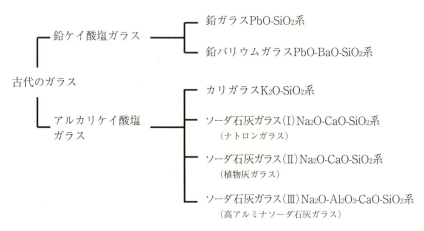

図1　日本出土の古代ガラスの種類（肥塚ほか 2010 より）

ナトリウム（Na_2O）が数パーセント含まれる。ちなみに中国の鉛バリウムガラスの組成は、鉛10〜45%、バリウム5〜15%、ケイ素35〜65%、これにナトリウムと酸化カリウム（K_2O）の合計が15%以下であり、日本や韓国で発見される鉛バリウムガラスとほぼ同じ組成を示している（肥塚ほか 2010）。

　弥生時代の分析された鉛珪酸塩ガラスは多くが鉛バリウムガラスであり、弥生時代の鉛珪酸塩ガラスは、その大半が中国系の鉛バリウムガラスであると考えられている。鉛バリウムガラスは弥生時代前期末〜中期初頭の北部九州で出現した後、古墳時代前期に途絶えるまで各時期を通じて見られるものである。鉛バリウムガラスは古代中国でその配合が考案されたものと考えられており、春秋時代末期から戦国時代初頭にかけて出現した後、漢代が終わるまで中国で常見されるガラスであった。このため弥生時代の鉛バリウムガラスは、基本的に中国製であると考えられる。

　確実にバリウムを含まない鉛ガラスは、現在のところ弥生時代の遺跡からは小量発見されるのみであり、その後古墳時代前期から後期後葉においては存在しない。古墳時代以降、鉛ガラスの流通は7世紀初頭に本格化し、奈良時代に全盛を迎える。中国における鉛ガラスの様相は、北魏以前では明確ではない。しかし北魏以降になると、高鉛ガラスによるガラス製品の製作が盛んになり、製品と共にその製法が朝鮮半島と日本へ伝えられたと考えられている。このた

め弥生時代以前の鉛ガラスの製作地については、明確ではないが、中国で製作された可能性が非常に高い。

b．アルカリ珪酸塩ガラス

アルカリ珪酸塩ガラスには、カリウムを主な融剤とするカリガラス（K_2O-SiO_2系）とナトリウム（ソーダ）を融剤とするソーダ石灰ガラスがある。

カリガラスはケイ素とカリウムを主成分とするガラスで、古代アジアにみられる一般的なカリガラスの組成は、酸化アルミニウム（Al_2O_3）の含有量が2～3％、ケイ素を70～75％、カリウムを15～20％含有し、ナトリウムおよび酸化カルシウム（CaO）を1～2％前後もしくはそれ以下しか含有しない、という特徴をもつ[3]。このタイプのカリガラスは西方には見られず、古代アジアの特徴的なガラスとして知られている。おおよそ紀元前6～5世紀以降に出現し、紀元前2～後3世紀頃までが分布の中心である。日本では出現期間が長く、カリガラスは弥生時代前期末から小珠が見られ、弥生時代後期から古墳時代初めまで爆発的に出土量が増加したのち、その後古墳時代後期の6世紀頃まで散見されている[4]（肥塚ほか 2010）。

ソーダ石灰ガラスはナトリウムを主要な融剤として添加したものであるが、酸化マグネシウム（MgO）、アルミニウム、カリウム、カルシウムの含有量からさらに3種類に分けられる（肥塚ほか 2010）。いずれも色調や透明度が多彩という特徴をもつ。

アルミニウム含有量が少なくカルシウムの多いソーダ石灰ガラス（Na_2O-CaO-SiO_2系）は、ナトリウム融剤としてナトロン（炭酸ナトリウム含水塩）が使用されたナトロンガラスと、植物灰が使用された植物灰ガラスに区分される。

ナトロンガラスは、マグネシウムとカリウムの含有量がともに1.5％以下という規準が与えられている。一方植物灰ガラスのほうが、ナトロンガラスよりもマグネシウムやカリウムの含有量が多い（肥塚ほか 2010）。ナトロンガラスと植物灰ガラスは「西のガラス」といわれ、西アジアから地中海周辺地域で発達した古代のガラスとして知られるものである。

残る1種類がアルミニウム含有量が多く、カルシウムの少ない組成を有する高アルミナソーダ石灰ガラス（Na_2O-Al_2O_3-CaO-SiO_2系）である。西のガラス

に見られない組成をもち、南アジアから東南アジア、東アジアに分布している。

　日本で出土したガラスの中で、ナトロンガラスと確認された資料は少ない。弥生時代後期後葉の管珠のごく一部と小珠数点（小寺 2015）、さらに古墳時代中期前半のガラス小珠程度である（肥塚ほか 2010）。一方、植物灰ガラスは弥生時代では終末期の連珠以外では古墳時代中期後半から、小珠の流通が始まり、その後は大量に出土している。なお、ソーダ石灰ガラス製の西方における製作とわかっている製品、すなわち蜻蛉珠・サンドイッチグラス珠・器などが中国を中心に古代の東アジアから出土しており、古代における東西交易を物語る貴重な遺物として知られている。

　高アルミナソーダ石灰ガラスは、主に小珠として出土している。弥生時代後期に出現した後、空白期間を経て古墳時代前期に多量に登場する。この小珠はインド−パシフィックビーズとしても知られているもので、やはり古代アジア独特の珠として、広く古代アジアに流通している。

（2）色調と透明度

　これらガラスの色調は微量の添加成分（着色剤）により決定され、弥生時代のガラスでは材質と色調は強い相関関係をもっている(5)。同じ着色剤でも、ガラスの主・副原料、酸化・還元の状態によって色調が異なってくる。このためガラスは一般的には色調から着色材を同定することはできない。しかし、時期や時代を限れば、ある程度の推測は可能である。

　以下は弥生時代の遺跡から出土しているガラスの色調である。

　鉛系ガラスは風化により白化した場合が多いが、緑色系・青色系の色調で、半透明や不透明を呈する。まれに黄色系の色調で透明度の高いものもみられる。カリガラスは淡青色と青〜紺（藍）色が大半を占め、透明度は高い。分析によると淡青色は銅の、紺色はコバルトによる着色である。高アルミナのソーダ石灰ガラスは、青・紺・黄・緑・赤と色調が非常に多様であり、さらに透明度も多様である点が特徴的である。

　なお色調は観察者によりその表現が異なる。特に青緑色・青色・紺色・藍色といった青色系統の色調は観察者により差が大きい。筆者の実見をもとに本書

中で表現する色調は、以下のように記述する。

① 淡青色；淡い青。日本の報告書で淡い青、明るい青、水色と表現されているもので、遺物の報告でも青や紺と明確に区別されていることが大半である。

② 青色；青。淡青色とも紺（藍）色とも表現されない、①と③の中間くらいの色調。

③ 紺（藍）色：濃い青。紺色の色調については、紫がかった濃い青である藍色との表現の区別が、ほぼ観察者による。このため紺（藍）色として表現する。ここでいう紺色は、報告書で藍色と表記されたものを含む。また特に青色から紺色にかけての色調については境界の区別が曖昧であり、どちらとも取れる場合は、大きく括って青〜紺色の色調とする。

④ 青緑色；緑がかった青色。青色と報告されることも多いため、大きい括りとしては緑色ではなく青色系統の色調に含まれるものとする。

　本書では、未見の遺物について出典からの色調を記載する場合、「〜の色調と報告されている」「〜と述べられている」と断りを入れる。

　また淡青色と、青色から紺色にかけての色調は明確に区別されて記載されていることが多いが、青色・紺色・藍色の区別は曖昧と感じる。分析におけるカリガラス小珠の色調の表現を見ると、淡青色とされている珠は銅で、青・紺・藍とされている珠はコバルトで着色されていることがわかっている。すべてがカリガラスではないが、少なくとも分けることが有意であるため、大きく淡青色と、青〜紺（藍）色と区別する。これら淡青色・青色・紺色・青緑色をまとめて、青色系統の色調、と表現する。

　次に透明度であるが、透明度は成分だけでなく製作技法とも結びつく要素であり、分類のための特徴の一つとなる。まず弥生時代のガラスでは、アルカリ珪酸塩ガラスはソーダ石灰ガラスの高アルミナタイプの一部を除いては透明度が高く、一方で鉛バリウムガラスは透明度が高いものはあまりみられない、という傾向がある。

　ガラスを不透明にするには、色を混濁させる成分を添加するだけでなく、製作上の技法によっても可能である。ガラスは気泡が充満すると不透明になるた

め、例えばガラスを粉にして型に詰めて鋳造する技法により製作する場合、ガラスの粒子を細かくするほど透明度は低くなる。

　本書で扱う透明・半透明・不透明の定義は次のように行う。
① 透明；内部の状態が透けて観察できるもの。
② 半透明；光を背後からあてると内部の状態が透けて観察できるもの。色調が濃い、気泡が充満しているといった状態では、本来透明のガラスも一見したところ不透明と感じる。しかし透過光によって内部を観察することが可能である。このような状態のものを半透明とする。
③ 不透明；光を背後からあてても中の状態が観察できないもの。濁った状態のもの。これは意図的に乳濁化・不透明化する成分を加味したものとして判断すべきであり、重要である。なお風化により不透明になっている場合は、意図的な不透明ガラスではないため"風化により不透明"と記述する。

2. ガラスの特性と製作上の問題点

　原料からガラスを生産するためには約1200〜1500度の高温が必要だが、一度ガラスになると、約800度程度の温度で再加工できるほど軟らかくなる（この温度はガラスの組成によっても異なる）。この加える温度により軟化の程度が異なり、ただ軟らかい状態から液体状態まで変化するため、その温度段階にあわせてさまざまな加工をすることができる。一方金属は融点を境に液体となり、ガラスのような加工はできない。これがガラスと金属の加工の大きく異なる点である。また製作したガラスを冷やす徐冷がガラス製作では大きな要素であり、この点も金属加工と異なっている。

　約800度以上で再加工が可能である、という点は重要である。すなわちガラスを原料から製造するには鉄を溶融する技術と同レベルの温度管理能力が必要だが、ガラスの再加工には青銅を溶融する技術で十分であった。このためガラスを原料から作り出す技術（＝ガラス生産技術）をもたない地域でも、入手したガラスを素材として、例えば砕いて型に詰めて加熱するといった、再加工により独自の品物を製作することが可能であった。また技術的にガラス生産が可

能であってもガラス素材の生産は行わず、ガラス素材は他の地域から入手して、再溶融して製品を作る地域もあった。このガラスの特性は、古代においてガラスが各地で流通し、製品が製作される上での非常に重要な要素であるといえるが、一方で鉛同位体比や化学組成から製作地を推定することを困難としているものである。

以後、原料からガラスを作ることをガラス生産と呼び、またガラスが原料から生産された後、最初に作られた製品を一次製作および一次製作品、その製品を材料に製作された製品を二次製作および二次製作品（再加工品）と呼ぶ。なお古代では、ガラスを原料から生産した後そのまま同じ工房で製品にする場合と、ガラス素材（＝ガラス塊やガラス棒の形態をとる）にし、商品として流通させる場合がある。ガラス素材を入手して製作した場合については微妙なところであるが、ここでは一次製作品として捉える。

このガラスの流動性や可塑性は、金属器の鋳造品とその製作痕や製作技法が異なる大きな原因でもある。例えばガラスが坩堝から流れるような温度で鋳造した場合、金属のような鋳造痕は残らない。さらに可塑性はガラス製品の製作技法や製作痕を検討する上で、最も重要な特性でもある。例えばガラス棒を加熱しながら芯やコアに巻き付けて、珠や器を作る技法は古代より各地で常見される。古代エジプトに見られるコアガラスや、蜻蛉珠はその代表的なものである。このような製作技法の場合、基本の形を形成した後に表面を加熱し続けることにより、文様を加え、成形を行う。常に可塑性を利用する技法であり、さらに仕上げの有無により表面のガラスは流れた痕跡が残る場合もある。

このようにガラス製品の製作技法には金属器ではありえない技法があり、またその製作の痕跡はガラス独自のものである。遺物に残る製作痕からその製作技法を考察する場合、ガラス独自の特性を理解する必要がある。

さらにガラスは、その基礎材質によってそれぞれ独自の特性をもつ。例えば鉛ガラスは他のガラスに比べて溶融温度が低く、温度が下がっても粘度の変化は比較的ゆっくりしており、鋳造での湯まわりがよい。さらに硬度も比較的低く、カットなどの工作加工もしやすい。特に鋳型鋳造やその後の加工によって、さまざまな形態のガラスをつくるのに適しているといえよう。一方カリガラスは比較的早く固化するため、ガラス種からまっすぐな棒を引き出すのに適

している。さらにソーダ石灰ガラスに比べ屈折率が高いため、色調がよくなる、という特性がある（加藤 2009：pp.31-32）。このような特性は製作技法と密接に絡むため、製作技法を考察する上で把握しておく必要がある。

3. 科学分析を通じた産地分析の問題点

　古代ガラスの特徴として、上述した組成分析や鉛同位体比の測定によって原産地を分析することが可能である、という利点があげられる。しかし科学的分析を原産地推定などに利用する場合に、注意すべき問題がある。

　まずガラスの材質はガラスの生産に利用した素材の種類に規定されるものと考えられ、ガラスの生産地を考える上で最も重要な指標となるが、特定元素の含有量のみから厳密に分類できるものではないことが指摘されている（肥塚・田村・大賀 2010：p.14）。

　特に分析にあたり、ガラスの風化というのは非常に重要な問題である。その場合は本来の値を示さない。風化が深刻でない場合、鉛バリウムガラスか、ソーダ石灰ガラスか、カリガラスかという基礎ガラスの分類について問題は起きないが、微細な成分についてはより簡単に変化し、本来の値を示さない。さらに風化の度合いが進むと、アルカリや鉛の値も大きく変化し、基礎ガラスとしての分類さえも曖昧なものとなる場合もある。註（1）で指摘したように、鉛バリウムガラスは風化のため鉛ガラスと判断されることがある。アルカリ珪酸塩ガラスでは風化によりカリウムやナトリウムが減少し、またカルシウムやマグネシウムも減少する。相対的に残った組成成分の成分比は上昇するといった現象が見られる（黒川 2009：p.97）。またカリガラスでは風化によりアルミニウムやカルシウムの含有量が多く、カリウムの含有量が少ない値を示す場合が見られる[6]（田村・肥塚 2010：p.176）。このような問題から、遺物のどの部分を分析したデータなのか（風化しやすい表面なのか風化しにくい内部なのか）、ということは非常に重要な情報である。もちろん表面だけでなく、製品全体が風化している場合もあることは留意しなければいけない。非破壊検査の場合、完形品は表面を分析することが多くなり、結果的に風化層を分析してしまう可能性が高くなる点には注意を要する。さらに直接土壌に接していたもの

は風化の度合いも強くなるため、どのような状態で出土した遺物であるか、ということもその分析値を判断する上で重要な情報となる。

またガラスの素材としての特性により、ガラス製品の生産地および製作地推定に関して、さまざまな注意を払う必要が生じてくる。

前述したように、原料からガラスを生産した後に素材として流通する場合もある。またその素材や入手した製品を材料として再加工する、といったガラスの特性を活かしたガラス製品の製造が見られる。このためガラスの生産地＝ガラス製品の製造地であるとは、必ずしもいえないのである。

ガラス塊（ガレット）としての流通が漢代の中国で行われていたかは不明であるが、ガラス棒が素材として流通していたとの論もある（后德俊 2005：p.110）。また少なくとも同時代のインドではこのような素材の流通はよく見られるものであった。すでに西インドでは、素材として西方のガラス塊が貿易品として流入している[7]。インド内の製作地でも同じくガラス素材を製作し、流通させていたと考えられる。ガラス小珠の製作地の一つとして考えられている東南アジアでは、そのような西アジアやインドのガラス素材を購入し、ガラス珠類を製作していた場所が複数ある可能性が指摘されている（平野 2004：pp.60-63）。このような製作地では、当然さまざまな地域からもたらされたガラス素材を混在して使用していたであろう[8]。この場合化学分析の値は製造地のガラスの値を示さなくなる[9]。それは鉛同位体比についてもいえるだろう。このような組成の変化は、製品を再加工した二次的な再加工品についてもいえる。

以上、ガラスはその物質的特徴から、考古学的に分析する上で有利な点もあるが、一方でその特徴を理解していないと、製作技法やまた製作地について間違った結論を導き出す可能性があることを指摘した。このような点については常に留意して研究を行う必要がある。

註
（1）以下、成分の記載方法について、最初に記載した後は「酸化」の文言と化学記号は省略する。
（2）鉛バリウムガラスは酸性の環境に弱いため、日本の土壌では著しく風化し消失することもある。風化が進むと、白色または淡褐色の炭酸鉛や塩化トリス・リン酸・五鉛が生成するので、鉛製品と誤って分析されることもある（肥塚ほか 2010：

p.15)。鉛ガラスと分析されても、鉛バリウムガラスである可能性があることには注意が必要である。
（３）なお風化によりアルミニウムやカルシウムの含有量が多く、カリウムの含有量が少ない分析値を示すこと、また逆にカリウムが多い分析値を示すこともある。
（４）日本でカリガラスの小珠が6世紀まで続くという状況は、搬入されたものをその後長く使用したためと考えられる。生産地では3世紀を過ぎるとすでに製作されなくなっていた可能性が高い。
（５）弥生・古墳時代のガラス珠の色調に関しては、大賀（2002）の論文が詳しい。
（６）逆にカリウムがやや多い比率で分析される場合も見られる。
（７）1世紀半ばのギリシャ商人が書いた『エリュトラー海案内記』では、ローマから船のバラスト兼商品として、インドの南西海岸に、ガラス塊が搬入されていた状況が複数記述されている（蔀 1997）。
（８）なお、ガラスの基礎材質（鉛やカリ、ソーダなど）が異なる場合は、膨張係数が異なり、徐冷の時点で割れることが多いため、混合して使われることはほとんどない。
（９）材質データの評価において、材質が異なるガラスの二次的な混合に対する注意が必要であることを述べている（肥塚ほか 2010：p.14）。

第 2 章

ガラス管珠・勾珠の分類とその副葬にみられる意味

第 1 節　現状の課題

1. 本章の目的

　最初に検討するガラス製品として、ガラス管珠[(1)]とガラス勾珠を取り上げる。
　ガラス管珠とガラス勾珠は小珠と比べ数は少ないが、その素材・整形技法・形態に特徴があり、それにより地域差や地域間の関係といった問題を看取することを可能とする遺物である。さらにガラス管珠の多くは舶載品で国内で二次的な加工や改鋳を加えられていないと考えられ、対外的な流通の様相を把握できる可能性をもっている。
　またこれまでの研究より、ガラス管珠・勾珠の副葬における特徴的な組み合わせが指摘され、その背後の政治的意図の存在が推測されている（藤田 1994）。しかしそれらを詳細に検討した研究は見られない。北部九州に関しては墓制研究の中でガラス勾珠の階層性の高さを指摘した論考が見られるものの（下條 1986、中園 1991）、主に副葬品としての珠類は、材料・形態にかかわらず一括して扱われることが圧倒的に多い。しかし材料（ガラス製・石製）や形態（勾珠・管珠・小珠）を別のものとして扱う必要性は大きく、一括して扱うことに対する疑問は提示されている（松木 1999、会下 2000[(2)]）。
　このようにその副葬における重要性が指摘されているにもかかわらず、珠類は装飾品として捉えられ、それ以上の社会的意味を考慮されないことが多く、また副葬の背景を性別に求める論考（肥後 1996・松木 1999 ほか）も多い。

しかし弥生時代において特に重要な墳墓に見られる珠類は、むしろ政治的・呪術的な意味合いをもつ可能性が高い。ガラス製珠類は当時の社会において入手が困難であり、それを保持すること自体が他者との威信の差の明示になり得る、という意義があったことは推測される。鉄剣類やガラス管珠・ガラス勾珠は「隣接地域集団からの互酬的な贈与によって容易に入手できるものではなく、地域社会の外界、外部社会との貢賜関係などによってもたらされた外部社会の威信を象徴する財」(野島・野々口 2000)であったのである。

本章の目的は二つある。第一は、これまで漠然と形態などの違いが言われてきたガラス管珠とガラス勾珠をそれぞれ詳細に検討し分類することにより、その変遷や地域間の差異を把握することである。第二は、ガラス管珠やガラス勾珠の所有や流通の背景に、当時の弥生社会のどのような側面が反映されているかを検討することにある。分類によって顕わとなったガラス製品の時期的・地域的なまとまりの状況を分析し、副葬品としての出土状況、共伴遺物をはじめ、出土した墳墓の諸相を検討することにより、ガラス製珠類の副葬が弥生社会においてもつ社会的・政治的意味を解明することができるだろう。

2. ガラス管珠・勾珠分類上の問題

ガラス管珠と勾珠を分類する上で基本となる要素は、化学組成・形態・製作技法である。

ガラスの組成は改鋳しても基本的に変化はない。すでに第1章で取り上げたように、弥生時代ではガラスを珪酸と溶融剤といった原料から生産する技術は持たなかったと考えられる。このため弥生の遺跡から出土するガラス製品の、ガラスが原料から生産された場所は日本列島外であり、ガラス素材自体は舶載品である。ガラスが原料から生産された場所によってその化学的組成は異なっているため、ガラスの入手経路やひいては弥生時代の対外交渉を検討する上で重要となる要素である。

一方ガラス自体は鋳造や研磨により再加工することが可能である。すなわち一次製作品にせよ再加工品にせよ、その形態および製作技法はガラス製品が製作された場所を示すこととなる。特にガラス勾珠については、勾珠という形態

そのものが列島内で発展した系譜を追える日本独自のものであるため、舶載されたガラスを列島内において再加工して製作した珠と考えられる。このため形態に特徴をもつものも多く、それが分類の鍵となろう。対して管珠は当時東アジアにおいて広く見られる形態の珠である。勾珠ほどその形態に特徴はないが製作技法に多様性が見られるため、その製作技法が分類の鍵となろう。

ところで、筆者が 2006 年に本章の元になる論文（小寺 2006a）を発表した時点で、ガラス管珠や勾珠の型式分類については、大賀克彦・肥塚隆保が研究会などで示唆しているもの（大賀・肥塚 2001）以外、公の論考はまだ見られなかった。その後柳田康雄（2008）・大賀（2010b）により、ガラス製品の分類や製作技法に関する論考が発表された。いくつかの点で筆者と異なった見解があり、筆者の分類を提示した後、まとめて検討を行いたい。

第 2 節　ガラス管珠の分類

1. ガラス管珠の組成・製作技法・形態

（1）ガラス管珠の組成

第 1 章で述べたように、現在弥生時代のものと考えられているガラス製品の成分は、鉛珪酸塩ガラス系統とアルカリ珪酸塩ガラス系統との大きく二つに分かれる。

ガラス管珠にみられる組成は鉛珪酸塩ガラスが多いが、鉛バリウムガラスのみで、バリウムを含まない鉛ガラスとされた明確な例はない。これら鉛バリウムガラスの色調は、風化により白色化し本来の色調が不明なものもあるが、判明しているものは緑色系・青色系の色調で、かなり変化に富んでいる。透明度は半透明または不透明を呈する。これらの管珠の中で、特殊な人工の青色顔料を用いて着色された遺物が存在することが指摘されている。この顔料は漢代に人工的に合成された顔料の「漢青」であり、岡山県有本遺跡、鳥取県宮内 1 号墓、京都府赤坂今井墳丘墓などから出土した管珠に含まれていることが、分析から判明している（肥塚ほか 2010：p.16 など）。なおこの顔料が使用された管

珠は青色や青緑色を呈し、透明度が低い。

　アルカリ珪酸塩ガラスも散見されるが、カリガラスが多く、酸化アルミニウムに富む（高アルミナ）ソーダ石灰ガラスも少量であるが見られる。カリガラスは淡青色と青〜紺色系で、透明を呈するものが多い。一方高アルミナソーダ石灰ガラスは、色調は茶褐色や黄色で不透明なものである[4]。また酸化アルミニウム含有量の少ないソーダ石灰ガラスのナトロンガラス（第1章参照）は、分析によると弥生時代では2例のみで西谷2号墓と西谷3号墓から出土している（渡辺ほか 1992、島根 2015）。

（2）ガラス管珠の製作技法

　筆者は2006年の論考において（小寺 2006a）、ガラス管珠の製作技法として、①巻き付け技法、②引き伸ばし技法、③鋳型鋳造技法、④捻り引き技法の4種類を想定した。①〜③は藤田等（1994ほか）らによって提唱されてきたものであり、また④捻り引き技法は、綾野早苗（2000）・大賀克彦（2010b）らによって提唱されたものである[5]。

　本章でもこの4種を弥生時代のガラス管珠の製作技法として捉えておく。なお第1章で述べたように、特に組成と製作技法はかなり密接に結びついている。

　巻き付け技法は、あらかじめ板状や棒状に形成されたガラスを加熱して軟らかくしながら、芯とする棒に巻き付け製作する技法である[6]。個体を一点ずつ製作するものと、長い管を製作し、そののち各個体に切断する方法が考えられる。前者は長い管珠を製作する場合に選択されることが多く、後者は短い管珠を大量に製作するのに適している。この技法により製作された管珠には、巻いた痕跡として、珠の表面上に長軸に対し斜行する螺旋状の線が観察されることがある。この螺旋は珠を1〜2周廻る程度のものもあるが、一個体に数周観察されるものもあり、その角度が長軸に対し平行に近いものも見られる。どの程度の痕跡が残るかは、元になるガラス棒またはガラス板の幅にもよる。この痕跡は、風化によってより顕わになる（図1）。

　引き伸ばし技法は、溶融したガラス種の表面をへこませ、へこんだ周囲のガラスを棒に接着した後、勢いよく引き伸ばすことにより長い中空管を形成し、

鳥取門上谷1号墓第1主体　　　　　　福岡上月隈ST007甕棺墓

図1　巻き付け技法の痕跡

その後各個体に切断することにより管珠を製作する技法である。弥生時代に多数見られる小珠も、大半がこの技法で作られた中空管を切断することにより、製作されている。すなわち長く切断すれば管珠に、短く切断すれば小珠となる。引き伸ばした時の痕跡として、長軸に沿って伸びる線が観察される。また長軸に沿って引き伸ばされた気泡も観察される（図2）。

　鋳型鋳造技法は、鋳型にガラスを流し込む、または鋳型にガラス片を入れ加熱してガラス棒を成形し、その後穿孔することにより管珠を製作する技法である。ガラスの溶融温度が低いと完全に溶けないため、もとのガラス片の形態が観察されることもある。

　捻り引き技法は、溶融したガラス種の表面をへこませ、へこんだ周囲のガラスを中空の棒に接着した後、緩やかに捻りながら引き出し、長い中空管を形成、その後各個体に切断することにより管珠を製作する技法である。この技法により製作された管珠も、珠の表面上に長軸に対し斜行する製作痕をもつ。巻き付け技法の痕跡と異なり、その製作痕は緩やかな螺旋状の線を描き、一個体でも一周していないものや、長軸に対し並行に近いものも見られる（図3）。またそれに伴い色ムラも観察される。そのような緩やかな螺旋状の痕跡と色ムラをもつ珠については、捻り引き技法による製作と判断した。なおこの製作痕については、後ほど大賀（2010b）の分類と併せて詳細に検討する。

　これらの技法の中で、巻き付け技法・引き伸ばし技法・捻り引き技法は、ガ

22　第Ⅰ部　弥生時代のガラス製品と弥生社会

図2　引き伸ばし技法の痕跡
　　　（佐賀二塚山26号土壙墓）

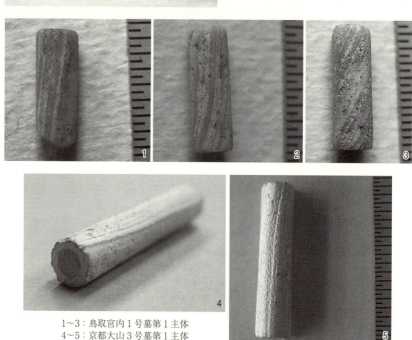

1～3：鳥取宮内1号墓第1主体
4～5：京都大山3号墓第1主体

図3　捻り引き技法の痕跡

ラス特有の製作技術である。引き伸ばし技法や捻り引き技法ではガラスを完全に溶融する必要があり、そのためには1200度近い高温による加熱が必要である。当時の弥生社会では、この温度を出す炉の管理能力は未だ存在していなかったと考えられる。また巻き付け技法であるが、棒状や板状のガラスを加熱して巻付けられるほどに軟らかくするには、800度前後の熱が必要である。温

度だけを見れば、弥生社会でも達成可能であろう。しかし材料としての棒状や板状のガラスの出土の欠如、この技法でより一般的に製作されている丸珠の出土（すなわちその製作）の欠如は重要であり、この製作技法が弥生社会に伝播していたという証拠に欠ける。そしていずれの製作技法も単に炉の温度が問題であるだけでなく、ガラスという素材の特性についての知識が必要であり、青銅器の製作技術の応用で取得または生み出される技術ではないという点は重要である。これらを考慮すると、これらの技法はいずれも当時の弥生社会には伝播していなかった、と考えられる。よって弥生社会におけるガラスの再加工技術は、青銅器の製作技術を応用できる鋳造と石製管珠の製作技術を応用できる、研磨・穿孔のみと考えられる。

　以上により、鋳型鋳造技法以外によって製作されたガラスは、少なくとも弥生社会の工人の手によるものではなく、基本的に搬入品であると考えられる。[7]

（3）ガラス管珠の形態

　ガラス管珠の形態は多様ではない。藤田（1994）は、特にその特徴から太さが一定の円筒状と、胴部がやや膨らむエンタシス状の2タイプに分けている。筆者もまたその形態の分け方を踏襲する。その珠の使用法や製作地を検討するためにも、その法量についても考慮したい。なおその法量は、その珠の使用方法を検討する上でも重要性をもつ。

2. ガラス管珠のタイプ

　以上検討した成分・製作技法・形態を要素として分類する（表1、図4・5）。
　タイプ名は、分類の基礎となった製作技法と形態の略号に、それぞれ標式とした出土遺物の遺跡名を付けた。製作技法の略称は、巻き付け：W（winding）、引き伸ばし：D（drawing）、捻り引き：T（twisting）、鋳造穿孔：M（molding）であり、形態の略称は、円筒形：C（cylinder）、エンタシス形：E（entasis）である。
　特にガラス管珠は製作技法に特徴があり、今後その製作地や伝播を考えるためには製作技法の略称を先行させた方がより適切と考え、略号の並びを2006

24　第Ⅰ部　弥生時代のガラス製品と弥生社会

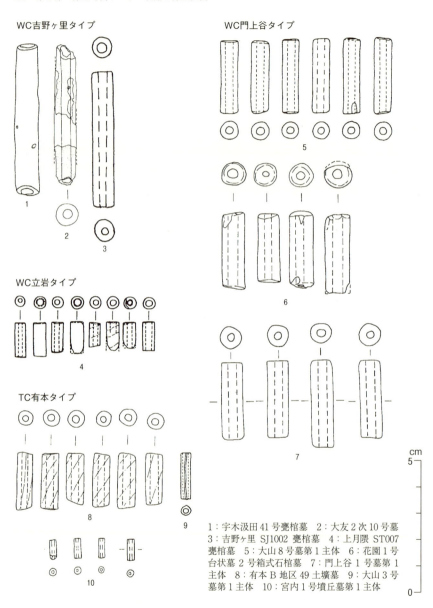

図4　弥生時代のガラス管珠（1）

第 2 章　ガラス管珠・勾珠の分類とその副葬にみられる意味　25

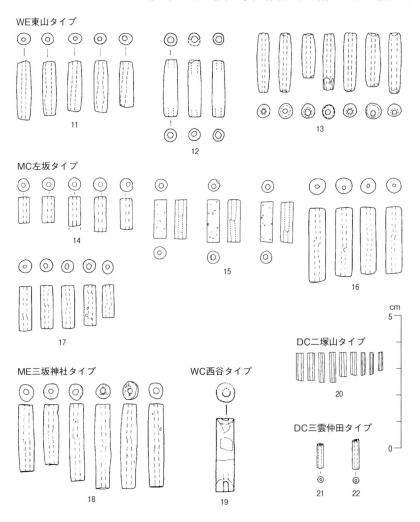

11：内場山山麓部木棺墓 1　12：平原割竹形木棺墓　13：東山 4 号墓第 5 主体　14：左坂 14-1 号墓第 2 主体　15：小羽山 30 号墓　16：梅田東 15 号墓　17：梅田東 18 号墓　18：三坂神社 3 号墓第 2 主体　19：西谷 3 号墓第 1 主体　20：二塚山 26 号土壙墓　21：三雲加賀石 S106-E60 地区　22：三雲仲田 W78-S84 地区

図 5　弥生時代のガラス管珠（2）

表1 弥生時代のガラス管珠タイプ一覧

鉛珪酸塩ガラス

タイプ名	形態	製作技法	全長(mm)	色調	透明度	組成	標識資料
WC 吉野ヶ里	円筒形	個別に巻き付け	約23〜70	青緑色・青色系統	半透明・不透明	鉛バリウム	吉野ヶ里墳丘墓SJ1002甕棺墓
WC 立岩	円筒形	巻付け、後個々に切断	約9〜14	風化白色。極一部緑色を残す	風化により不明	鉛バリウム	立岩28号甕棺墓、三雲南小路1号甕棺墓
WC 門上谷	円筒形	巻付け、後個々に切断	約17〜34	淡青色・青緑色系統	不透明	鉛バリウム	大山8号墓第1主体、門上谷1号墓第1主体
TC 有本	円筒形	捻り引き、後個々に切断	約7.5〜22	風化白色・淡青色	不透明	鉛バリウム	有本B地区49土壙墓
WE 東山	エンタシス	個別に巻き付け	約17〜23	淡青色	半透明	鉛バリウム	東山4号墓第5主体

アルカリ珪酸塩ガラス

タイプ名	形態	製作技法	全長(mm)	色調	透明度	組成	標識資料
MC 左坂	円筒形	鋳造穿孔	約8〜28	淡青色・青色	透明	カリ	左坂14-1号墓第2主体、小羽山30号墓
ME 三坂神社	エンタシス	鋳造穿孔	約25〜34	青色	透明	カリ	三坂神社3号墓第2主体
WC 西谷	円筒形	巻き付け？	約27〜29	青緑色	不透明	ソーダ石灰	西谷3号墓
DC 二塚山	円筒形	引き伸ばし、後個々に切断	10前後	淡青色・青色・濃紺色	透明	カリ	二塚山26号土壙墓
DC 三雲仲田	円筒形	引き伸ばし、後個々に切断	10前後	茶褐色・黄色	不透明※1	ソーダ石灰	三雲仲田、三雲加賀石

※1 現在分析されているものはすべて不透明なものであるが、この高アルミナのソーダ石灰ガラスは小珠では透明や半透明なものもみられ、また色調も多彩で、管珠でも小珠と同様の透明度・色調をもつ遺物がある可能性は高い。

年の論考（小寺 2006a）における形態・製作技法の順から、製作技法・形態の順に変更した。また小羽山タイプとしていた名称を左坂タイプに名称を変更した。このような名称変更以外では、分類について変更はない。

　ところで本章の目的は、弥生時代に見られるガラス管珠とガラス勾珠を分類し、その変遷や分布を顕わにし、その社会的な背景を検討するという点にあ

る。搬入品の製作地である大陸との関係などは、今後考察すべき問題と考える。このため搬入品であっても、あえて列島内の代表的な出土遺物名を付け、"弥生時代に見られるガラス管珠のタイプ"として分類した。[8]

（1）鉛珪酸塩ガラス
a．WC 吉野ヶ里タイプ

巻き付け技法で個別に製作している。基本的な形態は円筒状を呈するが、巻き始めと巻き終わり、すなわち端部はややすぼむものも見られる。色調は淡青から青色、青緑色の青色系統を呈し、半透明または不透明。表面には白い筋が混ざるものが多く、特徴の一つである。また表面に凹凸があるものも多く、これは製作時の加熱に関係があると想定されている。法量は完形品で全長約23〜70 mm、直径約6〜10 mm、全長が長く太身なのが特徴的で、全長70 mm前後に達するものも多い。[9]さらに細分できる可能性がある。表面が半透明なものと透明度の高いものがあり、最終段階である表面調整の加工法に違いがあると考えられる。

弥生中期前半新段階に出現し、中期後葉から一部後期初頭まで見られる。

標識資料は佐賀県吉野ヶ里遺跡墳丘墓 SJ1002 甕棺墓出土品（佐賀県教育委員会 1994）。このほか、佐賀県宇木汲田遺跡 16・41 号甕棺墓（唐津湾周辺遺跡調査委員会編 1982）などから出土している。また福岡県筑紫野市隈・西小田遺跡 5 地点 14 号甕棺墓（筑紫野市教育委員会 1993）と佐賀県相知町伊岐佐中原遺跡 SJ001 甕棺墓（相知町教育委員会 1986）出土遺物がこのタイプの可能性がある。[10]

b．WC 立岩タイプ

巻き付け技法で長い中空の管を製作したのち各個体に切断している。製作痕からは、ガラス棒ではなく、軟らかくしたガラス板を巻き付けたように思われる。形態は円筒状。風化により白色化して色調の観察は困難であるが、福岡県立岩遺跡 28 号甕棺墓・41 号甕棺墓から出土した遺物は、出土時に鮮緑色や濃緑色を呈していたことが記録されている（藤田 1994：pp.75-80）。また現在も一部に濃緑色の色調が観察される。そのほか大分県吹上遺跡 4 号甕棺墓出土品には、透明度の低い緑色や青緑色を呈する珠が見られる。以上から、緑色・

青緑色がこのタイプの基本の色調である。大半の遺物は風化のため透明度は不明だが、出土時の様相から立岩の遺物は透明度が高かった可能性がある。一方吹上の遺物は透明度が低く、透明度は個体差があった可能性もある。法量は全長約 9〜14 mm、直径約 3.5〜5.5 mm で揃っており、非常に規格性が高い。弥生中期後葉に見られる。

標識資料は、福岡県立岩遺跡 28 号甕棺墓出土品（飯塚市立岩遺跡調査委員会編 1977）および福岡県三雲南小路遺跡 1 号甕棺墓出土品（福岡県教育委員会 1985）。この他、立岩 35 号および 41 号甕棺墓・福岡県上月隈遺跡 ST007 甕棺墓（福岡市教育委員会 2000）・福岡県安徳台遺跡 2 号甕棺墓（那賀川町教育委員会 2006a）・大分県吹上遺跡 4 号甕棺墓（日田市教育委員会 1999）から出土している。

c．WC 門上谷タイプ

巻き付け技法で長い中空の管を製作したのち各個体に切断している。形態は円筒状。色調は青色系統で乳青色や灰青色を呈し、不透明。法量は全長約 17〜34 mm、直径約 5〜10 mm で、法量にかなり差異があるが一括出土遺物は非常に規格性が高い。後期に見られるが、特に中葉以降は出土例が多い。

標識資料は鳥取県門上谷遺跡 1 号墓第 1 主体出土品（埋蔵文化財研究会 1988）。この他京都府大山墳墓群 8 号墓第 1 主体（丹後町教育委員会 1983）などから出土しており、広島県花園遺跡 1 号台状墓 2 号箱式石棺墓（三次市教育委員会 1980）出土品も、このタイプと思われる。

d．TC 有本タイプ

捻り引き技法で中空の管を製作したのち各個体に切断している。形態は円筒状。色調は淡青色から青色の青色系統を呈し、不透明。法量は全長約 7.5〜22.0 mm、直径約 2.5〜7.0 mm で、法量にかなり差異があるが一括出土遺物の規格性は高い。弥生後期に見られるが、特に中葉以降に出土例が多い。

標識資料は、岡山県有本遺跡 B 地区 49 土壙墓出土品（津山市教育委員会 1998）。このほか、京都府大山墳墓群 3 号墓第 1 主体（丹後町教育委員会 1983）・鳥取県宮内 1 号墓第 1 主体（鳥取県教育文化財団 1996）から出土している。

e．WE 東山タイプ

巻き付け技法で個別に製作している。形態はエンタシス状。色調は淡青色から青緑色など青色系統を呈し、半透明。法量は全長約17〜23 mm、直径約4.5〜6.0 mmで、規格性が高い。弥生後期に見られるが、中葉までの出土例が多い。

標識資料は、兵庫県東山4号墓第5主体出土品（豊岡市教育委員会 1992）。この他、兵庫県内場山遺跡木棺墓1（兵庫県教育委員会 1993）・長崎県壱岐原の辻遺跡14地点3号甕棺墓（長崎県教育委員会 1977）、島根県順庵原1号墓（島根県教育委員会 1971）などから出土している。

（2）アルカリ珪酸塩ガラス
a．MC 左坂タイプ[12]

成分はカリガラス。鋳造により製作のち穿孔。個別に鋳造されたか、鋳造で長い棒を製作したのち各個体に切断されたか不明。穿孔は個々に両端から行われている。形態は円筒状。青色系統を呈し、透明度が高い。法量は全長約8〜28 mm、直径約4.0〜6.5 mm。全体から見ると、法量にばらつきがあるが、一括して出土した遺物は非常に規格性が高い。弥生後期に見られるが、中葉までの出土が中心的である。

標識資料は、京都府左坂墳墓群14-1号墓第2主体出土品（大宮町教育委員会 2001）および福井県小羽山墳墓群30号墓出土品（福井市立郷土歴史博物館ほか 2010）。このほか兵庫県梅田東墳墓群15号墓・18号墓（兵庫県教育委員会 2002）から出土している。

b．ME 三坂神社タイプ

成分はカリガラス。鋳造により製作のち穿孔。長さと形態から、個別に鋳造された可能性が高い。穿孔は両端から行われている。形態はエンタシス状。青色系統を呈し、透明度が高い。やや胴が膨らんでおり、エンタシス状と判断した。また胴部には微妙ではあるが稜があり多角柱に近い。法量は全長約25〜34 mm、直径約6〜7 mmである。弥生後期前葉の三坂神社墳墓群3号墓第2主体からのみの出土であるが、規格性は高い。

標識資料は京都府三坂神社墳墓群3号墓第2主体出土品（大宮町教育委員会

1998)。

c．WC 西谷タイプ

成分はソーダ石灰ガラス（ナトロンガラス）。巻き付け技法で製作されたと考えられる[13]。形態は円筒状と思われ、各個別に作られたか、長い中空の管を製作したのち各個体に切断したかは不明。青色系統を呈し、不透明。法量は全長約27〜29 mm、直径約7〜8 mm。弥生後期後葉の島根県西谷墳墓群2号墓・3号墓でのみ出土しており、規格性が高い。

標識資料は島根県西谷3号墓第1・4主体出土品（渡辺ほか 1992・島根大学考古学研究室ほか 2015）。

d．DC 二塚山タイプ

成分はカリガラス。引き伸ばし技法で中空の管を製作したのち各個体に切断している。形態は円筒状。青色系統を呈し、透明度が高い。法量は全長10 mm前後、直径約1.5〜3.0 mmで、非常に細い。弥生後期に見られるが、特に後期前半がその中心と考えられる（大賀 2010b：pp.221-222）。

標識資料は佐賀県二塚山遺跡26号土壙墓出土品（佐賀県教育委員会 1979）。そのほか福岡県井原ヤリミゾ遺跡2582・2583番地13号甕棺墓（前原市教育委員会 2006）から出土している。

e．DC 三雲仲田タイプ

成分はアルミに富むソーダ石灰ガラス[14]。形態は円筒状、引き伸ばし技法で中空の管を製作したのち各個体に切断している。現在出土している管珠の色調は赤褐色不透明、または黄色不透明を呈する。法量は全長10 mm前後、直径約1.5〜3.0 mmで非常に細い。2遺跡から各1点ずつ出土している。出土遺物の時期がやや曖昧だが、同じ組成の小珠の分布から、弥生後期の特に後葉から終末期にかけて出現すると考えられる。

標識資料は福岡県三雲仲田遺跡W 78-S84地区出土品（福岡県教育委員会 1981）・福岡県三雲加賀石遺跡S106-E60地区出土品（福岡県教育委員会 1980）。

以上、10タイプに分類を行った。

製作技法から考慮すると、これら10タイプの中で鋳造技法で製作され、か

つ当時の弥生社会にみられる石製管珠の穿孔技術を応用して穿孔されたと考えられる MC 左坂タイプと ME 三坂神社タイプは、列島内でガラスを再加工して製作した管珠であると考えて問題ないであろう。それ以外は、前述したように弥生社会の工人が取得できていないと考えられる製作技法によるものであるため、すべて列島外で作られた搬入品と考えている。

3. 分類と製作技法上の問題点

（1）分類の方法の問題

前述したように、筆者が旧稿（2006a）を発表した 2006 年以降に、柳田（2008）・大賀（2010b）によりガラス製品の分類や製作技法に関する論考が発表された。筆者の分類との異同について検討を行う。

柳田（2008）は、北部九州を中心に弥生時代に見られるガラス製品の製作技法の検討と、ガラス管珠と勾珠の分類を行っている。ガラス管珠に関しては、形態的に大型・中型・小型・細型に分類している。その理由としては「ガラス管珠の小型化を北部九州で達成したと認識するからであり、他の地域になければその存在価値が増幅する。土器型式と同じように遺跡名を標識とするならば原産地名とすべきであり、安易な遺跡名は混乱の元である」と述べている（柳田 2008：pp.272-273）。柳田が北部九州製であると考える（筆者のいう）WC 立岩タイプについて、前述したように筆者は搬入品であると考えているため、まずその前提が異なる。無論、型式を分け、遺跡名を標識とするならば原産地名とするべきである、という指摘は正鵠を射ている。しかし搬入品であるこれら弥生時代のガラス管珠が何処で製作されたかという正確な場所は、現状ではほぼ不明である。このため、現時点では原産地名＝製作地名を付けることは不可能である。

一方大賀（2010b）は弥生時代におけるガラス管珠について、材質と製作技法の組み合わせにより系統的な分類を提示した。大賀の分類方法は、ガラス管珠の製作分類として非常に適切なものであるといえる。その分類方法は時代を超えて世界全体で通じるものであるが、しかし弥生時代における時期的な差異や分布の地域性などを看取するためには、より細分する必要があると考える。

またそのような細分は、製作地や製作時期の異同を検討する上で有力な手がかりともなろう。これについては、今後本章で提示した以上の、より詳細な分類も必要と思われる。なお大賀（2010b）は、拙稿（2006a）のガラス管珠とガラス勾珠の分類設定に対し、それぞれ異なる特徴を重視した点について、便宜的な取り扱いは単位の等価性を損なう、と批判している。しかし、筆者は管珠・勾珠ともに組成・形態・製作技法を分類要素とした上で、その要素の中のどこにより差異が現れるかを示唆したのであり、便宜的に取り扱ったとは考えていない。さらに便宜的という点を否定した上で述べるが、ガラス管珠とガラス勾珠は異なる形態をもち、基本的に異なる技法で製作されている。本章の結語で述べるように、製作地もまた大半が列島外（＝管珠）と、ほぼすべて列島内（＝勾珠）と異なっている。その共通点は"素材"と"珠"という性格にあるだけ、といっても過言ではない。そのような異なるモノの分類において、単位の等価性を考慮する必要性はないと考えている。以上から、筆者は弥生時代にみられるガラス管珠を分類し、その時期差や地域性、またその背後にある社会活動を考察するという目的のために、代表的出土遺物名を付けたタイプとしてより細かく分類を行うことを試みた。このため同じ製作技法と形態をもつものであるが、その法量や色調の差異からWC立岩タイプとWC門上谷タイプを別々のタイプとして設定した。

　次に大賀の論考における製作技法の認定の違いについて述べるが、大賀はWC立岩タイプとWC門上谷タイプは同一の分類単位を構成するとしている。結果的にいえば、筆者が設定した細かい分類により、各々のタイプには異なる分布や時期的な変遷があることが、より明確になったのではないかと思う。

　今後列島外のガラス製品の研究によって、製作地の分類も進展することになろう。そこではじめて、製作地の分類と本章の分類＝弥生時代に見られるガラス管珠の分類、を比較検討することが可能となる。そのような研究検討を経て、弥生管珠の本章で提示したある種便宜的なタイプ名を、製作地から採用された分類名と最終的に置き換えることができるのではないかと考える。

（2）製作技法の問題

　柳田（2008）・大賀（2010b）の論考において、ガラス管珠の製作技法に関

して、各々筆者の考えと異同がある。それぞれ取り上げて検討したい。
　柳田は北部九州を中心に弥生時代に見られるガラス製品の製作技法の検討を行っている。ガラス管珠に関しては、形態的に大型・中型・小型・細型に分類している。この中で中型のエンタシス形のガラス管珠について、「巻き引き伸ばし技法」で製作されたものと「鋳造研磨技法」によるものがあるとしている。
　「巻き引き伸ばし技法」については、この技法の呼称およびその技法の内容については意味が不明である。巻き付け技法と引き伸ばし技法の混同があるのではないだろうか。
　一方鋳造技法であるが、柳田は「(北部九州弥生文化で見られる) 中型ガラス管珠には、エンタシス形の鋳造研磨技法としか考えられないものがある」と指摘し、その理由としては「北部九州で見られるエンタシスガラス管珠には一方向からの湯の流れが観察できる。貫通する孔は比較的小さく穿孔されたものではないが、一方が大きく他方が小さいものもある。湯の流れを肉眼で表面観察する限り、巻きや引き伸ばし技法で製作されたものとは考えられない」(柳田 2008：p.255) と述べている。
　柳田が指摘するエンタシス形の鋳造研磨技法とする珠は、本章では後述するWE東山タイプであり、巻き付け技法によるものと考える。鋳造研磨技法の可能性について検討したい。まず柳田の指摘する「湯の流れ」についてだが、ガラスは青銅器や鉄器などの金属器と異なり、製作後も表面を加熱することにより成形や再加工、手直しが可能である。巻き付け技法により珠を製作する場合、ガラス棒 (またはガラス板) に熱を加えて軟化させ芯に巻き付けていくのだが、その最中にもすでに巻き終えた場所が熱を受けて表面が溶け、巻いた痕跡が消える、また流れたような文様ができる、ということは珍しくない。巻き終えた後にも、いびつになった場所を直すために、再加熱して板などの上でならして処理するといったことも頻繁に行われたと思われる。この場合も同様の結果が生じる。すなわち、巻き付け技法によるガラス管珠の製作においては、表面の巻いた痕跡が見られなくなる、また青銅器鋳造でいうような「流れた」状態が観察される、ということは製作技法上よくあることといえよう。第1章でも取り上げたが、青銅器や鉄器など金属鋳造の製作技法からの判断をガラス

に用いることは間違いを生みやすい、ということをあらためて指摘したい。

　また鋳造によるものとする管珠の孔について「一方が大きく、他方が小さいものもある」（柳田 2008：p.255）と指摘しているが、これはむしろ巻き付け技法で製作したと考えるべき証左である。巻き付け技法で製作する場合、芯を抜きやすくするために芯の上下の太さに差をつける（テーパーをつける）ことは、古代から現在まで続く一般的な技術である。

　このほか、柳田はこれら管珠に見られる亀甲状亀裂も鋳造の根拠としてあげているが、明らかに巻き付け技法により製作された珠も風化によって同様の状態になることが観察されているので、これもまた根拠とはなりえない。

　次に大賀（2010b）の提唱する製作技法について検討したい。

　大賀は「包み巻き」という製作技法を提唱している。これは軟化した薄い板状のガラスを、軸（＝芯）を包み込むように巻き付ける技法で、大賀分類によるTYⅢ型がその製作技法を使用しているとしている。筆者は、この板ガラスを軸に巻く技法については否定するものではない。しかし板ガラスにせよ棒ガラスにせよ、加熱して軟らかくしながら芯に巻いていくという技法は、ガラスの製造技法において巻き付け技法と分類されるもの、と考える。そのため「包み巻き」という技法を設定するのであれば、あくまで巻き付け技法の下位分類として設定すべきと考える。筆者は巻き付け技法について下位分類を設定しないため、内場山タイプの製作技法は、巻き付け技法として扱った[16]。

　また大賀は、筆者が巻き付け技法によるものとしたWC立岩タイプおよびWC門上谷タイプについても、すべて「捩り引き技法」による製作と考察し、筆者の分類したTC有本タイプも含めてTYⅡ型と分類した。大賀は筆者（2006a）の論考で、すべてを巻き付け技法によると判断するのではなく、「一部を巻き付け法、一部を捻り引き法と区別する理解は明らかに一貫性を欠いている」としている。筆者（2006a）の論考では言葉足らずだったため、本章では前述した製作技法の説明の部分において、これらの管珠の製作技法の判断に際しては螺旋痕と色ムラを重視する点について述べている。

　大賀はこの型が「捩り引き技法」で製作された証左として、孔の内壁が非常に平滑であることをあげ、芯に巻き付けて製作したものではない、としている[17]。孔の問題についていえば、大賀がTYⅡとしている遺物の中で筆者の言う

WC立岩タイプの孔は、非常に平滑であるとは言いがたい状態を呈することを指摘しておく。また芯を使用しても丁寧な研磨により、孔内を滑らかに仕上げることは可能である。芯には離型剤を塗ってからガラスを巻き付けるため、芯を抜いた後の孔内には離型剤が残る。製作後はこれを研磨によって取り除く。巻き付け技法により製作されたこれらの管珠は、おそらく中国において製作されたものであり、副葬品としてではなく本来生者が身につける珠として製作された可能性が高い。すなわち紐などを通して使用したと想定されるが、孔内が荒れていると紐が切れてしまう。そのため単に離型剤をとるだけでなく、孔内が平滑になるように研磨することは、ガラス管珠を製作する上で必要な作業であったと考えられよう。すなわち孔が平滑であることは、必ずしも芯を使わないことの傍証とはならない。

ところでこれらの管珠に見られる色ムラと螺旋痕については、以下のような問題がある。大賀（2010b）は、TYⅡ型では一括出土品に孔に斜交する方向に色ムラなどが確認され、その程度は孔にほとんど平行するものから極端に直交するものまでさまざまであり、ただし一括出土品にも両者が混在することから、同一の技法の中で生じる変異と考える必要がある、としている（大賀2010b：pp.216-217）。この混在については、綾野（2000）で重要な提言がなされている。

綾野は岡山県有本遺跡出土ガラス管珠の製作技法を考察する上で、「実際にガラスを捩じりながら伸ばしていくと、はじめはゆるやかならせんが、後になるほど主軸に垂直に近く緻密になってくることがわかる」（綾野 2000：p.64）と述べている。これは時間の経過により、引き出しているガラス種が固化するためである。すなわち捩り引き技法では、作出された中空の管を裁断して同時に製作された珠の大半は緩やかな螺旋状の痕跡をもつが、一部はそれに対しややきつい螺旋の痕跡をもつ。一括出土した珠の中で、螺旋の痕跡にこのような違いをもつ珠が観察される場合、捩り引き技法によるものと判断する有力な証拠となると考える。有本遺跡や宮内1号墓の出土品は同様の痕跡をもつ。

一方で大山8号墓や門上谷1号墓第1主体出土品は、複数点出土しているものの、観察できる製作痕は垂直に近いような緩やかな螺旋状のものはなく、いずれも似たような角度の一個体を数回巻くような螺旋状の痕跡であった。

そもそも捻り引きはガラス種から直接的にガラス管を製作する技法で、その際に緩やかに捻るというものだが、緩やかに捻る理由は、引き上げている最中にガラス管をゆがませないためである。もしこの時、すべてに数周近いような螺旋痕が残るような捻り、つまりは回転を加えると、どのようなことになるだろうか。遠心力によりガラス管は振り回され、内部の孔は潰れ、管の体裁をなさない。このため、同時に製作されたと推測される管珠複数点が一括で出土している場合、その中で緩やかな螺旋痕をもたず、螺旋の角度にも変化がない珠は、捻り引き技法によるものとは考えられない。すなわち螺旋状の痕跡がすべて明確に斜めで一定であり、かつ色ムラなども見られないものは巻き付け技法による製作であると判断し、WC立岩タイプ・WC門上谷タイプを設定した。

このような比較のできない、1点のみで出土している珠として、大山3号墓第1主体の管珠と長崎県対馬椎ノ浦遺跡4号石棺出土管珠がある。大山3号墓の管珠は、垂直に近い螺旋状の痕跡をもつため捻り引き技法によるものと判断し、一方椎ノ浦の管珠は、螺旋痕の角度がきつい理由が、巻き付けによるものか、捻り引きの末端部分であるためなのかが判断できず、製作技法を保留とした。

このように、弥生時代に見られるガラス管珠の製作技法については、まだまだ検討の余地を残している。今後は製作実験を行い、その製作技法の検証を行う必要があろう。

(3) 製作地の問題

藤田（1994）・柳田（2008）はWC立岩タイプのガラス管珠について、列島製であると論じている。藤田は、弥生時代中期後半にいたってガラス勾珠の製作に到達し、同時に新たな巻き技法に習熟することによって細身小型管珠を完成させたとし、中期後半の三雲・須玖・立岩で見られるガラス管珠を、列島内で製作された珠と考察している（藤田　1994：p.108）。また柳田も同じ説をとり、北部九州弥生工業生産技術を軽視すべきではなく、「中期後半の二大王墓で共伴している多量のガラス管珠は、巻き技法の習熟によって小型化で大量生産が可能になった日本独特のガラス管珠である」（柳田　2008：p.267）とし、中国から輸入された原料を使用して製作された、日本独特のガラス管珠である

としている。

　しかしガラスの鋳造技法と、巻き付け技法は全く異なる技術の系譜に属するものである。ガラスの鋳造は、坩堝などに入れたガラスを流動性をもつレベルまで加熱してから鋳型に注ぐ方法か、もしくはガラス素材を砕いて鋳型に入れ加熱するという方法により製作される。この技術は弥生時代中期にすでに見られる青銅器の鋳造製作技術の援用により、十分到達可能なものである。一方巻き付け技法は、ガラス棒またはガラス板を製作、それを加熱しながら芯に巻き付ける、というものであり、これは鋳造技術と全く異なったガラス製作独自の技術である。鋳造技術の発達により到達可能なものではなく、ガラス製作技術の伝統または直接的なガラス製作者の指導がなければ、習得できる技術ではない。ゆえに鋳造によるガラス勾珠の製作の開始と習熟は、巻き付け技法によるガラス管珠の製作の前提とはならないのである。そして「巻き技法の習熟」というが、列島内におけるこれ以前の（未発達な段階の）製品と考えられるガラス管珠は見られず、習熟に達するようなガラス巻き技法の製作技術が、それ以前に列島に存在した可能性は考えられない。

　またその総点数の多さゆえに、列島内での製作を肯定するのであれば、弥生後期には明らかに搬入品であるガラス小珠がそれをはるかに凌駕する量（5万点以上）で存在することがその反証となる。現在報告された出土数として、東アジア一といえる量である（これについては、第Ⅱ部第3章で詳細に述べる）。立岩タイプのガラス管珠が多量であるという状況は、列島内での製作の傍証とはならない。

　第Ⅱ部で検討するが、併行期の中国においては、同様の形態の小型ガラス管珠の出土例は多くはなく、また朝鮮半島では出土例はない。同種の管珠が見られないという理由から、多数出土している北部九州がその製作地であるというのであれば、可能性を完全には否定できない。その場合、問題となるのはむしろ完成度の高さである。WC立岩型のガラス管珠は長く巻いた管珠を個々に切断し、短い管珠を製作しているものである。その数量は多いが、ゆがみも少なく、巻く技術は高い。巻き付け技法に習熟して製作された珠であることがわかる。さらにその数量の多さは、その製作者または製作地において、巻き付け技法によるガラス管珠の製作が一般的であることを示唆する。しかし弥生時代の

北部九州では、それ以前にその前段階となる巻き付け技法による列島製ガラス管珠が存在せず、またそのあとも鋳造ガラス勾珠は継続して存在していても、巻き付け技法による列島製ガラス管珠は見られない。

福岡平野や糸島平野の工房でこのガラス管珠が作られたとするならば、その製作者はガラス管珠の製作について技術をもつ、中国から招聘された工人と考えるべきであろう。その後、列島内で巻き付け技法による管珠が製作されてない状況を考慮すると、あくまで仮定であるが、もしこのような技術者の招聘による製作があったとしても一時的なものであり、ガラス製作技術の伝播もなかったと判断せざるをえない。

以上、WC立岩タイプの列島内におけるガラス管珠の製作については、列島外から一時的に工人が招聘されたという可能性を想定するのであれば、その製作の可能性を完全に否定することはできない。しかしこのような限定的な状況を想定するよりも、後述するが、これらガラス管珠と共伴するガラス璧や前漢鏡と共に漢帝国からもたらされた、と考えたほうが妥当ではないだろうか。この点については漢帝国から出土したガラス製品との比較の中で、あらためて検討したい。

第3節　ガラス勾珠の分類

1．ガラス勾珠の組成・製作技法・形態の特徴

（1）ガラス勾珠の組成

第1章で述べたように、ガラス勾珠に見られる組成は鉛バリウムガラスが大多数を占める。バリウムを含まない鉛ガラスとされた明確な例はない。風化により白色化し、本来の色調が不明なものもあるが、判明しているものは緑色系と、淡青色・青色・青緑色といった青色系の色調をもち、半透明または不透明である。アルカリ珪酸塩ガラスは多くはなく、分析によりカリガラスとソーダ石灰ガラスの珠が少量見られる。カリガラスの色調は青色または紺（藍）色で透明度が高い。ソーダ石灰ガラスは濃紺色のみで、こちらも透明度が高い。

（2）ガラス勾珠の製作技法

　ガラス勾珠の製作技法は、これまで以下の5種が想定されてきた（由水1978、小林 1978、藤田 1994等）。
　① 合せ型鋳造法；合せ型の鋳型に熔解ガラスを流し込む技法。
　② 下型鋳造法；下型のみ使用し（開放鋳型）、そこに溶解ガラスを流し込む技法。または砕いたガラスを下型に入れて加熱する技法。
　③ 押型法；下型に溶解ガラスを流し込み、その後に上鋳型をかぶせ整形する技法。
　④ 引き伸ばし法；ガラス種から尾部を捻りながら引き出す技法。
　⑤ 研磨法；ガラス片を削ることにより、勾珠の形態を作り出す技法。[18]
　再加熱により研磨や切断痕を消すことは多く、また風化により製作の痕跡が消滅するため、技法の判別は困難が生じる。
　筆者は2006年の論考（小寺 2006a）では、想定される弥生時代のガラス勾珠の製作技法を、以下の3技法とした。
　　①下型鋳造法、②捻り加熱法、③研磨法。
　しかし柳田も指摘するように、福岡県春日市赤井手遺跡出土鋳型（春日市教育委員会 1980）（図6-1）は、湯口をもつ鋳型の上型と判断すべきであり、特に近年ではガラスの鋳造に使用した掛堝と考えられる遺物が出土している（柳田 2008：p.264）。さらに北部九州から中期後葉以降出土している勾珠は、両表面が膨らみをもたず平らなものが多く、尾部にかけての厚みにも変化がない（図8）。片面鋳造の場合は開放面が盛り上がるため、開放面を平らにするためには、時間をかけて研磨する必要がある。[19]これらを考慮し、特に北部九州では合せ鋳型を使用した勾珠の製作も行われていたと考えを改めるようになった。

　ここでガラス勾珠の製作技法を再検討したい。
　合せ型鋳造法は以下の二つの技法が想定される。一つは合せ型の鋳型にあらかじめ坩堝などで溶融したガラスを流し込む方法、もう一つは砕いたガラスを合せ型とさらに掛堝に詰めて加熱する方法である。後者はガラス工芸においてパート・ド・ヴェール技法と呼ばれるものである。どちらの方法によるものかは、ガラス勾珠の気泡を検討すればわかる可能性が高い。しかし多くの鉛バリ

40　第Ⅰ部　弥生時代のガラス製品と弥生社会

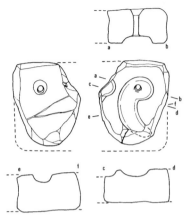

1：福岡春日市赤井手出土　石製鋳型

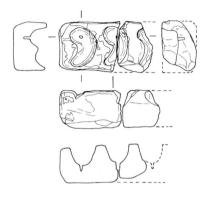

2：福岡春日市五反田第1次調査出土　土製鋳型

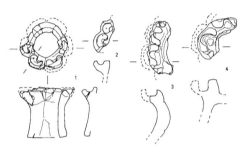

3：大阪府高槻市東奈良出土　土製鋳型

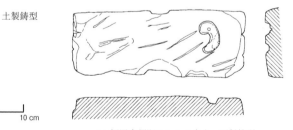

4：福岡夜須町ヒルハタ出土　石製鋳型

図6　ガラス勾珠鋳型

ウム製ガラスは風化により内部の気泡の状況を観察できないため判断は難しい。

現在福岡県春日市五反田遺跡（春日市教育委員会 1994）や福岡県須玖坂本遺跡（春日市教育委員会文化財課 2001）から、後期のガラス坩堝の可能性がある遺物が出土しており、ここからも前者の方法が行われていたと考えられる。一方で、透明度の低いほぼ不透明なガラス勾珠は弥生時代から古墳時代に多数見られる。これらの珠を観察すると内部に気泡が充満しており、パート・ド・ヴェール技法で製作された可能性が高い。この技法で製作する場合、素材となるガラスの粒子が細かければ細かいほど、できあがった製品の透明度は低くなる。

もちろん時期や地域によって違いがあるかもしれないが、両方の技法が使われていた可能性を考慮すべきと思われる。

下型鋳造法においても、開放鋳型にあらかじめ溶融したガラスを流し込む方法と、砕いたガラスを下型に入れて加熱する方法が想定される。もちろん合せ型鋳造法の存在は、下型鋳造法の存在を否定するものではない。近年北九州市の長野尾登遺跡から、弥生時代後期のものと見られる円筒形の勾珠鋳型が見つかっている。[20] 類例は大阪府東奈良遺跡から出土したガラス鋳型（図6-3）がある。[21] これらは現在もアフリカなどの民俗事例などで見られるタイプの鋳型であり、片面鋳型と考えるべきものである。

痕跡から片面鋳型によるもの、とわかる場合もある。例えば丹後から出土している勾珠には、ガラスが勾珠に成形された後に孔を作ろうとした痕跡が観察される珠がある（図7）。この場合は、鋳型にガラスを入れる前に孔材を立てておかず、鋳型にガラスが溶けてまわったのち、ガラスが軽く固化した時点で孔材を挿したため、孔の周囲が挿した中心に向かって沈み込んでしまったものと考えられる。これは明らかに片面鋳型による製作を示すものである。[22]

片面鋳型においても、ガラスの表面張力により上面がカーブを描くため、押型は必要ではない。この表面張力による膨らみがあるため、鋳型に接触している面と開放面では形態が異なると考えられる。[23] 丹後地域で出土している珠には、明らかに両面で膨らみが異なるものがある。京都府坂野丘墳丘墓第2主体出土の珠（図9-14）は好例であり、明らかに両面が平らな珠と異なり、片面

1：鋳型面　2：上面
3：2の孔の拡大

図7 片面鋳型による製作時の孔形成の痕跡（京都大山5号墓第2主体出土ガラス勾珠）

鋳型の可能性が高い。

　しかし出土した珠が合せ鋳型によるものか、片面鋳型によるものかは、必ずしも明確に判断できるものではない。風化によって、元の形態や製造の痕跡を失っているもの多い。今後さらなる検討が必要であろう。

　捻り加熱法は、捻られたガラス棒を加熱して製作するものである。藤田（1994）のいう「引き伸ばし技法」による製作を想定されるガラス勾珠[24]について、その観察と製作実験から、尾部を捻りながら引き出すのではなく、すでに捻られた棒ガラスを再加熱することにより、胴部を曲げて勾珠の形態を作り出している可能性が指摘された[25]。そのため「捻り加熱法」という製作技法を、筆者は2006年の論考（小寺 2006a）で提唱した。しかし製作方法は未だ不明な点もあり、今後もこのタイプの製作技法は検討する必要があるだろう。

　研磨法はガラス板を研磨して製作するものである。製作にあたり、材料とな

る板ガラスを鋳造により製作するか、もしくは何らかの製品断片を再利用した可能性があろう。できあがった製品からそれを判断することは難しい。このためここではその前段階がどのような形態であったかは分類の段階では問わない。

ところで、鋳型鋳造法も最終的に形態を整えるために研磨を行う点から、「研磨法」は製作技法の用語として不適切ではないか、という疑問がある。2006年の論考（小寺 2006a）では、勾珠の大まかな形態を作り出すのにどの技法を使用するか、という点を重視し、それぞれ鋳造法・研磨法という製作技法名が適切と考える、とした。しかしやはり混乱を招くことを避けるため、今後は「研磨法」をあらため「削り出し法」と呼称したい。

以上の考察から、本章で筆者が想定する弥生時代のガラス勾珠の製作技法は、以下である。

① 鋳型鋳造法（a 両面鋳型鋳造法・b 下型鋳造法）
② 捻り加熱法
③ 削り出し法

①鋳型鋳造法のなかで、両面鋳型によるものか下型のみによるものかという区別は、上述のように製品から明確にはわからないものも多い。今後それぞれの製品を厳密に調査し、検討する必要があろう。しかし本章は、誤謬をおこすことを避けるために、一括して鋳型鋳造法としてまとめて扱いたい。

（3）ガラス勾珠の形態

90年後半頃からガラス勾珠は出土数が増加し、これまでの定形・亜定形／非定形・異形という単純な分類で対応しきれない状況となっている。先行研究を検討し、ガラス勾珠の新たな分類を提示した。

弥生時代の勾珠に関しては、これまで森貞次郎（1980）や木下尚子（1987）が形式（形態）の分類を行ってきた。またガラス勾珠については藤田（1994）が形式分類を行っている。

森はガラス製を含む弥生時代の勾珠を、①獣形勾珠、②緒締形勾珠、③牙形勾珠、④半玦状勾珠、⑤丁子頭形勾珠、⑥定形式勾珠、⑦不定形勾珠、の7種類に分類した。⑦不定形勾珠は円頭系不定形勾珠（定形式勾珠に近いが頭部の

くびれが明確でないもの）と方頭系不定形勾珠（半玦状のものに近いが頭部が方頭に近く尾部が細く曲るもの）の二系を一括して含んでいる。ガラス勾珠はこの形式分類の中で、⑤丁子頭形、⑥定形式、⑦不定形のいずれかに収められている。

木下は森の分類を参考にしつつ、ガラス製を含む弥生勾珠を縄文系勾珠と弥生系勾珠の二系統七種類に分類し、その後プロト定形勾珠として一形式設定した。縄文系勾珠は①獣形勾珠、②緒締形勾珠、③その他で、弥生系勾珠は④板付型勾珠、⑤半玦型勾珠、⑥定形勾珠、⑦亜定形勾珠、⑧菜畑型勾珠（プロト定形勾珠）である。⑦亜定形勾珠は、頭部が不明瞭など定形勾珠と呼ぶに不十分であるが、範型を定形勾珠に求めている勾珠としている。また森の分類で一形式とされた丁子頭形は、⑥定形勾珠や⑦亜定形勾珠に含まれる下位概念としている。この分類の中でガラス勾珠は⑥定形勾珠、⑦亜定形勾珠のいずれかに収められている。

一方、藤田はガラス勾珠の形態を、森の分類をもとに①定形式勾珠、②定形式丁子頭勾珠、③不定形勾珠、④不定形丁子頭勾珠、⑤半玦状勾珠、⑥異形勾珠の6形態に分類している。頭部が明瞭な勾珠が定形式勾珠であり、それ以外を不定形とし、特に勾珠の形態を大きく逸脱しているものを異形勾珠としている。この不定形勾珠の中には、定形式勾珠に準ずる形態であっても、頭部がやや不明瞭なために不定形に分類しているものが多く存在する。

これら三氏の分類中、ガラス勾珠に関して大きく異なる点は、丁子頭の扱いと定形勾珠に似た形態をとる勾珠の扱いとその名称であろう。

なお筆者が2006年に論考を発表した後（小寺 2006a）、柳田が北部九州のガラス勾珠の分類を行っている（柳田 2008：p.262）。風化や実測図の不備や風化を考慮し、定形・亜定形勾珠を細分しても実状に副わないとし、結果的には藤田（1994）の形式分類の不定形を亜定形に直した分類を行っている[26]。

森・木下・藤田三氏の分類をもとに、筆者はガラス勾珠に見られる勾珠の形態を以下のように形式分類する[27]。

まず定形の分類であるが、胴部と頭部が明確であるものを定形型とする。一方で丁子頭に関して、定形または定形に範をとる勾珠に溝が彫り込まれている点、また形態だけでなくその分布や保有形態も定形勾珠に準ずる点を考慮する

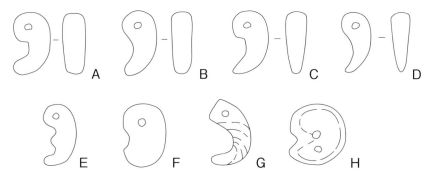

A：定形北部九州形　B：亜定形北部九州形　C：定形丹後形　D：亜定形丹後形
E：獣形　F：ソラマメ形　G：螺旋形　H：西谷形

図8　弥生時代にみられるガラス勾珠の形態分類

と、定形勾珠の下位概念であり、一つの形式として独立するものではないと考える。

　次に定形勾珠に似た形態をとる勾珠は、木下同様、定形勾珠を指向しそれに準ずる勾珠であると考え、その名称も亜定形勾珠という用語が適切で、定形勾珠と併せて定形系勾珠と位置付ける。

　一方定形勾珠の形態から大きく逸脱している勾珠を非定形系勾珠とし、各々の中でさらに分類を行うこととした。非定形系勾珠の各形式は、弥生勾珠全体の形式の中でも定形や半玦勾珠と同列で扱うべき独立した形式である。

　ところで定形の勾珠の中には、北部九州を中心に見られる定形勾珠とはやや異なった形態をもつ珠が見られる。頭部が明瞭で胴部と分かれている点は同じだが、尾部が先端にかけ窄まり厚みもなくなるものである。これは特に弥生時代後期後葉の丹後において、顕著に見られる形態である。分布のみならず製作地や製作技法の違いも推定されるものであり[28]、特に重要と考え、定形の下位分類として設定したい。なお丁子頭はさらにこの下位に来る分類であるが、今回は丁子頭の分類設定は行わない。

　まず弥生のガラス勾珠に見られる形態を以下のように形式分類する（図8）。なお、2006年の論考では定形の分け方をⅠ・Ⅱとしていたが、わかりにくいとの指摘もあり、最初に出現する地域名を付けた。また、2015年までの論考

では~型（例「定形北部九州型」）という名称で分類名を付けていたが、形態の分類であることから分類名を改め、~形という名称に変更した。

a．定形系勾珠

定形：頭部が明瞭で、胴部が弓形に湾曲する勾珠。

① 定形北部九州形　いわゆる定形勾珠。尾部は窄まらず厚みがあり非常に整った形（図8-A）。

② 定形丹後形　定形九州形との違いは尾部。尾部が先端にかけ窄まり厚みもなくなるもの[29]（図8-C）。

亜定形：胴部のくびれが明瞭でない、頭部が不明瞭など、定形勾珠と見なすには不完全であるが、定形勾珠を指向する勾珠。

③ 亜定形北部九州形　定形北部九州形の勾珠を指向する勾珠（図8-B）。

④ 亜定形丹後形　定形丹後形の勾珠を指向する勾珠（図8-D）。

定形系の範疇に分類できるものとして、以下もあげられる。

⑤ 獣形　形態は定形系の勾珠にならうが、胴部に出張りをもつ勾珠。いわゆる獣形勾珠の影響をうけた形態をもつ（図8-E）。

b．非定形系勾珠

⑥ ソラマメ形　ソラマメのような形態をもつ勾珠。丹後地方を中心に出土している（図8-F）（以前は丹後形としていたが、定形Ⅱ型を定形丹後形と呼称する変更に伴い、混乱を避けるため名称を変更した）。

⑦ 螺旋形　頭部が方形で胴部・尾部へと細くなり、平面形は牙形勾珠に似る。[30]螺旋状の捻りが観察されるのが大きな特徴である（図8-G）。

⑧ 西谷形　形態は円盤に近く、その一部がへこんで頭部と尾部を作り出している。現在西谷3号墓の1遺跡2点のみで、このような珠の形態は石製・ガラス製問わず、弥生時代では西谷の珠が初現と考えられる。[31]2点の形態が一致しその形態の完成度も高い点、異形ではあるものの頭部があって湾曲した尾部がある点から、勾珠の一形式として設定した（図8-H）。

⑨ 非定形その他　上記以外のすべての非定形勾珠。

2. ガラス勾珠のタイプ

以上検討した成分・製作技法・形態から、弥生時代に見られるガラス勾珠のタイプ分類を行う（表2、図9・10）。タイプ名は形態と製作技法の要素から構

表2 弥生時代のガラス勾珠タイプ一覧

鉛珪酸塩ガラス

タイプ名	形態	製作技法	全長(mm)	色調	透明度	成分	標識資料
定形北部九州形M	定形北部九州形	鋳造	約16〜50	風化白色。一部淡青色・青緑色・緑色を留める	半透明〜不透明	鉛バリウム	須玖岡本2次20号甕棺墓、三雲南小路1号甕棺墓
亜定形北部九州形M	亜定形北部九州形	鋳造	約16〜50				須玖岡本D地点甕棺墓
亜定形北部九州形G	亜定形北部九州形	削り出し	約16〜19	風化白色。一部緑色・青色を留める	不透明		安徳台2号甕棺墓
定形丹後形M	定形丹後形	鋳造	約17〜31	風化白色	不明		坂野丘第2主体
亜定形丹後形M	亜定形丹後形	鋳造	約14〜30		不明		坂野丘第2主体・大風呂南1号墓第1主体
獣形M	定形系獣形	鋳造	約42	風化白色。かすかに青色を留める	風化により不明		柚比本村SJ1112甕棺墓
ソラマメ形M	非定形系ソラマメ形	鋳造	約17〜18	青緑色	不透明		大山5号墓第2主体
西谷形M	非定形西谷形	鋳造	約23	濃紺	透明		西谷3号墓
非定形M	非定形その他	鋳造	約10〜	濃緑色	半透明〜不透明		三坂神社3号墓第2主体※1

アルカリ珪酸塩ガラス

タイプ名	形態	製作技法	全長(mm)	色調	透明度	成分	標識資料
ソラマメ形G	非定形系ソラマメ形	削り出し	約18	濃紺	透明	カリ	左坂24-1号墓第9主体
非定形G	非定形その他	削り出し	約13	青色	透明	カリ	大山8号墓第2主体※1
螺旋形T	非定形螺旋形	捻り加熱	約12〜25	淡青色・濃緑色	透明	不明※2	原の辻原ノ久保A地区9号土壙

※1 標識資料は設定していない。代表的遺物として提示する。
※2 分析は行われていないが、その特徴からアルカリ珪酸塩ガラスであると考えられる。

48　第Ⅰ部　弥生時代のガラス製品と弥生社会

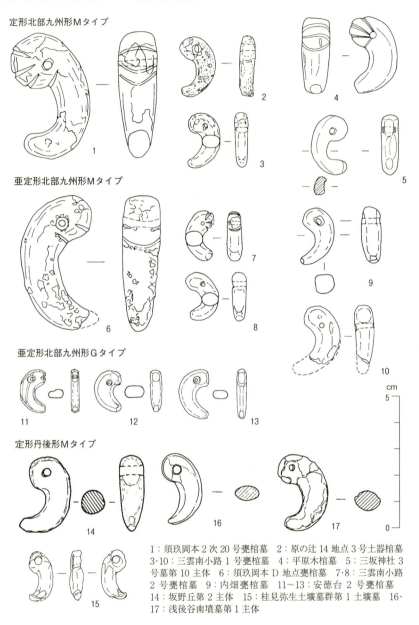

1：須玖岡本2次20号甕棺墓　2：原の辻14地点3号土器棺墓　3・10：三雲南小路1号甕棺墓　4：平原木棺墓　5：三坂神社3号墓第10主体　6：須玖岡本D地点甕棺墓　7・8：三雲南小路2号甕棺墓　9：内畑甕棺墓　11〜13：安徳台2号甕棺墓　14：坂野丘第2主体　15：桂見弥生土壙墓群第1土壙墓　16・17：浅後谷南墳墓第1主体

図9　弥生時代のガラス勾珠（1）

第2章 ガラス管珠・勾珠の分類とその副葬にみられる意味 49

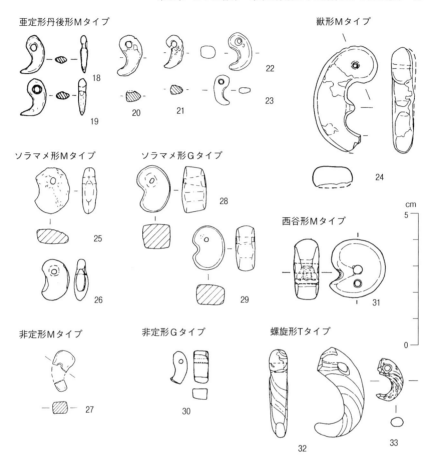

18・19：坂野丘第2主体　20・21：大風呂南1号墓第1主体　22：金谷1号墓第3主体　23：金谷1号墓第2主体　24：柚比本村SJ1112甕棺墓　25：左坂26号墓第1主体　26：大山5号墓第2主体　27：三坂神社3号墓第2主体　28・29：左坂24-1号墓第9主体　30：大山8号墓第2主体　31：西谷3号墓第1主体　32：原の辻原ノ久保A地区9号土壙　33：小倉大南10号住居跡

図10　弥生時代のガラス勾珠（2）

成した。形態にすでに地域名がついているものが多いため省略せず、一方で煩雑となることを避けて標識資料とする遺物名はつけていない。[32]

　製作技法の略号は、鋳型鋳造；M（molding）、削り出し；G（grinding）、捻り加熱；T（twisting）である。

（1）鉛珪酸塩ガラス

a．定形北部九州形Mタイプ

　定形北部九州形の形態をもち、鋳型鋳造法で製作された勾珠。弥生中期後葉の北部九州で出現した後、後期には西日本各地で見られる。

　標識資料は、福岡県須玖岡本遺跡2次20号甕棺墓出土品（春日市教育委員会編 1994）、福岡県三雲南小路遺跡1号甕棺墓出土品。このほか、福岡県平原木棺墓（原田大 1991）、京都府三坂神社墳墓群3号墓第10主体などから出土している。

b．亜定形北部九州形Mタイプ

　亜定形九州形の形態をもち、鋳型鋳造法で製作された勾珠。時期は定形北部九州形Mタイプと同じである。

　標識資料は福岡県須玖岡本遺跡D地点甕棺墓出土品（中山 1922a・1922b・1928a・1928b）。このほか、福岡県三雲南小路遺跡2号甕棺墓、佐賀県内畑遺跡甕棺墓（藤田 1994）などから出土している。

c．亜定形北部九州形Gタイプ

　亜定形北部九州形の形態をもち、削り出し法で製作された勾珠。現在は中期後葉の1遺跡から3点のみの出土である。

　標識資料は福岡県安徳台遺跡2号甕棺墓出土品（那賀川町教育委員会 2006a）。

d．定形丹後形Mタイプ

　定形丹後形の形態をもち、鋳型鋳造法で製作された勾珠。後期後葉から終末期において、丹後を中心とした日本海側地域で見られる。

　標識資料は京都府坂野丘墳丘墓第2主体出土品（弥栄町教育委員会 1979）。このほか、京都府浅後谷南墳墓第1主体（京都府埋蔵文化財調査研究センター 1998）から出土している。また鳥取県桂見遺跡弥生土壙墓群第1土壙墓（鳥取市教育委員会 1984）出土品もこのタイプの可能性が高い。

e．亜定形丹後形Mタイプ

　亜定形丹後形の形態をもち、鋳型鋳造法で製作された勾珠。時期は亜定形丹後形Mタイプと同じである。

　標識資料は、京都府坂野丘墳丘墓第2主体出土品および京都府大風呂南墳墓

群1号墓第1主体（岩滝町教育委員会 2000）出土品。このほか京都府金谷1号墓（京都府埋蔵文化財調査研究センター 1995）、京都府浅後谷南墳墓群第1主体などから出土している。

　f．獣形Mタイプ

　定形系獣形の形態をもち、鋳型鋳造法で製作された勾珠。現在は、後期前葉の1遺跡から1点のみ出土している。

　標識資料は佐賀県柚比本村遺跡 SJ1112 甕棺墓出土品（佐賀県教育委員会 2004）。

　g．ソラマメ形Mタイプ

　非定形ソラマメ形の形態をもち、鋳型鋳造法で製作された勾珠。後期前葉の丹後において見られる。

　標識資料は、京都府大山墳墓群5号墓第2主体出土品（丹後町教育委員会 1983）。このほか、京都府左坂墳墓群26号墓第1主体から出土している。

　h．非定形Mタイプ

　非定形その他の形態を持ち、鋳型鋳造法で製作された勾珠。その他のすべての形態ということで、標識資料は設定しない。代表例は京都府三坂神社墳墓群3号墓第2主体出土品。

（2）アルカリ珪酸塩ガラス

　a．ソラマメ形Gタイプ

　非定形ソラマメ形の形態をもち、削り出し法により製作された勾珠。成分はカリガラス。弥生後期前葉〜中葉の丹後に見られる。

　標識資料は京都府左坂墳墓群24-1号墓第9主体出土品。

　b．非定形Gタイプ

　非定形その他の形態をもち、研磨法により製作された勾珠。成分はカリガラス。その他のすべての形態、ということで標識資料は設定しない。代表例は、京都府大山墳墓群8号墓第2主体出土品。

　c．西谷形Mタイプ

　非定形西谷形の形態をもち、製造法はおそらく鋳造後研磨によると考えられるが、異論もある。これまでの分析では、ソーダ石灰ガラスにバリウムと鉛が

入れられたような結果が示されており（三浦・渡辺 1988）、その基礎ガラスはソーダ石灰ガラス系と判断していた。しかしごく最近再分析がなされ、それによると酸化鉛が 20％以上含有されており、かつ酸化バリウムを伴うもので、その基礎ガラスは鉛バリウムガラスと判断されるものであった（島根大学考古学研究室・出雲弥生の森博物館 2015）。しかし酸化ナトリウムが 8〜9％、酸化カルシウムを 3％台含んでおり、これは中国の戦国時代から漢代に見られる一般的な鉛バリウムガラスと異なっている。後期後葉の島根県西谷墳墓群 3 号墓から 2 点のみ出土している。

標識資料は島根県西谷墳墓群 3 号墓第 1 主体出土品。

d．螺旋形 T タイプ

捻り加熱法で製作され、螺旋形の形態をもつ勾珠。分析が行われていないため成分は不明だが、高い透明度からアルカリ珪酸塩ガラスであると考えられる。

標識資料は、長崎県原の辻遺跡原ノ久保 A 地区 9 号土壙出土品（長崎県教育委員会 1999）。このほか、福岡県春日市小倉大南遺跡 10 号住居（春日市教育委員会 1976）などから出土している。

以上 2006 年の論考（小寺 2006a）に亜定形北部九州形 G タイプを加え、12 タイプに分類を行った。西谷形 M タイプと螺旋形 T タイプを除いて、すべて舶載されたガラスを使用して列島内において製作したと考えられる。

西谷形 M タイプは、列島内における製作か否かの判断が難しい。孔が二つある点や、また本来は円形であった可能性などから、何らかの製品を列島内において再加工した可能性も考えられる。螺旋形 T タイプは、その製作技法が鋳造ではなく、ガラスの性質を把握した技法であることなどから、列島内で製作された珠ではない可能性が高いと考える。いずれも、製作地の同定は今後の課題としたい。

ところで、このようなガラス勾珠の改鋳にあたって、舶載された何を素材としていたのかは、重要な問題である。

大賀は未加工の鉛バリウムガラスを素材としていたと考察している。「弥生

時代中期後半になると、ガラス製品の製作が開始される。（中略）北部九州では青緑色を呈し、比較的透明度の高い未加工の鉛バリウムガラスを素材とし、鋳型を使用したガラス勾玉の製作が行われる。（中略）。共時的に流通するガラス管珠は鉛バリウムガラス製でも漢青を混和された青色味が強く、透明感の乏しい色調を呈し、明らかに異なっている。すなわち、ガラス勾玉の工房で併せてガラス管玉が製作された可能性や、舶載されたガラス管玉が勾玉の素材として利用された可能性は考える必要がない」と述べている（大賀 2010a：p.28）。なお大賀が後期まで含めて述べているのかは、この文脈からは不明である。

しかし北部九州から出土する中期後半の勾珠についていえば、これらガラス勾珠は白色化しており色調の判別は難しいものの、須玖岡本D遺跡出土の勾珠は緑色を呈することがわかっている（藤田 1994：p.48）。また共時的に存在するガラス管珠の中には、緑色が観察されるものがあることについてもすでに触れた。色調からは、舶載されたガラス管珠もしくはガラス璧を素材とした可能性はあると考える。これについては、鉛同位体比を取り上げるときにまた触れたい。

後期以降に関してはここでは詳しく考察しないが、ガラス管珠とガラス勾珠の素材が似た物もあり、かつさまざまな地域で製作が行われていることを考えると、加工用のガラス素材を入手することも、またガラス管珠を素材として利用する場合もあったのではないかと考えている。

第4節　ガラスの時代変遷・分布と流通の様相

1．ガラス製品の時代変遷と分布

以上の分類をもとに、それぞれのタイプが時代・地域でどのような分布と変遷をみせているかを検討する（表3・図11）。

（1）弥生時代中期

ガラス管珠とガラス勾珠は弥生時代中期に北部九州に登場する。

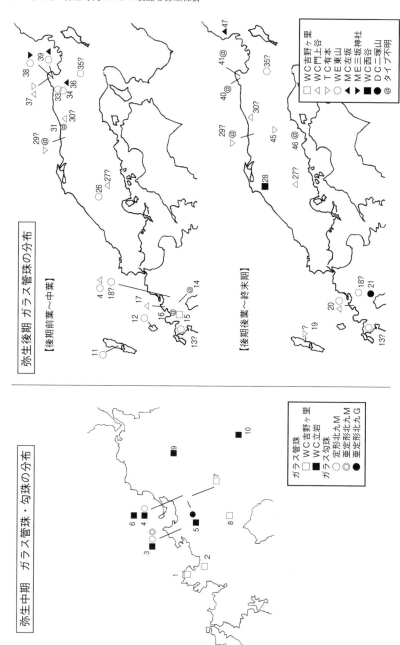

第2章 ガラス管珠・勾珠の分類とその副葬にみられる意味 55

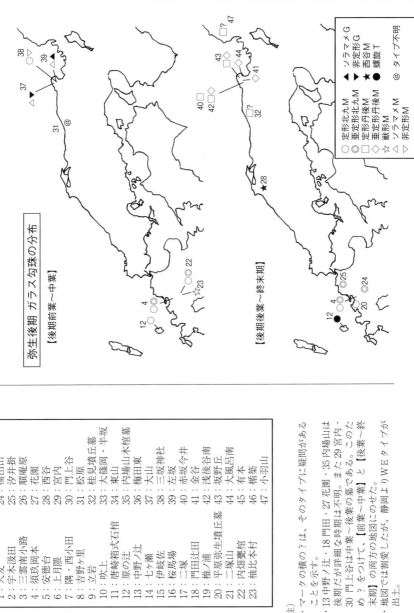

図11 弥生時代におけるガラス管珠・勾珠の分布（墳墓出土のみ）

表3 各タイプの出現期間

		弥生中期			弥生後期			
		前葉	中葉	後葉	前葉	中葉	後葉	終末
ガラス管珠	WC 吉野ヶ里※	■■■■	■■■■					
	WC 立岩			■■				
	WC 門上谷				■■■■	■■■■	■■■■	→
	TC 有本				■■■■	■■■■	■■■■	→
	WE 東山※				■■■■	■■■■	■■■■	
	MC 左坂※				■■■■	■■■■	■■■■	
	ME 三坂神社				■			
	WC 西谷						■	
	DC 二塚山						■■■■	→
	DC 三雲仲田						■■	→
ガラス勾珠	定形北部九州形 M			■■■■	■■■■	■■■■	■■■■	→
	亜定形北部九州形 M			■■■■	■■■■	■■■■	■■■■	
	亜定形北部九州形 G			■				
	定形丹後形 M				■■■■	■■■■	■■■■	→
	亜定形丹後形 M				■■■■	■■■■	■■■■	
	獣形 M				■			
	ソラマメ形 M				■■■■	■■		
	西谷形 M					■		
	非定形 M				■■■	■■■■	■■■■	→
	ソラマメ形 G				■■			
	非定形 G						■■	
	螺旋形 T						■■	→

※伝世を含む可能性がある。
注；⇨は古墳時代にも引き続きみられることを示す。

　最初に登場するガラス管珠はWC吉野ヶ里タイプで、主に唐津平野・佐賀平野に中期前葉の新段階から出現し、中期後葉までが分布の中心である。代表例は佐賀県（肥前）吉野ヶ里SJ1002甕棺墓・宇木汲田16号・41号甕棺墓出土品で、発掘で確認されているものは副葬品として出土している。

　中期後葉になると、筑前の福岡平野・糸島平野を中心にWC立岩タイプが登場する。これは後葉にのみ見られるもので、代表例は福岡県立岩28号甕棺墓・三雲南小路1号甕棺墓出土品等で、すべて甕棺墓に副葬されており、副葬点数が多量な点が特徴的である。福岡平野・糸島平野が分布の中心であるが、遠賀川流域の立岩遺跡と筑後川上流の大分県（豊後）吹上遺跡にまで広がりを

見せる。このように WC 吉野ヶ里タイプと WC 立岩タイプの分布は明確な地域差をもつ。しかし後期に入るといずれのタイプも姿を消してしまう。

　ガラス勾珠はガラス管珠よりやや遅く中期後葉に登場する。筑前の福岡平野・糸島平野を中心に定形北部九州形M・亜定形北部九州形Mが副葬されており、三雲南小路1・2号甕棺墓出土品が代表例である。また1遺跡からではあるが、この地域から亜定形北部九州形Gタイプが出土している。これら勾珠はWC立岩タイプのガラス管珠と共伴している例が大半であるが、ガラス管珠と比べると出土遺跡数・遺物数共に少ない。

　北部九州以外においては、弥生中期と考えられるガラス管珠は、岡山県の中期中葉と考えられる集落跡から2点出土しているが詳細は不明である（島根県古代文化センター 2005）。一方ガラス勾珠は、西日本から少数出土している。中国四国地方では、中期後葉と考えられるガラス勾珠が島根県から1点、岡山県から破片1点と完形1点など3点が出土しており（米田 2009）、また中期後半と考えられるものが高知から1点出土している（米田 2011）。すべて住居または包含層からの出土で、墳墓からの出土はない。近畿では、畿内の墳墓から出土が見られる。中期後葉の大阪市加美墳丘墓（福岡市立歴史資料館 1986 ほか）から1点、勾珠頭部の加工品と考えられるものが出土している。今後遺物を詳細に検討し、北部九州からの流入品なのかといった、製作地と流通ルートを検討すべきであろう。

（2）弥生時代後期

　後期になるとガラス管珠・ガラス勾珠ともにさまざまなタイプが出現し、かつその分布も九州では西北九州まで、また本州は北陸・東海までと、より広範囲に広がる状況となる。

　a．九州

　ガラス管珠は中期に見られたタイプは姿を消し、新たなタイプが出現する。

　最も広範囲に多く見られるのはWE東山タイプで、後期前葉に登場し後期を通じ存在するが、時期の中心は後期前葉から中葉である。北部九州では福岡平野・糸島平野・唐津平野・壱岐・対馬などの墳墓に副葬されている。代表例は筑前の須玖岡本遺跡エ地点甕棺墓（藤田 1994、春日市教育委員会 1995[38]）・

平原 1 号墓、壱岐対馬の長崎県対馬唐崎箱式石棺墓（長崎県教育委員会 1969）・壱岐原の辻 14 地点 3 号甕棺墓出土品等である。

　WC 門上谷タイプも前葉に登場し、後期を通じて糸島平野・佐賀平野など北部九州の墳墓に副葬されている。代表例は筑前の福岡県宮の下遺跡 1 号石棺墓（春日市教育委員会編　1994）・福岡県二塚遺跡甕棺墓[39]（伊都歴史資料館 1998、原田大 1954）・平原 1 号墓出土品等である。

　アルカリ珪酸塩ガラスの管珠は後期に初めて出現し、分布の中心は前葉～中葉である。DC 二塚山タイプは佐賀平野（肥前）の二塚山遺跡 26 号土壙墓と糸島（筑前）の井原ヤリミゾ遺跡に副葬されていた。二塚山からの出土点数は 200 点以上と多いものの、出土遺跡数は少ない。一方 DC 三雲仲田タイプは福岡平野（筑前）の三雲仲田遺跡において後期末葉の住居址から出土するなど、墳墓からではなく住居址から出土している点が特徴的である。後期にはガラス管珠は住居址からも数点の出土が見られるが、宮崎県（日向）の祝吉遺跡（都城市教育委員会 1981）の 1 点以外は北部九州から出土している。

　ガラス勾珠は、福岡平野・糸島平野・佐賀平野など北部九州で後期を通じ定形北部九州形M・亜定形北部九州形Mタイプが副葬されている。代表例は筑前の平原 1 号墓・須玖岡本 2 次 20 号甕棺墓・須玖岡本遺跡 E（エ）地点甕棺墓出土品等である。中期に比べると、出土した遺跡数も、範囲も広がっている。佐賀県（肥前）では柚比本村 SJ1112 甕棺墓から獣形Mタイプが出土しているが、現在弥生時代のガラス勾珠では他に例を見ない。ガラス勾珠は、九州という範囲で見ると、副葬品としては北部九州以外では壱岐にのみ分布しており、定形北部九州Mタイプが、壱岐の原の辻 14 号地点 3 号甕棺墓に副葬されている。螺旋Tタイプも原の辻原ノ久保A地区 9 号土壙から発掘されている。この 9 号土壙は墓の攪乱と考えられており副葬品の可能性が高い[40]。

　副葬品以外では住居址等からも数点出土している。北部九州の筑前の糸島平野・福岡平野の後期の住居址等から定形北部九州形M・亜定形北部九州形M・螺旋形 T タイプが数点出土しており[41]、大分（豊後）・熊本（肥後）の住居址から亜定形北部九州M形タイプが出土している[42]。このうち螺旋形 T タイプは国内で 3 点出土例があり、壱岐原の辻原ノ久保 A 地区 9 号土壙例はすでに述べたように副葬の可能性が考えられるが、福岡の 2 例は住居址出土であり、副葬

品でない点は注目される。

　b．西日本（九州を除く）

　ガラス管珠は後期初頭から中葉にかけて、さまざまなタイプが東海以西の地域に出現する。その大半が日本海側、または日本海側とのつながりをもつ地域の墳墓に副葬されたものである点は注目に値しよう。

　まず後期初頭に多種類のガラス管珠が大量に北近畿地方の丹後と但馬に登場する。すべて副葬品としての出土例で、北部九州と同じく WE 東山タイプが最も多く見られ、丹後・但馬両地域の墳墓に初頭から中葉にかけて多く副葬されている。代表例は兵庫県東山墳墓群 4 号墓・京都府三坂神社墳墓群 8 号墓等である。丹後の墳墓では初頭から中葉にかけて、竹野川流域の大山墳墓群・三坂神社墳墓群・左坂墳墓群に、鉛珪酸塩ガラス系の WC 門上谷・WE 東山タイプ・TC 有本タイプ、アルカリ珪酸塩ガラス系の ME 三坂神社タイプ・MC 左坂タイプとさまざまなタイプが副葬されている。さらに但馬では、兵庫県東梅田墳墓群の後期前葉〜中葉の墓から MC 左坂タイプが多数出土している。また丹波では、内場山墳丘墓の後期（詳細な時期は不明）の墓から WE 東山タイプが出土している。

　この他の地域で、後期前葉に墳墓からガラス管珠が出土している遺跡はほとんど見られない。山陰では鳥取県（因幡）の松原 1 号墳丘墓墳頂部の後期前葉の主体部から、合計 45 点という大量のガラス管珠が出土した（鳥取市埋蔵文化財センター 2010）。詳細は不明だが、写真から判断すると、法量の揃った非常に規格性が高い管珠で、青色をよく残している。[43]

　中葉から後葉にかけてガラス管珠が副葬される地域は広がりをみせるが、遺跡数は多くなく、ほぼ日本海側における分布である。

　まず北近畿では、前葉からの様相が後期後葉になると大きく変化する。特に多数のガラス管珠が見られた丹後では、後葉になるとガラス管珠がほぼ見られなくなる。これは他の地域でむしろ管珠の出現が後葉に多くなるという様相と逆の現象であり、興味深い。しかし終末期になると、京都府金谷 1 号墓および京都府赤坂今井墳丘墓（峰山町教育委員会 2004）に TC 有本タイプまたは WC 門上谷タイプの管珠が見られる。

　北陸では後期後葉に、MC 左坂タイプが福井県（越前）の小羽山 30 号墓か

ら出土しているが、他のタイプは見られない。

　山陰では中葉から後葉と考えられる鳥取県（因幡）の門上谷1号墓にWC門上谷タイプが、鳥取県（伯耆）の宮内1号墓ではTC有本タイプと不明なタイプが副葬されていた。また島根県の日本海側では、出雲地域の後葉の西谷2・3号墓から、珍しいソーダ石灰ガラスのWC西谷タイプが出土している。山陰では多くの遺跡に散見されるのではなく、数か所の墳墓からまとまった数が出土する、という傾向がある点が注目される。

　中国地方では、この他後期前葉～中葉とされる島根県（石見）の順庵原1号墓（島根県教育委員会 1971）にWE東山タイプが、後期（詳細な時期は不明）の広島県（備後）花園遺跡台状墓（三次市教育委員会 1980）にWC門上谷タイプが副葬されている。いずれも分布の中心である日本海沿岸からは離れているものの、日本海に注ぐ江川流域の墳墓である点は、その流通や被葬者の関係からも注目されよう。

　山陽側ではガラス管珠の副葬は非常に少なく、その分布の中心は吉備地方である。後期後半になると、岡山県（美作）の有本遺跡B地区49土壙墓にTC有本タイプの副葬が見られる。また岡山県（備中）の楯築弥生墳丘墓から出土した管珠の中には細身のガラス管珠が多量に見られるとのことである。[44] 墳墓以外でガラス管珠は山口・広島・岡山など瀬戸内海側に散見され、住居址などから出土している。[45] 各1～2点で欠損も多く、タイプの判別は難しいがWCタイプが多くを占めるようである。

　後期におけるガラス管珠副葬の東限は現在のところ東海地方で、静岡県（遠江）の城山A区土壙墓（浜松市博物館編 1993）にWE東山タイプが副葬されている。

　一方ガラス勾珠は後期になると九州以外にも見られるが、その分布は広くなく、日本海側が大半を占め、分布の中心は北近畿の丹後である。

　丹後では、後期初頭から中葉にかけてさまざまな形態の勾珠が出現する。定形北部九州形M・丹後形M・丹後形G・非定形M・非定形Gタイプが、京都大山墳墓群・三坂神社墳墓群・左坂墳墓群に副葬されている。特にソラマメ形の丹後形M・丹後形Gタイプはこの地域にのみ見られる特徴的な形態のガラス勾珠である。[46] しかし後期後葉になると一転して多様なタイプは見られなくなり、

新たに出現した定形丹後形M・亜定形丹後形Mタイプのみが副葬される状況となり、点数も格段に増加する。代表例は浅後谷南墳墓・坂野丘弥生墳丘墓・大風呂南1号墓である。

墳墓では、丹後以外からのガラス勾珠の出土は多くはない。山陰では数例が見られる。鳥取県の因幡地域では、後期前葉の松原1号墳丘墓からは多数の管珠だけでなく、勾珠も17点出土している。詳細は不明だが、青色の色調を呈する、定形系の勾珠である。一方後期後葉の桂見弥生土壙墓群第1土壙墓では、白色化した定形系の勾珠が出土しており、時期的にも定形丹後形Mまたは亜定形丹後形Mタイプの可能性がある。島根県の出雲地域では、後期後葉の西谷3号墓に他に類を見ない西谷Mタイプが2点副葬されている。なお山陰では、ガラス勾珠がガラス管珠と一つの墳墓から共伴する例は、西谷3号墓と松原1号墳だけである。

この他の地域では、ごく数例のみである。福井県（越前）小羽山30号墓や、鳥取県桂見弥生土壙墓群第1土壙墓で出土した勾珠は、風化が激しく推定ではあるが、時期的にも定形丹後形Mまたは亜定形丹後形Mタイプの可能性がある。

ガラス勾珠副葬の東限は、ガラス管珠と同じく東海地方である。静岡県（駿河）植出遺跡の終末期の方形周溝墓から亜定形北部九州形Mタイプが1点出土している。[47]

墳墓以外からは住居址などから数点出土している。広島県（安芸）の中畦遺跡住居跡（広島市教育委員会 1984）、奈良県（畿内）の唐古・鍵遺跡SD04溝（奈良県立橿原考古学研究所編 1978）などから出土しているが、いずれも亜定形タイプや非定形M・非定形Gタイプで、形態の整った珠は見られない点が特徴的である。また畿内地方の弥生墳墓に副葬されたガラス勾珠とされている遺物があるが頭部のみの破片であり、破片のままで使用されていた可能性が高い。[48] 勾珠と考えるにはやや問題が残る。

2. ガラス製品の製作地と流通

以上、弥生時代におけるガラス管珠と勾珠の分布と変遷を概観した。すでに

述べたようにガラス管珠の大半は舶載品であるが、ガラス管珠の一部とガラス勾珠の大多数は列島内で改鋳により製作された。次にそれらの製作地や入手経路を考察する。

（1）弥生時代中期

　中期においては北部九州でのみガラス管珠が見られ、2種類のタイプが存在する。中期中葉から中期後葉にかけて、肥前の唐津平野・佐賀平野を中心に分布するWC吉野ヶ里タイプのガラス管珠は、成分分析より中国系の鉛バリウムガラスであることが判明している（佐賀県教育委員会　1994）。その特徴と成分は朝鮮半島東南部において無文土器時代後期に副葬されたガラス管珠と酷似し、また中国東北部において戦国時代～前漢初期に副葬されたガラス管珠と特徴が一致する。なおこの点については第Ⅱ部であらためて検討を行う。これら大陸の遺跡は、時期的に弥生時代中期に対して先行もしくは併行する。さらにこのタイプのガラス管珠を副葬する遺跡からは、多鈕鏡や細型銅剣など朝鮮半島系の青銅器が出土しており、WC吉野ヶ里タイプは朝鮮半島を経由して日本に流入したと推定できる。他の地域からこのタイプのガラス管珠が出土しない点からも、この地域が独自に朝鮮半島との連絡をもち、これらの遺物を入手していたと考えられる。

　中期後葉に見られるWC立岩タイプはこれも中国系の鉛バリウムガラスであるが、筑前の福岡平野・糸島平野を中心に分布している。出土した各遺跡ではガラス璧や漢鏡など漢帝国とつながりのある遺物を共伴している。中心的な墳墓である須玖岡本D号甕棺墓や三雲南小路1・2号甕棺墓を築いた集団が中心となって、鏡と同様、または鏡と共に漢帝国の領域から入手し、さらにこれらの集団から立岩遺跡や吹上遺跡を築いた集団へと伝わったと考えられる。この点についてはあらためて考察を行いたい。

　このようにガラス管珠のタイプの違いから見ても、唐津平野・佐賀平野を中心とした地域と福岡平野・糸島平野を中心とした地域では、各々異なる時期に異なった地域と交流した結果、これらガラス管珠を入手したことがうかがえる。

　一方ガラス勾珠は鋳造による定形北部九州形M・亜定形北部九州形Mタイプ

が、中期後葉に筑前の福岡平野・糸島平野にのみ出現する。現在中期に遡るガラス製作址は確認されていないが、須玖岡本遺跡地区は中期後半以降、青銅器生産センターであったこと、後期には同形態のガラス勾珠鋳型がこの地域より出土している点を考慮しても、このタイプが中期後葉においても福岡平野または糸島平野で製作されたと考えて問題はないだろう。

　また亜定形北部九州形Gタイプは、同時期に同じく福岡平野の須玖岡本遺跡近郊の安徳台遺跡からのみ出土しているものである。この勾珠はガラス板を削り出しすることにより製作を行っており、その形態は定形系で同時期・同地域の鋳造勾珠と密接な関係をもつと考えるべきであろう。その原材料となったガラス板は、ガラス勾珠に残る特徴から、同時期に三雲や須玖からも出土するガラス璧であると柳田（柳田　2008：p.226）は指摘している。これについては第Ⅰ部第4章で取り上げるが、このタイプもまた福岡平野または糸島平野で製作されたと考えて問題ないであろう。

（2）弥生時代後期

　弥生時代後期になると、多量のガラス管珠や勾珠が出現し複雑な様相を呈する。

　ガラス管珠では出土遺跡数が1～2件にとどまるタイプも多く見られる一方、WC門上谷タイプとWE東山タイプは広範囲かつ多量に分布する。この2タイプはともに後期前葉に出現し、後期を通じて北部九州と丹後を中心に主に日本海側に分布している。

　表4は弥生後期における墳墓から出土したガラス管珠の、律令制度に基づく旧国名で見た地域別出土数である。北部九州と北近畿・山陰にその分布の中心があるといってよいだろう。WC門上谷タイプは北部九州の筑前で出土数が最も多いものの、丹後・因幡といった北近畿・山陰でも多く、北部九州よりも北近畿・山陰の合計数が上回る。またWE東山タイプも筑前が突出して多いが、丹後・丹波・但馬の北近畿においてかなりの数量が出土し、北近畿の合計数は北部九州に近い。北近畿では単に出土数だけでなく出土遺跡数も多い点は重要であろう。さらに北近畿や山陰において、これらWC門上谷やWE東山タイプは1点のみの出土ではなく、多くの場合一つの遺構から6～10数点と多量に

表4 ガラス管珠タイプ別 弥生後期墳墓出土数

	WC 吉野ヶ里	WC 門上谷	TC 有本	WE 東山	MC 左坂	ME 三坂	WC 西谷	DC 二塚山	不明	合計
壱岐対馬				2					1	3
肥前		1		3				221		225
筑前	1	29+a		50+a				2		82+a
石見				3						3
出雲							42+a			42+a
伯耆			9+a						7+a	16+a
因幡		16							45	61
但馬				24	37					61
丹後		12	1	16	15	13			91+a	148+a
丹波				8						8
備後		13								13
備中									多数	多数
美作			17							17
越前						11				11
遠江				1						1

出土しており、首飾りと考えられる出土状況も多い。首飾りなどの需要を満たす一定数を確保できている点、また各遺構の遺物の規格性が非常に高い点は、製作地、すなわち列島外との直接的な接触をうかがわせる。

　以上から北部九州と北近畿・山陰は異なる独自のルートによりガラス管珠を入手していた可能性が高い。北部九州と北近畿それぞれの入手先の異同については、今後の検討が必要である。しかし特にWE東山タイプの出土遺物全体的な規格性の高さは、製作地が限定される可能性を示唆している。

　後期には、鉛バリウムガラス製だけではなく、アルカリ珪酸塩ガラス製の管珠が北部九州に見られる。さらに後期には、同じ組成のアルカリ珪酸塩ガラス（カリガラス・ソーダ石灰ガラス）のガラス小珠の出土が増加する。ガラス小珠については第Ⅰ部第5章であらためて述べるが、アルカリ珪酸塩ガラス管珠は、同組成の小珠と同じ搬入ルートを想定できるかもしれない。すなわち同じ地域でも中期とは異なるルート、また鉛バリウムガラス管珠とは異なる搬入ルートの存在が想定される。これは列島内の各地域において、複数の搬入ルートが存在した可能性を示唆するものである。

後期では、国内で改鋳によりガラス管珠が製作されはじめる。MC左坂タイプとME三坂神社タイプは、ガラス塊や破片などを改鋳してガラス棒を製作し、その後穿孔したものである。その穿孔技術から、石製管珠を製作する玉造工房や技術と関係が深いと考えられる。

　ME三坂神社タイプは後期前葉に出現した後、類例が見られない。一方製作技法が同じMC左坂タイプの初出は左坂墳墓群で、同じく後期前葉であるがその出土遺跡は複数見られる。これら改鋳により製作されたカリガラスの管珠は、いずれも丹後で製作が開始されたと考えるのが最も妥当であろう。ME三坂神社タイプとMC左坂タイプは、おそらく製作において影響関係があったと考えられる。丹後では竹野川流域の奈具岡遺跡が中期後半の玉作り遺跡として知られており（野島・河野 2001 ほか）、石製管珠製作技術を保持していることは明らかである。MC左坂タイプは丹後・但馬・越前で出土しているが、すべてが丹後で製作されたのか、または製作技術がもたらされて、それぞれの地域で製作が行われたのかは不明である。特に越前は玉作りの伝統がある地域であり、時期的にやや後出のため、後者の可能性も否定しがたく、今後の研究を待ちたい。いずれにせよ日本海を通じた交流により、丹後で製作されたMC左坂タイプ（または製作技術）がもたらされたと考えられる。この小羽山30号墓のある越地方と北近畿との地域間交流は、土器の分析などからも指摘されている（高野 2000：pp.51-53）。

　ガラス勾珠に関しては、定形・亜定形タイプを製作する石製・土製鋳型が弥生後期から出現しているが、現在厳密に後期と比定できる鋳型はほぼすべて北部九州からの出土である。その多くは筑前の須玖岡本を中心とした地域で、赤井手遺跡勾珠石製鋳型（図6-1）、五反田遺跡勾珠土製鋳型（図6-2）は、定形北部九州形の形態をもつものである。また福岡県長野尾登遺跡のガラス勾珠の土製鋳型については前述したが、その他筑紫地域から鋳型が出土しており、福岡県朝倉郡ヒルハタ遺跡（図6-4）からは後期の可能性のある石製鋳型が、佐賀県三養基郡三本谷遺跡からは弥生後期の土製鋳型が発見されており（藤田 1994：pp.239-240）、これらは定形または亜定形北部九州形の形態をもつ。なお長野尾登遺跡と三本谷遺跡出土鋳型は、その形態から片面鋳型の可能性が高

表5 ガラス勾珠タイプ別 弥生後期墳墓出土数

	定北九M	亜定北九M	定丹後M	亜定丹後M	獣形M	ソラマメM	非定M	ソラマメG	非定G	西谷M	螺旋T	不明	合計
壱岐対馬	1											1	2
肥前	1	1			1								3
筑前	4	5											9
出雲										2			2
因幡			1									18	19
丹後	1		31+α	19		3	2	5	1				62+α
越前												1	1
畿内							2						2
駿河		1											1

定：定形　亜定：亜定形　非定：非定形　北九：北部九州

い。

　このように、後期になると北部九州では須玖岡本に限らず、数か所で製作されていたと考えられる。須玖岡本周辺では、両面鋳型と考えられる鋳型が出土している一方で、それ以外の地域では片面鋳型と考えられる鋳型が出土している状況は、同時期の近い地域でも、異なる鋳型技法によるガラス勾珠が存在していることを示しており、ガラス勾珠の鋳造製作技法を考える上で注意すべきであろう。

　北部九州以外ではこの時期ガラス勾珠を製作していた痕跡として、静岡県（駿河）の沼津市植出遺跡から、弥生時代後期とされる土製ガラス勾珠鋳型が出土している。円形で片面鋳型、長野尾登遺跡に似た形態をもつ。しかしガラス製作の有無については不明な点も多く(54)（沼津市史編さん委員会ほか 2005）、この地域のガラス製作については今後の検討を待ちたい。また大阪府（畿内）の東奈良遺跡で土製勾珠鋳型が出土しているが、出土した包含層が弥生時代中期から古墳時代初頭の遺物をもち、詳細な時期を決定するのは困難である（藤田 1994：pp.240-241）。

　一方、旧国別の墳墓から出土した勾珠分布（表5）をみると、分布の中心の一つは筑前に、もう一つは丹後にあり、それぞれが分布の中心であったと考えられる。勾珠の製作址や鋳型の出土は未だ見られないものの、ソラマメ形など独自の形態をもつ点からも、丹後でも勾珠を製作していた可能性は高い。なお

因幡でも多数出土しているが、すべて松原1号墳M2主体という1遺構からのみの出土であり、北部九州、または丹後から入手した可能性が考えられるものである。[55]

　丹後において後期に登場するソラマメ形M・ソラマメ形Gタイプは、前葉〜中葉にかけて竹野川流域にのみ見られ、他の地域では見られない特徴的な勾珠である。ソラマメ形Mタイプとは鉛珪酸塩ガラス、ソラマメ形Gタイプはアルカリ珪酸塩ガラスと組成が異なるが、形態の類似は、同一の形態を作る意図をもって製作したと考えられる。組成の違いは製作地に入手した原材料の違いによるものであろうか。また同時期の後期初頭から中葉には、非定形Mタイプ・Gタイプの勾珠も丹後で見られる。さらに後期後葉から丹後に多く見られる定形丹後形Mタイプと亜定形丹後形Mタイプは、北部九州の定形勾珠に倣いつつも、尾部が細いという北部九州には見られない特徴をもつタイプである。このような地域内独自の変遷を見ると、後期初頭から中葉にかけて丹後地域でガラス勾珠を試行錯誤的に製作を行い、後葉には整った形態の勾珠を製作可能となった状況が想定される。すなわち、ソラマメ形タイプ・定形丹後形Mタイプ・亜定形丹後形Mタイプと、この地域に見られる非定形Mタイプ・Gタイプは、丹後地域で改鋳により製作されていたと考えられる。しかし北部九州に多い定形北部九州Mタイプの勾珠も、前葉に丹後の三坂神社3号墓から出土しており（図9-5）、これは北部九州から入手した可能性が高い。ガラス製品を改鋳して勾珠を作るという発想自体は、北部九州から影響を受けたものであろう。

　すでに述べたが、後期後葉の福井県小羽山30号墓や、鳥取県桂見弥生土壙墓群第1土壙墓で出土した勾珠は、白色化がひどく推定ではあるが、定形丹後形Mまたは亜定形丹後形Mタイプの可能性がある。MC左坂タイプの管珠同様に日本海を通じた交流によって、これら勾珠もまた丹後からもたらされた可能性があろう。

　このように後期において、特に北部九州と丹後地域ではガラス勾珠やガラス管珠の分布に関して地域的な特徴をもっており、北部九州と北近畿のそれぞれが拠点として入手、または製作をしていた状況がうかがえる。

さらにこのほか、他に類を見ない特徴的な遺物が多量に出土している地域がある。出雲の西谷3号墓は後期後葉と考えられる四隅突出墓であるが、中心主体である第1・第4主体から多量のガラス製品（ガラス管珠・勾珠・小珠）を出土しており、いずれも非常に特殊な珠であった。ソーダ石灰ガラスのWC西谷タイプガラス管珠は同種のものが西谷2号墓から出土しているのみである。また特殊な鉛バリウムガラスの組成をもつ西谷Mタイプのガラス勾珠（図10-31）は、その形態がガラス製・石製ともに弥生時代では初出するものである。さらにガラス小珠は一般的なカリガラスの小珠のほかに、特殊な色調や形態のものが出土している（第I部第5章参照）（渡辺ほか 1992・島根大学考古学研究室ほか 2015）。出土土器から北近畿・北陸・吉備などとの活発な交流が行われていたことは判明しているが、それらの地域に類例が見られない点、また出雲におけるガラスの製作の想定が現在のところ困難である点から考慮すると、直接的な列島外からの入手も想定できうる。[56]

第5節　ガラス製珠類の副葬の意味

　以上、ガラス管珠・勾珠各タイプの時代変遷・分布を検討した。その結果、特に中期の北部九州と、後期後葉から終末期の丹後では、これらの副葬において特徴的な状況が存在することが明らかとなった。次にガラス管珠・勾珠の副葬状況や、共伴遺物との関係などを多角的に検討することによって、この特徴的な状況の背後にある意図、すなわちガラス製珠類の副葬がその社会においてもつ意味を考察する。

1. 中期の北部九州におけるガラス製品の副葬とその意味

　北部九州における中期のガラス管珠・ガラス勾珠の分布は、肥前の唐津平野・佐賀平野を中心とした地域と、筑前の糸島平野・福岡平野を中心とした地域では、その様相が大きく異なるという特徴が明らかとなった。これまで両地域における中期のガラス管珠の副葬は、同一の様相として扱われてきた。しか

第2章 ガラス管珠・勾珠の分類とその副葬にみられる意味 69

表6 弥生時代中期にガラス管珠・ガラス勾珠が副葬された墳墓

地域	時期	遺跡名	遺構	ガラス勾珠	ガラス管珠	ガラス璧	青銅製武器	鉄製武器	鏡	石製珠類	貝輪	その他
肥前	(新)前葉	宇木汲田	16号甕棺	–	不明(1)	–	–	–	–	–	–	–
		宇木汲田	41号甕棺	–	WC吉野ヶ里(1)	–	矛(1)	–	–	–	–	–
	中葉～後葉	吉野ヶ里	SJ1002甕棺	–	WC吉野ヶ里(79)	–	剣(1)	–	–	–	–	–
		大友	10号配石墓	–	WC吉野ヶ里(1)	–	–	–	–	–	–	–
		宇木汲田	51号甕棺	–	WC吉野ヶ里(1)	–	–	–	–	–	–	–
筑前	後葉	三雲南小路	1号甕棺	定形北部九州形M 亜定形北部九州形M (計3)	WC立岩(60+a)	有	剣矛戈複数	–	30～	有	–	–
			2号甕棺	定形北部九州形M 亜定形北部九州形M (計12)	–	–	–	–	20～	硬玉製勾珠(1)	–	–
		須玖岡本D地点	甕棺	定形北部九州形M(1)	WC立岩(13+a)	有	剣矛戈複数	–	30～	?	–	–
		安徳台	2号甕棺	亜定形北部九州形G(3)	WC立岩(334)	–	矛(1)戈(1)	–	–	–	40	塞杵状ガラス(4)
		上月隈3次	ST007甕棺	–	WC立岩(20+a)	–	剣(1)	–	–	–	–	–
		立岩	28号甕棺	–	WC立岩(548)	–	–	刀子(1)	–	ガラス丸珠・棗珠・碧珠製管珠	–	塞杵状ガラス(5)
			35号甕棺	–	WC立岩(40+a)	–	–	剣(1)戈(1)	1	–	–	–
			41号甕棺	–	WC立岩(4)	–	–	剣(1)	–	–	–	–
		隈・西小田5地点	14号甕棺	–	WC吉野ヶ里?(1)	–	–	–	–	–	–	–
豊後		吹上	4号甕棺	–	WC立岩(490+a)	–	戈(1)	剣(1)	–	硬玉製勾珠	15	–

注:墳墓の編年については、橋口(2005)および常松(2011)の編年を基準としている。

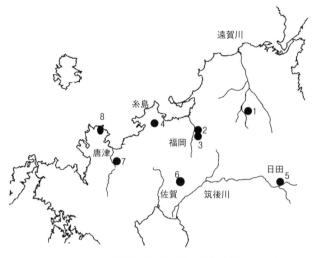

図12　北部九州　弥生中期遺跡分布図

1：立岩
2：須玖岡本
3：安徳台
4：三雲南小路
5：吹上
6：吉野ヶ里
7：宇木汲田
8：大友

しこのように両地域でに見られるガラス管珠は異なるタイプのものであり、共伴する遺物も異なる（表6）。唐津平野・佐賀平野を中心とした地域において分布するWC吉野ヶ里タイプの共伴遺物は、基本的にないか、または青銅武器が1点のみである。一方糸島平野・福岡平野を中心とした地域に分布するWC立岩タイプのガラス管珠は定形系のガラス勾珠と共伴することもあり、さらに鏡・青銅武器・鉄製武器・石製珠類など複数の遺物を伴う。

（1）唐津平野・佐賀平野の様相

中期前葉新段階から後葉において唐津平野・佐賀平野を中心とした地域（図12）では、福岡平野・糸島平野を中心とした地域とは異なった展開を見せている。傑出した首長の墓とされる墳墓は吉野ヶ里[57]以外明確でなく、ほとんどが珠類（特に碧玉製管珠）・青銅製武器・貝輪のどれか単品の副葬品組成を示す。一部の墓が「青銅製品＋珠類」といった複数の組成をもち、墓域の中心的な存在であったと目されている。ガラス管珠の出現は最も早く、中期前葉の新段階から宇木汲田遺跡でWC吉野ヶ里タイプが登場する。多数の副葬品をもつ宇木汲田遺跡の、中期の甕棺墓から出土した副葬品をまとめたものが表7であ

表7　宇木汲田遺跡出土弥生中期甕棺墓　副葬品一覧

遺構名	時期	鏡	青銅武器	珠	釧
甕棺墓32	中期初頭		銅剣片1		
甕棺墓59	中期初頭			碧玉管珠2	
甕棺墓60	中期初頭			碧玉管珠5	
甕棺墓75	中期初頭			碧玉管珠5	
甕棺墓12	中期前半	多鈕細文鏡	細形銅剣1		
甕棺墓16	中期前半			ガラス管珠1	
甕棺墓17	中期前半		細形銅戈1		
甕棺墓58	中期前半		細形銅戈1		
甕棺墓64	中期前半			碧玉管珠15	銅釧18
甕棺墓73	中期前半			碧玉管珠17	
甕棺墓76	中期前半			碧玉管珠9・硬玉勾珠1	
甕棺墓81	中期前半			碧玉管珠13	
甕棺墓92	中期前半			ガラス小珠1	
甕棺墓95	中期前半			碧玉管珠6	
甕棺墓119	中期前半			碧玉管珠26・硬玉勾珠1	
甕棺墓124	中期前半			碧玉管珠8	
甕棺墓129	中期前半		細形銅剣1		
甕棺墓6	中期中頃		細形銅剣1		
甕棺墓11	中期中頃		細形銅剣1	硬玉勾珠1	
甕棺墓15	中期中頃			硬玉勾珠1	
甕棺墓24	中期中頃			硬玉勾珠1	
甕棺墓25	中期中頃			碧玉管珠3	
甕棺墓37	中期中頃		細形銅矛1		
甕棺墓38	中期中頃			碧玉管珠45・硬玉勾珠2	銅釧5
甕棺墓41	中期中頃		細形銅矛1	ガラス管珠1	
甕棺墓43	中期中頃			碧玉管珠9	
甕棺墓45	中期中頃			碧玉管珠83	
甕棺墓46	中期中頃			碧玉管珠13	
甕棺墓47	中期中頃			硬玉勾珠1	
甕棺墓50	中期中頃			硬玉勾珠1	
甕棺墓88	中期中頃			碧玉管珠7	
甕棺墓112	中期中頃		細形銅剣1	碧玉管珠3・硬玉勾珠1	銅釧17
甕棺墓26	中期後半			碧玉管珠27	
甕棺墓36	中期後半			硬玉勾珠1	
甕棺墓51	中期後半			ガラス管珠1	
甕棺墓80	中期後半			ガラス小珠44+α	
甕棺墓91	中期後半			ガラス小珠2	
甕棺墓106	中期後半			碧玉管珠1	

注：副葬品の集成および甕棺の時期は、田中（1986）による。なお田中による甕棺の時期は、筆者が北部九州の中期における墳墓の編年の基準とした橋口（2005）および常松（2011）と異なっているものもあるが、副葬品全体の変遷を見る上では違いは出ないため、あえて時期の検討や変更は行っていない。

る。墓全体において、青銅製武器・珠どちらかの単品組成が多く、珠と青銅製武器の同じ副葬も散見される。しかし特に副葬品を集中した墓は見られない。そしてガラス管珠と碧玉製管珠の扱いにおいて、特に副葬組成に違いは見られない。この副葬品の様相から見ると、ガラス管珠は舶載された珍奇な品、といった程度の認識だったのではないだろうか。

　吉野ヶ里墳丘墓SJ1002甕棺墓では多量のガラス管珠が副葬されており例外的であるが、銅剣と管珠という組み合わせは宇木汲田でも見られる、以前からこの地域にあった「青銅製品＋珠類」の副葬品組成の範疇から外れていない。もちろんガラス管珠には、朝鮮半島とのつながりを示す権威の象徴としての意味が付与されていたことは、想像に難くない。しかしその象徴としての存在は単発的なものであるようだ。この地域もしくは関係のある集団において、象徴的な概念をガラス管珠に託し、それを共有するような状況は見られない。吉野ヶ里のガラス管珠の副葬も多量であるとはいえ、この地域の以前からの副葬習俗の概念に収まるものであったと考えられる。

　吉野ヶ里墳丘墓のガラス管珠の多量副葬は、ともすれば糸島・福岡地域のガラス管珠の多量な副葬と混同されがちである。しかし吉野ヶ里のSJ1002甕棺墓に副葬されているガラス管珠はWC吉野ヶ里タイプであり、次に述べる須玖を中心とした副葬品配布関係に属さないガラス管珠である。副葬における珠類の内容を、単純にその種類だけで比較、分析することには問題があることが明らかであろう。

（2）糸島・須玖岡本を中心とした地域の様相

　一方中期後葉の北部九州では福岡平野・糸島平野を中心として（図12）、WC立岩タイプのガラス管珠と定形北部九州M・亜定形北部九州M・定形北部九州Gタイプのガラス勾珠が、甕棺墓に副葬されている。

　この地域は後葉になると前漢鏡など中国製品の副葬が見られ、鏡・武器・珠類の3点を併せもつ副葬品組成が出現する。副葬品をもつ墳墓は明確な階層構造の中に位置付けられ、副葬品のセット関係はその階層秩序を示すものと理解されている（寺沢 1990、中園 1991、下條 1991、高倉 1995、井上裕 2000 ほか）。特に3点を併せもつ墓は各地域で「王墓」と称される上位埋葬を形成

し、これらの「王墓」にはガラス管珠とガラス勾珠が見られる。中園は墳墓の階層性を構成する諸要素の中で、副葬品について「ガラス璧＋鏡20面以上＋武器形青銅器複数＋ガラス勾珠」が最も階層性が高く、その他諸要素の最高位と結びついているとしている。また下條は、「王墓」における副葬品とそのランクを考察して、ガラス管珠はガラス勾珠ほどのステイタスを示さないと述べている（下條 1991：p.91）。

「鏡＋武器＋珠類」が副葬された上位埋葬墓中でも多数の漢鏡をもち、また大型の墓壙をもつ大型甕棺墓で最高位に位置付けられるのは、糸島平野の三雲南小路遺跡甕棺墓、福岡平野の須玖岡本遺跡D地点甕棺墓、遠賀川流域の立岩遺跡甕棺墓などである。特に漢鏡を大量にもつ須玖岡本遺跡D地点甕棺墓と三雲南小路1号甕棺墓は、その階層性が突出している。ガラス璧と定形北部九州M・亜定形北部九州Mタイプのガラス勾珠はこの2遺跡にのみ見られ、定形北部九州M・亜定形北部九州Mタイプのガラス勾珠は、ガラス璧と同様に高い地位の象徴として使用されたと考えられる。

一方WC立岩タイプのガラス管珠は副葬される墳墓も多数存在し、ガラス勾珠より階層性が低いと考えられる。立岩遺跡と吹上遺跡はガラス管珠の量で突出するように見えるが、偶然発見された三雲遺跡1号甕棺墓と須玖岡本D地点甕棺墓は、本来多量のガラス管珠が存在したと考えられている。立岩遺跡ではヘッドバンドとして復元されているが、多量のガラス管珠を使用した同様の製品を、その地位の象徴としてともに保持していた可能性は高い。

近年安徳台遺跡ではWC立岩タイプのガラス管珠と、亜定形北部九州形Gタイプのガラス勾珠が共伴して出土した。このガラス勾珠は削り出し法によって製作され、この時期には他に例を見ないが、同時期の他の鋳造勾珠と同形態であり、同じ集団によって製作されたと考えられる。すなわち同じ政治的背景のもとに製作されたと考えられよう。その中の1点はガラス璧を削り出すことによって製作しており、璧の断片を加工した製品と同様の意味をもつ可能性がある。しかし共伴遺物からみても、定形北部九州Mタイプのガラス勾珠より格が低いと考えられる。とはいえ集落の位置からも、被葬者は須玖岡本の首長と密接な関係をもち、ガラス璧の断片を入手できる有力集団の一人と考えられよう。ガラス璧とその加工品の意味については、第I部第4章であらためて考

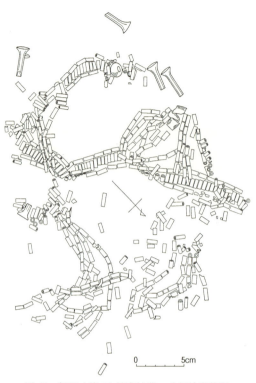

図13 福岡立岩28号甕棺墓 珠類検出状況

察したい。

またやや遠隔地であるが、日田の吹上遺跡で見られるガラス管珠は WC 立岩タイプである。その主体は大型の墓壙を有する大型甕棺墓に埋葬され、多数の副葬品をもつなど、埋葬状況や副葬品が筑前地域と同様の様相を示し、密接な関係があると考えられており、ガラス管珠もまたそれを示すものである。

立岩・吹上の両遺跡は瀬戸内海へとつながる交通路の要に位置し、玄界灘沿岸地域との関係において、これらが配布されたと考えられる。特に別格ともいえる立岩と須玖岡本の「ナ」国との緊密なつながりについては、磨製石器（下條 1991：pp.96-97）や甕棺の様相（井上裕 2000：p.707）からも考察されている。

このタイプの管珠をもつ墳墓中、上月隈ST007甕棺墓と立岩41号甕棺墓はそれぞれ銅剣と鉄剣をもつのみでガラス管珠の量も少なく、厚葬墓の中では階層が低いと考えられる。ガラス管珠自体が副葬品として鏡やガラス勾珠より階層性が低いというだけでなく、その量も階層性を反映すると思われる。すなわち副葬されるガラス管珠が多量か数点か、という点もまた重要であったと思われる。なお立岩28号甕棺では、このタイプのガラス管珠は、ヘッドバンド状を保って出土した（図13）。このガラス管珠を使用したヘッドバンド状の製品が、搬入された本来の形か、またガラス管珠を入手後、須玖岡本や立岩で作ら

れたものかについては不明である。今後も検討が必要であろう。

　以上の様相をみても、ガラス管珠とガラス勾珠は単にそれぞれがもつ階層性の違いのみならず、各々の象徴する意味が異なる可能性も想定される。

　一方、隈・西小田遺跡のガラス管珠はWC吉野ヶ里タイプと考えられ、その群集墓に副葬された甕棺は他の甕棺から際立ったような特徴はなく、他の副葬品も見られなかった。ガラスのタイプのみならず、このような要素からも、むしろ肥前の副葬品の様相に準ずると考えられる。

　このWC立岩タイプのガラス管珠と、定形北部九州形M・亜定形北部九州形Mタイプのガラス勾珠は、中国系の鉛バリウムガラスであり、そのガラス自体は鏡やガラス璧と共に中国から舶載されたと考えられる。一方ガラス勾珠は前述したように、福岡平野において中期後葉から改鋳による製作を行っていたことは疑いない。須玖岡本が中期後葉から青銅器製作の中心地であり鋳造技術が発達していた点、また後期にガラス勾珠の鋳型が出土している点、そして定形北部九州形Mタイプの中で最大のものが須玖から出土している点を考慮すると、ガラス勾珠の製作地が須玖にあった可能性は高い。この製作地はまさに配布の中心地でもある。

　ところでWC立岩タイプのガラス管珠について、碧玉製管珠を模して国内で最初に製作された管珠との論（藤田 1994）があることについてはすでに述べ、製作技術の点からその可能性を検討した。ここで副葬の様相からも簡単に検討したい。北部九州の中期中葉の碧玉製管珠の副葬を見ると、何百という単位での副葬は見られず、立岩で想定されているような管珠で作られたヘッドバンド状の製品も存在していない。すなわちこの時期において、技術からも副葬習俗からも、大量のガラス管珠の製作を可能かつ必要とする背景は存在しないと考えられる。このような要因からもWC立岩タイプのガラス管珠は、鏡やガラス璧と共に中国より舶載されたと考えることが妥当であろう。ガラス勾珠はそれらの一部を材料として、改鋳された可能性が考えられる。

　中期後葉に糸島や須玖岡本で、「王」に比定されるような傑出した首長が現れ、海を越えて中国—楽浪郡と直接的な接触をもつに至った。彼の地より入手した舶載品はその地位の象徴であり、また首長同士の紐帯の証として分有された。それは前漢鏡であり、WC立岩タイプのガラス管珠で作られた品である。

より低位の首長は、ガラス管珠を少量だけ分有された可能性もある。そして特に傑出した首長の地位の象徴となったものは、中国において地位を示す役割を担うガラス璧であった。そしてこの配布の中心地において、製作されたのが定形北部九州形M・亜定形北部九州形Mタイプ、特に定形北部九州形Mタイプのガラス勾珠である。当時成立したばかりの定形勾珠は、「北部九州大圏の確立に連動して、その共通の精神的表象として生み出された、政治性の強い玉」(木下 1987：p.587) という立場にあったと考えられる。その共通の精神的表象たる勾珠を、「質として楽浪を象徴するガラス[64]」を改鋳することにより、国内外における高度な政治性を内在するものとして仕立て上げ、中心地域において所有されたのではないだろうか。

しかし後期になると、ガラス製品に高度な象徴性を求めた状況は大きく転換する。定形北部九州形M・亜定形北部九州形Mタイプのガラス勾珠は、引き続き福岡平野で製作されていた。その大きさや丁子頭の有無などに格差が存在しており、ガラス勾珠に何らかの政治的意味がこめられたことがうかがえる。しかしながら傑出した墳墓以外でも見られる状況は、前代に比べガラス勾珠のもつ象徴性が弱くなっていることを暗示する。製作地域が広がったこととも関係があろう。また後期には、ガラス製品を頂点とする珠類の序列が確定していると考えられ、ガラス勾珠のみにその権力の象徴性を負わせる必要がなくなった可能性はある。

また中期に見られたWC立岩タイプのガラス管珠は、大量にガラス管珠を副葬するというその副葬方法と共に消滅する一方、中期には存在しなかった多種多様なガラス管珠が北部九州に出現している。しかしこれらガラス管珠の副葬には際立った規則性は見られず、また前代のようなヘッドバンド的な製品を持ち合う、という状況もない。後期においてはガラス管珠の副葬に、政治的な紐帯や象徴を込めるという意図は見出せないといえよう。多種多様なガラス管珠が出現する背景に、北部九州の首長層が、多層的かつ活発な海外交流を行っていたことが推測される。各地域の首長がガラスを手に入れたことで、その希少性も低まったであろう。また下賜とは異なった形で入手することで、中期に漢帝国から下賜された時のような高度な象徴性を、ガラス管珠やガラス製品が失した可能性がある。なお中期のガラス管珠が下賜という形でもたらされた可

能性については、第Ⅰ部第4章で検討する。それらの要因はガラスのもつ価値を落とし、ガラス勾珠のもつ象徴性も落としていったのではないだろうか。その中で、他の素材も含めた勾珠の一つ（おそらく最も上位ではあるものの）としての扱い、となっていったと思われる。

2．北近畿におけるガラス製品の副葬とその意味

（1）丹後地域の墓制と副葬品の様相[(65)]

北近畿の墓制や副葬品の研究は、肥後弘幸（1996・2000）や野島永（1996・2000aほか）、福島孝行（2000・2010）等により活発に行われている。しかし副葬品研究の中でも珠類は一括して扱われる傾向が強く、ガラス製珠類の副葬の特徴に関して踏み込んだ研究はなされていない。

丹後地域では弥生後期に主要河川沿いに首長墓や有力家族墓と考えられる墳墓が築かれた（図14）。後期初頭～中葉までは竹野川中流域を中心に、累代的に台状墓が営まれる。後葉になると墳丘墓が登場する。後期後葉の大風呂南墳丘墓、後期後葉～終末期の坂野丘墳丘墓・金谷1号墓・浅後谷南墳丘墓・赤坂今井墳丘墓は、墳丘規模・埋葬施設・副葬内容等が傑出した墳墓であり、以前

1：大山墳墓群
2：坂野丘
3：三坂神社墳墓群
4：左坂墳墓群
5：金谷1号墓
6：浅後谷南
7：赤坂今井
8：大風呂南
9：東山墳墓群
10：大篠岡
11：梅田東

図14　北近畿　弥生後期遺跡分布図

の連続した家族墓としての台状墓と様相を異にする。特に赤坂今井墳丘墓は王墓と言えるほどの卓越性を示す。これら墳丘墓が築かれた地域はいずれも交通の要所であり、その副葬品の様相からも、地域内外の流通や交渉に力をもつ集団の存在をうかがうことができる。[66]

　副葬品は武器（鉄刀・鉄剣・銅鏃・鉄鏃）、鉄製工具（ヤリガンナ・刀子）、そして各種珠類（ガラス管珠・ガラス勾珠・ガラス小珠・碧玉製管珠ほか）が存在する。副葬品の組成の特徴は後期初頭から中葉と、墳丘墓の出現する後葉から終末期に分けることができる。

a．後期初頭から中葉

　表8は後期初頭から中葉における、ガラス管珠・勾珠を出土した墳墓の副葬品組成表である。[67]主体を「中心主体と中心主体周辺埋葬」（以下中心主体群）、「墓域内・墳裾」（以下周辺主体群）にわけると、[68]主体の格差と副葬品組成の間に関連が認められる。[69]

　全体的に武器と珠類の単品組成が多く見られ、2種類の組成では中心主体群では「武器＋珠類」「工具＋珠類」と珠類がその品目に入るのに対し、周辺主体群では「武器＋工具」「工具＋珠類」とむしろ工具に比重が高い。「武器＋工具＋珠類」の3種の組成はきわめて少なく2例で、中心主体群にのみ見られる。

　珠類の副葬が多い点が丹後の副葬品の特徴であり、ガラス管珠・ガラス勾珠・ガラス小珠・碧玉製管珠が見られる。ガラス製品の副葬量は傑出しており、特にガラス小珠の副葬が非常に多く、ガラス小珠の単品組成は中心主体群・周辺主体群の区別なく多数見られる。この表には載せていないが、その他小規模な墳墓群からも、ガラス小珠を副葬している墓は多数見られる。一方ガラス管珠とガラス勾珠を出土している主体は16例あるが、三坂神社3号墓第2主体と左坂26号墓第8主体以外は中心主体群である。[70]また武器の中で鉄剣・鉄刀は、後期前葉に三坂神社墳墓群の最有力墓たる3号墓の中心主体の副葬品として出現し、中心主体群にのみ見られる。

　これらの様相をみると、鉄剣・鉄刀とガラス管珠・ガラス勾珠の扱いを除き、各主体群において副葬品の組成に格差はあまり存在しない。

b．後葉以降

　表9は後期後葉から終末期の墳丘墓の副葬品組成表である。前代に比べ墳墓ごとの主体数が減少し、中心主体群と周辺主体群とに副葬品組成の明確な差が出現する。

　主な副葬品目は引き続き武器・鉄製工具・珠類であり、武器は大半が鉄剣となる。

　中心主体群は武器・工具・珠類の複数組成が多く見られ、「武器＋珠類」の組成と「武器＋工具＋珠類」といった、珠類を含む複数品目の組成は中心主体群のみに見られる。一方周辺主体群は武器か工具のいずれかの単品副葬か、または「武器＋工具」の組成のみで副葬品数が少ない。珠類の副葬は3例と少なく、単品組成である。

　珠類をみると、前代に副葬の中心を占めたガラス小珠の単品組成はほぼ見られなくなる。珠類の副葬自体、中葉までは珠の副葬が小規模な墳墓では見られていたが、後葉になると卓越した墳丘墓に限られており、中でも主に中心主体群に見られるものとなる。特にガラス管珠・ガラス勾珠は中心主体群にほぼ限られている。ガラス勾珠の出土量は増加するが、前代に多数副葬されたガラス管珠は後期後葉には見られず、終末期に少量副葬されるのみとなる。

　またこの中心主体群における珠類の副葬には「ガラス勾珠＋碧玉（または緑色凝灰岩）製管珠＋ガラス小珠」という定型的な組成が出現する。一方鉄剣・鉄刀の副葬は小規模な墳墓群も含め多くの墳墓で見られ、中心主体群・周辺主体群両方にその副葬が見られる。特に独立墳丘墓では多数の主体に鉄剣が多数副葬されており、墳裾の重要性の低い主体までも鉄剣を所有する。

　以上のように、後期後葉から終末期において前代と同じ品目を副葬してはいるが、副葬の様相に大きな変化が見られる。中心主体群と周辺主体群に見られる副葬組成の違いは、副葬量の多寡とともに顕著である。重要なのは、この副葬品組成の違いが武器ではなく、珠類の有無にみられる点であろう。鉄剣・鉄刀の鉄製武器は、墳丘墓の中で地位が低いと考えられる主体や、墳丘墓以外の小規模の墳墓にも見られる。すなわち威信財としての地位が前代に比べ低下していると考えられよう。これに対し、珠類、特にガラス管珠・勾珠は墳丘墓以

表8 丹後における弥生後期初頭から中葉の主要墳墓副葬品組成
①中心主体群

地域	時期	遺跡名	中心主体群		副葬品詳細（個）（1主体ごとの副葬品は/で区切って示している）	副葬品組成						備考
						単品組成			二種組成			複数組成	
			中心主体	中心主体周辺埋葬		武器	工具	珠	武器・工具	武器・珠	工具・珠	武器・工具・珠	
竹野川流域	後・初	三坂神社	3号墓	1基		鉄刀1・鉄鏃2・鉇1・珠（ガ勾1・ガ管13・ガ小10・水晶切子16）・*							1基	*黒漆塗り杖状木製品
				4基	ガ小珠197/ガ小珠190/ガ小珠201/ガ小珠202			4基					
			4号墓	1基	ガ管珠3			1基					
				1基	鉄鏃2・珠（ガ管1・ガ小171）						1基		
			8号墓	2基	珠（ガ管4・ガ小453）/碧管珠3			2基					
	後前-中	大山	3号墓	1基	鉄鏃1・ガ管珠1						1基		
			5号墓	1基	鉄鏃1	1基							
				1基	珠（ガ勾2〜・ガ小17）			1基					
			8号墓	1基	ガ管珠13			1基					
				1基	珠（ガ勾1・碧管3・ガ小1）			1基					
	後初-前	左坂	17号墓	1基	鉄鏃2・鉇1・珠（ガ管1・ガ小177）							1基	
	後前-中		14-1号墓	2基	珠（ガ管15・ガ小79）/ガ小珠45			2基					
	後中-後※		24-1号墓	4基	珠（ガ管1・ガ小162）/ガ小珠192/ガ小珠7/鉇1・珠（ガ勾4・ガ小343）			3基			1基		中心主体不明瞭
			25号墓	1基	珠（ガ勾1・ガ小182）			1基					
				2基	ガ小珠288/ガ小珠504			2基					
			26号墓	1基	鉄刀1・鉄鏃2	1基							
				1基	刀子1・珠（ガ勾2・ガ管3・ガ小168）							1基	

珠類略記号）　ガ；ガラス、碧；碧珠、勾；勾珠、管；管珠、小；小珠
※埋葬の中心時期は中葉。

第2章 ガラス管珠・勾珠の分類とその副葬にみられる意味　81

②周辺主体群

| 地域 | 時期 | 遺跡名 | 周辺主体群 | | 副葬品詳細（個）（1主体ごとの副葬品は/で区切って示している） | 副葬品組成 | | | | | | 備考 |
| | | | 墓域内 | 墳裾 | | 単品組成 | | | 二種組成 | | | 複数組成 | |
						武器	工具	珠	武器・工具	武器・珠	工具・珠	武器・工具・珠	
竹野川流域	後・初	三坂神社	3号墓	4基		ガ小珠296/鉄鏃2・鉇1/鉄鏃1・鉇1・*/刀子1・珠（ガ勾2・ガ管13・ガ小117）			1基	2基		1基	*不明鉄製品
			4号墓	3基		ガ小珠167/ガ小珠568/刀子1・鉄鏃2			2基	1基			
			8号墓	6基		珠（碧管4・ガ小15）/ガ小珠171/ガ小珠108/ガ小珠7・鉇1・ガ小珠63/ガ小珠72・*			5基			1基?	*不明鉄製品
	後前-中	大山	3号墓	1基		鉇1		1基					
			5号墓	2基		ガ小珠35/鉇1・珠（碧管4・ガ小40）				1基		1基	
			8号墓	1基		鉇1		1基					
	後初-前	左坂	17号墓	4基		ガ小珠1/ガ小珠259/ガ小珠84/鉇1・刀子1・ガ小珠124			3基			1基	
	後前-中		14-1号墓	4基		ガ小珠55/ガ小珠69/ガ小珠535/ガ小珠251			4基				
	後中-後※		24-1号墓	4基		鉄鏃2/ガ小珠79/ガ小珠54/ガ小珠7	1基		3基				
			25号墓	7基		鉄鏃1/鉄鏃1/珠（碧管4・ガ小102）/ガ小珠11/ガ小珠18/ガ小珠6/刀子1・ガ小珠3			2基	4基		1基	
			26号墓	6基		珠（ガ管1・碧管24・ガ小438）/ガ小珠29/ガ小珠197/ガ小珠300/鉄鏃2銅鉄1・鉇1/鉄鏃1・鉇1			4基	2基			

注：北近畿における墳墓の編年については、肥後（2000）など肥後弘幸による編年を基準とし、個々の主体の時期については報告書を参考としている。

出典）大山墳墓群；丹後町教育委員会　1983　三坂神社墳墓群；大宮町教育委員会　1998　左坂墳墓群；大宮町教育委員会　2001・京都府教育委員会　1994．

表9 丹後における弥生後期後葉から終末期の墳丘墓の副葬品
①中心主体群

地域	時期	遺跡名	中心主体群		副葬品内容（個）				副葬品組成	備考	出典
			中心主体	中心主体周辺埋葬	武器	工具	珠	その他			
竹野川	後葉	坂野丘	第2主体		鉄剣1	—	ガラス勾珠6・ガラス小珠約500・碧珠管珠326	—	武器+珠		①
野田川	後葉	大風呂南1号	第1主体		鉄剣11・鉄鏃4		ガラス勾珠10・緑管珠272	ガラス釧・銅釧・鉄製漁労具他	武器+珠		②
				第2主体	鉄剣2・鉄鏃2	鑿状鉄器1	—	—	武器+工具		
				第3主体	鉄剣1	鉇1	緑管珠31	—	武器+工具+珠		
福田川	終末期	金谷1号		第2主体	—	—	ガラス勾珠2・ガラス管珠・緑管珠※		珠	中心主体は副葬品未検出	③
				第3主体	—	—	ガラス勾珠3・碧珠管珠1・緑管珠約20・ガラス小珠約300	不明鉄製品2	珠		
				第5主体	鉄剣1	—	—	—	武器		
		浅後谷南	第1主体		鉄剣2	鉇1	ガラス勾珠5・ガラス小珠約400	不明鉄製品	武器+工具+珠	鉄剣は棺上	④
				第2主体	鉄剣2	—	—	—	武器		
		赤坂今井	第1主体		未調査					多くの主体が未調査である	⑤
				第2主体	—	鉇1	—	—	工具		
				第3主体	—	鉇1	—	—	工具		
				第4主体	鉄剣1	鉇1	ガラス勾珠約30・ガラス管珠約90・碧珠管珠100	—	武器+工具+珠	珠は頭飾・耳飾状	

珠類略記号）緑；緑色凝灰岩
※報告書では緑色凝灰岩製としていたが、その中にガラス製も存在するとのことである。
注；墳墓の編年については、肥後（2000）など肥後弘幸による編年を基準としている。
出典）①弥栄町教育委員会 1979 ②岩滝町教育委員会 2000 ③京都府埋蔵文化財調査研究センター 1995 ④京都府埋蔵文化財調査研究センター 1998 ⑤峰山町教育委員会 2004

外では見られず、また墳丘墓でも主に中心主体群にその副葬が限られる。その地位は前代よりもはるかに高いといえる。また中心主体群において珠類が武器と共伴するという点、特にこの群では副葬品をもつ主体すべてが武器・珠類をその副葬組成にもつという点は、中心主体群の珠類の副葬が性別によらないこ

②周辺主体群

地域	時期	遺跡名	周辺主体群		副葬品内容（個）				副葬品組成	備考	出典
			墓域内	墳裾	武器	工具	珠	その他			
野田川	後葉	大風呂南1号	第4主体		—	—	緑管珠53	—	珠		②
福田川	終末期	金谷1号	第6主体		鉄剣1	鉇1	—	—	武器＋工具		③
			第10主体		鉄剣1	—	—	不明鉄製品	武器	不明鉄製品は墓壙上出土	
			第11主体		—	—	滑石勾珠6・翡翠勾珠1・碧珠管珠2・ガラス小珠40〜	—	珠		
			第12主体		—	鉇1	—	—	工具		
			第14主体		鉄剣1	鉇1	—	—	武器＋工具		
			第15主体		鉄剣1	鉇1	—	—	武器＋工具		
		浅後谷南	第4主体		—	—	ガラス勾珠1	—	珠		④
			第6主体		鉄剣1	—	—	—	武器		
		赤坂今井	第7主体		短刀1・鉄鏃1	鉇1	—	—	武器＋工具	墓域内・墳裾ともに多くの主体が未調査	⑤
			第8主体		—	鉇1	—	—	工具		
			第11主体		—	鉇1	—	—	工具		

珠類略記号）　緑：緑色凝灰岩

とをも示唆する。なお周辺主体群では、また副葬品の様相が異なる。周辺主体群では武器と珠類は共伴せず、周辺主体群では中心主体群と異なる原理による副葬品の選択があった可能性がある。

　この状況と呼応するように、後葉においてガラス製品のタイプが変化する。

（2）ガラス製珠類の様相

　表10は各墳墓から出土したガラス管珠・勾珠の一覧である。

　後期中葉まではタイプが多様であり、特にガラス管珠は数量も多い。しかし後期後葉から終末期にはガラス勾珠を中心とする副葬へと変化し、ガラス勾珠

84　第Ⅰ部　弥生時代のガラス製品と弥生社会

表10　北近畿における副葬ガラス製品タイプ一覧

地域	時期	遺跡名	遺構	主体	ガラス製勾珠	ガラス製管珠	その他の珠
丹後	初頭～中葉	三坂神社	3号	第2	非定形M(2)	ME 三坂神社(13)	ガ小珠(117)
				第10	定形北部九州形M(1)	WE 東山(14)	ガ小珠(10)・水晶切子(16)
			4号	第1	－	不明(1)	ガ小珠(171)
				第2	－	不明(3)	－
			8号	第3	－	不明(4)	ガ小珠(453)
		大山	3号	第1	－	TC 有本(1)	－
			5号	第2	ソラマメ形M(1)不明(1)	－	ガ小珠(17)
			8号	第1	－	WC 門上谷(12)不明(1)	－
				第2	非定形G(1)	－	ガ小珠(453)
		左坂（一部後葉にかかる）	14-1号	第2	－	MC 左坂(15)	ガ小珠(79)
			17号	第1	－	不明(1)	ガ小珠(177)
			24-1号	第8	－	不明(1)	ガ小珠(162)
				第9	ソラマメ形G(4)	－	ガ小珠(343)
			25号	第9	ソラマメ形G(1)	－	ガ小珠(182)
			26号	第1	ソラマメ形M(2)	WE 東山(2)不明(1)	ガ小珠(168)
				第8	－	不明(1)	碧管(24)・ガ小珠(438)
	後葉～終末期	坂野丘		第2	定形丹後形M(1)亜定形丹後形M(5)	－	碧管(326)・ガ小珠(約500)
		金谷1号		第2	亜定形丹後形M(2)	不明(1?)	緑管
				第3	亜定形丹後形M(3)	－	碧管(1)・緑管(3+a)・ガ小珠(約300)
		浅後谷南		第1	定形丹後形M(2)亜定形丹後形M(3)	－	ガ小珠(約400)
				第4	定形丹後形M?(1)	－	－
		大風呂南1号		第1	亜定形丹後形M(10)	－	緑管(272)・ガ釧
		赤坂今井		第4	定形丹後形M(約30)	TC 有本 orWC 門上谷(約90)	碧管(約100)
丹波	後期	内場山木棺墓群		第1	－	WE 東山(8)	－
但馬	初～前葉	東山墳墓群4号		第5	－	WE 東山(18)	ガ小珠(152)
	前葉	梅田東木棺墓群	18号		－	MC 左坂(26)	碧管(55)・ガ小珠(361)
	中葉		15号		－	MC 左坂(11)	ガ小珠(83)
		大篠岡半坂3号地点		第1	－	WE 東山(6)	－

珠類略記号）ガ；ガラス製、碧管；碧玉製管珠、緑管；緑色凝灰岩製管珠
注；墳墓の編年については、肥後（2000）など肥後弘幸による編年を基準としている。
出典）丹後は表8・9参照。内場山木棺墓群；兵庫県教育委員会 1993　東山墳墓群；豊岡市教育委員会 1992　梅田東木棺；豊岡市出土文化財管理センター 1999。

のタイプは、後葉に出現した定形丹後形M・亜定形丹後形Mタイプに限定される。ガラス管珠はほとんど見られないが、終末期の赤坂今井においてはTC有本もしくはWC門上谷タイプと思われる管珠が多数見られる。

　副葬組成については、初頭から中葉においては定型的な珠類の組み合わせは見られず、またガラス管珠の総量はガラス勾珠をはるかに凌いでいる。しかしこの様相は後葉以降一変する。後葉以降の墳丘墓の副葬品組成ではガラス管珠がほとんど見られず、一方で珠類の組成が定型化する。その組成は数点のガラス勾珠・大量のガラス小珠を基本とし、時に碧玉製または緑色凝灰岩製の管珠が組み合わさる。ガラス勾珠はすべて定形丹後形Mまたは亜定形丹後形Mタイプとなり、その形態も定形化している点も特徴である。さらにガラス小珠は、それまでと同様のカリガラスの小珠もあるが、鉛バリウムガラスのガラス小珠が登場するのが非常に特徴的である。[72]この「ガラス勾珠＋ガラス小珠＋碧玉製管珠」という組成の珠類に、鉄製武器が共伴する。後葉から終末期の墳丘墓において、この鉄剣と定型組成の珠類の副葬が見られるのは中心主体か中心主体周辺埋葬であり、造墓集団の最重要な人物、または非常に重要な人物に対する副葬品であることがわかる。例えば、金谷1号墓の墳裾埋葬の副葬には同様の「勾珠＋管珠＋ガラス小珠」の珠類組成が見られるが、勾珠がガラス製でなく石製である。また大風呂南1号墓西群は東群に比べその規模や副葬品の内容が劣っているが、この中心主体の副葬品は鉄刀と石製管珠であり、ガラス勾珠は見られない。これらはガラス勾珠の副葬品としての格の高さを示すと思われる。

　さらに終末期になると再びガラス管珠が出現する。終末期の最も傑出した墳丘墓である赤坂今井では、定形丹後Mタイプと考えられるガラス勾珠とTC有本タイプまたはWC門上タイプのガラス管珠、そして碧玉製管珠を使用した頭飾りと耳飾りが、着装状態（図15）で出土している。赤坂今井以外ではこのような冠を想起させるような製品は観察されない。後期前葉の三坂神社3号墳第2主体では、頭部位置からヘッドバンドを想定できる状態で出土しているが、その後はこのような頭飾りは出土していない。時代的な隔たりを考えると、（間接的な影響はあったかもしれないが）直接的な系譜という可能性は低い。

86　第Ⅰ部　弥生時代のガラス製品と弥生社会

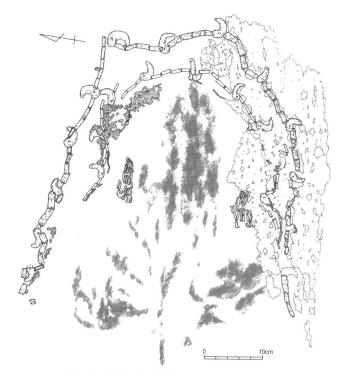

図15　京都赤坂今井第4埋葬　珠類検出状況

　これらのガラス製品の入手先や製作地については、どこが想定されるであろうか。すでに述べたように、竹野川流域において後期初頭から中葉にかけては、九州を経由して、または直接的に入手したガラス管珠や勾珠を、一方ではそのまま使用しているが、また一方では独自な形態の管珠や勾珠を製作しようという試みがなされている。その試みは、ME三坂神社タイプという独自の管珠と、ソラマメ形という独特の形態の勾珠を生み出すに至った。
　この竹野川流域の繁栄は墳丘墓を営んだ他流域の新興勢力の興隆と共に傾くが、独自のガラス勾珠を製作しようとする気運は、その後も丹後で継続する。後期後葉から終末期になると、独立墳丘墓にガラス勾珠を中心とした定型的組成の珠類の副葬が出現するが、このガラス勾珠はすべて定形丹後形M・亜定形丹後形Mタイプである。

この時期に統一された形態をもって出現した定形丹後形M・亜定形丹後形Mタイプの勾珠は、素材は中国系の鉛バリウムガラスであるが、形態が統一されている点と丹後にのみ集中的に多量に出現している点から考慮すると、この時期の丹後で改鋳・製作されたと考えられよう。

(3) 丹後におけるガラス勾珠副葬の意味

　丹後では後期初頭になると、その墳墓は特定の集団や家族に権力が集中し始める状況を呈する。それらの集団は北部九州・中国大陸・朝鮮半島との交渉を通じ、大量のガラス製珠類を入手していた[73]。

　入手されたこれらガラス管珠・勾珠・小珠は副葬に使用された。後期中葉までは、ガラス小珠が大小さまざまな墳墓の、さまざまな層の人々に副葬された一方で、ガラス管珠と勾珠については主に有力者（首長）とそのごく近親者のみ副葬される、もしくはその葬送儀礼に使うという、被葬者の限定がみられた。その被葬者を限定するという行為は、ガラス管珠・勾珠が副葬の財として高い階層性をもっていたことを示している。ガラスは"外部社会とのつながりを象徴する財"として扱われていたのだろう。また副葬に際し、入手したものを使用するだけではなく、独自のガラス製珠類を製作しようという試みも存在した。その試みは、後期後葉から終末期になると単に独自な珠類を作るだけではなく、傑出した首長層が規格的な勾珠や小珠を所有しあう、という状況へと発展する。

　後期後葉になると、特に傑出した首長の存在が推測される墳丘墓が出現する。これら首長墓と想定される墳丘墓は共通した特徴をもつ。それは大型墓壙の採用であり、埋葬施設における舟形木棺の採用である[74]。さらに副葬品では、鉄剣の大量副葬と周辺主体・墳丘裾部の主体への副葬が見られる。特に中心主体または中心主体群においては、定形丹後形M・亜定形丹後形Mタイプ勾珠を中心とした定型的組成の珠類の副葬という、特徴的な副葬が見られる。また中心主体では特に鉄剣とガラス勾珠を共伴しており、他の主体と一線を画している。それらの要素に、この地域の独自性を見ることができる。

　このように、ガラス製珠類はその墳丘墓の中心主体＝首長か、または首長と密接な関係を示す被葬者に副葬されていた。副葬された被葬者の高い地位はさ

らに限定され、そこに珠類の組成の定型化と、それを構成する勾珠が定形丹後M・亜定形丹後Mタイプに統一される、という状況が現れる。一方でそれら最有力墓以外の墳墓においては、前代まで多数見られたガラス小珠類の副葬が消滅したことは、その背後に強い規制が存在したことをうかがわせる。

　日本列島では、鉄器の本格的導入を契機とする生産活動の強化や軍事行動の活発化と、その差配や競争を通じての新たな権力形成が生じていた。丹後の墳丘墓を形成した首長は、この動きの中で台頭してきた新興勢力であった。彼らは交通の要所を抑え、北部九州と同様、独自に鉄素材や刀剣類を入手しそれを東海や中部関東地方に供給するといった、広域の交易を司る地域集団であったと考えられている（野島 2000a：pp.31-35）。金属器の入手を背景に急激に勢力を伸ばし、大規模な墳丘を築くにいたる隔絶した首長となったのであろう。この中小首長との隔絶化が生じたばかりの大首長権は、それを補強し、さらに権威を高める手段の一つとして、葬送儀礼において"他者との威信の差"を示すという必要があったと考えられる。

　しかし後期前葉に他者との威信の差を示す財として機能していた鉄製武器は、より多量に入手される環境の中で、大首長達の集団のより広い層や、また小規模集団の首長らにも行き渡るようになり、他者との威信の差を示す財としての機能を果たしえなくなったものと考えられる。鉄素材を入手し、それを供給するという機能により台頭してきた集団としては、鉄素材や鉄製武器・道具を他の集団に渡さないという選択は不可能だっただろう。[75]無論それを入手した中小集団に対し、鉄製武器の副葬を規制することも同様に困難であったことと推測される。このような理由からも、丹後においては、鉄製武器の威信財としての価値が低下したものと考えられる。

　このため、すでに後期前葉より"他者との威信の差を示す財"としてのみならず、"外部社会とのつながりを象徴する財"として扱われていたガラス製珠類がその任を担い、ガラス製珠類の葬送儀礼における比重が高まったのではないだろうか。

　さらに単に搬入品を所有するのではなく、自らの威信やその象徴性を強めるために、いくつかの手順がふまれたのではないだろうか。まず、①定形化した形態をもつ定形・亜定形丹後形Mタイプのガラス勾珠の製作、である。すで

に北部九州から政治性の高い珠として定形勾珠が流入しており、これを取り込み、より政治性・象徴性を高めようとしたものと解釈できる。また②ガラス勾珠と珠類を中心とした副葬組成の定型化、も行われた。これには何らかの儀礼的な意味合い、象徴的な意味合いがあった可能性もあろう。さらに権威を高めるために、③このガラス製珠類副葬は集団内では首長とその近親者以外に限定し、さらに他の集団においてはガラス製珠類の副葬もしくは所有すら禁じたのではないだろうか。ガラス製珠類の副葬または所有の禁止に関しては、恐らく入手したガラス製品を丹後の他の中小集団に渡さない、という手段によりコントロールを行ったことと考えられる。

　まさにこの後期後葉から終末期の丹後のガラス勾珠とその副葬組成は、丹後の大首長達の紐帯を浮かび上がらせるものであるといえよう。

　後期後葉にこのような様相が出現する要因としては、この時期西日本全体において、副葬品の組成が大きく変化した状況と、関連があると考えられる。この西日本全体の変化の状況やその背景については、釧や小珠など他のガラス製品の様相も検討した上で、第Ⅰ部終章においてあらためて取り上げる。

結　語

　以上、弥生時代のガラス管珠・勾珠の分類を行い、その地域的・時期的な変遷や分布を検討することにより、分布の地域的な特徴やその背後にある弥生社会の様相をある程度明らかにすることができた。特にこれまで漠然と言われてきたガラス管珠とガラス勾珠の政治性は、特に中期後葉の北部九州の須玖岡本・糸島を中心とした北部九州と、後期後葉から終末期の丹後を中心とした北近畿に存在したことは明らかになったと思われる。

　北部九州と北近畿、いずれにおいても傑出した首長達が登場した直後の出来事であり、その権威を高める必要性があった。ガラス勾珠・管珠は単なる装飾品ではなく、権威の象徴として、また政治的な紐帯を示すものとして、その副葬は重要な役割を担っていたのである。いずれも舶載ガラスを改鋳したガラス勾珠を特に最重要視した点は、ガラス勾珠が外部社会とのつながりを象徴する

財であるガラスと、木下（1987）が指摘するように国内において高い政治性と象徴性をもつ勾珠の形態、という二つを融合することができ、二重の意味で高い象徴性をもつことができたためと考えられる。

しかしこのようにガラス製品が高度に政治性をもつことは日本列島においてその後なく、この点においても、弥生時代におけるガラス製品とそれがもつ意味は、重要かつ注目すべきものであるといえよう。

本章では、弥生時代の列島内、特に西日本におけるガラス勾珠および管珠の様相を明らかとした。搬入ガラスの生産地は朝鮮半島や中国が想定される。これら搬入ガラスの製作地や流通ルートの検証については、第Ⅱ部で試みたい。

註
（1）管珠と小珠の区別の定義は、はっきりとはなされてこなかった。本書では直径の1.5倍以上の全長をもつものは管珠とし、それ以下は小珠として扱う。
（2）松木武彦（1999）は、珠や道具の細かい種別や扱われ方など今後の検討課題としている。また会下和宏（2000）は、後期後葉の山陰において階層構成の最上位の墳墓にガラス管珠があり、次位の墓には碧玉製管珠が見えることに留意している。
（3）ここでいう副葬品は、墓に死者と一緒に葬られたものである。棺内もしくは墓壙内にあるものを副葬品と捉えている。また着装品も副葬品の中に含まれるものとして扱う。
（4）弥生だけでなく、同時期に広くアジア各地で出土している高アルミナのソーダ石灰ガラスは小珠が大半を占め、それら小珠は青・紺・黄・緑・赤と色調が非常に多様であり、透明度もさまざまである点が特徴的である。しかし出土している管珠にはそのような色調と透明度の多様さは見られていない。出土量が少量であるという点が関係しているのだろう。
（5）綾野・大賀は、「捻り」ではなく「捩り」と表現しているが、同じ技法である。
（6）蜻蛉珠を含む大型の丸珠は、この技法で製作されているものが大半である。なお板ガラスや棒ガラスを使用せず、坩堝から直接ガラス種を取り出し、芯に巻き付けることも可能である。
（7）なお、列島外でも鋳型鋳造法によるガラス製品は製作されているため、この製作技法で作られた珠＝列島内の製品というわけではない。
（8）また、ここで「WCⅠ型」というような抽象的な名称を付けると、今後古墳時代の出土品や中国からの出土品と比較検討するときに、混乱する元となると考える。すべてに弥生WC型、というように弥生という名称を付ける方法も検討したが、標識遺物名をつけたほうが理解しやすいという指摘があり、このような名称を付けるこ

ととした。
(9) 吉野ヶ里出土遺物には 30〜50 mm の短いものも多いが、これは搬入後に二次的に切断したと考えられる。
(10) 長さは短いものの（完形品でない可能性がある）、直径や表面の斑点など、吉野ヶ里出土遺物だけでなく朝鮮半島出土品にもその様相が似ており、可能性が高いと判断した。
(11) 宮内1号墓第1主体からは、法量がより大きく別のタイプと考えられるガラス管珠の一群が共伴している。この管珠は風化が激しく、製作技法の判断は付かない。円筒形で全長 20 mm 前後の法量からも、WC 門上谷タイプの可能性が高い。
(12) 小寺（2006a）の論考では CM 小羽山タイプとしたが、初現はおそらく左坂14号墓と考えられるため、名称を変更した。
(13) 取り上げの際に土ごと切り出されているため、個々の観察ができなかった。
(14) 成分が分析された例はないが、同様の特徴的な色調をもつ小珠の分析から判断しても、高アルミナタイプのソーダ石灰ガラスと考えられる。
(15) 原産地という言い方は、第1章で述べたようにガラス生産地との混同が生じる。製作地とすべきであろう。
(16) 巻き付け技法の細分によるさらなる分類を否定するものではない。細かな製作地の違いや製作時期の違いを考察する上で、このような下位分類は有効と考える。
(17) 大賀は芯に巻き付ける TYⅢ形も孔が平滑であるとしている。
(18) 破片利用の場合と、屑ガラスを板状のガラスに鋳造して研磨した場合が考えられるが、区別は困難である。
(19) 逆に研磨でも平らな面の形成は可能なため、2006年の論考（小寺 2006a）では片面鋳型という判断を行った。
(20) 出土したという報告による。詳細は不明。
(21) これは時代が特定できず、弥生時代中期から古墳時代の可能性のあるものである。
(22) なお片面鋳型でもあらかじめ孔材を立てておけばこのような痕跡はできないため、この痕跡の有無＝上型の有無ではない。
(23) 鋳型にどのような形態を掘り込むかにもよる。もちろん研磨によりその形態をかなり変化させることは可能である。
(24) 原の辻原の久保 A 地区9号土壙出土遺物（長崎県教育委員会 1999）等。
(25) 倉敷芸術工科大学における製作実験と、協力していただいたガラス作家（松嶋巌氏・迫田岳臣氏）のご教唆による。
(26) なお、柳田は京都府坂野丘・浅後谷南墳丘墓などの定形勾珠は北部九州産という意見であり（柳田 2008：p.262）、筆者とは論が大きく分かれるところである。
(27) 本来石製勾珠の形態についても共に分類するべきであるが、石製勾珠を網羅して研究する余裕がないため、ガラスに見られるものだけの分類である。
(28) すでに述べたが、鋳型の形態が違う可能性がある。

(29) 後述するが、時期的に定形九州形に後出するため、定形九州形の影響をうけて成立したものと考える。
(30) 定形を志向した可能性もある。その場合は定形系とすべきであろう。しかしその素材と製作技法から、製作地が列島内か不明であるということもあり、非定形系に分類した。
(31) 弥生時代の似た形態の珠としては、佐賀県中原遺跡の弥生時代後期後半～終末期と考えられる墳丘墓から出土した、翡翠製の異形勾珠が見られる（小松 2008）。この珠に加え、終末期から古墳時代にかけて鞆形勾珠と称される、西谷の勾珠と似た形態の珠が福岡県や奈良県などから数点出土しているが（玉城 2004）、すべて翡翠製でありガラス製はない。これら鞆形勾珠と西谷の勾珠の関連や系譜の有無については明らかではない。
(32) p.31でも述べたが、分類単位の等価性については拘泥していない。
(33) なお分析者はソーダガラスとの混合の可能性についても指摘しているが、溶融温度の異なる鉛バリウムガラスとソーダガラスを混合すると、徐冷の時点で破損する可能性が高い。必ずしも不可能ではないが、高度な徐冷技術を必要とするもので、製作地の問題と密接にかかわってくる。
(34) 小寺（2015）において、西谷の勾珠の状態からその製作地を詳細に検討している。
(35) 一部は後期初頭まで残る可能性がある。佐賀県伊岐佐中原遺跡甕棺（相知町教育委員会 1990）が後期初頭であり、出土管珠はこのタイプの可能性がある。
(36) 旧国名は律令制度期のもの。以下同じ。
(37) 北部九州の中期における墳墓の編年については、橋口達也（2005）および常松幹雄（2011）の編年を基準としている。
(38) 藤田（1994：p.91）において、1954年に鈴木基親が採取したもの、と記載されているガラス管珠である。春日市教育委員会（1995：pp.401-414）では、工事で多数の甕棺が発見され、鈴木基親氏がガラス管珠など多数の遺物を採集したこの地点を「エ地点」としている。
(39) 伊岐歴史資料館（1998：p.22）では東二塚遺跡としている。それ以外の資料では二塚遺跡と記載されている。本書では二塚遺跡に統一した。
(40) 共伴遺物として内行花文鏡などが出土しているため、墓の攪乱と考えられている（長崎県教育委員会 1999）。
(41) 定形北部九州形Mタイプは福岡県須玖唐梨遺跡包含層（春日市教育委員会 1988）等より出土。螺旋形Tタイプは福岡県前原市三雲サキゾノ遺跡3号住居跡（福岡県教育委員会 1982）、福岡県春日市大南遺跡PD19号住居跡（春日市教育委員会 1976）より出土。
(42) 熊本県下山西遺跡14号住居跡（熊本県教育委員会 1987）、大分県内河野遺跡32号住居跡（竹田市教育委員会 1987）。
(43) WC門上谷・TC有本タイプ・WE内場山タイプのいずれかの管珠と考えられる。

(44) 発掘報告では石製管珠としている（近藤義 1992）が、大賀（2010c）によるとガラス管珠とのことである。
(45) 山口県羽波遺跡 SB-8 号住居跡（山口県教育委員会 1989）、広島県大朝町岡の段 C 遺跡 SB9 号住居跡（藤田 1994）ほか。
(46) 丹後 M・G タイプは後期後葉から終末期まで出土がみられないが、丹後地域の前期古墳の愛宕山 3 号墳（島根県立八雲立つ風土記の丘編 2001）から出土しており、古墳時代まで存続していたと考えられる。
(47) 沼津市史編さん委員会ほか（2002・2005）静岡県からはガラス勾珠がもう 1 点出土しているとのことであるが、詳細は不明である。
(48) 大阪府巨摩廃寺遺跡 2 号方形周溝墓第 10 木棺（（財）大阪文化財センター 1982）。ガラス小珠は 13 点出土しているが、丸珠を縦に数分割して再度腹部に穿孔した再加工品である。
(49) 忠清南道唐津素素里（李健茂 1991）・忠清南道扶余合松里（李健茂 1990）など。
(50) 吉林樺甸西荒山屯青銅短剣墓（＝樺甸県横道河子墓）（吉林省文物工作隊ほか 1982、劉昇雁・黄一義 1988）
(51) 宇木汲田では細型銅剣・銅戈・銅矛・多鈕鏡が、吉野ヶ里墳丘墓では細形銅剣が出土している。
(52) 春日市須玖五反田遺跡よりガラス勾珠土製鋳型（春日市教育委員会 1994 ほか）、春日市赤井手遺跡より勾珠石製鋳型（春日市教育委員会 1980）が出土している。
(53) なお、3 点中 1 点は確実であるが、残り 2 点は璧が素材かは不明であるとしている。
(54) この土製鋳型は熱を受けた様子はなく、また付近からガラス製作に伴う他の遺物がまったく出土していないとのことである。植出遺跡方形周溝墓から出土したガラス勾珠がこの地域で製作されたかも不明であり、今後の検討が必要である。
(55) 後期前葉の時期は、まだ丹後では定形系の勾珠は製作されていないと考えられる。北部九州とのつながりを検討すべきであろう。
(56) 出雲ではこの時期、西谷 3 号墓のガラス製品以外では、少量のガラス小珠が出土するのみである。
(57) なお吉野ヶ里墳丘墓については、中期後葉に福岡平野・糸島平野を中心とした地域にみられるような特定家族墓ではない、という論もある（北條 1999：p.23 ほか）。
(58) 藤田は、WC 吉野ヶ里タイプのガラス管珠の入手に関し、「福岡平野を中心に行われた細身小型ガラス管珠の配布の制約が、太身大型管珠の流入を試みさせた」と述べているが（藤田 1994：pp.108-109）、この太身大型管珠である WC 吉野ヶ里タイプの登場の方が、細身小型である WC 立岩タイプよりも早い時期であり、これは否定される。
(59) これはガラス・碧玉といった素材の違いを取り上げず分析する傾向に対してだけでなく、管珠・勾珠・小珠といった珠類をすべて「珠類」と一括して分析する傾向に対してもいえることである。

(60) 中園 1991：pp.68-71。諸要素は棺体の器高、赤色顔料の有無、墳丘の明確さ、群集性の高低等である。
(61) ガラス璧の再加工品についてはガラス璧と同等のものとは認められない。これについては第Ⅰ部第4章で取り上げる。
(62) 須玖岡本D地点発見者の藤氏曰く「甚多くあった」とのことである（中山 1922a：p.607）。三雲南小路1号甕棺でも江戸時代の青柳種信の記録から、百点以上はあったと推測されている（福岡県教育委員会 1985：p.31）。
(63) 勾珠の序列関係を見ると、素材・大きさ・丁子頭の有無にその階層性が存在していると思われる。須玖岡本D地点甕棺墓のガラス勾珠は、ガラス・大型・丁子頭定形である点で、まさに頂点を極める。一方三雲南小路2号甕棺墓は、鏡の量が比較的少なく、かつ鏡が大型でないため、階層的にやや低いと考えられている（中園 1991：pp.68-76、ほか）。副葬珠類中、最大の勾珠は硬玉製・丁子頭定型であり、この須玖岡本D地点甕棺墓のガラス勾珠のもつ階層性の高さを裏付けるものである。
(64) 木下 1987：p.579。木下は、北部九州におけるガラス勾珠について「ガラスは質として楽浪系文物を象徴していた可能性がある」とし、ガラス勾珠のもつ意味を高く評価している。
(65) 北近畿の墳墓の編年については、肥後（2000）など肥後弘幸による編年を基にした。
(66) 大風呂南墳墓群では山陰や北陸とのつながりを示す土器が出土し、一方で同時期の出雲の西谷3号墓や越前の小羽山30号墓から丹後系の土器が出土する。この時期に他地域との交流が盛んになったと考えられる。
(67) 左坂墳墓群は埋葬された主体の一部が後葉に下るが、墳墓形成の契機となった中心主体や主要主体が中葉までに埋葬されており、埋葬時期の中心は前葉から中葉にあるため、中葉までの表に載せた。
(68) 丹後の後期の墳墓では、1基の墓に多数の埋葬が見られるのが慣例である。通常、墓の中心に位置する、中心的な主体が造墓の契機となったと考えられる。この墓の中心主体に対し、中心主体と並ぶ、一部を切り合うなど、その他の主体と比べると中心主体に対して特に密接な関係をもつ主体がみられる。このような状態にある主体を、中心主体周辺埋葬とする。その重要性は中心主体に準ずると考えられる。一方で墓域内には、そのような中心主体との関連性を示さない主体や、また墳丘上ではなく墳丘裾に埋葬された主体がある。これらを周辺主体群とする。造墓集団内での周辺主体群の被葬者の重要性は低いと考えられる。
(69) このような中心主体群と周辺主体群の違いは、大山・三坂ではその位置などからかなり明確な違いが出るが、左坂では非常に埋葬数が増えてやや曖昧となり、中心的な主体群とその他といった程度の差となる。一方、後期後葉から終末期になると特に墳丘墓において、中心主体群は埋葬施設の傑出した規模やその位置によって明確となる。

(70) ガラス管珠とガラス勾珠をもつ三坂神社3号墓第2主体は、ここでは周辺主体群に入れたが、3号墓の中心主体である第10主体とやや離れているものの並走し、他の主体と比べても中心主体と関連の深い重要な主体である可能性がある。
(71) 京都府与謝野群西谷遺跡・犬石B遺跡など（埋蔵文化財研究会 1988、野島 2000a ほか）
(72) この鉛バリウムガラスの小珠はドーナツ型の扁平な形態をしており、北近畿では後期後葉に初めて出現するものである。この環状形の小珠については第Ⅰ部第5章であらためて取り上げる。
(73) 野島は鉄製品の様相から、丹後地域の人々が、後期初頭には列島外と直接的な交渉を開始していたことを考察している（野島 2000a・2000b ほか）。
(74) 広瀬 2000：p.12、石崎 2000：p.71 ほか。なお従来の箱型木棺もともに採用されている。
(75) 福永は後期には、丹後地域の三坂神社、大風呂南1号墓、赤坂今井墳丘墓の中心被葬者のような傑出した首長を盟主的首長とするような、丹後地域エリート層の階層秩序と政治的なまとまりが生まれていた可能性を指摘し、さらに対外交易を中心的にコントロールした盟主的首長が、集積した鉄剣やガラス製珠類のような貴重品を分け与えることによって、地域内のエリート層の希望を満たすとともに、自らを優位とする社会の階層秩序に対する承認を得るといった戦略が有効に機能したのではないかと推測する。交易社会にふさわしい、外来貴重品を媒介とした秩序維持という理解である、としている（福永 2004：p.138）。後期後半には、さらにその地域内のエリート層の中に格差が生まれ、特に中心的な首長層と重要でない中小首長層において、分配する貴重品の種類に差が生まれたと考えられる。

第3章

ガラス釧とその副葬

本章では弥生時代のガラス製品の中で釧を取り上げる。近年山陰と北近畿の墳丘墓で2件の出土例があった。数は少ないものの、大型の首長墓から出土した重要性が非常に高い遺物であるが、現在それらを総合的に検討比較した研究はなされていない。1点ずつ詳細に検討し、製作技法や製作地、相互の遺物の関係、またそれらを副葬した社会背景などについて考察したい。

第1節　研究史

弥生時代のガラス釧に関する研究はあまり行われていない。藤田等（1994）は福岡県二塚甕棺出土のガラス釧を検討している。この釧について楽浪銅釧との関連性を推定し、舶載されたガラスを使用した国内における鋳造である、と製作技法を推定している[1]。さらに続けて、他地域の類例をあげている。それによると朝鮮半島において原三国以前の出土例はなく、中国でガラス釧として2例が報告されているということである。

化学的見地からは、山崎一雄が二塚甕棺出土のガラス釧を分析し、見解を述べている（山崎 1987：pp.280-281）。このガラス釧は鉛同位対比の分析が行われており、弥生時代によく見られる中国産の鉛バリウムガラスとも、日本産の方鉛鉱とも異なっていることを指摘している。また京都府大風呂南墳墓出土（岩滝町教育委員会 2000）、島根県西谷2号墓（島根県出雲市教育委員会 2006）出土のガラス釧は成分分析が行われており、報告されている。成分分析については後述する。

第2節　出土遺物の検討と分類

弥生時代のガラス製腕輪は現在まで4遺跡から出土している。すべて後期の墳墓であり、福岡県（筑前）の二塚遺跡甕棺墓、島根県（出雲）の西谷2号墓、京都府（丹後）の大風呂南1号墓・比丘尼屋敷墳墓である。以下、ガラス釧を詳細に検討する。

1. 出土遺物の検討

（1）福岡県糸島市二塚遺跡甕棺墓出土ガラス釧（伊都歴史資料館 1998、藤田 1994）（図1）

後期後葉に比定される甕棺より出土した。破片が22点あるが接合はできない。推定される径の違いから2点分と考えられている（伊都歴史資料館 1998：p.22、藤田 1994：pp.153-155）。

藤田によると、計測可能な破片は図1-1〜3で、図1-1・2の外径が8.0cm内外、図1-3の外径が6.5cm内外であり、その他の破片と照らし合わせても、大小2個体あると考えている。これに異論はなく、外径が8.0cm内外の個体の法量は、推定内径6.0cm前後、身幅0.9〜1.0cm、厚さ1.2〜1.4cmであ

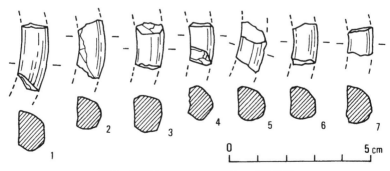

図1　福岡二塚遺跡甕棺墓出土　ガラス釧

る。外径が6.5 cm内外の個体の法量は、推定内径4.5 cm前後、身幅1.0 cm、厚さは1.2 cmである。いずれもややいびつな円形を呈すると考えられ、断面形は内側に面のあるD形である。

　遺物を実見したところ、内径は上下の径が微妙に異なり、やや傾きがあることが観察された。表面には朱が付着している。また風化がひどく完全に白色化しており、本来の色調を判断するのが困難である。しかし破損箇所では透明度のある緑色をごくわずかに覗かせており、本来は透明度の高い緑色を呈していたと考えられる。

　断面を観察すると、細かな気泡が多量に存在していた。風化のため表面からの気泡の形状は観察できなかった。風化により遺存状態が悪いため、製作技法について推定することは難しい。藤田は二塚甕棺墓のガラス釧を、楽浪系銅釧の形態に基づいて、舶載されたガラスを使用して列島内で片面鋳型による改鋳で製作されたものであろうと推定している（藤田　1994：pp.153-155）。製作技法については後ほど考察したい。

　化学組成は分析によるとバリウムを含まない鉛珪酸塩ガラス（いわゆる鉛ガラス）で、鉛の含有量は70.8％と高鉛である。鉛同位体の分析も行われており、上述したように、鉛同位体比は弥生時代によく見られる中国産の鉛バリウムガラスとも日本産の方鉛鉱とも異なっていると指摘されている（山崎　1987：pp.280-281）。鉛同位体比に関しては、第Ⅱ部でまた取り上げる。

（2）島根県出雲市西谷2号墓出土ガラス釧（島根県出雲市教育委員会2006）（図2・3）

　西谷2号墓は後期後葉に比定され、中心主体に伴う遺物と考えられている。合計で腕輪4点分と考えられている。

　図2-1はほぼ完形で出土した。外径6.8〜7.0 cm、内径5.8〜6.0 cm。内径に天地では0.2 cm程度の差が見られた。身幅0.4〜0.7 cm、厚さ0.6〜0.9 cm。ほぼ完形であり、このタイプのガラス釧で完形に近い状態のものの出土は初めてである。

　図2-2は2/3ほどが残存している。外径約6.8 cm、内径約5.7〜5.8 cm。身幅0.4〜0.5 cm、厚さ0.6〜0.8 cm。天地で内径に少し差が観察された。

100　第Ⅰ部　弥生時代のガラス製品と弥生社会

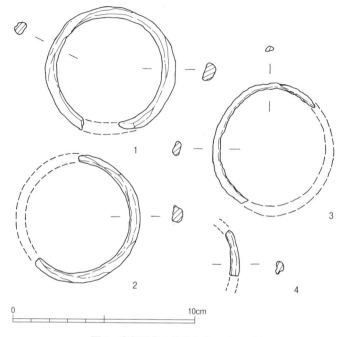

図2　島根西谷2号墓出土　ガラス釧

図3　西谷2号墓ガラス釧　製作痕

図2-3は約半分ほどが残存している。外径が約6.8 cm、内径約6.0 cm。身幅約0.3 cm、厚さ0.4～0.6 cm。

図2-4は、風化がひどい状態である。図2-3の個体と同一個体の可能性もある。身幅0.45 cm、厚さ0.7 cm。

各個体ともややいびつな円形を呈し、断面形は内側に面のあるD形である[3]。全体的に風化が激しく、剥落が著しい。一個体の中で幅や厚みが非常に薄い部分があるが、風化により浸食されたためと考えられ、本来は幅や厚みが一定であった可能性が高い。これら4点のガラス釧は法量に多少の大小はあるが、基本的に形状を等しくした規格的なものであったと考えてよいだろう。またいずれも内径の断面がやや傾き、上下で内径に差が見られる点は重要である。

色調は風化により白色化しているが、緑色を残している。断面は特に透明性を残しており、透明度は本来高かったと考えられる。断面を観察すると気泡は非常に多い。外面にも内面にも筋状の痕跡が見られる。これらの特徴は4点とも共通している。また図2-2のガラス釧は外面に接合したような痕跡を残している（図3-1・2）。化学分析によると、組成はバリウムを含まない鉛ガラスで、鉛の含有量は71.8％と高鉛である（島根県出雲市教育委員会 2006：pp.182-196）。鉛同位体の測定は行われていない。

西谷2号墓出土のガラス釧は残存状態がよく、製作技法が観察できる。外面内面ともに引き伸ばしたと考えられる筋状の痕跡が観察され（図3-3）、そして特に注目すべきは接合痕と思われる痕跡が明瞭に観察される点である（図3-1・2）。これは坩堝からガラス種を引き伸ばして取り出し、その後端部を接着して円形を作り出したときの接合痕と考えられる。すなわち、このガラス釧は巻き付け技法による製作が想定される。ガラス釧の巻き付け技法についてはタイプ分類において詳しく説明を述べる。

（3）京都府大滝町大風呂南1号墓出土ガラス釧（岩滝町教育委員会 2000）（図4・5）

後期後葉に比定される1号墓第1主体の棺内から出土した。点数は1点で完形。

1

2

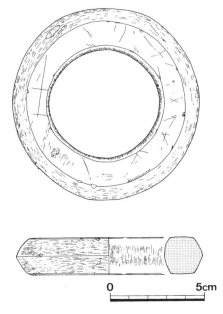

図4　京都大風呂南1号墓出土　ガラス釧　　図5　大風呂南1号墓ガラス釧製作痕

　外形は整った円形を呈す。上下に面取りがある点が特徴的で、断面形は五角形となる。法量は外径9.7cm、内径5.8cm、身幅2.0cm、厚さ1.8cmである。内径の天地の差は見られない。

　土中にあったが、観察上は風化をほとんど受けていない状態で出土しており、色調はやや淡い青色を呈し、透明度は非常に高く内部の状態がよく観察できる。内部には気泡がかなり存在しており、一部伸びた状態のものが観察される。また表面には円形の小さな凹みが観察され、気泡が抜けた痕跡と考えられる。

　化学分析によると、組成はアルカリ珪酸塩系のカリガラスで低マグネシアタイプである（岩滝町教育委員会　2000：pp.47-51）。この色調については意図的に添加されたと考えられる着色剤が検出されておらず、少量の不純物と思われる鉄によって発色したものである、と考察されている（肥塚2010：p.17）。またその基礎ガラスの材質はこの時期に多数見られる紺色のカリガラスと共通

しており、生産地と加工地が一致しないことを示す可能性があることが指摘されている（肥塚ほか 2010：p.17）。

また接続痕がないこと、形態の均整がとれておりかつ径・幅・厚さが一定であること、その重量などから考慮すると、両面鋳型による鋳造であると考えられる。また表面に見られる空気の抜けた孔の痕跡も、鋳造であることを裏付けている。一方で、一部やや伸びた状態の気泡が観察され、それらは釧の円周に沿って伸びており（図5-1・2）、製作時にガラス種を引き伸ばした痕跡と思われる。これらの痕跡から鋳型の下型にガラス坩堝からとったガラス種をやや引き伸ばして入れ込み、上型を重ねて圧力をかけて製作した、と考えられる。仕上げは非常に丁寧であり、表面は滑らかに研磨されている。

図6　京都比丘尼屋敷墳墓出土ガラス釧

（4）京都府大宮町比丘尼屋敷墳墓出土ガラス釧[(4)]（図6）

以前は古墳時代とされていたが、現在は弥生時代後期後葉と考えられている。点数は1点で、全体の約半分近くが遺存している。

外形はややいびつな円形を呈し、断面形は内側に面のあるD形である。法量は外径約7.2cm、その他は推定で内径約6.0cm、身幅約0.6cm、厚さ約1.0cm。[(5)]

風化がひどく、剥落も激しい。しかし遺物を観察すると断面には透明度のある緑色が観察でき、本来の色調は透明度の高い緑色であったと考えられる。風化のため気泡の状態は観察できなかった。また成分分析はなされていない。

外面中央には接続したような痕跡が観察された。これは西谷2号墓出土の釧と同様な痕跡と思われ、巻き付け技法による製作の可能性が高い。

2．ガラス釧のタイプ分類

以上、弥生時代のガラス釧を検討してきた。表1はこれら遺物の特徴をまと

めたものである。法量・側面形・組成・製作技法などから、大きく2タイプに分けることができる。

（1）西谷タイプ[(6)]

二塚遺跡甕棺墓、西谷2号墓、比丘尼屋敷墳墓出土のガラス釧は、その形態・側面形・法量・色調とも共通性が見られる。

形態はややいびつな円形を呈し、側面の断面形は内側に面のあるD形である。法量にはやや大小があるものの、近似値を示す。出土後の状態で、外径で約6.5～8.0 cm、内径で約4.5～6.0 cmである。鉛珪酸塩ガラスは酸性土壌中では風化しやすく、特に西谷2号墓の遺物は風化が進んでいる。このため特に幅や厚さに関しては風化による侵食を考慮に入れねばならない。甕棺内部から出土し、風化による浸食の程度が少ないと考えられる二塚遺跡の釧を中心に判断すると、本来の厚さは0.6～1.4 cm程度、身幅0.5～1.0 cm程度と思われる。表面の風化がひどいが、各々の断面の観察などから本来の色調は透明度の高い緑色と考えられる。

成分分析は二塚遺跡と西谷2号墓の遺物がなされており、その組成はバリウムを含まない鉛珪酸塩ガラスで、鉛の含有量が70％強と高鉛である。

製作技法は西谷2号墓の遺物の観察によると、巻き付け技法が推定される。

表1　弥生時代の遺跡から出土したガラス釧

旧国名	遺跡名	時期	点数	法量（cm）				断面形	色調	組成
				外径	内径	身幅	厚さ			
筑前	二塚遺跡甕棺墓	後期後葉	2	約8.0	約6.0	0.9～1.0	1.2～1.4	D形	緑色透明。風化により表面は白色化	鉛ガラス（バリウム含まず）
				約6.5	約4.5	約1.0	約1.2	D形		
出雲	西谷2号墓	後期後葉	4	6.8～7.0	5.8～6.0	0.4～0.7	0.6～1.0	D形	緑色透明。風化により表面は白色化	鉛ガラス（バリウム含まず）
				約6.8	5.7～5.8	0.4～0.5	0.6～0.8	D形		
				約6.8	約6.0	約0.3	0.4～0.6	D形		
				－	－	0.45	0.7	?		
丹後	大風呂南1号墓	後期後葉	1	9.7	5.8	2.0	1.8	五角形	青色・透明	カリガラス
	比丘尼屋敷墳墓	後期	1	約7.2	約6.0	約0.6	約1.0	D形	緑色。風化により表面は白色化	不明（分析なし）

ガラス腕輪における巻き付け技法は、ガラス種を引き伸ばし、円形の筒などに巻き付けて端部を接着し形状を整えることにより、ガラスの腕輪を製作する技法である。接着後さらに側面の形態を整える工程を経る場合も見られる。これにより断面形はD形・三角形・方形などに加工することが可能である。またガラス坩堝からガラス種から直接とるのではなく、あらかじめ長さや形態を整えたガラス棒を製作し、それを加熱して軟らかくし、筒型に巻き付ける方法もある。巻き付け技法はガラスの腕輪を作る一般的な技法の一つであり、古代から現代まで使用されている技法である。製作時にガラスを巻き付ける円形の筒型は、上下にやや傾斜をつけると抜き取りやすい[7]。ガラス釧の内径の断面がやや傾いており、上面・下面の内径が微妙に異なる点は、やや傾斜した筒型を使用したことを示しており、巻き付け技法によって製作された傍証である。

比丘尼屋敷墳墓の遺物も痕跡より巻き付け技法による製作の可能性が高い。二塚甕棺墓の遺物については、前述したように鋳造による製作が想定されていたが、その形状や組成の特徴が同一である点、内径にやや傾きが観察される点などから、同様の巻き付けによる製作が想定される。

以上からこれらの腕輪は、緑色の鉛ガラスを用いて巻き付け技法によって製作された同タイプのものである、と考えられる。これを西谷タイプとする。組成が非常に近い点、法量に大きな差異がないなどの特徴を考慮すると、製作地を同じくし、時期的に大きな隔たりなく作られた可能性は高いのではないか。

(2) 大風呂南タイプ

大風呂南1号墓から出土したガラス釧は、上述した3遺跡の例とその特徴を大きく異にする。形態は整った円形を呈し、側面の断面形は五角形である。法量は西谷タイプに比べると外径・身幅・厚さともに大きく、上下の面とり幅が広いのも特徴的である。色調は透明度の高い青色を呈し、成分分析がアルカリ珪酸塩ガラス系のカリガラス（低マグネシアタイプ）で、製作技法は両面鋳型による鋳造と考えられる。

法量・断面形・色調・組成・製作技法とすべて西谷タイプと異なっており、1点のみの出土であるが、これを大風呂南タイプとする。

以上より、弥生時代の日本に搬入されたガラス釧は、異なる特徴をもつ少な

くとも2タイプに分けることができる。この2タイプは、製作地を異にする可能性が高い。

第3節　弥生時代の釧の系譜とガラス釧の関係

次にこれらガラス釧がどこで製作されたか、すなわち列島内で作られたか、または搬入品であるかという製作地の問題を取り上げたい。まず弥生時代後期までのガラス製以外の釧の変遷から、他素材の釧からガラス釧へという変化の可能性があるか、すなわち列島内で系譜を追うことが可能であるか否かを検討したい。

弥生時代に見られる主な腕輪（＝釧）は貝製・銅製・鉄製・ガラス製等である。この弥生時代の腕輪のなかで最も特徴的なものは、ゴホウラ・イモガイ等の南海産大型巻貝製の腕輪であろう。これら南海産大型巻貝製腕輪は突起など貝の特徴をいかして製作しており、その形状がまた重要であったと考えられている。この形態は青銅製腕輪や石製腕輪に写され、古墳時代に継承されるものとなる。しかし逆にこの形態の特殊性から、ガラス釧と直接的な形態的関係はないと考えてよいだろう。一方青銅製腕輪には、円形のものと南海産巻貝製貝輪の形を写したものがあり、系譜を異にする。上述したように南海産巻貝製貝輪の形を写したタイプについては検討対象から外して問題ないと考えられるため、検討対象は円形のタイプに絞られる。

1. 円環形銅釧の形態とその系譜の問題

青銅製円形釧には円環形を呈するものと、薄板状の帯形を呈すものがある。円環形銅釧は楽浪系銅釧ともいわれるもので、北部九州を中心に西日本に分布し、帯形銅釧は後期から終末期にかけて中部地方から東日本に分布する。また鉄製釧も同じく後期に見られ、こちらは円環形と螺旋形があり、帯形銅製腕輪とおおよそ同じ地域に分布している（北條 2005：pp.247-248）。

これら弥生時代の釧の形態をみると、大風呂南タイプと同様の形態をもつ腕

輪は存在せず、大風呂南タイプは弥生釧の系譜から逸脱した存在であることが明白である。一方西谷タイプとその形態が似ている釧として、円環形銅釧が俎上にあがろう。

円環形銅釧は前期末〜中期初頭に登場し、出現初期には北部九州に集中しているが、中期には近畿地方まで分布を広げている。しかし後期になると出土例は減少し、対馬に集中する。この円環形銅釧の形態とその系譜についての論考は多くはなく、小田富士雄（1984）と安藤広道（2003）が分析を加えている。

（1）小田と安藤による円環形銅釧の系譜の検討

小田（1984）は西日本から出土した弥生銅釧と朝鮮半島の銅釧を集成・分類し、その関係性について考察している[9]。小田は、これら弥生銅釧は楽浪地域の漢墓に見られる銅環に系譜をたどることができる、という前提のもと、日韓交渉の内容をうかがうため、銅釧の比較検討を行った。

楕円形である福岡県須玖岡本遺跡と福岡県カルメル修道院内遺跡の遺物を除き、朝鮮半島出土品も含めたこれら円環形銅釧を、環外径・身幅・断面形で分類している。

環外径；大型（径6〜8 cm）、中・小型（3.8〜6.0 cm）。
身幅；太身（0.6〜0.8 cm）、中細（0.4〜0.6 cm）、細身（0.2〜0.3 cm）。
断面形；A 円形、B 楕円形、C 方形、D 長方形、E 菱形（断面径は、AとB、CとD、Eの三種にまとめることができるとしている）。

さらに図7の系譜を示し、これら宇木汲田遺跡（図9-3）と対馬の各遺跡（図8）から出土した銅釧は、朝鮮半島南部を経由して搬入された搬入品である、と考察している。

そしてこの図7の系譜に取り上げられなかった遺物も含めて、残された課題と今後の見通しについて述べている。まず鳥取県の長瀬高浜遺跡と土居敷遺跡の銅釧（図10）は、系譜的には楽浪系であるが、時期が終末期まで降りる可能性があり、国産の可能性があるとしている。また前期末のカルメル修道院内銅釧（図9-2）は、時期的に最も早くかつその形態が明らかに楕円形である点は舶載銅釧と異なっているが、断面が方形である点は舶載銅釧にも見られるものであり、国産か否かの結論は保留する、としている。一方で須玖岡本遺跡の

		楽浪地域	韓　　　国	日　　　本
円環型銅釧	大型太身 (中細)	A 類	伝善山 E類 (伝金羅南道)	塔ノ首2類 (3号) 塔ノ首1類 (2号・3号) 糠ノ浜
	大型細身 (中細)	C 類 D 類	城山貝塚 A類 (魚隠洞)　B類	宇木汲田64号・38号 宇木汲田112号・38号 黒木南鼻 観音鼻2号 佐保ソウダイ 貝口赤崎
	金銅環 銅環	A 類 B 類	伝黄州 雲城里 美林里	ガヤノキB地点

図7　銅釧の系譜 (小田 1984 より)

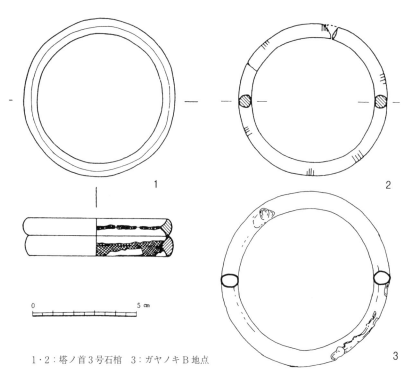

1・2：塔ノ首3号石棺　3：ガヤノキB地点

図8　対馬出土の円環形銅釧

銅釧（図9-1）は、形態が楕円形である点と断面形が半球形である点が舶載銅釧との相違であり、貝釧に祖形を求める異なる系譜を以前想定しているが、定説にはいたらない、としている。このほか大阪府鬼虎川遺跡出土の鋳型の存在により明らかになった、国内で作られた円環形銅釧の祖形が、楽浪か縄文かについては、今後の検討とするとしている。[10]

安藤（2003）は弥生時代の銅釧を総括するなかで、円環形銅釧についてもまとめている。まずその系譜に関しては、円環形銅釧の祖形は中国の初期青銅器から見られる銅環にあり、それが朝鮮半島を経て北部九州に伝わった可能性は高い、としている。

対馬の後期の遺物に関しては、楽浪郡設置以降の朝鮮半島製のものに酷似し、中期以前の円環形銅釧とは明らかに形態・法量が異なるもので、楽浪郡一帯を含む朝鮮半島からの搬入品の可能性が高いだろうとしている。また中期以前の円環形銅釧は、内側に面をもつ断面蒲鉾形、あるいは方形のやや細身のものが多く、上述した対馬の円環形銅釧と異なる系譜をもつ可能性がある、と指摘している。

時期的にみる円環形銅釧形態の変遷についても考察している。それによると、前期末に北部九州に出現し、中期になると北部九州では円環形銅釧の多量副葬例が見られるようになるが、その銅釧は前期末のものと比べると細身で、外径6cm前後とやや小型化する傾向があり、また断面が四角形のものも見られる。中期後半になると、中国地方、近畿地方における出土例が増加するが、これらの多くは6cm前後の環径と内側に面をもつ断面形が共通しているものである。後期になると、断面形・法量ともに中期と類似したものが各地に散見されるが、数が減少し、時期も後期前半に収まるものが多い。一方対馬では後期に数多くの銅釧の出土が集中している。

しかし朝鮮半島における円環形銅釧の出土例が限られている現状では、断面・形態・法量などから銅釧個々の系統の分析、およびその製作地を推定することは時期尚早かもしれない、とし、特に鬼虎川から中期後半にさかのぼる円環形銅釧の鋳型が出土している点から、遅くとも中期後半には、近畿地方を含む複数の地域で円環形銅釧の製作が行われていたことになる、と述べている。[11]

以上二者の論をまとめる。まず円環形銅釧の系譜であるが、両者とも基本は

110 第Ⅰ部 弥生時代のガラス製品と弥生社会

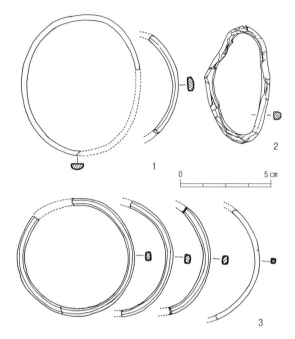

1：福岡須玖岡本
2：福岡カルメル修道院内
3：佐賀宇木汲田

図9　北部九州出土の円環形銅釧

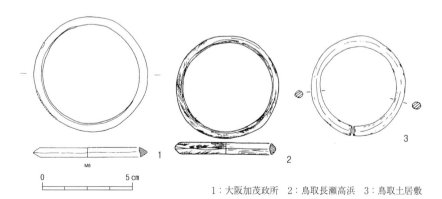

1：大阪加茂政所　2：鳥取長瀬高浜　3：鳥取土居敷

図10　中国・近畿出土の円環形銅釧

中国にその系譜をたどれるものとしている。安藤は、楽浪設置以後とそれ以前の釧では、祖形が中国にあるといえども、異なる系譜にある可能性を指摘している。また小田はごく一部については貝釧にその祖形をたどる、すなわち縄文系を検討する必要性を指摘している。

　また出土遺物の製作地については、おおよそ両者とも意見が一致している。中期から後期の大陸に祖形をもつ円環形銅釧のなかで、後期に特に対馬に集中して見られるものは、大陸からの搬入品である可能性が高いと考えている。しかし中期後半の大阪府鬼虎川遺跡から銅釧鋳型が出土していることから、列島内においても大陸系円環形銅釧が製作されていたことが判明し、このため中期以降に近畿を中心に西日本に見られる円環形銅釧のなかには、列島内で製作されたものも含まれているとしている。

（2）円環形銅釧の形態のまとめ

　表2は、弥生時代出土の円環形銅釧の形態と法量である。小田・安藤が指摘した系譜ごとに、円環形銅釧の形態と法量についてまとめた。

ⅰ）カルメル修道院内出土品に代表される、平面楕円形の円環形銅釧（図9-1・2）は、中期以前に出現し、ごく少量であるが後期まで見られる。これは中期以降に多数見られる、円形の円環形銅釧とは異なる系譜をもつ可能性が指摘されている。断面は蒲鉾型・方形でやや細身、という特徴をもつ。外径は長軸で6〜7cm、身幅は0.3〜0.4cm。厚さは0.4、0.7cmで、須玖岡本出土の後期の遺物（図9-1）のほうが厚い。

ⅱ）中期〜後期に西日本で見られる円環形銅釧（図10）は、大陸系と考えられている。中期が中心であるが後期前半まで見られる。後述するように、対馬出土品以外について製作地は国産の可能性も検討されている。[12] 搬入品とされている対馬以外の遺物について、法量と断面をまとめた。外径は5〜7cm、身幅は0.25〜0.50cm、厚さは0.3〜0.6cm、断面形は三角形・円形・方形・長方形がある。なお、小田は長瀬高浜（図10-2）の銅釧の断面形を菱形に分類していたが、安藤の指摘するように、内側に面があると考えられるため、むしろ断面は（内側に面のある）三角形と捉えた方がよいであろう。

表2 円環形銅釧の法量と形態

	出土地	遺跡名	遺構名	時期	点数	法量 (cm) 外径	法量 (cm) 身幅	法量 (cm) 上下厚さ	断面形	備考	出典
1	大阪府	加美遺跡	2号木棺墓	中期末	1	6.2～6.47	0.28～0.33	0.56～0.62	左右の膨らむ方形	上下に面あり。内外側面がやや膨らむ	①
			14号木棺墓	中期末	1	6.25～6.52	0.24～0.28	0.41～0.44	左右の膨らむ方形	上下に面あり。内外側面がやや膨らむ	①
2		芝生遺跡								詳細不明	②
3		亀井遺跡								詳細不明	②
4	岡山	加茂政所		後期前半		6.2			三角形		⑤
5	鳥取	土居敷		中～後期？	1	5.2	0.5	0.4	円形		③・④
6		長瀬高浜		前期末？	1	5.6×5.4	0.4	0.6	三角形		③・④
7	福岡	須玖岡本	3号土壙墓	後期	3	7.3×6.3	0.3	0.7	半円形	外形は楕円形	④
8		カルメル修道院内		前期末	3	6.2～6.8×3.5～4.2	0.4	0.4	方形	外形は楕円形	④
9		吉武高木		前期末		7.4					③
10	佐賀	宇木汲田	38号甕棺	中期中～後半	5	6.5～7.0	0.3	0.3、0.5	方形・長方形		④
			64号甕棺	中期前半～中	18	6.5	0.3	0.3	方形		④
			112号甕棺	中期前半～後半	17	6.5	0.3	0.5	長方形		④
11		本告			3					詳細不明	②
12	長崎（対馬）	塔の首	2号石棺	後期前半～中期	1	7.3	0.6	0.7	菱形		④
			3号石棺	後期前半～中期	5	7.13～7.62	0.55～0.98	0.46～0.58	菱形		④
				後期前半～中期	2	7.2～7.64	0.61～0.63	0.53～0.6	円形		④
13		ガヤノキB地点		後期前半	2	8.0～8.1	0.8	0.6	楕円形		④
14		観音鼻	2号墓	終末	1+a	7.5	0.3	0.4	楕円形		④
15		佐保ソウダイ		後期前半	2+a	5.6、7.3	0.25	0.4	楕円形		④
16		糠ノ浜		後期前半	1	7.3	0.5	0.65	菱形		③・④
17		貝口赤崎		？	1+a	？	？	？	円形(細)		④
18	大阪府	鬼虎川		中期後半		6.5		0.45～0.48	円形または楕円形	鋳型	①・③

注：出土遺物の時期は安藤（2003）による。
出典）①田中・桜井 1987 ②井上 1989 ③安藤 2003 ④小田 1984 ⑤岡山県教育委員会ほか 1999

ⅲ）後期に対馬で見られる銅釧（図8）は、搬入品の可能性が高いものである。時期的には後期前半～中期が中心であるが、一部後期後葉・終末期まで広がるようである。外径は大半が7～8 cm、佐保ソウダイ遺跡出土のみが5.6 cmである。全体的にⅰ）・ⅱ）のものより大きめである。身幅は小田（1984）の指摘しているように、太身（0.6～0.8 cm）、中細（0.4～0.6 cm）、細身（0.2～0.3 cm）とバラエティがある。厚さは0.4～0.7 cmである。断面形は菱形・円形・楕円形が見られる。

2．ガラス釧との比較検討

次に、これら円環形銅釧をガラス釧のタイプごとに比較検討したい。

（1）西谷タイプのガラス釧との比較

西谷タイプのガラス釧は、出土後の状態で、外径で約6.5～8.0 cm、内径で約4.5～6.0 cm、また本来の厚さは0.6～1.4 cm程度、身幅0.5～1.0 cm程度と考えられる。

上述したⅰ）平面楕円形の円環形銅釧については、平面円形のガラス釧とはその形態が異なっており、同じ系譜であるとは考えられない。ガラス釧の国内産の可能性を検討するために、上述のⅱ）中期から後期にみられる、列島産も想定されている円環形銅釧との比較を行いたい。このタイプの銅釧は、外径は5～7 cm、身幅は0.25～0.5 cm、厚さは0.3～0.6 cm、断面形は三角形・円形・方形・長方形である。

法量を比較して最も異なっている点は、身幅であろう。この銅釧の身幅が0.25～0.5 cmと細いのに対し、西谷タイプの身幅は0.5～1.0 cm程度とより厚いといえる。一方、環の外径は銅釧5～7 cmに対し、西谷タイプは約6.5～8.0 cmとやや大きめであるといえる。すなわち西谷タイプのほうが全体的に大きく身幅も厚い。

断面形を見ると、円環形銅釧には断面形は三角形・円形・方形・長方形があるが、西谷タイプのようなD形は見られない。

出現時期を比較すると、この銅釧の分布の中心は中期後半であり、後期前半

を過ぎるものは、現在のところ見られない。一方西谷タイプは後期後葉の墓から出土している。この時期差は大きな問題であるといえよう。

　まとめると、銅釧より西谷タイプのほうが直径が大きく身幅も厚いものの、法量的には大きく逸脱しているとは言いがたい。しかし断面形が異なっている点は大きな問題である。さらに中期～後期前半という銅釧の出現時期と、後期後葉という西谷タイプの出現時期の時期差は無視できない。

　そして最も大きな問題は、これら円環形銅釧が鋳造による製作であり、一方西谷タイプのガラス釧は鋳造による製作ではない、という点である。もし鋳造製品であるならば、銅釧の鋳造技術を応用して製作したと考えられ、列島製の可能性も考慮に入れる必要がある。しかしこのタイプのガラス釧は巻き付け技法で製作されており、これは鋳造と異なる技術で、当時の列島のガラス加工技術を超えるものと考えられる。第2章のガラス管珠の製作地に関連しても取り上げたが、弥生時代において可能であったガラス加工技術は、搬入品のガラス製品を素材として鋳型などを使用し改鋳して製作する、いわゆる鋳造加工である。一方ガラス釧の巻き付け技法は、高温の炉と坩堝を使用し、溶融したガラスを引き伸ばして製作するものであり、鋳造と全く関連のない技法である。このような原材料からガラスを製作するのと同程度の高温を必要とする、溶融したガラスからの製品製作という技術は、弥生時代に存在していないと考えられる。

　以上、その断面形と法量の差異およびその製作技術の違いから、西谷タイプのガラス釧が中期以降の大陸系の銅釧の系譜を引いて、国内で製作されたと想定することは困難である。特に技術の特殊性を考慮すると、搬入品と考えることが妥当であろう。

　次に対馬から出土している搬入品と考えられる円環形銅釧と比較を行い、対馬の円環形銅釧とこのガラス釧の系譜が重なる可能性を検討したい。

　西谷タイプの環外径の大きさは、小田の銅釧分類では「大型（径6～8cm）」の範疇に入る。身幅は「太身（0.6～0.8cm）」かそれ以上のものも見られるが、おおよそその範疇に入っているといえよう。

　一方断面形を見ると、内側が平らであるが外は丸く膨らむという、すなわちD字形に対応するものは、対馬の銅釧には見られず、この点において異なって

いる。

　時期をみると、銅釧は後期前半を中心としているが、一部は中期や終末期に渡っている。後期後葉という西谷タイプの出土時期と重なるといえよう。

　製作技法について、西谷タイプが巻き付け技法による製作であり鋳造ではない、という点は、列島内における製作を否定する根拠の一つとなったが、対馬の搬入円環形銅釧を作った集団が、ガラス製作技術についてどのようなレベルをもっていたのかは不明であるため、その集団によるガラス釧の製作を否定することはできない。

　これらを考慮すると、法量に関していえば、西谷タイプのガラス釧は小田分類で言う大型太身の範疇に属するが、銅釧は同じ断面形をもつものはないため、小田の示した系譜（図7）の流れの中に属しているとは言いがたい。しかしこれら銅釧と時期的には近く、また技術的にガラス釧の製作を否定することはできない。このため、対馬の銅釧と異なる系譜をもつ可能性は高いものの、同じ系譜をもつ可能性についても、今後検討する必要があろう。

（2）大風呂南タイプのガラス釧との比較

　大風呂南タイプのガラス釧は、まずその法量が、弥生の円環形銅釧と乖離している点はすでに指摘した。表1で示したように、法量は外径・身幅・厚さとも銅釧をはるかに凌駕し、また断面五角形という形態も、円環形銅釧にはみられないものである。

　一方製作技法を見ると、鋳造技法によって製作されており、大風呂南タイプが技術的に製作できた可能性は否定できない。

　しかし技術的に可能性があったとしても、その形態が弥生の円環形銅釧から圧倒的に乖離しているという点をみると、その系譜を列島内で追うことができないことは明らかである。これらを考慮すると、このタイプもまた搬入品と考えられる。

　以上、これら2タイプのガラス釧がいずれも列島外で製作され、搬入された品であることが検証されたのではないかと思う。それらの製作地についてはまたいずれ詳細に検討したいが、特に大風呂南1号墓タイプと似た形態と組成をもつガラス遺物が、中国南部とベトナム北部にかけての漢代併行時期の遺跡か

ら出土している。このカリガラス製品については、第Ⅱ部で検討を行う[13]。

第4節　ガラス釧の副葬にみる弥生社会

　筑前の二塚遺跡甕棺墓、出雲の西谷2号墓、丹後の大風呂南1号墓・比丘尼屋敷墳墓の4遺跡はすべて後期後葉の墳墓である。それら3地域いずれも日本海に面している点が共通している。弥生後期において北部九州や西日本の日本海側では、主に墳墓に伴う副葬品としてガラス製品が多数見られており、その大半はガラス勾珠・管珠・小珠であった。
　まずこれらガラス釧が副葬された墳墓の特徴や、共伴遺物、釧の副葬状況などを検討したい。

1. 各墳墓の特徴と釧の出土状況

（1）二塚遺跡甕棺墓

　筑前の長野川中流域の台地上で発見された甕棺墓である。単独で埋葬されたと考えられ、長野川流域を支配していた首長の墓と目されている（伊都歴史資料館　1998）。共伴遺物はガラス管珠9点・ガラス小珠39点で、白色に風化していた。これらガラス珠は分析されていないが、ガラス釧と同様の風化の状態から、少なくとも鉛珪酸塩ガラス系のガラスであると思われる。釧と共に列島外から入手したのだろう。しかしこの甕棺墓には銅鏡は副葬されておらず、地域の首長ではあるが、その傑出性は後期後葉に比定される平原1号墓などに比べ低い。
　北部九州では、貝釧や銅釧は非常に多く見られる副葬品である。弥生後期までの甕棺に副葬された貝輪や銅釧の事例を見ると、着装例などがあり、腕輪としての使用・副葬方法が一般的である。このガラス釧もその副葬方法はおそらく着装と考えられ、北部九州の釧を副葬する風習の中で捉えて問題はないと思われる。

（2）西谷2号墓

　出雲の簸川平野に営まれた西谷墳墓群の中核をなし、突出部を含めると1辺50mになる大型の四隅突出型墳丘墓で、同じく大型の四隅突出型墳丘墓である西谷3号墓に続けて営まれたと考えられている。西谷3号墓は墳丘上の中心主体2基に多数のガラス管珠・小珠と鉄剣が副葬されており、出雲地域において突出した副葬状況にある。その規模と副葬品の多寡から、これら二つの墳丘墓に葬られた人物は地域の大首長であると目されている（島根県出雲市教育委員会 2006）。2号墓は攪乱がひどく、主体部をはっきりと確認できなかった。ガラス釧はF4グリッドの土器が集中して出土する付近から出土した。中心主体に伴う遺物と考えられ、朱が付着している点からも棺内にあったと考えられている（島根県出雲市教育委員会 2006）。同地点から出土した遺物にガラス管珠があり、ガラス管珠が共伴していたことが判明しているが、副葬状態などは不明である。

　西谷3号墓における珠類など装飾品の副葬方法を検討すると、第1・4主体ともにガラス管珠を首飾りとして使用している。また第1主体はそのほかに、ガラス勾珠・ガラス小珠・石製管珠を数珠状に束ねて頭部の脇に添える、という珍しい副葬方法をとっていた（渡辺ほか 1992）。ガラス製・銅製を問わず釧は発見されていない。これから考慮すると、西谷2号墓でもガラス管珠は首飾りであった可能性が高い。しかし釧は着装であったか、添えられてあったかは不明である。

　山陰地域において、弥生時代の墳墓から出土する副葬品は多量とはいえず、大半が石製管珠である。これら管珠は、副葬状況がわかる出土例では多くが首飾りとしての着装状態で観察されており[14]、この地域の管珠の主な副葬方法として"首飾りとしての着装"があげられる[15]。釧については、特に出雲地域においては銅釧の出土はなく、貝釧はただ1例（猪目洞窟）の出土（木下 1982）があるのみである[16]。また丹後などでよく見られる、腕輪と判断される状態のガラス[17]小珠の副葬も存在しない。

　このように、西谷2号墓のガラス釧はその存在が珍しいだけでなく、出雲地域を中心に山陰ではその素材が何であれ、釧（腕輪）の副葬自体が非常に珍しいものであるといえる。

(3) 比丘尼屋敷墳墓

　丹後の竹野川中流域の墳墓である。しかしこの墳墓の詳細は不明であり、またガラス釧の出土状況も不明である。

(4) 大風呂南1号墓

　丹後の野田川河口に位置する大型の台状墓である。1号墓第1主体は後期後葉に比定される。第1主体は1号墓の中心主体で、墓壙は長さ7.3m・幅4.3mを測り、また舟底状木棺は長辺4.3m・短辺3.7mを測り、墓壙・木棺ともに非常に大型であった。ガラス釧は棺内から出土し、そのほか鉄剣11振・鉄鏃4点・有鉤銅釧13点・貝輪1点・緑色凝灰岩製管珠272点・ガラス勾珠10点・ヤス他鉄製漁労具などが共伴した。墳墓の規模のみならず、その副葬品の量と格の高さからも被葬者はこの時期を代表する大首長の一人と考えられている（岩滝町教育委員会 2000）。

　珠類や釧の副葬方法は多様である。珠類の一部、ガラス勾珠と石製管珠の一部は朱が最も厚く堆積する範囲に集中して出土しており、これは着装の可能性が考えられる。また石製管珠を多数広範囲にばら撒いており、何らかの儀礼が想定される[18]。ガラス釧はこれらとは異なり、胸部中央付近のやや下寄りと考えられる位置から出土した（図11）。北近畿の弥生後期の墳墓では、ガラス小珠を連ねて腕輪（手珠）として着装状態で出土した例は少なくない[19]。これらガラス小珠は体の側部と思われる位置から出土している（図12）。すなわちこの時期の北近畿における埋葬姿勢は、身体の側面に手を伸ばす形であった可能性が高い。さらに大風呂南のガラス釧の径は狭く、小柄な成人女性であっても手を通せるか疑わしい。成人男性であればおそらく不可能と考えられる。これらを考慮すると、大風呂南のガラス釧は着装ではなく、むしろ胸部の飾りのような状態で置かれた可能性が高いと考えられる。

　また有鉤銅釧はゴホウラ製立岩型を祖形とする有鉤銅釧の一種と考えられる。九州以外では貝輪系銅釧の多くは集落遺跡から出土しており、これは珍しい例であり、丹後地域で出土した遺物はこれ一例のみである。またその副葬方法も特殊で、被葬者頭部上側で木棺小口との間に置かれ、布の付着痕から布に巻かれて埋葬されていたと考えられている。これも、釧が着装状態にない例で

第3章 ガラス釧とその副葬 *119*

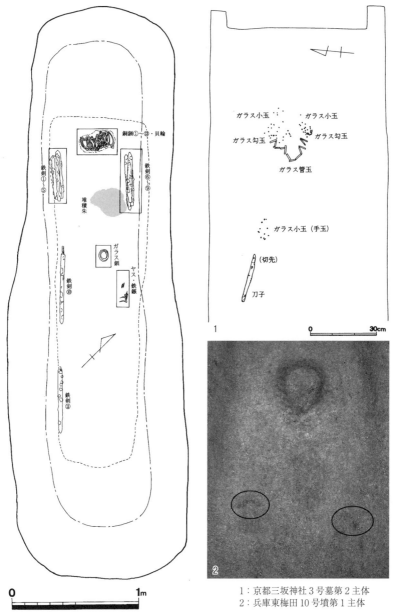

1：京都三坂神社3号墓第2主体
2：兵庫東梅田10号墳第1主体

図11 大風呂南1号墓　ガラス釧出土図　　**図12** 北近畿後期弥生墳墓における手珠出土図

あり、釧状であるから着装である、と判断できない傍証であろう。

2. ガラス釧副葬の背景

以上、ガラス釧が副葬された墳墓の配置や、またその副葬の状況を墳墓ごとに検討した。これら墳墓のデータ、各地域の副葬品目やその選択を背景に、副葬品としてのガラス釧の入手経路やその副葬された背景などを考察する。

北部九州では、弥生中期後葉から後期にかけて多数のガラス製珠類が副葬されている。しかし弥生中期後葉のガラス製品（勾珠・管珠）に見出せるような政治性の高さを、弥生後期においては見出せなくなっている点については、第2章で指摘した。ガラス釧の副葬の様相を見ると、その威儀品としての重要性の低下は、ガラス釧についても反映されているのではないだろうか。

二塚甕棺墓の傑出性は、平原1号墓などに比べると劣るという点はすでに述べた。北部九州では他の墓からガラス釧は発見されておらず、性急な判断をすることはできないが、この地域のガラス釧とその所有者については、次に述べる他地域で見られるほどの重要性は感じられない。また二塚甕棺墓の被葬者の格がそれほど高くないということは、被葬者自身が当地域の首長層を代表して、列島外からこれらガラス釧を入手できる立場であったかについても疑念を生じさせる。他の傑出した首長を通じてガラス釧を入手した可能性のほうが高いと思われる。そしてこの北部九州の地域にみられる、釧を着葬する風習に従い使用したのであろう。

一方山陰では後期中葉から後葉において、特に地域の有力な首長と考えられる墓からはガラス管珠が出土しており（西谷3号墓・宮内1号墳丘墓など）、他の平均的な首長墓においては石製管珠が副葬されている。この地域におけるガラス製品の威儀品としての地位の高さについては、すでに第2章で論じたように、最高ランクにあると考えられる状況を呈する。それに加えてガラス釧の希少性は、きわめて高いものであっただろう。銅釧を副葬する風習の存在が見られない状況を考えると、ガラス釧を副葬された西谷2号墓の被葬者の特殊性、傑出性がより際立つといえるのではないだろうか。

また西谷2号墓から出土したガラス管珠は非常に珍しいソーダ石灰ガラスで

あり、弥生時代では同じく西谷3号墓でのみ発見されているものである。さらに西谷3号墓出土のガラス小珠とガラス勾珠は非常に特殊な形態をしており、これもまた他の地域で見られないものである。このように西谷3号墓のガラス製品の他地域に見られない特殊性も考慮すると、西谷墳墓群を造営した集団が、これらガラス釧を含めたガラス製品を列島外との直接的な交渉によって入手した可能性は高い。すなわちガラス釧は列島外との直接的な交渉を示すものであり、それを副葬するという行為は、この集団の首長の権力の強さを示すものであっただろう。

　同様の様相を示すのが丹後である。北近畿では後期に副葬品が急増し、その中心は鉄製品と珠類、特にガラス製珠類と石製管珠である。そのガラス製品に与える政治性の高さや、副葬における規格性の創出、またこれらガラス製品の大陸からの直接入手について、第2章で考察をおこなった。この時期この地域におけるガラス製品の威儀品としての地位の高さ、政治性は際立ったものであることは間違いない。むろんそれはガラス釧についても同様であったと考えられる。

　ところで大風呂南1号墓出土のガラス釧の出土位置についてであるが、釧というよりむしろ胸部の飾りというような状況であったという点はすでに述べた。丹後地域を中心とした墳墓に見られる、頭部に集中した状態の珠類の副葬方法は、中国の葬玉（ギョク）の影響を受けたのではないかという問題を以前拙稿（小寺 2006c）において検討した。すなわち中国の葬送儀礼が、この丹後地域の珠類の副葬や葬送儀礼に影響を及ぼしていた可能性があり、このガラス釧の副葬方法についても、その影響を受けて行っていた可能性がありえる、と考えるのである。

　あらためてこの大風呂南から出土したガラス釧をみると、この遺体の中央部に円環形の飾りを配すという副葬方法は、中国の同時代の墳墓に見られる佩玉（ギョク）の副葬をまさしく想起させる。さらにその形状は当時の弥生人が考える釧という形状から逸脱しており、むしろ中国の同時期に見られる佩環に近い。すなわちこのガラス釧は、本来「釧」ではなく異なる意味をもつ製品＝佩玉であり、丹後でも佩玉として受容され、首長の死に際して副葬されたのではないだろうか。この地域における中国の葬送儀礼の受容の問題については、今

結　語

　以上、これまで出土したガラス釧を検討し、大きく二系統に分類した。またそれらが列島内の釧の系譜を引いておらず、列島外で作られた搬入品であることを示した。そして、それらガラス釧が埋葬された墳墓やその埋葬状況を検討し、それぞれの特徴はあるものの、丹後・出雲地域における首長の傑出性の高さという要素以外はあまり共通点をもたず、各々地域の中で独自の価値をもって副葬された状況を明らかにした。

　ガラス釧はその地域の代表的な首長に副葬されたと考えられるが、しかしその首長の傑出性は北部九州ではやや低く、出雲・丹後では逆に非常に高いと考えられる。それはすなわち、各地域でのガラス製品の威儀品としての価値が異なっており、その所有の意義についても異なるものであった、という状況を示していると考えられる。

　これらガラス釧の入手経路を考えると、どこか1か所の首長が入手し、分配したと考えることは困難である。特に大風呂南1号墓や西谷2号墓の首長は、独自に入手し、そして各々の社会的需要に即して使用していた可能性が高いといえよう。その使用方法については、西谷タイプはガラス釧として認識され、使用されたと考えられる。一方、大風呂南タイプは釧として使用されたのではなく、「佩玉」として扱われ、副葬された可能性も浮上してきた。

　このようにガラス釧の検討を通じて、この時期の特に日本海側において、独自の力でもって意識的に大陸と交渉をする大首長の姿が、さらに鮮明になってきたのではないだろうか。今後ガラス釧の大陸における製作地や流通の様相を検討し、これら大首長の対外交渉の詳細をより明らかにしたいと考えている。

註

（1）藤田　1994：pp.153-155。遺物の状態は非常に悪く、観察から製作技法は決定できない。銅釧との関連を推定し、銅釧と同様の鋳造による製作技法と推定したと思わ

れる。
（2）伊都歴史資料館（1998）では東二塚遺跡と記載しているが、藤田（1994）を含め多くの資料では二塚遺跡としている。本章では二塚遺跡に統一する。
（3）図2-4の破片はいびつな形状であるが、これも風化によるもので、本来は断面D形と思われる。
（4）出土地名から、三坂峠出土ガラス釧とされていることもある。
（5）外径の法量は、出雲市文化企画部文化財室（2004）より。それ以外については外径の法量をもとに写真から判断を行った。
（6）初現は二塚遺跡甕棺墓であるが、遺物の状態が悪く出土状況もあいまいである。このため遺物の状態が完形に最も近く、かつ正式な発掘である西谷2号墓の遺跡名をもってタイプ名称とした。
（7）東南アジアから出土した、古代のガラス腕輪の遺物においても傾きが観察されるものもあり、また民俗事例（インド）では実際に円錐状の筒型が使用されている。
（8）このタイプの銅釧は前期末より出現しており、時期的に楽浪郡設置以前であり、その呼称が正しくないと指摘されている（安藤　2003：p.297）。ここでは円環形銅釧と呼称する。
（9）なお小田がこの論考を執筆した時点で、北部九州以外の西日本では鳥取の土居敷と長瀬高浜以外の遺物は出土していない。また論考執筆時点ではこの二遺跡の遺物も時期がはっきりしておらず、小田は終末期と予想していた（小田　1984：p.130）。
（10）列島製円環形銅釧の祖形については、縄文系木製腕輪をあげる論もあると述べている。
（11）この鬼虎川の鋳型は中期の円環形銅釧に近い外径をもつが断面形が太く、その製品と思われるものはこれまでのところ出土していない。特にその断面形については、小田（1984）が仕上げ後の形態は円形が楕円形ではないかと指摘している。
（12）中期の宇木汲田出土遺物（図9-3）については、小田は搬入品であるとしているが、その出土時期や、法量が対馬出土遺物とかなり異なる点をみると、断定はできないと考える。
（13）西谷タイプと同様の形態をもつガラス腕輪は、同じく漢代併行期のベトナム南部から南アジアにかけて出土している。しかしその組成はアルカリ珪酸塩ガラスであり、製作地が異なっていると考えるべきである。この地域から高鉛ガラスの腕輪が出土した例は現在のところ見られていない。
（14）西谷2・3号墓、宮内1号墓、湯坂1号墳SX-4主体（鳥取県教育文化財団ほか2005）など。
（15）弥生時代の珠類の副葬方法とその分類については、拙稿（2006c）で論じている。
（16）貝製の釧は分解されやすく実際の副葬の量は不明。
（17）手珠と表記されることが多い。
（18）これら葬送時における珠類の副葬方法と儀礼について、拙稿（2006c）で考察を

行っている。
(19) 三坂神社3号墓第2主体、左坂16号墓第2・第6主体、左坂17号墓第6主体など。珠類の副葬の副葬された珠類の配置について拙稿（2006c）で論じているが、ガラス小珠を連ねた腕輪は北部九州や北近畿で弥生後期に見られ、特に北近畿に多い。
(20) ガラス勾珠の特殊性については第2章で述べた。ガラス小珠については第Ⅰ部第5章でも取り上げるが、円形のものだけでなく、垂形の特殊な形態をもつものがあり、類例が見られない。
(21) 三坂3号墓第4・9主体・坂野丘第2主体・日吉ヶ丘SZ01ほか多数。
(22) ただし、その背後にある昇仙思想などの葬送観念までも受容していたかについては疑問である。

第 4 章

ガラス璧の様相と舶載の背景

　ガラス璧は、北部九州の中期後葉における大首長のものと考えられる墳墓から出土している。狭い地域からのみの出土で、時代も限られ、その数量も少ない。しかし中国から舶載されたものであることは明らかで、ガラス璧は弥生社会と漢帝国との関係を考察する上で、また一方で弥生社会における首長達の紐帯や葬送観念に関する研究を行う上で、非常に重要な遺物である。

　ガラス璧そのものについては、古くは中山平次郎（1992a・1992b）・梅原末治（1960）らが検討を行っており、特に近年では藤田等（1994）が詳細に検討を行っている。さらにその出土状況に関しては、同じく藤田（1994）や柳田康雄（1983）が考察を行っている。

　一方でそれが弥生社会にもたらされた形式やその背景といった、ガラス璧のもつ社会的な様相や意義に関しては、共伴する前漢鏡などの遺物とともに、柳田（1983）・町田章（1988）・藤田（1994）・高倉洋彰（1995ほか）・岡村秀典（1999）らが論じており、またそれら前漢鏡やガラス璧をもつ墓が社会の中でどのような階層に位置しているかについては、下條信行（1986）・中園聡（1991）らの論考をはじめ、これまでさまざまな形で論じられている。

　しかしこれらの論考において、ガラス璧とその社会的意味についてはあまり検討されておらず、ともすれば大型前漢鏡の従的な品として扱われている。また前漢鏡とその舶載に関する研究が盛んに行われてきたのに対し、ガラス璧の研究は少なく、ガラス璧がもつ意味や、もたらされた背景といった点については、曖昧なままであった。

　その大きな理由としては、単に出土数が少ないというだけではなく、ガラス璧は玉璧に比べ"格"が低い、という見方が問題となったと考えられる。しかし

当該期の中国におけるガラス璧の玉璧に対する"格"や、ガラス璧のもつ意味といった問題に関してはあまり検討がなされておらず、そのためガラス璧のもつ意味に関する考察は、どちらかといえば観念的なものであった。

　北部九州の人々が、ガラス璧をどのような意味をもつ品として受容し、副葬したのか、という問題は、北部九州の首長達の紐帯や葬送観念を明らかにすることでもある。またそのような"弥生社会におけるガラス璧のもつ意味"を考察するためには、その副葬の様相を検討するだけではなく、どのような背景と意図をもって、それが弥生社会にもたらされたかを明らかにする必要がある。

　そのためにはガラス璧が弥生社会にもたらされた時点でのガラス璧の状態の検討と、その背景にあるそれをもたらした側、すなわち漢帝国側の意図の検討が必要不可欠であろう。これはまた、漢帝国は弥生社会をどのように扱っていたのか、という漢帝国の弥生社会へ対する意識を明らかにすることでもある。

　まず弥生時代のガラス璧についてまとめ、それが弥生社会にとってどのような意味をもっていたのかを再検討する。次にガラス璧がどのような状態で、かつどのような意図をもって漢帝国からもたらされたかを明らかにしたい。漢帝国側の意図を明らかにするために、ガラス璧の"格"の問題と玉璧の関係についても検討を行う。これにより、"弥生社会におけるガラス璧のもつ意味"の分析をさらに深化させることができよう。

第1節　ガラス璧の様相

　ガラス璧は北部九州の中期後半の遺跡である、福岡県前原市三雲南小路1号甕棺墓と、福岡県春日市須玖岡本D地点甕棺墓から出土している。このほかガラス璧が加工された製品として、同じく北部九州の中期後半の甕棺墓から、有孔円盤型ガラス器・垂れ飾・勾珠が出土している。これらガラス璧を加工した品が、元のガラス璧に対してどのような意味をもつかについては、あまり検討がなされていない。

　ガラス璧およびガラス璧加工品をその副葬の様相も含めて検討し、北部九州の弥生社会にとってガラス璧とその加工品のもつ意味を考察する。

1. ガラス璧

(1) 三雲南小路1号甕棺墓出土ガラス璧（福岡県教育委員会 1985）（図1）
　文政5年にこの地点で発見された甕棺とその出土遺物の記録が、福岡藩の国学者青柳種信の「柳園古器略考」（以下「略考」）に残されている（青柳 1976）。それをもとに行われた1970年代半ばの発掘調査で、墳丘と大きな墓壙をもつ2基の甕棺が出土した。1号甕棺よりガラス璧が出土した。
　ガラス璧はすべて砕けていたが、合計で8個体と考えられる。最大のものは原形の1/3以上が残存していた。8点のガラス璧の法量は各々異なるが、基本的な特徴は同じである。片面は乳丁文で、裏面は無文である。(2)文様面の端部は一段低くなっているが、無文面は完全に平らである。乳丁文の底部は截頭方錐形で、頭部は丸みをもっている。鋳造後に文様を際立たせるために乳丁文間は二方向に研磨が行われており、文様の底部が結果的に方錐形になり、また方格状の研磨痕を残した状態を呈している。裏面は平らで流雲文のような見かけを呈している。法量は、外径85～123 mm、内径21～38 mm、厚さは縁部で2.1～3.2 mm、文様部で39～50 mmである。(3)

　文様を掘り込んだ片面鋳型に溶融したガラスを流し込み、上から平らな板により圧力をかける模圧（＝型押し）鋳造技法により製作したものと考えられる。風化がひどく白色を呈しているが、かすかに淡緑色や濃青緑色が残っており、本来は濃青緑色または鮮緑色であったと思われる。
　これまでガラス璧の裏面に見られる流雲文のような状態は、鋳造時に溶けたガラスが流れた痕跡（＝湯流れの痕）と考察されていた（藤田 1994：p.177）。この流雲文のような状態は、中国から出土した他のガラス璧でもみられる。前漢の広西省合浦望牛嶺2号漢墓から出土したガラス璧（図2）は裏面の状態がよく、その様相を入念に観察することができた。全体的な色調は緑色であるが、黒色や白色が流雲文状というよりもむしろ、大理石などを思わせるマーブル文状となっている。その向きは一定の湯の流れを想定できるものではなく、すなわち湯の流れによる鋳造痕とは考えられない。(4) このような流雲文の状態は鋳造による痕跡ではなく、ガラスの色調に意図的に色ムラの変化をつけたマー

128 第Ⅰ部 弥生時代のガラス製品と弥生社会

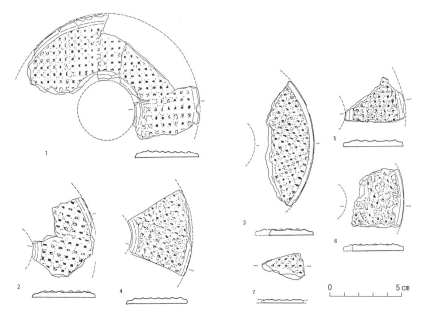

図1 三雲南小路1号甕棺出土 ガラス璧

図2 広西合浦望牛嶺2号漢墓出土 ガラス璧(左:表 右:裏)

ブル文であると考えられる。おそらく「玉」に見られる色の変化を表現しようとしたのではないだろうか。

　最も小さい8点目の璧は現存しておらず、青柳の記録に残るのみである。外径二寸八分（85 mm）、内径七分（21 mm）、厚さ二分（6 mm）である。「略考」によると、外見的な特徴は他の七面と同じであるが、内面に残る色調が飴色で光沢があると述べている（青柳 1976）。この飴色が風化によるものでなく本来の色調であるならば、黄色系統のガラス璧も副葬されていたと考えられる。この色調を呈するガラス璧は中国本土でも何点か出土しており、緑色系統でない色調のガラス璧も、弥生社会にもたらされていた可能性があろう。

　ガラス璧は成分分析されており、鉛バリウムガラスであった（馬淵・平尾 1985）。

　出土状況は青柳種信の記録によると、「鏡を重ねて其間ごとに挿物あり、状平く円にして……」（略考）とされている。この挿物がガラス璧であり、ガラス璧は銅鏡の間に挟まれた状態で副葬されていたと考えられる。すべてのガラス璧がそのような状態であったかは不明である。

（2）須玖岡本D地点甕棺墓出土璧

　ガラス璧は明治32年に偶然に発見された甕棺墓から出土した。当時は遺物などの調査は行われていない。この璧と考えられる遺物が東京大学に収蔵されていたが、関東大震災により現存していない。後藤守一（1921）が考古学雑誌に載せた璧の写真の解説によると、須玖岡本出土と考えられているガラス璧は、出土の2、3年後に同遺跡を訪れた八木氏が現地よりもらい受け、東京に持ち帰ったものである。璧は60 mm内外のほぼ似た大きさの破片が2点、表面は乳丁文で二方向に研磨が行われており、裏面は無文である。風化のため白色を呈していた。

　後日採取された遺物の中に、ガラス璧の断片と考えられるものが検出されている。薄い作りの扁平な淡青色または淡い青緑色を呈したもので（梅原 1960：p.8）、分析によると鉛ガラスである（山崎 1987：pp.276-278）。

　これらから、ガラス璧の本来の色は、淡青色または青緑色であったと考えられる。

ガラス遺物自体の情報も少ないが、ガラス璧の出土状況についてはさらに不明である。中山平次郎は須玖岡本 D 号甕棺の出土遺物や出土状況について丁寧な調査を行っているが、同様のガラス璧の遺物は採集できなかった。しかし、調査の記録に興味深い一文が見られる。「尚質の緻密な板の断片の如きものが少し出たが、あまりに小さくして何であるやは不明である」（中山 1922a：p.608）「其他厚さ 2 mm 半許りの平板状窯器の一小片が出てきた。両面に斑紋ある緑釉を帯び、斜めに見ると銀色に光る斑紋を表すもので、其観支那出土の漢代有釉窯器に似て居る。素地は鼠色を呈して可なり緻密である。前に見出した板切れの如きもの（其一部は鏡の間に介在して居た細土塊の碎片と考ふべきものである）とは全然別物、窯器であるは確実である」（中山 1929：pp.108-109）としている。「緻密な板の断片の如きもの」および「平板状窯器」がガラス璧である可能性はあるだろうか。もし「緻密な板の断片の如きもの」で「鏡の間に介在していた細土塊の碎片」がガラス璧であるならば、三雲と同様の方法でガラス璧と鏡が副葬されていたと考えられる。

2. ガラス璧再加工品

（1）有孔円盤型ガラス器（図3）

福岡県朝倉郡夜須町東小田峯 10 号甕棺墓から 2 点出土したものである。法量は 1 点が径 37.5～38.5 mm・厚さ 3.5～3.9 mm、1 点が径 34.6～35.0 mm・厚さ 3.6～4.7 mm である。2 点とも平板で片面に乳丁文があり、片面は無文である。乳丁文間は二方向に研磨が行われている。中央に孔があり、この孔は二方向から穿孔されている。全体に白色の風化が見られるものの、鮮緑色を残している[5]。

このガラス器は三雲南小路から出土した璧と文様や色調、材質の特徴などが同じであり、ガラス璧を再加工して作られたものと考えて間違いないであろう。藤田は、有孔円盤型ガラス器は破断したガラス璧を利用したものではなく、きわめて計画的かつ意図的に小型の璧を製作したものであるとし、その製作方法を考察している。璧のいわゆる「肉」の部分に、連続して円形のガラス円盤をとる方法を考案しており（図4）、ガラス璧に見られる外縁部の段がこ

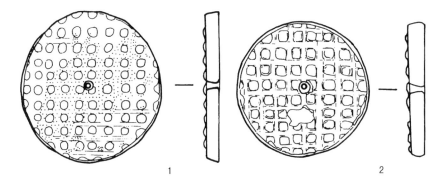

図3 東小田峯遺跡10号甕棺墓出土 有孔円盤型ガラス器（S=1/1）

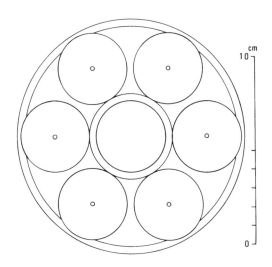

図4 有孔円盤型ガラス器
製作模式図
（藤田1994より）

のガラス器に見られないところから、三雲南小路のガラス璧の法量から考えて、ガラス璧の外径は少なくとも125 mm以上必要であり、その場合、一つの璧から同様のガラス器が6点製作することが可能である、としている。[6]

しかし破断したガラス璧の利用ではなく、きわめて計画的に意図的に製作した、という考察については疑問を覚える。三雲南小路1号甕棺から出土したガラス璧の中で、最大なものの外径は123 mmである。上述の計算で考えると、有孔円盤型ガラス器はこの最大のガラス璧よりもさらに大きな璧を利用して製

作したことになる。もちろん、そのクラスの大きさをもつ璧も三雲南小路1号甕棺に副葬していたのかもしれないが、少なくとも所有していた中では最大級に属する璧の可能性がある。そのような重要な璧を、あえて壊す形で使用するだろうか？　より小型の璧から製作したとしても、問題はないと思われる。むしろ偶然に破損したガラス璧を再利用して、配下の首長に渡すために、ガラス璧に似たガラス器を製作した可能性の方がより妥当ではないだろうか。

　しかしいずれにしても、舶載されたガラス璧の中で小型のものを配下の首長に渡すのではなく、ガラス璧はサイズにかかわらず大首長のみで保持し、配下の首長には国内で二次的に加工したガラス器を渡すという行為は、注目に値する。これはガラス璧の扱いを考察する上で非常に重要である。

（2）ガラス垂れ飾（福岡県教育委員会 1985）（図5）

　福岡県前原市三雲南小路2号甕棺から出土したものである。棺内攪乱土中から出土した。

　長さ18.6 mm、最大幅12.4 mm、最大厚3.7 mmで丸みのある不整三角形をしており、側面は板状である。一面にわずかに格子状の先端と思われる文様が見られる。反対面は無文である。文様のある面の端は一段低くなっており、この部分に孔を穿っており、この孔に紐を通して垂れ飾にしたと考えられる。

　この格子文様はガラス璧の乳丁文の間に見られる格子状の研磨痕と同じものと考えられ、また璧の文様のある面の端は一段低くなっており、これも同様である。ガラス璧の一部を利用し、垂れ飾に再加工したものと考えられる。

　藤田は有孔円盤型ガラスを切り取った残片を利用して作成したと考えられる、と述べている（藤田　1994：p.157）。有孔円盤型ガラスの製作が意図的か否かという問題はあるが、少なくともガラス璧のわずかな断片も利用しようという意図が垣間見られ、当時の人々がガラス璧をいかに重視していたかを確認できる遺物である。

（3）ガラス勾珠（図6）

　福岡県那賀川町安徳台2号甕棺から出土したものである。この甕棺から出土したガラス勾珠3点は、第2章でも取り上げているが、亜定形北部九州形G

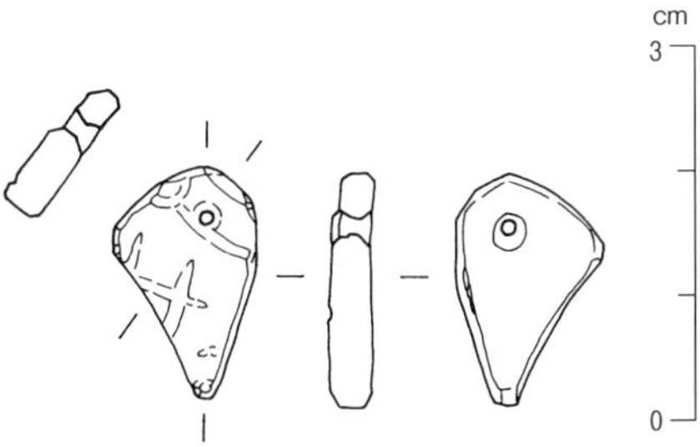

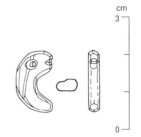

図5 三雲南小路2号甕棺墓出土
ガラス垂れ飾

図6 安徳台2号甕棺墓出土
ガラス勾珠

タイプで、ガラス板から削り出して製作している。法量は全長15.8〜18.0、厚さ3.0〜4.4mmである。成分は鉛バリウムガラスであった。

柳田は、この甕棺から出土したガラス勾珠3点のうち1点が、ガラス璧周囲特有の段差を保有することとその厚さ（4.4mm）から、三雲南小路1号棺と同型式のガラス璧の外周の破片を利用して、ガラス勾珠に研磨しなおしたものであることを指摘している（柳田 2008：pp.266-267）。なお柳田は他の2点については、勾珠の厚さからはガラス璧片利用も可能であるが、ガラス璧片とは断定できないとしている。

この段差をもつガラス勾珠（図6）は緑色を保っており、色調からもガラス璧の再加工品である可能性が高い。他の2点については、色調は風化が強いものの青色系統を残しており、ガラス璧の再加工品であったならば、段差をもつ1点とは異なるガラス璧から製作したと思われる。なお、ガラス璧でない板素材から製作した可能性も否定できない。その場合ガラス素材を入手してそのまま加工したのか、そのガラス素材を再溶融して板状にした後、勾珠状に研磨した可能性、両方が考えられる。

3. ガラス璧とガラス璧加工品の所有者像

以上、弥生時代に出土した璧を詳細に取り上げた。三雲南小路・須玖岡本ともに正確な出土数はわかっていないが、少なくとも同程度の枚数の璧を所有していたと思われる。またさらに再加工品が存在していることなどから、藤田は

中国から舶載されたガラス璧の枚数は50枚を下ることはなかったと考察している（藤田 1994：p.184）。

完形のガラス璧を出土した三雲南小路1号甕棺墓は「イト」国、須玖岡本D地点甕棺墓は「ナ」国、の大首長の墓、いわゆる「王墓」と目されている墓である。その副葬組成は20面前後の大型前漢鏡、ガラス璧・ガラス勾珠・銅矛などであり、これまで弥生の墳墓の階層性を検討する研究（寺沢 1990、中園 1991、下條 1991、常松 2011ほか）の中で、いずれも最も高位の墳墓であると考えられている。第2章において検討したように、ガラス管珠とガラス勾珠の所持の様相から見ても、この二基の墓のランクは最高位であることは明らかである。そしてその副葬品の様相から「イト」「ナ」とつながりがあると考えられる各地の集団の首長には、ガラス璧は副葬されていない。

東小田峯遺跡10号甕棺墓の円盤型ガラス器は璧の完形品ではなく、その国内における加工品である。この円盤型ガラス器は計画的かつ意図的に製作されたという論については、最大級の璧を破壊するという行為になるため、疑問を提示した。さらに東小田峯以外にこの円盤型ガラス器の出土がない点にも疑問が生じる。配下の首長に配布する意図をもって計画的に完形品を壊して製作したのであれば、一つの璧から6点というだけでなく、さらに複数の璧を使用したと考える方が矛盾はない。そして首長らに配布するのであれば、東小田峯だけでなく、漢鏡を手厚く分配された立岩の首長をはじめ、各地の「イト」「ナ」配下の首長墓から出土していてもおかしくはない。しかし現在までそのような出土例はなく、東小田峯の2点のみである。それらを考えると、この円盤型ガラス器は偶発的に壊れたガラス璧から使える部分を使用して、製作したと考えるべきではないだろうか。

東小田峯では漢鏡2面と鉄剣が、安徳台では多数のWC立岩タイプのガラス管珠を共伴している。しかしこれまでの研究で最も格の高い副葬品と考えられている（寺沢 1990、中園 1991、下條 1991、常松 2011ほか）、面径20cmを超える大型前漢鏡と定形北部九州形Mタイプのガラス勾珠は副葬されておらず、須玖岡本D号甕棺・三雲南小路1号甕棺の被葬者に比べて副葬品の格は低く、ひいては被葬者の格も低いといえる。それはガラス璧再加工品の副葬品としてのランクも示している。しかしその副葬品の様相からみても、重要な

人物であったと考えて問題ないだろう。また、そのような人物が所有していたことを考えると、これらガラス璧の再加工品は（璧そのものほどではないにしても）重要な品であったことも明らかである。おそらくこれらの被葬者は、「イト」「ナ」の大首長と深いつながりをもっていたため、このガラス璧の再加工品が渡されたものと思われる。実際ガラス璧の再加工品の一つであるガラス製垂れ飾は、三雲南小路1号墓被葬者の近親者と考えられている、2号甕棺の被葬者の持ち物であった。

　安徳台2号甕棺は、漢鏡を副葬されていないもの、そのガラス管珠の出土量は傑出している。漢鏡配布とは異なる意図の元に、これらガラス製品を入手した可能性がある。位置的に考えても「ナ」の大首長との特別なつながりがあった可能性があろう。

　すでにガラスの再溶融によるガラス製品の製作が可能であったことを考慮すると、璧の破損品は、（素材として使用する選択をなされず）あえてガラス璧の特徴を残しつつ別の製品に加工されたと考えられる。有孔円盤や勾珠に再加工されたのは、「イト」または「ナ」の大首長に属する工房であっただろう。そしてこれらガラス璧の再加工品もごく限られた首長にしかわたっていないという点は、重要である。

　このようにガラス璧とその再加工品の副葬状況を見ると、まずガラス璧は「イト」「ナ」の大首長のみが使用するものであったことは間違いない。これまで指摘されてきたように、「イト」「ナ」の大首長が中国に使いを送り、これらガラス璧や前漢鏡を入手したと考えて問題ないであろう。一方、大首長によって北部九州の配下の首長にそれら璧（または似たもの）を意図的に分配する、という行為は行われなかったと考えられる。また璧からの再加工品を製作するにあたっても、ごく一部の首長もしくは大首長の近親者にしか渡されなかった。

　そこからは、当時の弥生社会において、各地の首長へと分配された漢鏡とは大きく異なる意味を、ガラス璧が所持していたと考えられる。またそのような状況から、漢鏡とガラス璧は異なる意味（または意図）をもつものとして、北部九州へともたらされた可能性を推測することができる。

　次にガラス璧を含む北部九州から出土する中国からの舶載品が、どのような

背景とまた中国側の意図があって、この地にもたらされたかについて検討を行う。

第2節　塞杆状ガラス器の検討

　弥生中期後葉の「イト」「ナ」をはじめとする北部九州の首長層の墳墓に見られるもので、中国で製作された舶載品と考えられる遺物は、ガラス璧の他に前漢鏡・ガラス管珠・金銅四葉座飾金具8個体・塞杆状ガラス器[7]があげられる。
　このなかで塞杆状ガラス器は、他の舶載品と異なり、「イト」「ナ」の大首長墓に見られない点が異なっている。舶載品の一つとして、まずこの塞杆状ガラス器について検討を行いたい。

1. 塞杆状ガラス器出土例

　塞杆状製品は一見するとネジ状または釘状と呼べる形態をもつ。一端が円盤状になっており、その下に棒状の軸部がある。軸部は八稜の稜をもち、先端にかけてやや細くなっている。塞杆状ガラス器は、すべて中期後葉の福岡県（筑前）の甕棺墓から出土している。

（1）福岡県春日市須玖岡本甕棺墓採集品（藤田 1994：pp.157-158）（図7）
　採集品1点。甕棺の下甕の底から検出したものということである。法量は全長33mm、円盤部の径14mm、軸体の径7mm。風化はなく、青緑色である。軸部は八稜柱状。分析の結果は鉛バリウムガラスであった。

（2）福岡県飯塚市立岩28号甕棺墓出土品（飯塚市立岩遺跡調査委員会編 1977）（図7）
　WC立岩タイプのガラス管珠、前漢鏡と共に、5点の塞杆状ガラス器が出土した。3点がほぼ完形で、2点が破損している。

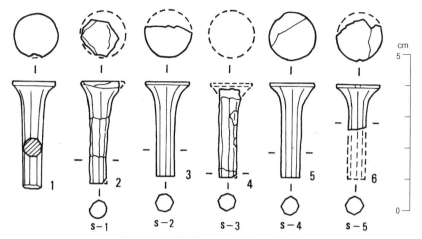

1：須玖岡本甕棺墓採集　2〜6：立岩28号甕棺墓出土

図7　須玖岡本・立岩出土　塞杆状ガラス器

　完形部の法量は、全長約30.20〜32.5 mm、円盤径15.1〜15.2 mm、軸部径5.5〜6.0 mmである。軸部は八稜柱状。色調は風化により白色を呈するが、一部にもとのガラスが観察され、本来は濃緑色である。分析によると、鉛バリウムガラスであった（山崎 1977）。

　同位置で出土したガラス管珠は頭飾りと考えられる形態を保っていた（第Ⅰ部第2章図11）。この塞杆状ガラス器はその上部から出土しており、頭部周囲にあったと考えられる。

（3）福岡県那珂川町安徳台2号甕棺墓出土品（那珂川町教育委員会 2006）
（図8）

　2006年に甕棺墓から、4点の塞杆状ガラス器が出土した。全長は約40 mm。軸部は八稜柱状と考えられる。白色化しているが、ごく一部に青色もしくは緑色系統の色調が残っている。1点に有機質の筒状製品に挿入されていた痕跡が見られる。

　これら塞杆状ガラス器はいずれも形態が非常に似通っている。一見するとネ

ジ状または釘状と呼べる形態をもつ。一端が円盤状になっており、その下に棒状の軸部がある。軸部は八つの稜をもち、先端にかけてやや細くなっている。全長は 30〜40 mm、円盤径約 14〜15 mm、軸径 5.5〜7.0 mm である。その製作技法は鋳造によるものと考えられる。八稜柱状になった軸部は、鋳造して大まかな形態を作り出した後、研磨によって稜を整えたものであろう。

2. 中国から出土した類例

　円盤状の頭部と長い軸部をもつガラス製品は、中国では華北から東北地方で出土例が見られる。戦国時代では山東臨淄商王村一号戦国墓（淄博市博物館 1997）、漢代では河北省萬安県北沙城遺跡（東亜考古学会 1964）、漢代では、遼寧省遼陽市三道壕遺跡（前漢）（東北博物館 1957）、遼寧省朝陽袁台子漢代遺跡（高青山 1999）、吉林省楡樹県老河深遺跡（前期末〜後漢初）（藤田 1994）から出土している。

　藤田は河北省萬安県北沙城遺跡、遼寧省遼陽市三道壕遺跡、吉林省楡樹県老河深遺跡出土の類例を検討し、塞杆状ガラス器と呼ばれる遺物は、形態・出土状況から考えて、新石器時代に出現する中国の T 型笄を祖形とする髪飾り（笄・簪）であるとし、河北・遼寧省に類例と考えられる遺物が見られることから、中国東北部で成立したと考えられる、とした。また弥生時代では特定の女性が用いた数少ない装飾品であると述べている。そして中空の木製などの簪の端部に差し込む、塞杆状ガラス器の使用方法を復元している（藤田 1994：pp.161-166）（図 9）。近年出土した安徳台の遺物の痕跡は、柳田康雄も指摘するように（柳田 2008：p.259）、藤田の復元の正しさを示すものである。

　藤田の研究以降に、臨淄商王村一号戦国墓から弥生時代のものと最も近似である遺物が出土した。以下、遺物と出土状況を検討する。

　この墓は未盗掘で保存状態も非常に良好であった。ガラス簪形器とされている遺物は 17 点出土している（図 10）。出土位置は棺内の頭部横、足元、および槨室内である。被葬者は女性であった。

　ガラス簪形器は、一端は円盤形の頭部をもち、軸部は八稜柱形で、端部にかけてやや細くなる。軸部が中実のものと、中空のもの 2 タイプある。うち 1 点

第4章 ガラス璧の様相と舶載の背景 139

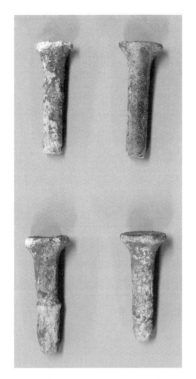

図8 安徳台2号甕棺墓出土
塞杆状ガラス器

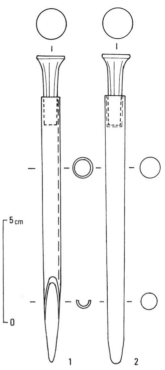

図9 塞杆状ガラス器復元想定図
（藤田 1994 より）

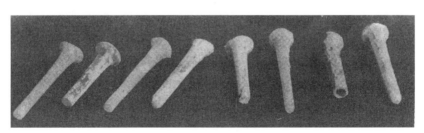

図10 山東臨淄商王村一号戦国墓出土 ガラス簪形器

の空のないタイプの法量は、全長 57 mm、径 6〜16 mm であった。実測図はなく、掲載された白黒写真をみると風化で白色化がかなり進んでいるようだが、すべて浅い藍色を呈するとのことである。写真に掲載された 8 点は長さに 1〜2 cm のばらつきがあるが、頭部や軸の径はほぼ均しい。

　頭部横という出土位置から見ても、頭部の装飾品＝簪飾であった可能性が高い。また足元や槨内出土のものは、銅帯鈎や環鈕などと共に出土している。装飾品をまとめて副葬していたと考えられ、いずれにせよ装飾品である可能性が高い。またこの墓からは、ガラス環やガラス珠が出土しており、いずれも浅い藍色を呈すとしている。

　この墓は周代の斉国都城臨淄の近郊にあり、斉国の墓と考えられる。時期は器物の紀年や様相から紀元前 266〜前 221 年の間とされ、被葬者は身分の高い貴族の女性と推定されている。

　このガラス器は、形態・法量ともに、弥生中期北部九州出土のガラス器と全く同じものといえる。色調は浅い藍色、すなわち青色系統である。これは立岩出土品とは異なるが、おそらく須玖岡本出土品には近い色調ではないかと考えられる。また軸部が中実だけでなく、中空のものも見られるという点が異なっている。

　その使用方法は女性の頭部の装飾品＝簪と考えて問題なかろう。弥生時代における簪としての使用法は、中国本土の同種の遺物の使用法と同じであったことが証明された。軸部を中空にした理由は、何かを挿すためという可能性もあるが、中実のものと異なる使いかたをしたと考えるには、その形態が似通っている。この副葬方法をみると、着装品だけでなく、棺外に置かれた品が見られる。すなわちこれら簪の、生前からの使用が想定される。ゆえに簪は頭部に挿されるものである、という点を重視すると、中空にしたのは軽量化を図ったためであるかもしれない。

　この墓の時期は戦国時代後期から末期である。漢鏡 3 期の鏡を出土する、弥生時代中期後葉の北部九州の墳墓に比較すると時期的に早い。

　類品の石製簪は陝西省からも出土している。陝西省闘雞臺溝東区墓葬（蘇秉琦 1948）では、C1 墓から石製の円盤型頭部に稜のない楕円柱の軸部をもつ、簪先端飾が出土している（図 11-1）。残存長は 41 mm。これは稜がない点を

第4章 ガラス璧の様相と舶載の背景　141

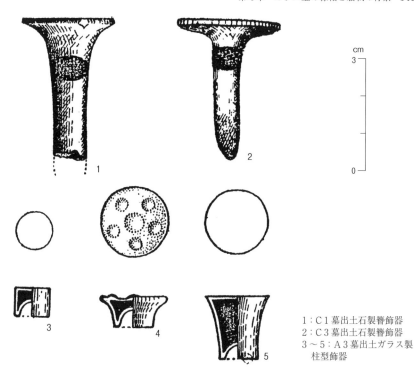

1：C1墓出土石製簪飾器
2：C3墓出土石製簪飾器
3〜5：A3墓出土ガラス製
　　　柱型飾器

図11　陝西闘雞臺溝東区墓葬出土　簪飾器ほか

除いては、簪形ガラス器と同類の簪と考えて問題ないだろう。またC3墓からも石製で薄い円盤型の頭部に窄まりのない軸部をもつ、先端がとがった形態の簪先端飾が出土している（図11-2）。

　この墓群では、A3墓からガラス製の柱型飾器が出土している（図11-3〜5）。円盤型頭部と短い軸部をもつものが2点あり、先端部がへこんでいる。鋳造によって作られていると考えられ、1点は頭部に円文が配されている。何らかの装飾品の先端につけたものと考えられる。形態は異なっているが、ガラスによる装飾品の鋳造製作品として考えると、ガラス簪飾と大きな括りの中にまとめられよう。

　この墓群の時期の詳細は不明だが、遺物から新石器時代から漢代にかけて断続的に営まれたと考えられる。A3墓とC1・C3墓は、同じ墓域の遺物を見

ると、少なくとも戦国時代以降の墓であり、漢代の可能性もありえる。C1・C3墓ともに副葬品は多くなく、被葬者は少なくとも高位の人物とは考えられない。

3. 塞杆状ガラス器と簪型ガラス器

　藤田（1994）は中国東北部における成立を想定したが、その後同タイプのガラス簪飾が山東省から出土し、また同タイプの石製簪が陝西省から出土したことから考えると、必ずしも中国東北部における成立を想定する必要はないと考えられる。製作地もまた中国東北部に限定する必要はないであろう。しかし出土例が中国北部に集中している点から考えると、華北において製作された可能性は最も高い。

　このような出土例から考えて、戦国後期には華北においてガラス簪飾が出現し、その後漢代にも製作されていたと考えられる。形態は戦国期に成立し、その後大きな変化は見られないが、現時点では漢代のものに中空のタイプが見られない点を考えると、中実のものが主体となったのではないだろうか。また恐らく原型である石製のものに稜がなく、ガラス製に稜がある点については、ガラスという素材を使用したことによる変化と考えられよう。ガラスはカットを施すとより光を反射するため、装飾効果を狙ったものと考えられる。

　ガラス簪飾の成立過程については今後より詳細に検討を行う必要があるが、本章で重要な点は、中国で出土しているガラス簪飾が、後述する大型前漢鏡や璧のように、漢帝国皇室や漢帝国中央とのつながりを特に想定されない出土状況をもつ点である。下賜された葬具などではなく、むしろガラス耳璫と同様に生前にも使われた装飾品であったと思われる。

　すなわち弥生中期の甕棺墓から出土した塞杆状ガラス器は、漢帝国内における製品であるが、漢帝国皇室や公の機関と関係がある下賜品とはいえない、と考えられる。すなわち中国にわたった弥生社会の使者が下賜とは関係なく入手したもの、と推測されるのである。これは、「イト」「ナ」の大首長墓から、これら塞杆状ガラス器が出土していない状況とも符合する。

　次にガラス璧の搬入について、漢帝国がどのような意図をもってこのガラス

璧を弥生社会に贈ったかを検討するが、共伴する他の中国からの舶載品と異なり、この塞杆状ガラス器はその考察の対象からはずして問題ないと考えられよう。

第3節　ガラス璧がもたらされた形態とその背景

1. 璧・鏡の舶載に関する先行研究

　塞杆状ガラス器を除く中国からの舶載品には、漢鏡・ガラス璧・ガラス管珠・金銅四葉座金具が見られる。これら中国からの舶載品がどのような意図でもって日本にもたらされたかという問題については、これまでさまざまに論じられてきた。主な論に岡崎敬（1976）、柳田康雄（1983）、町田章（1988・2002）、藤田等（1994）、岡村秀典（1999）、高倉洋彰（1999）等がある。以下簡単に各論を取り上げ、まとめて考察したい。

　岡崎（岡崎 1976：p.15）は、楽浪に行った使者は玉璧よりも鏡を希望したであろうと想定し、玉璧の代わりとしてガラス璧をもたらしたのは、ガラス璧は破損してもまた溶解し勾珠・管珠を作ることができるため、当初よりガラス原料を目して入手したのであろう、としている。

　柳田は、三雲1号甕棺の絶対年代、ひいては弥生中期後半の年代を考える上で、これらの遺物を取り上げ、ガラス璧と金銅四葉座飾金具を葬送具（葬玉）と考えた場合、漢帝国からイト国王の死に対して贈られたことになり、倭人が中国での風習を理解しえたかは別にしても、重要さが違ってくる、と述べている。すなわち、イト国王の死が漢帝国に知られた後にこれら葬具が贈られるとするならば、その時間的間隔は1年前後であり、数年を経過するものではなかろう、と推測している（柳田 1983：p.22）。

　町田は、漢では王侯や功臣の死去に際し葬具を下賜したことはよく知られているところであり、帰服した蕃国の王の死にあたっても葬具を与えているところから、これら金銅四葉座金具とガラス璧は、葬具として漢から下賜されたものと論じている。また魏志烏垣鮮卑東夷列伝の夫余伝に、「漢のとき夫余王は

葬するに玉匣を用い、常にあらかじめ玄菟郡に付す……」と記されているところから、東夷の王に与えられる葬具は中央政府が所在する長安の少府の官営工房で製作され、楽浪郡の倉庫に保管されていた可能性を示唆している（町田 1988：pp.13-14）。さらにガラス璧は箱型覆面や枕などに着装した状態（図12）で、倭人に伝えられたのであろうと考察している（町田 2002：p.214）。

　藤田は上述の岡崎（1976）・柳田（1983）・町田（1988）の論をあげ、さらに玉璧に対するガラス璧の格の低さを指摘しつつ、璧を葬具として下賜したか、前漢時代の国王が持った葬具または階層的象徴としての璧として下賜したか問題がある、と述べた。そして恐らく「ナ」「イト」国王の死に際して葬具として急遽送られたのではなく、あらかじめ葬具・階層的象徴として下賜されたもので、本来的には弥生時代北部九州の各地の首長に対して下賜、贈与されたものであろう、と考察している（藤田 1994：p.199）。

　岡村は、漢鏡・ガラス璧・金銅四葉座金具は中国からの舶載文物であり、漢王朝から政治的・儀礼的に贈与されたものと考えられるが、ガラス璧も金銅四葉座金具も前漢の王侯貴族がその身分の表象とする威信財ではなかったと考え、「王」としての処遇ではないとしている（岡村 1999：pp.21-26）。「イト」「ナ」の首長を外臣に冊封する必然性はなく、朝貢国として位置づけていたものの、漢鏡をはじめとする過分なほどの文物の贈与は、漢側の歓迎ぶりをあらわすものとしている（岡村 1999：pp.48-50）。

　高倉は、前漢鏡は前漢帝国の下賜品であり、三雲の被葬者は死に際して乗輿制度に従って蕃国の王として遇されており、漢書霍光伝の葬具のリストからガラス璧は玉璧の代用品であり、金銅四葉座金具は木棺の装飾用、そして大型前漢鏡は『東園温明』の中身であると考えられる、としている。すなわちこれらの品々は、被葬者（＝首長）の死に際し、漢帝国から乗輿制度に従って下賜されたものであると指摘している（高倉 1999：p.33）。

　これらの論をまとめると、まず岡崎以外は、ガラス璧・漢鏡・金銅四葉座金具は、漢帝国から贈られた下賜品・贈与品として捉えていると考えてよいだろう。岡崎はガラス璧は列島からの使いが、ガラス素材として再利用するために積極的に求めたものと論じている。一方町田・柳田・高倉は、ガラス璧と金銅四葉座金具は「イト」「ナ」の大首長に対し、漢王朝から葬具として下賜され

たものであり、町田・高倉は「イト」「ナ」の大首長は蕃国の王として遇されたと捉えている。さらにガラス璧の形態としては、町田は璧そのものではなく箱型覆面や枕の付属品であった、と論じている。また藤田は、葬具・階層的象徴として下賜したものとし、本来的には北部九州の各地の首長に対して下賜・贈与されたものである、と「イト」「ナ」の大首長に対してではない、という点が他の論と異なっている。一方岡村は、ガラス璧は政治的・儀礼的に贈与されたものであるが、「王」としての処遇ではなく、また外臣ではなく朝貢国としての位置づけであった、という点が他の論と異なっている。

特にこれら舶載品から分析される漢帝国の弥生社会に対する認識として、「イト」「ナ」はどのような立場として遇されているのかという点は、非常に大きな問題となっていることがわかる。ガラス璧はまさに問題解明の焦点となる遺物である。

以下、ガラス璧が贈られた形態とその意図を明らかにし、さらにこの問題の解明に迫りたい。

2. ガラス璧が贈られた形態とその意図

(1) 鏡と璧の関係

岡崎が指摘するような、「玉璧より鏡を求める」「倭人は鏡を好んだ」という考え方は、この時期の舶載遺物を取り扱う論の中で、現在に至るまでも散見される。しかしこれは中期後半以降、そして古墳時代に鏡が多量に副葬された状況から判断しての論であると考えられる。このような「鏡を好んだ」という意識が入手時にあった否かは、入手する側の意図を、またもちろん贈る側の意図を考察する上でも重要と考えられる。この鏡の重視という意識の存在について、まず考察したい。

須玖と三雲から出土した前漢鏡は、漢鏡の中でも最も早く列島に渡ったものである。この前漢鏡が舶載される以前に、弥生社会において多紐細文鏡など朝鮮半島から舶載された鏡は存在したが、地位の表象として強く意識されているような様相は見られない。当時の首長の墓に明らかに権威の象徴として鏡が副葬されるのは、この須玖・三雲の大首長の墓に漢鏡が副葬されて以降である。

すなわち「倭人は鏡を好む」という考え方は、この須玖や三雲の大首長らが漢帝国へと使いを送り、最初に漢鏡を入手したまさにその時点では、少なくとも出土遺物の状況からみると存在していないといえよう。

そして須玖や三雲から出土する鏡を手に入れた、最初期に漢帝国に渡った使いは、鏡や璧についての知識は多いとは考えられない。さらに上述したように、朝鮮半島製の鏡も宝器として特に重視していたような社会ではなかった。すなわち、特に鏡と璧のどちらかを積極的に求めるような動機が当時存在していた、とは考えられないのである。そしてもし中国社会の知識をあらかじめもった上で下賜品の選択をするのであれば、間違いなく銅鏡ではなく、璧を選択すると考えられる。この時期、漢帝国およびその影響下にあった地域では、玉璧は鏡と比較にならないほど貴重なものであった。

またガラス璧は倭の使いが積極的に望んで入手し、それはガラス素材としての輸入であったという説も成り立たない。上述したように璧についての知識も多くなかったと考えられ、またガラス璧(の存在)についての知識があったとも考えられない。そのような中で、原料として再利用できるから"玉璧"でなく"ガラス璧"を選択しよう、といった発想が生まれるとは、とても考えられない。またこれまで述べてきたように、北部九州ではガラス璧が出現する以前では、ガラス製品の製作は開始されていない。

もちろん弥生社会にもたらされてからのガラス璧の扱いを見ても、この説が否定されることは間違いない。ガラス璧の完形品は、「イト」「ナ」の大首長のみが所有しており、かつそれの加工品の所有者も東小田峯遺跡10号遺跡や三雲南小路2号甕棺墓のように、重要な地位にあると考えられる被葬者であった。この状況はガラス璧が非常に重要な遺物であったことを示しており、単なるガラス素材として輸入したという扱いでは全くない。

以上から考えると、鏡を特に重視していたという意識は弥生社会側にはなく、また「ガラス」璧の入手について弥生社会側の意思が強く存在していたとは考えがたい。「ガラス」璧を倭に与えることを選択したのは漢帝国側であると考えられ、町田・藤田らが述べているように、下賜品として漢帝国から贈られたものであると考えてよいであろう。次に、どのような形態の下賜品であったのかについて検討を行う。

（2）ガラス璧が搬入された形態

　ガラス璧の状態として、璧そのものとして送られたのか、町田が指摘するように箱型覆面や枕などに着装した状態（図12）で倭人に伝えられたのか、というのは重要な問題である。なぜなら箱型覆面や枕に象嵌された璧であった場合、贈られたのは箱型覆面や枕であり、その場合璧そのものが漢帝国から贈られたという意味をもたない。璧そのものが贈られたか否かは、「イト」「ナ」の大首長がどのように漢帝国から見られていたかという問題に関して、まさに中核をなす部分である。

　まずガラス璧が出土した状況を見ると、鏡とガラス璧を交互に置いていたという様子が復元されており、箱型覆面や枕の使用は見られない。あえてそれら葬具からガラス璧を取り外して使用したと考える場合、ガラス璧の枚数の多さが問題となる。ガラス璧が箱型覆面や枕などに着装した状態で葬具として下賜されたものであるならば、箱型覆面や枕がその首長の死に際し、一度に夫婦一対以上贈られたとは考えがたい。しかし一つの箱型覆面にはめ込む完形の璧は多くても3枚程度であり（図12）、それに比較すると三雲・須玖ともに出土したガラス璧の量ははるかに多いと考えられる。三雲南小路・須玖岡本ともに正確な出土数はわかっていないが、藤田は出土状況から、中国から舶載されたガラス璧の枚数は合計50枚を下ることはなかったと考察している（藤田 1994：p.184）。また漢墓から出土している箱型覆面や枕には、璧形だけではなくさまざまな形態のガラス板を象嵌しているが（図12）、そのようなガラス板は弥生の墓からは出土していない。

　ところでもし箱型覆面であった場合、漢帝国の「イト」「ナ」の大首長が遇された立場は、蕃国の王というものではないと考える。町田は、箱型覆面は前漢後期において全国的に普及した制度として、天子から郡県の官人に及ぶまで広く行われていたことになる、と述べており（町田 2002：p.136）、そのため蕃国の王に贈られても問題ない、と考えたものと思われる。しかし、現在中国において箱型覆面を出土した墓は主に地方の高級・中級官吏や地主階級であり、その出土地域も江蘇省を中心としている。つまり「幅広い階級」でかつ「全国的に」と捉えるには問題があるといえよう（高偉・高海燕 1997：p.39、小寺 2012：pp.58-60）。また文献にみえる「東園温明」が下賜された霍光も、

面罩

面罩とセットになる枕

図12　山東陽高漢墓出土　面罩（箱型覆面）復元図（河上 1991 より）

宣帝擁立の功労者とはいえ功臣である。ここから考慮すると、箱型覆面を贈られた場合、蕃国の王として遇されたとはいえないのではないかと思われる。

いずれにせよ、その出土状況および璧の枚数、また他の形態の象嵌用ガラス製品が出土していない点を考慮すると、ガラス璧は箱型覆面ではなく、璧そのものとして、贈られたと考えるべきではないだろうか。

（3）璧を下賜する意味および漢帝国と「イト」「ナ」国の関係

次に、漢帝国にとって、"璧を贈る"という行為の意味について考察したい。

前漢代の上級墳墓では璧は葬具として非常に普遍的に使用されており、特に王侯墓では玉璧が遺骸に多量に配されるという副葬方法がみられる。

漢代において璧は昇仙思想と深く結びつき、陰陽の両性質を内包し、遺体を保護保全して昇仙に導く葬玉であると人々に解されており、その効用をもって

墓に副葬されたと考えられるものである（林 1999：pp.72-89, pp.438-452、町田 2002：pp.121-122, pp.212-216 ほか）。しかし漢帝国が璧を贈る、すなわち下賜するという行為は政治的な意味が強いものであった。漢帝国では王侯や功臣の死去に際して葬玉を含む葬具を下賜しているが、葬玉の中でも特に玉璧は皇室が天を祀る祭祀と結びつくものであった。諸侯の死に際し璧を含む葬玉を皇室から下賜するということは、諸侯の葬儀を皇室の祭祀と密着させることになり、皇室と諸侯の血縁的な共同体意識を再確認する機能を担っていた（町田 2002：p.216）。

「イト」「ナ」国に贈られたのは玉璧より格が低いと考えられるガラス璧であるが、これも玉璧同様に漢帝国の官営工房によって製作されたと考えられ、（格が低いとしても）玉璧同様に皇室と諸侯を結びつけるものとしての機能を担っていたと考えられる。

これらを考慮すると、「イト」「ナ」の大首長墓から出土する大量のガラス璧は、璧そのものとして、「イト」「ナ」の「王」を漢帝国に結びつかせるための葬具として、漢帝国から下賜されたと考えるべきであろう。

そして漢帝国による璧の下賜、という行為の存在は、「イト」「ナ」の大首長が、漢帝国から政治的に支配下にあると考える蕃国の王として遇されたのか、それとも単なる朝貢国の首長として遇されたか、という問題の解決へ大きな手がかりを与えるのではないだろうか。町田（1988）や高倉（1999）は、蕃国の王として遇されたと考察しているが、岡村（1999）は、破格の待遇であったとはいえ単なる朝貢国としての扱いであったと考察している。しかし共に舶載された前漢鏡について、大型前漢鏡は前漢の王侯墓からのみ出土しており、須玖岡本や三雲から出土した大型の前漢鏡は、おそらく王侯貴族に分配する目的で官営工房において特別に製作され、漢王朝から政治的ないしは儀礼的に贈与されたものと考えられる、と述べている（岡村 1999：pp.14-22）。すなわち王侯に贈られる大型鏡の存在と、蕃国の王に贈られるとは考えられないほど「格の低いガラス璧」の存在が、二律背反的であり、このような「朝貢国であるが破格の待遇」という論になった。

このガラス璧の格の問題については後述するが、少なくとも単なる"倣玉製品"であり、玉璧よりはるかに格が劣る、と見る点について、筆者は異論があ

る。そして検討してきたように、ガラスであったとしても皇室から下賜された璧は皇室と諸侯を結びつける役割を担うと考えられ、つまり璧が下賜されたことは、単なる朝貢国としての立場以上の漢帝国との結びつきを示すものであり、中国皇帝との君臣関係を示すものであった、と考える。

　さらにこの王侯クラスに贈られる前漢鏡の存在は重要である。同じく三雲や須玖で副葬品として多量に出土した前漢鏡について、高倉は大型前漢鏡は葬具の一部と考え、特に前漢において、大型の鏡は皇族墓や少数民族の王墓に見られるものであったことを指摘している（高倉 1999：pp.32-33）。上述したように、岡村は須玖岡本や三雲から出土した大型の前漢鏡は、官営工房において特別に製作されたものが、漢王朝から政治的ないしは儀礼的に贈与されたものと考えている（岡村 1999：pp.15-22）。葬具であるか否かは別として、特に大型前漢鏡は、漢帝国から「イト」「ナ」の「王」に対するものとして、下賜されたものと考えてよいだろう。

　以上、中国皇帝との間の君臣関係を示す璧と、そして王侯や少数民族の王のみが所有する大型鏡（それも質のよい）が、漢帝国から下賜されたということは、「イト」「ナ」の大首長が君臣関係をもつ、すなわち政治的支配下にある藩国の王として、漢帝国から遇されたことを示しているのではないだろうか。

　またこのことは、ガラス璧が贈られた相手は誰であったのかについても、示唆していると考えられる。璧は皇室と諸侯を結びつかせるものであり、藩国の王に対しても同じ機能をもつ。また堀敏一は冊封体制下においては、異民族国家の君主のみが中国皇帝との間に君臣関係を結び、異民族国家の内部は異民族の君主に委ねられているとしている（堀 1993：p.133）。つまり漢帝国が藩国の内部の首長に対し、璧を配布する意味は存在しないのである。これから考慮すると、三雲や須玖という藩国の王に対して漢帝国が多量のガラス璧を下賜した理由は、王の配下へ配ることを意図したものではなく、葬具としてすべて王の葬送に使われることを想定したものであると考えられる。

　一方で、須玖や三雲の大首長とその関係する集団に見られる、大量の中型・小型の鏡が贈られた意図についても、これらの結果は示唆している。

　この時期の漢墓では中・小墓だけでなく大型の王侯・上級貴族墓も含めて、鏡を一人の死者に大量に副葬している例は見られない[16]。須玖や三雲で見られる

鏡の多量副葬は、漢代の習俗とはいえないものである。すなわち大量の中型・小型の鏡は本来葬具としてではなく、異なる意味をもって下賜されたと考えられる。大型鏡を除くこれら多数の中型・小型の鏡は、これまで指摘されてきたように、威儀品として贈られたものと捉えることが、最も適切であろう。使者を送った王と、ひいてはその王を認めた漢帝国の威光を知らしめるため、王の配下の首長へと配られる威儀品として漢帝国が下賜したと考えられる。ゆえに非常に多量の鏡が贈られたのであろう。

そもそも「イト」「ナ」国の大首長が中国に使いを送ったのは、先進的な文化や技術を入手するためだけでなく、中国の威光を背景に他の首長達から抜け出ようと意図したためであることは確実であろう。もちろん中国側もそのような（日本だけでなく）未開国の状況は、当然理解していたものと思われる。中国の威光を示すような分配品＝鏡を、「イト」「ナ」の大首長が自ら希望した可能性もあろう。

これら下賜品が贈られた時期については、大首長の訃報が漢帝国に知らされた後とする説と、あらかじめ葬具・階層的象徴として贈られていたとする説がみられる。

まず葬具でない鏡は、葬儀と関係なく使者を送った時点で下賜されたものと考えても問題ないであろう。一方葬具の可能性が高い、ガラス璧や大型鏡・金銅四葉座飾はどうであろうか。「王」の訃報に際して贈られた可能性もあるが、遠国であるためあらかじめ葬具として使者に託されていた可能性もある。東夷の王に与えられる葬具は中央政府が所在する長安の少府の官営工房で製作され、楽浪郡の倉庫に保管されていた可能性が高いことは、町田によって指摘されている（町田 2002：p.214）。すなわち、あらかじめ王の死の前に作られているのである。しかしこの問題についてはここでは本筋から離れるので、これ以上深くは検討しないでおく。

以上、ガラス璧は「イト」「ナ」内部に配るものとしてではなく、「イト」「ナ」の「王」の葬具として漢帝国から下賜されたものである。漢帝国にとって璧を下賜するという行為は、漢の帝室との君臣関係を強固にする意味をもっていた。ガラス璧の存在は、「イト」「ナ」の大首長が、蕃国の王として遇されたと判断できる重要な根拠となると考えられる。

第4節　ガラス璧の格の問題

「イト」「ナ」に贈られた璧がガラス製であったという点は、漢帝国の弥生社会に対する扱いについて、上述するようなさまざまな論を生じさせてきた。

漢帝国が弥生社会をどのように意識し、「イト」「ナ」の大首長をどのように遇していたのかを明らかにするためには、漢帝国にとってガラス璧はどのような意味をもつ品であったのか、という疑問を明らかにする必要があろう。この中国におけるガラス璧の格の問題については、まだまだ研究の途中ではあるが、ある程度考察を行いたい。

1. これまでの論とその問題点

ガラス璧の格については、藤田（1994）と岡村（1999）が検討を行っている。藤田は広く中国璧を網羅する中でガラス璧について検討し、「ガラス璧は中国では玉璧の倣製品としてのみ存在し、高く評価されたのではない。葬具として受容した階層は「士」・「庶民」階層であるとされている。中国が弥生時代の日本に璧を下賜する場合、東夷としての倭人に玉璧を下賜することはなかった。あくまでも玉璧より下位のガラス璧を送った。そこには倭に対する評価が見られる」と述べている（藤田　1994：pp.198-199）。

また岡村は、周世栄の「（ガラス璧は）戦国から前漢代にかけて湖南周辺において玉璧の代用品として製作され、湖南の大型墓では玉璧が出土するのにたいして、ガラス璧は中・下級官人を埋葬した中小型墓から普遍的に出土する」（周世栄　1988：p.553）という論と、上述の藤田の論を取り上げ、ガラス璧は玉璧よりも格が低いものとみなされた、と論じている（岡村　1999：pp.22-26）。

これらの論では、中国におけるガラス製作・使用についての変遷が把握されていないため、中国におけるガラス璧の階層性や製作地について、疑問のある結論となっている。彼らが検討対象に選んだガラス璧の大部分は戦国時代のも

のであるが、ガラス璧の様相は戦国時代と漢代ではかなり異なっている（小寺 2012：pp.53-56）。また戦国時代のガラス璧についても、藤田や岡村が参考にした、その被葬者の階層性を検討した周世栄（1988）と高至喜（1986）の論文は、いくつかの問題点を含む。

　筆者は、ガラス璧の格は玉璧より低いものと考えているが、「はるかに」低いわけではなく、またガラス璧がただの倣玉製品である、という点については異論をもつ。以下、戦国時代から漢代におけるガラス璧の様相をまとめ、ガラス璧と玉璧の関係について考察を行いたい。[17]

2．各時代の様相

（1）戦国時代のガラス璧の様相

　戦国時代では、ガラス璧はほぼ戦国楚の地域にしか出土しておらず、大半は湖南からの出土であり、大型墓からではなく中小墓からの出土である。しかしそのガラス璧をもつ被葬者の立場については検討の余地がある。

　周世栄によると、湖南博物館の調査で発掘した、湖南の約1300基の東周墓の1割からガラス製品が出土している（周世栄　1988：p.547）。なお1割という数はガラス璧だけでなく、ガラス製の珠・少量の剣具と印、環を含めており、ガラス璧だけをみると、1割以下となる。誰もが副葬に選択できるものであったわけではなく、普遍的に副葬されたとは言いがたい。

　筆者は出土状況と出土遺物の詳細が判明している湖南地域の墓3000基弱を[18]検討したが、ガラス璧は中小規模の墓から出土しており、墓の様相は墓群全体から見ると豊かなグループに属する。これら中・小型墓からは玉璧も出土しているが、ガラス璧を副葬した墓と墓壙規模や副葬品に差はほとんど見られない。璧としての使用法（頭部付近に配置）に関しても同じである。[19]

　また墓の被葬者を考察するにあたりこれらの中・小型墓といわれる墓の被葬者を、平民階級にまで下げるという論（周世栄　1988：p.553、高至喜　1986：p.57ほか）については、大きな問題がある。中・小型墓の上のクラスである大型墓は、王侯諸侯クラスである。これら中・小型墓の被葬者は、少なくとも士大夫クラスであり、さらにその中でもガラス璧を所有する被葬者は1割以下で

あった。彼らはガラス璧以外にも多数の副葬品を所有しており、士大夫階級の中でも階級が高い、もしくは富裕な層に属する人物であったと考えるべきであろう。

（2）漢代のガラス璧の様相

戦国時代が終焉を迎えた後、漢代においてもガラス璧は見られるが、この戦国時代と様相を大きく変化させる。

漢代の上級墳墓において玉璧はきわめて普遍的な葬玉として使用されており、その数量は墓の規模で異なっているが、大中型墓の遺体の身辺に常見される玉器である（町田 2002：pp.161-164）。漢代は厚葬の風がきわめて盛んとなり、前身を璧で覆うといった副葬も見られる。

璧は玉製、石製、陶製などが見られ、ガラス製も戦国時代から引き続き存在している。しかしガラス璧の分布と数量に大きな変化が現れる。戦国時代では圧倒的多数が楚国の湖南地域で出土しているが、漢代では甘粛・山東・山西・陝西・安徽・浙江・江蘇・湖南・広東・広西と、漢帝国の版図から広く出土している。一方で現在までに発掘で出土している総数は、箱型覆面に嵌めていたものを含めても60点弱であり、湖南・広東以外ではいずれの地域も1～2点、湖南地域でも10点強の出土で、戦国時代の出土総数に遠く及ばない。時期を見ると、大半が前漢代の墓からの出土であり、後漢になると見られなくなる。

文様は戦国時代から引き続き乳丁文や渦文が見られ、漢代になると数は少ないが方格文も見られる。色調は倣玉的な不透明白色だけでなく、これも戦国時代から続く流れであるが、半透明な青緑色や藍色などが見られる。一方、サイズは戦国時代の璧より大型のものが見られる。湖南から出土した戦国時代のガラス璧の最大のものは直径15cm弱であるが、漢代の最大の璧である陝西興平県茂陵付近出土璧は直径23.4cm（茂陵文物保管所ほか 1976）と、大きな差が見られる。その背景には鋳造技術の発展があると考えられる。

出土地域の変化をみると、戦国時代の楚のガラス璧の系譜は湖南以外の地域に継承されたのか曖昧であるが、少なくとも文様や色調に関しては戦国楚の系譜が続いていることがわかる。

これらガラス璧を所持または葬送に使用した被葬者については、あまり研究

がなされていない。上野祥史（2003）は長沙地域の前漢墓における副葬品を分析し、副葬品には玉璧とガラス璧が含まれており、玉璧を副葬した墳墓は明らかに優位性が高く王族クラス、一方ガラス璧を副葬した墳墓はより小規模で優位性が低い、と結論付けている。

しかし他の地域では、湖南長沙地域と異なる様相が見られる。前漢では広州・広西から多数ガラス璧が出土しており、広東広州南越王墓（前漢中期）でも複数のガラス璧が副葬されている（広州市文物管理委員会他 1991）。ガラス璧の副葬方法は玉璧と異なる形ではあったが、王侯階級が副葬品にガラス璧を選択していたことがわかる。また茂陵付近から最大級のガラス璧が出土しており、これは茂陵の陪葬墓から出土した可能性が高く、すなわち武帝に仕えた高官の副葬品であったと考えられる。一方でこの他様相の判明している広州の他の墓や山東臨沂金雀山墓などは、王侯など非常に高い身分の人々の墓とは言えない。

このように、ガラス璧の扱いについては湖南の地域では戦国楚のガラス璧の系譜を引いているようだが、それ以外の地域において、必ずしも戦国楚の系譜を引いているとは限らない。ガラス璧は王侯や高官の副葬品の一つとして出土することもあれば、さほど身分の高くない人物の墓から出土している場合もある。その様相は共通していると言いがたく、地域によって、時には地域の中でもガラス璧に対する認識が異なっていた可能性が考えられる。すなわち、漢代におけるガラス璧の"格"は一概には言えない様相を呈しており、今後は他のガラス製品も含めて、さらに検討する必要があるだろう。[20]

しかし戦国楚と異なり、王侯や高官階級もガラス璧を所持していることは、漢代におけるガラスの"格"が、これまで言われているほど低いわけではないことを示すのではないだろうか。特に南越の王墓から出土している点は、重要であると考えられる。他の地域については検討の余地があるが、南越王墓については、そのガラス璧は漢の皇室から下賜された可能性が高い。[21]

3. ガラス製品のもつ呪力と"倣玉"問題

ガラス璧やガラス剣具、ガラス衣やガラス九塞など、玉製品が原型としてあ

るガラス製葬玉は、倣玉製品として全体的に捉えられてきた。すなわち玉の模倣であり、玉製品より下位に位置づけられるものであり、玉を手に入れない身分のものが入手していたという認識である。しかし、この"倣玉"という捉え方については実は問題がある。

ガラスにさまざまな色をつけることは、戦国時代にはすでに可能であった。玉は乳白色のものが最もよいとされており、ガラス璧も単に"倣玉"としての品が求められていたのであれば、よりよい質の玉に見える色調を選択するべきであろう。しかしガラス璧には乳白色のものもあるが、むしろ緑色や青色のものの方が多数みられ、そのほか黄色などの色調も見られる。全体的に色調はかなりバラエティに富むといっていい。

さらに、戦国時代の記録『戦国策』にガラス璧を取り上げたと考えられる文がある。「（楚王）遣使車百乗、献鶏駭之犀、夜光之璧於秦王」（楚王は車百乗を遣はして、駭鶏の犀、夜光の璧を秦王に献ぜしむ）（『戦国策』楚策一）（近藤光 1980：p.168）。「夜光之璧」はガラス璧であるとこれまでたびたび指摘されている（原田淑 1936、周世栄 1988）。このように「夜光之璧」＝ガラス璧ならば、当時ガラス璧は献上品として扱われるほど価値があったとみなされていた、と考えられるのである。

以上を考慮すると、ガラス製品が単なる倣玉品であるとは言いがたい状況が浮かび上がってくる。とりわけ玉璧とは異なる色調をもつ遺物がある点は重要である。色調を（ある程度）自由に変化させられる、というガラスならではの利点を生かし、玉とは異なる風合いを好んで選択し、製作していた状況がそこにうかがえるためである。それは単純に倣玉製品とはいえないものであろう。これらガラス璧は楚国の特色ある産品"夜光之璧"として、当時の内外に広く名を知られていた可能性もある。

このようにガラス璧は、まず戦国時代においては楚文化（の特に湖南地域）で作られた、献上品として扱われるほどの価値のある、玉璧とはまた異なる特色のある製品であった可能性がある。その意識は、おそらく漢代にもある程度引き継がれたと考えられる。

もう一つ、単なる"倣玉"といえない理由として、璧をはじめとする葬玉の呪力の問題がある。葬玉はただの飾りではなく、死者に対して効力があったと考

えられていたものであった。葬具に玉を使用し身体を覆う理由は、玉は遺体を保全し昇仙する効用がある、と当時の人々が考えていたためである。特に璧はその効力が強いものとして考えられていた（町田 2002：pp.212-216）。

その葬玉をガラスで製作するということは、同様の価値をガラス製葬玉に見出していたと考えられる。すなわち、当時の人が「ガラスもまた玉と同様の効力を備えており、玉のもつ役割を果たすことが可能である」と考えていた、と理解することができよう。単に色調が玉と同じに作ることが可能であるからガラスを選択した、と考えると、当時の人がガラスに付与した意味を見失ってしまう。[22] 彼らにとってガラスは単なる代替素材ではなく、玉と同様の、ある種の呪術的な力を内在している素材であったと認識されていたのではないだろうか。そこから考えると、玉に似せた色調をもたないガラス璧が製作されたこともまた納得できる。ガラスが玉と同じ力をもつと認識されたものであれば、玉の色調を真似なくても、あえて玉と異なる好みの（カラフルな）色調を選んでも、その力の発揮に問題ないと考えたのではないだろうか。

以上の点を考慮すると、これらガラス璧には、"倣玉"という言葉が単純にあてはまらないことは明白であろう。確かに玉璧より格が低いものではあるかもしれないが、玉璧同様に呪的な力を内在するものであった。そしてその色調など、独自の異なる特色を有するものでもあった。すなわちガラス璧は、単なる"倣玉製品"で玉璧よりはるかに格が低いもの、という捉え方ではおさまらないものであると考えられる。

4. ガラス璧の格とその枚数

漢代のガラス璧は出土数が少なく、被葬者をはじめとする副葬の様相はさまざまであり、玉璧に対するその格の問題については、今後さらに研究を重ねる必要がある。

ここでその枚数に注目したい。三雲南小路 1 号甕棺墓では判明しているだけでも、ガラス璧が 8 枚出土しており、また須玖岡本甕棺も少なくとも同程度の枚数が副葬されていたと考えられ、藤田は贈られた璧の枚数は、50 枚を下ることはなかったと考察している（藤田 1994：p.184）。このような大量のガラ

ス璧の副葬は、中国の戦国時代から漢代においてこれまで例がない。しかし多量の玉璧で遺体を被う副葬方法は、主に前漢前期から中期の王侯諸侯墓において見られるものである。特に10枚を大きく超えるような枚数が副葬されていたのは王侯墓である。南越王墓では29枚、河北満城1号漢墓では18枚、山東巨野紅土山崖墓では28枚が身体に密着させて副葬されていた。これら玉璧は国営工房で作られ、漢の皇室から賜与されたと考えられるものである（町田2002：p.216）。「イト」「ナ」の首長が中国に使いを派遣したのは、漢鏡の年代から前1世紀前半と考えられており、これら王墓の埋葬時期（前2世紀末～前1世紀前半）と時期的には近い。三雲と須玖の璧はガラスではあるが、その贈られた枚数は王侯墓のありように結びつくものであるといえよう。

　しかし大量の"ガラス"璧の下賜という状況は、当時の漢帝国内では見られないものであり、非常に特殊といえる。その中で、大量ではないが、南越王墓からガラス璧が出土しているのは注目に値しよう。この王に副葬されたガラス璧は、玉璧と共に漢の皇室から贈られたものと考えられる。「イト」「ナ」、そして南越、いずれも服属する異民族の王に葬具としてガラス璧を下賜したと捉えられ、この時期に漢帝国で外臣に対しそのような方針を取った可能性も考えられる。漢代には国内の臣下の内臣と、中国に服属した国外の異民族国家の君主や首長の外臣との区別が存在した。内臣と外臣との印章の規格には外臣を一段低く扱う差等があった（栗原 1960）。南越よりさらに遠い「イト」「ナ」の「王」に、玉璧ではなくガラス璧が贈られた理由も、そこにある可能性がある。

　以上から、ガラス璧は玉璧と比べて"格"が非常に低いと単純に捉えるべき品ではなく、ガラス璧もまた、呪的な力を内在する独特の葬玉であったことは明らかとなった。下賜された璧の枚数は、王侯墓に準ずるものである点は特筆される。それらから見ると、多量のガラス璧は、王侯に贈られる大型前漢鏡に比べて、そこまで格が低いと捉えるべきものではない。とはいえ内臣に対し区別される外臣という立場のため、玉璧ではなく比較して格が低いガラス璧が選択された可能性があろう。しかしガラス璧を大量に贈る、という「イト」「ナ」の王への対応は、前漢の事例からみても、非常に特殊性が際立つものであった。それは玉璧に比べてガラス璧の格が低いか否か、という問題を超えて、なぜそのような特殊な下賜のありようになったのかを、今後考察すべき必要があ

る。
　玉という石を何より貴重に扱うのは中国独特の伝統である。弥生社会をはじめ、当時の周辺地域は玉を同様に貴重とは感じていなかったことは、その遺物からもうかがえる。当然、漢帝国は蛮国が玉の貴重性を解さないことを理解していたであろう。ここからは推測であるが、このため玉璧を下賜することを選択せず、蛮族ではその製作技術をもたない、しかし蛮族が好みそうなガラス璧を、あえて選択した可能性はないだろうか。⁽²⁸⁾

結　語

　以上、ガラス璧とその舶載の様相を明らかにし、その背後にある漢帝国および弥生社会の人々の意図について考察を行った。
　ガラス璧は葬具として「イト」「ナ」の王が使用することを意図し、漢帝国から下賜されたものであった。それは蕃国すなわち外臣の王に対するものであり、漢の帝室との君臣関係を強固にするためのものでもあった、と考えられる。「イト」「ナ」の王＝大首長はその重要性を認識し、彼らのみがガラス璧を所有することとしていた。
　また戦国時代から漢代のガラス璧の様相から、ガラス璧は単なる"倣玉製品"ではなく、またその格も蕃国の王に対するものとして、これまで言われているほど低いものではない、ということを論じた。しかし玉璧ではなくガラス璧を大量に漢帝国から「イト」「ナ」の王に下賜した行為は、非常に特殊なものである。今後そのような特殊な下賜の背景について、さらに研究する必要があろう。この問題については、文献の検討がより重要と考えられる。
　ところで漢帝国側の意図を明らかにした次に現れる問題としては、そのような意図を含めて贈られたガラス璧を、弥生社会がどのように受容したか、という問題である。もちろん非常に重要なもの、王に贈られたものとして受けいれたことについては、すでに述べた。次に、その王＝「イト」「ナ」の大首長をはじめとする弥生社会の人々が、本来葬玉として贈られたガラス璧をどのようなものとして扱ったのか、という問題が浮上する。彼らは中国文明において璧

160　第Ⅰ部　弥生時代のガラス製品と弥生社会

がもつ意味を理解していたのであろうか。

　三雲や須玖に見られる、鏡とガラス璧を重ねるといった副葬品の様相は特色あるものだが、この意味は明らかになっていない。弥生社会の人々が、璧をどのようなものとして認識し、また副葬したのか。その副葬の様相を検討することは、モノだけでない、中国文明の受けいれの有無について検討することであり、また北部九州の弥生社会の人々の死生観をも検討することである。これについては、また今後あらためて考察したい。

註

(1) 璧そのものとしてもたらされたのか、箱型覆面（これについては本文で説明する）に象嵌されたものだったのか、単にガラス素材としてであったのか、といった璧の状態を指す。
(2) 藤田（1994）のいう穀粒文は乳丁文として、藤田のいう巻雲文は渦文として表記している。璧の文様に関しては、中国における論文でも異同があり、非常に紛らわしい。本書では突起状の文様を乳丁文（これまでの表記の谷文・穀粒文と一致）、渦状の文様を渦文（これまでの表記の巻雲文・雲渦文と一致）として表記する。
(3) 法量は、藤田（1994：pp.176-178）による。
(4) ガラスを鋳型に流し込めるほど溶融した場合、青銅器などに見られるような「湯の流れる」痕跡は残らない。
(5) 法量および詳細は藤田（1994：pp.206-209）を参照した。
(6) 藤田 1994：pp.207-208。古代中国には中央に孔がある円形の玉は璧以外にもあるが、基本的に「肉倍好」であるものが璧である。「好」は孔であり、「肉」は全径から孔の直径を引いた部分である。三雲南小路のガラス璧のうち最大のものの外径は123 mm、内径は38 mmで「肉」の幅は、(123-38)÷2 = 42.5 mm となる。
(7) 梅原末治が、須玖岡本遺跡から採集した遺物について、中国における葬玉の塞杆と推測し、塞杆状製品と呼称した（梅原 1960：p.13）。
(8) 前漢の宣帝の功臣である霍光の死去に際して、皇帝より下賜された葬具のリストが漢書霍光伝で見ることができる。王侯墓クラスの漢墓では、それと同様の各種の遺物が出土しており、この記述を裏付けている。
(9) 箱型覆面は、長方立方体の二面を開けた木製の箱を、死者の頭部から胸部にかけて被せる覆面で、葬具の一種である。木箱は甲板に大面取りをほどこして漆をかけ、玉製やガラス製の璧や札、鏡を貼り付ける。それとは別に玉札のかわりに美しい漆文様を描くものもある（町田 2002）。中国では面罩と呼称されており、これは温明と記述される場合もあり、漢書霍光伝の葬具のリストにある東園温明と同じものと解釈されている（高偉・高海燕 1997、町田 2002）。玉製だけでなく、ガラス

製の璧を使用した例が多い葬具として、非常に重要なものといえる。
(10) 高倉は、「東園温明」は陵墓内の器物や葬具を作る少府に属する官署である東園で作られた、中に銅鏡を入れ、死体の上に置く、漆塗りの桶形の器のことである、としている（高倉 1995：p.141）。これまでの研究の中では、「東園温明」は町田の言う「箱型覆面」と呼ぶ葬具に当てる説もある（高偉・高海燕 1997：p.37）。
(11) 金銅四葉座金具が葬具なのか否なのか、本来何らかの製品についていたのか、といった議論もあるが、本書では扱わない。
(12) 常松（2011：p.224）も、多鈕細文鏡は宝器として階層性を表徴するものとはいえないようだ、と論じている。
(13) とはいえ北部九州の使者も、璧や銅鏡が重要なものであるという情報は、通訳などを介して、ある程度の知識としてもっていたと思われる。
(14) これは遺骸に対する璧の効力を期待する使用法である。
(15) 岡村秀典は弥生時代に出土した銅鏡を検討するにあたり、鏡を大型・中型・小型に三分している。前漢代では面径が16 cm前後の銘帯鏡は商業的に広く流通し、郡県の中級官人クラスの墓からも出土している。岡村は、これまでの研究では径15 cm以上を大型、径5〜11 cmを小型とする二分法が多く、そうすると面径16 cmの、この普及した漢鏡が大型鏡に含まれ、より大型の王侯クラスから出土する鏡と一括して扱われてしまう、という点を問題視した。面径20 cm以上の、中国では王侯墓クラスから出土している鏡が北部九州から出ている点は非常に重要であり、漢と倭の関係を考える上で、これら普及した径16 cm前後の鏡は中型鏡に属させ、径20 cm前後以上のものを大型鏡とすることを提唱した（岡村 1999：pp.8-21）。
(16) 唯一の例外が南越王墓である。南越王墓は38面もの鏡を出土したことで知られている。しかしこれは墓の主人・夫人・陪葬者への副葬を含めた数字である。
(17) 筆者はすでに拙著（小寺 2012）において、戦国時代と漢代におけるガラス璧の様相および倣玉問題について簡単にまとめている。本章はそれを下敷きにしたものである。
(18) 長沙楚墓（湖南省博物館他 2000）など。
(19) これら戦国時代楚墓のガラス璧の様相については分析中であり、詳細についてはあらためて発表する予定である。
(20) これは璧に限らず、ガラス衣などにも見られる様相である。
(21) 本書第Ⅱ部で取り上げるが、当時の南越の地域では前漢から後漢にかけて、器などカリガラス製のガラス製品が作られていたと考えられる。一方南越王墓のガラス璧は中国の伝統的な鉛バリウムガラスであった。
(22) 古代エジプトから現代に至るまで、宝石の模倣品としてガラス製品はよく使われている。しかしそのような装飾品としての使用法と、呪力をもつ葬玉としての使用を同様に捉えてはならない。
(23) 玉璧の大量副葬については、町田 2002：pp.161-166に詳しい。

(24) 二代目南越王文王趙眜（在位前137〜前122年）の墓。埋葬時期は紀元前2世紀末。
(25) 中山国王劉勝（前113年死亡）の墓（中国社会科学院考古研究所他 1980）。
(26) 昌邑王劉賀（前86〜74年在位）の墓と考えられている（山東省済寧市文物管理局 1983）。
(27) 岡村 1999：p.19など。須玖や三雲から出土した鏡は大半が漢鏡3期（前1世紀前半）に属する。
(28) ガラス管珠の多量の下賜についてもまた、同様の意味をもつ可能性もあろう。近代において、欧米諸国が蜻蛉珠や多彩なガラス小珠を、アフリカ・シベリア・北米・東南アジアといったガラス製品を製作していない地域への貿易対価として輸出し、非常に好まれた、という事例もある。これについては第Ⅱ部第2章の漢代のガラス管珠の検討時に、あらためて取り上げる。

第5章

ガラス小珠の様相

　ガラス小珠は弥生時代の各地の遺跡から大量に出土しているものだが、これら小珠は古代アジアにおいてさまざまな地域で見られ、各地の地域を越えた交流について考察することが可能な遺物である。もちろん弥生社会にとっても対外交渉の分析を行うために重要な遺物である。一方でガラス管珠や勾珠同様に、これらガラス小珠の分布や出土の様相には、弥生社会のさまざまな側面に関する情報を内在していると考えられる。そのようなさまざまな分析の可能性をもつガラス小珠であるが、その形態に大きな差はなく、また一見では製作技法や組成の区別がつかないため、外見と製作技法から詳細な分類を行うことは難しい。ガラス小珠についての研究が難しい所以でもある。

　本章は、ガラス小珠の詳細な分類や分布などの検討を行うものではなく、弥生時代におけるガラス製品の全体的な様相を把握するために、ガラス小珠の弥生時代を通じた様相とその変化をまとめ、整理したものである。詳細な分類には踏み込まず、全体的な様相を把握することを目的とする。

第1節　研究史と課題

　ガラス小珠は日本列島では弥生前期に少量出現した後、中期以降から古墳時代にかけて非常に多数のガラス小珠が出土している。あまりにも数が多いため、その総数は把握できていない。残念ながら弥生時代の列島から出土したガラス小珠を集成した論考はないが、大賀克彦は既存報告資料50,000点を集成したと述べており（大賀　2002：p.133）、少なくとも弥生時代だけでも50,000

点以上出土していることは確実であり、さらに新たな発掘に伴いその数量は増加し続けている。この弥生時代における小珠の数量は、併行する同時期の東アジアの中でも突出している。

　ガラス小珠の出土量が膨大であるため、列島全体の出土遺跡または遺物の集成は未だ見られない。藤田等（1994）は弥生時代のガラス全体を扱う中で、小珠の様相もまとめている。近年では大賀克彦（2002・2003・2010a）が積極的に研究を行っており、弥生時代から古墳時代にかけてのガラス小珠の変遷をまとめ、その化学組成と製作技法をもとに分類を行っている。

　また二次的な改鋳に使用されるガラス小珠鋳型とその生産については、清水眞一（1992）・田中清美（2007）・京嶋覚（2009）らの論考が見られる。近年は出土遺物の多くが分析にかけられるという恵まれた状況のなか、その化学組成に関しては、肥塚隆保（2009・2010ほか）らが積極的に研究を行い、概要をまとめている。しかしガラス小珠の列島内における詳細な分布については、研究が行われていなかった。そのような研究を行うことにより、各地域の列島外との交渉や、列島内における流通、また弥生社会内の諸要素が考察されると考えられる。そのような要請の中で、近年の谷澤亜里（2011）の論考は注目すべきものである。谷澤は北部九州における後期のガラス小珠を化学組成と法量から詳細に分類、空間的分布とその変遷を明らかにし、諸地域への流入経路や、弥生社会の様相について分析を行っている。今後は各地において、そして最終的には列島全体において、このような小珠の詳細な分析が望まれる。

第2節　ガラス小珠の形態と材質の特徴および製作技法

　ガラス珠の中で、管珠でも勾珠でもない小さな球形状の珠は、現在すべて小珠と記載される。その大半は一般にイメージするいわゆる小珠の形態をもつが、一部異なる形態のものがある。形態の異同はガラスの材質や製作技法とも関連し、流通経路や入手を考える上でも重要である。また弥生時代におけるガラス小珠の分布や変遷を考察するにあたり、そのガラスの材質（化学組成）および用いられる着色剤の差異は非常に大きな要素である。特に対外交渉に関連

する問題について考察するときは、この化学組成を無視しては論じることは不可能に近い。しかしその組成の違いは一見ではわからないため、研究にあたっては化学的分析が重要な問題となる。そして製作技法も多くはないが、形態・組成と結びつく要素である。まずガラス小珠にみられる形態と材質、製作技法についてまとめを行う。

1. ガラス小珠の形態

（1）小珠形（図1～2）

弥生時代の遺跡から出土するガラス小珠の大半は、径（幅）と長さ（厚さ）が大体同じ法量をもつ、いわゆる一般にイメージするところの小珠である。本章では、径（幅）と長さ（厚さ）が大体同じ法量をもつ珠の形態を、小珠形と呼ぶ。なおその中でも、微小なものは粟珠、大型のものは丸珠と記述されることも多いが、小珠・粟珠・丸珠の区別は厳密に行われていない。藤田は「径と長さがほぼ同じで、ともに 10.0 mm 前後の丸い玉を丸玉と規定すべきではないだろうか」と述べている（藤田 1994：p.119）。弥生時代では、丸珠はほとんど出土せず、粟珠も少ない。本章では、小珠・粟珠・丸珠を区別せず、すべて一括して小珠形として扱っている。

（2）環状形（図3-1・3）

多数見られるいわゆる小珠と異なり、厚さが薄い一方で直径と孔径が大きい、ドーナツ状の小珠も散見される。このドーナツ状の小珠は、後述するように、その組成や製作技法が一般的な小珠と異なる可能性が高く、製作地が異なるものと考えられる。その差異を明確にするため、今後環状形（環状形小珠）と呼称することを提唱する。残念ながらこれら環状形小珠は、これまで一般的な小珠とその形態を区別されておらず、発掘報告でも「小珠」と記載されることが多いため、出土している全体像がつかみにくいものである。

（3）垂形（図3-4）

環状の頭部に棒状の尾部が付く珠が、ごく少量であるが存在する。西谷3号

166 第Ⅰ部 弥生時代のガラス製品と弥生社会

図1 カリガラス小珠（京都三坂神社3号墓第5主体出土）

図2 高アルミナソーダ石灰ガラス小珠（長崎対馬椎ノ浦箱式石棺墓出土）

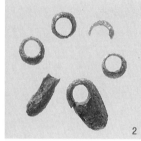

図3 鉛珪酸塩ガラス小珠
1：京都坂野丘出土
2〜4：島根西谷3号墓出土

図4 引き伸ばし技法によるガラス小珠の気泡の状態（京都左坂墳墓群出土）

墓の一遺跡から、10数点出土している[2]（図3-4）。この珠を小珠の範疇に入れるべきかは微妙であるが、本章では小珠の特殊な形態として扱う。この珠の形態を垂形と呼称する[3]。

2. ガラス小珠の化学組成

弥生時代に見られるガラス小珠の基礎材質は、圧倒的多数がアルカリ珪酸塩ガラスに属し、ごく一部が鉛珪酸塩ガラスである。アルカリ珪酸塩ガラス小珠は、カリガラスとソーダ石灰ガラスが存在する。

（1）カリガラス

中期までにみられるガラス小珠は、大多数がカリガラスである。第Ⅰ部第1章ですでに述べたが、古代アジアで見られるカリガラスは、アジアの特徴的なガラスとして知られている。出土するカリガラスの小珠の色調は、淡青色透明の珠と、青〜紺（藍）色の珠（図1・巻頭カラー図版）が最も多く出土している。その他、緑色透明な珠や、ごく少量であるが紫色透明の珠も見られる（肥塚 1999・2010ほか、大賀 2002）。その形態はすべて小珠形である。

肥塚らの研究では、日本で出土するカリガラスは酸化アルミニウム（Al_2O_3）と酸化カルシウム（CaO）の含有量から、大きく二つのグループに分かれることを指摘している（肥塚ほか 2010：pp.16-18）。

それによると、一方のグループは、アルミニウムとカルシウムの含有量が中間的な値を示すもので、青〜紺（藍）色透明を呈する。紺色のカリガラスは酸化コバルト（CoO）を0.1%程度含有し、コバルトによる着色である。必ず1〜2%の酸化マンガン（MnO）を伴っており、コバルト原料の産地を推定する上で重要である。インドから東南アジアを経て、日本列島や朝鮮半島まで広域的に分布する。

他方のグループは、アルミニウムの含有量が多く、カルシウムの含有量が少ないもの（高アルミナ・低カルシウム）で、淡青色透明を呈する。淡青色のカリガラスは酸化銅（PbO）を1%前後含有し、銅による着色である。微量の鉛および錫が検出されることから、着色剤として青銅が用いられたと考えられて

いる。中国南部からベトナム中部を中心に分布することが知られている。また、このタイプのカリガラスは、鉛同位体比がきわめて斉一的な値を示す。

　さらにカリガラスの中には、基礎ガラスの材質、着色剤、製作技法、製品としての形状のいずれかの点に関して、以上の二種類と異なるものが少量存在することも指摘されている。福岡県三雲・井原ヤリミゾ地区遺跡の後期の墓から出土したガラス小珠の中には、鮮やかな赤紫色透明を呈するガラス小珠が存在し、マンガンによって紫色に発色していることが明らかとなった（田村・肥塚2010）。基礎ガラスの材質は、上記の二種類のカリガラスを混合したような値を示す。また日本での確認例は現在ないが、赤褐色不透明を呈するガラス小珠が北朝鮮楽浪土城址・中国広西省の後漢墓から出土しており、この着色には銅のコロイド技術が用いられている。なおこの着色技術は漢代の中国にはなかったと、これまで考えられている（肥塚 2010：p.10）。

　以上の点からカリガラスは少なくとも中心となる二つのグループに対応する生産地が想定され、それ以外にも存在した可能性が高い、と肥塚らは考察している。

（2）ソーダ石灰ガラス

　後期中葉になるとソーダ石灰ガラス製のガラス小珠が初めて出現し、北部九州を中心に終末期まで分布する。これは酸化アルミニウム含有量が多く、酸化カルシウム含有量の少ない点で特徴付けられるもので、高アルミナソーダ石灰ガラスと呼ばれている。このタイプは、古墳時代前期の中断を挟んで、古墳時代中期以降に大量に出土するガラス小珠としても知られているが、弥生時代の高アルミナソーダ石灰ガラスは、古墳時代のものに比べると基礎ガラスの材質にばらつきが多く、アルミニウムの含有量が異なる、といった特徴がある（肥塚ほか 2010：pp.20-21）。その形態はすべて小珠形である。

　また高アルミナソーダ石灰ガラスは色調が多様なのが特徴である。弥生時代のソーダ石灰ガラスの色調は、淡紺色半透明（コバルトによる着色）、黄緑色半透明（錫酸鉛と銅イオンによる着色）が多く、黄色不透明（錫酸鉛による着色）、赤褐色不透明（銅による着色）が見られる（図2・巻頭カラー図版）。カリガラスに比べれば色彩は多彩であるが、古墳時代のソーダ石灰ガラスの小珠

に比べると色調の多彩さが少ない。このような特徴を考慮すると、弥生時代に流通した高アルミナソーダ石灰ガラス製の小珠と、古墳時代のそれとは、製作地が異なる可能性もあるだろう。

なお、ごく少量であるが、ナトロンを溶融剤としている低アルミナ高石灰のソーダガラスの小珠が出土している。広島県松ヶ迫矢谷遺跡と神奈川県御茶屋通遺跡から出土したガラス小珠（広島県教育委員会 2012）のみがその例であり、点数は非常に少ない。このタイプのガラスは、ローマ帝国領内を中心とした地中海周辺で生産されたガラスである。

（3）鉛珪酸塩ガラス（図3・巻頭カラー図版）

鉛珪酸塩系ガラスと考えられる珠は風化が激しく、かつ分析されたものは多くはない。第1章でも述べたが、日本列島の土壌では鉛珪酸塩系ガラスは風化が進み、白色化がひどい場合が圧倒的に多い。バリウムがなくなることも多いため、あえて鉛珪酸塩ガラスとしてまとめている。日本の土壌では白色化しにくいアルカリ珪酸塩ガラスとは、その色調および形態から、見た目により区別できるものである。このため白色化のひどい小珠の組成が未分析である場合は、その状態から鉛珪酸塩系ガラスであると判断されている。

鉛珪酸塩系ガラス小珠は前期末に出現したものの、中期にはほとんど見られない。その後、後期になると山陰や北近畿に散見される。風化が激しく、白色化しているが、わずかに色調がうかがえる。本来は透明度の高い緑色や青色系統を呈していたと考えられる。西谷3号墓出土品中には、透明度の高い黄褐色を呈するものも存在している。形態は圧倒的に環状形を呈するものが多い。垂形もこの組成である。

前期末と考えられる佐賀県東山田一本杉遺跡78号甕棺墓出土の緑色小珠について、蛍光X線による分析が行われている。それによるとケイ素を55.8％、鉛を27.6％含み、銅と鉄による着色と考えられている（藤田 1994：p.125）。しかし風化も進んでおり、これが本来の値かは不明である。この珠は、筆者の知る限り、鉛珪酸塩ガラスと考えられる中で、唯一環状形または垂形の形態ではないものである。径が4 mm強、幅が2.5 mm強とやや扁平であるが、孔径が1.25 mmと狭く、他の環状形のように大きくないため、小珠形

の範疇と捉えられる形態をもつ。

　西谷3号墓の珠は、近年再分析がなされた。環状形小珠とまた垂形の可能性のある珠片について蛍光X線分析が行われ、バリウムを含まない鉛ガラスであった。さらに緑色と黄褐色の珠片の未風化の部分に対し破壊分析が行われ、鉛を64％前後含む高鉛の鉛ガラスであることが判明した。これらの結果から、風化の進んだものも含めて、環状形と垂形の小珠は高鉛の鉛ガラスであると考えられている（島根大学考古学研究室・出雲弥生の森博物館 2015：pp.179-187）。

　以上、分析された2遺跡の珠はバリウムを含まない鉛ガラスであった。しかし、分析されていない白色化した環状形小珠の中には、鉛バリウムガラスがある可能性もある。今後、特に北近畿から出土している環状形小珠の分析が待たれる。

3．ガラス小珠の製作技法

　小珠の製作技法には、引き伸ばし技法、巻き付け技法、鋳造技法が観察される。

　アルカリ珪酸塩ガラスの小珠は、一次製作品では、すべて引き伸ばし技法で作られたガラスの管を分割して製作されている。筋状の引き伸ばした痕跡や、引き伸ばしたため伸びた状態や並んだ状態の気泡が観察される（図4）。切り離した後、あらためて軽く加熱することにより周囲は丸みを帯びる。切り離したままであれば、小さな管状を呈する。

　アルカリ珪酸塩ガラスの小珠の中で、ごく一部であるが、鋳型で鋳造したと考えられる小珠が発見されている。これは引き伸ばし技法で作られた小珠を素材に、おそらく国内で改鋳製作された再加工品である。たこ焼き型の鋳型に砕いたガラスを詰め、再加熱することにより鋳造製作したものと推定される。たこ焼き型の鋳型は、古墳時代の遺跡から数点出土しており（京嶋 2009）、おそらく弥生時代から使用していたと想定されている。

　鉛珪酸塩ガラスの小珠の製作法は明確ではない。大半の小珠は風化により、その製作痕を観察することはできない。藤田は東山田一本杉遺跡出土の前期末

と考えられる小珠は、巻き技法で製作されたと考察している（藤田 1994：pp.124-127）。また西谷3号墓の環状形小珠は巻き付け技法による可能性が高いと考えられるが、風化がひどく、製作の痕跡の観察は困難であった。このため鋳造による可能性も否定できない。一方垂形の小珠は、風化のため浸食されているものの、その形態が本来整った左右対称であったと推測されることから、鋳型による鋳造の可能性が高いと考えられる。

　このように、鉛珪酸塩ガラスの小珠の製作技法の判別はその状態から困難である。特に環状形小珠については、巻き付け技法による個別の製作とともに、鋳型鋳造により製作した可能性も考えられる。また引き伸ばし技法による可能性もある。今後の研究課題としたい。

　カリガラスやソーダ石灰ガラスの小珠と異なり、鉛珪酸塩ガラスの小珠がどこで製作されたかについては、研究が未だなされていない。第Ⅱ部で述べるように、朝鮮半島の原三国時代の遺跡や、漢帝国下の遺跡からも鉛珪酸塩ガラスの小珠は出土している。特に前期末に見られる鉛珪酸塩ガラスの小珠については、搬入品と捉えて問題ないであろう。今後朝鮮半島および中国の類品との比較検討が必要と思われる。

　しかし、弥生後期後葉では鋳造によって、小珠を製作することがすでに技術的に可能であった。後期後葉では丹後において、ガラス勾珠を製作していたと推測している。その勾珠と同様の質感をもつ北近畿の環状形小珠は、搬入品の可能性と、勾珠と同様に搬入品をもとに改鋳によって製作された可能性も検討する必要があろう。一方で、西谷の環状形小珠と垂形小珠は特殊な色調を持ち、類品も、またその素材とできるような同様の色調をもつ他のガラス製品も同時期に見られない点を考慮すると、搬入品と考えるほうが妥当であろう[4]。

　鉛珪酸鉛ガラスの小珠については、あまり研究が進んでおらず、今後さらなる分析・研究が必要な遺物である。

第3節　弥生時代のガラス小珠の分布と変遷

1．前期末～中期

　ガラス小珠は列島で最初に出現したガラス製品であり、弥生時代前期末に出現する。佐賀県東山田一本杉019号甕棺墓（藤田　1994：p.124）から4点、山口県土井ヶ浜315号人骨（金関ほか　1961）から1点、アルカリ石灰ガラスの小珠が出土しており、また東山田一本杉78号甕棺墓から鉛珪酸塩ガラス系の小珠が1点出土しており、これがガラス小珠の初現である。

　中期前葉から中葉までは小珠はわずかに散見される程度である。中期後葉以降はカリガラスの小珠が、西日本に分布するようになる。前期末と組成が異なるという変化があるもののその分布域は広がらず、中期中葉までは北部九州と山口県でのみで出土している[5]。

　中期後葉になると北部九州・山口に加えて、広島・岡山といった瀬戸内地方や、大阪など近畿地方でもガラス小珠が出土しており、ごく少数ではあるが関東南部からも出土している。これら小珠の出土遺構は多くが墳墓であるが、住居からも散見されている。

2．後期～終末期

　後期前葉以降はガラス小珠の出土数が飛躍的に増大する時期である。カリガラスの小珠が西日本各地で見られるようになり、大量に搬入されていた状況がうかがえる。分布の中心は北部九州と北近畿である。さらに環状形小珠が後期後葉以降に、山陰や北近畿で見られるようになる。

　また後期ではガラス小珠が出土する遺構は前代と同じく墳墓や住居址であるが、大量に出土する遺跡はすべて墳墓である。出土の状況から見ると、全体的な出土総数が増大するだけでなく、一基の墓や一主体からの出土点数も増大している。特に分布の中心である北部九州や北近畿では、一基から100点以上出

土する墓も珍しくない。

（1）北部九州

　北部九州における分布の中心は、中期からガラス製品が多数搬入されている佐賀平野・福岡平野・糸島平野といった地域であり、さらに対馬・壱岐・西九州がそれに加わる。地域により差はあるものの、九州のガラス小珠の出土は後期前葉～中葉にかけて非常に多く、後葉～終末期においては前代に対して減少し、出土する種類についても変化しているとの指摘がある（谷澤 2011）。

　これら小珠の大半がカリガラスであるが、後期中葉～後葉には高アルミナソーダ石灰ガラス製のガラス小珠が初めて出現する。主に北部九州に分布するが、カリガラスと比較すると数量は多くはない。

　また出土状況の特徴として、北部九州では後期になると、一基から100点以上出土する墓も多く見られ、中には1000点以上を出土する墓も散見されるようになる。長崎県対馬塔の首石棺墓3（長崎県教育委員会 1974）では8,236点、佐賀県惣座遺跡石蓋土壙墓SP510（大和町教育委員会 1986）では8,000点以上、佐賀県二塚山土壙墓22（佐賀県教育委員会 1979）で3,500点以上と、非常に多量のガラス小珠が副葬されていた。このような多量にガラス小珠を出土する墳墓は後期前葉～中葉にかけてみられるものの、後期後葉～終末期にかけては平原1号木棺墓（原田 1991）など、ごく少数である。

　これらの北部九州のガラス小珠の分布や入手ルート、背景について、谷澤（2011）が考察を行っている。後期前葉～中頃の脊振山地周辺では、糸島地域、福岡地域をそれぞれ配布の中心として、ガラス小珠が多量にやりとりされ、この時期、当地域で進行した、社会的上位層の析出・固定化に一定度寄与したことを論じている。

（2）北近畿

　北近畿は後期前葉から多数のガラス小珠が出土する。後期前葉から中葉にかけて、一基の墓に複数の主体を埋葬する台状墓が多数築かれ、台状墓の規模にかかわらず、ほぼすべての墳墓群に多数のガラス小珠が副葬されている。

　分布の中心は丹後で、京都府三坂神社墳墓群（大宮町教育委員会 1998）や

左坂墳墓群(大宮町教育委員会 2001)などでは一主体からの出土数が300点以上に及ぶ例も少なくなく、複数の主体をもつ一基からのガラス小珠の出土総数が1,000点以上という墓も数基ある。これらのガラス小珠はすべてカリガラスである。

しかし北近畿では後期後葉から終末期の墳丘墓が築かれる時期になると、出土するガラス小珠の量が、明らかに減少するという状況が見られる。これは他地域と反対の変化といえる状況である。またガラス小珠の種類にも変化が見られる。後期後葉には、カリガラスの小珠も出土するが、多数を鉛珪酸塩ガラスの環状形小珠が占める(図3-1)。これらカリガラスと鉛珪酸塩ガラスの小珠は、すべて墳丘墓から出土している。一方で、この時期に見られる傑出した墳丘墓以外の墳墓においては、ガラス小珠も含めてガラス製品が全く見られなくなる、というのも重要な変化である。墳丘墓以外でガラス小珠が見られない理由については、すでに第2章で考察しているように、墳丘墓を築いた首長らによる規制が存在した可能性を考えたい。一方で、小珠形の小珠が首長墓でも少なくなり、副葬された小珠の多くが環状形小珠となる、という興味深い状態の背景については、環状形小珠の製作地の問題も含めて、今後検討が必要な重要な課題である。

北近畿でも丹波・但馬では多少異なった様相が見られる。丹波・但馬では、丹後に比べるとその出土量は少ないものの、後期にはいるとガラス小珠の副葬がさまざまな墳墓で見られる。特に但馬では中葉にかけて、多数のガラス小珠が副葬されている。後期後葉になるとガラス小珠の出土量が減る点は丹後と同様であるが、特に副葬品やガラス製品が集中する墳墓は現れない。またカリガラス小珠については、但馬では兵庫県梅田東古墳群(兵庫県教育委員会 2002)や兵庫県妙楽時墳墓群(豊岡市教育委員会 2002)などにおいて、また丹波では京都府狭間墳墓群(京都府埋蔵文化財調査研究センター 2001)などにおいて、副葬が行われている。いずれも地域の有力な首長の墓ではあるが、傑出した首長墓とは言いがたい。また鉛珪酸塩ガラスの小珠は見られない点も異なっている。

このように北近畿におけるガラス小珠の副葬は、時期や地域によって異なる様相を見せている。墳丘墓に注目が注がれるため、これまで北近畿における後

期後葉のガラス小珠の出土状況の変化や地域的な違いは、あまり注目されていなかったといえよう。その背景を分析することにより、北近畿の地域内の集団関係の解明がより進展するのではないかと考えられる。

（3）山陰・北陸

因幡・伯耆では、後期前葉に、松原1号墳丘墓（鳥取市埋蔵文化財センター2010）から合計400点以上のガラス小珠が出土した後は、後期を通じて墳墓から出土せず、後期後葉になると住居址で散見される。後期におけるガラス小珠の出土総数は、島根県古代文化センター（2005）の集成によると、島根で236点（うち西谷出土170点）、鳥取で46点、山口221点、広島100点未満、岡山1030点である。

出雲では、ガラス小珠は墳墓では後期後葉の西谷3号墓以外では見られない一方で、後期後葉になると住居址では散見される。西谷3号墓は上述したように、鉛ガラスの環状形と垂形の小珠が出土している点が特徴的である。このタイプの小珠は住居址では出土していない。

北陸では、後期後葉になるとガラス小珠を副葬する墓が出現し、後期後葉から終末期にはガラス小珠副葬量が増加する。このガラス小珠は淡青色が多い点で特徴的であり、基本的にカリガラスと考えられる。

山陰の日本海側におけるガラス小珠の副葬の様相と、北陸や北近畿におけるガラス小珠の副葬の様相が、大きく異なっている点は特徴的である。山陰日本海側の地域でガラス小珠が住居から出土している一方で、墳墓における副葬がほぼない点は、この地域では墳墓からガラス管珠を多数出土している状況から見ても、非常に興味深い。この地域の首長たちの、何らかの意図が背景にある可能性もあろう。

（4）山陽・畿内など

後期になると、山陽や畿内など、西日本の各地域でもカリガラスの小珠が出土するが、一遺構や一遺跡の出土数は少なく、後期中葉までは散見される程度である。しかし後葉から終末期にかけては、瀬戸内や畿内などで、カリガラスのガラス小珠を多量に副葬する墓が出現する。岡山県楯築墳丘墓（近藤義

1992) や、岡山県鋳物師谷1号墳墓（春成ほか 1969)、京都府芝ヶ原古墳（城陽市教育委員会 1987) などが代表例である。この後期後葉から終末期にかけてみられる、山陽や畿内のガラス小珠の多量の副葬習俗は、続く古墳時代前期の珠類の副葬へと引き継がれたものと推測される。

なおこの地域でガラス小珠を多量に副葬した墓は、石製・ガラス製管珠を多量に副葬しており、珠類全体の副葬量が増えているといえる。さらにこの時期は珠類だけの副葬組成から、鏡も含めた複数の副葬組成へと、副葬組成の大きな変化が瀬戸内や近畿で見られる。そのような副葬習俗の変化という状況が背後にあるため、単純にガラス小珠の流通量がこの地域で増加したと考えるべきではない可能性もある。いずれあらためて考察したい。

(5) その他の地域

東海および関東南部では後期前葉には散見される程度であるが、後期後葉になると関東南部でもガラス小珠の出土量が増加する。さらに中部高地などでも見られるようになる。関東北部以北ではガラス小珠の出土はきわめて少ないものの、宮城など東北にも分布している。

北海道では、続縄文時代後北式の頃よりガラス小珠の出土が散見されるが、これは時期的には弥生時代後期に対応する。沖縄では弥生時代後期に並行する時期に、少量であるが出土している。

このように、弥生時代後期には、ほぼ日本列島全域においてガラス小珠が分布しているといえる。列島全体で見ると、ガラス小珠は後期になると西日本各地で出土数が増加し、後期後葉から終末期にかけて各地で出土遺跡が増加する、という傾向が見られる。しかし地域ごとに見ると、その様相には大きな違いが見られる。

後期後葉において、後期中葉までガラス小珠がほとんど見られなかった地域では、ガラス小珠の出土量が増加している。瀬戸内、もしくは東海から関東南部や中部高地で、特に後期後葉にその出土量が増加している。その色調構成（これについては次に述べる）が北近畿と共通しているところから、北近畿からの流入が想定されている（肥塚ほか 2010：p.23)。一方で後期中葉までガラ

ス小珠を多量に副葬していた地域、すなわち丹後と北部九州でガラス小珠が減少している、という状況が見られる。全体的なガラス小珠の出土総数は、後期前葉～中葉にかけての状況と比べると、後期後葉～終末期は減少しているといっていいだろう。またガラス管珠を多数出土し、ガラス製品が豊富な印象を受ける山陰は、ガラス小珠の墳墓からの出土が驚くほど少ない。特に後期後葉から終末期においても墳墓から見られない点は特殊である。

これらの状況が存在した背景を、今後検討する必要があろう。

第4節　ガラス小珠の分布にみられる地域差とその意味

1. 各地における色調および組成の差が意味するもの

弥生時代のガラス小珠の分布は上述したように変遷し、特に後期には北部九州と北近畿に分布の中心がみられる。後期前葉にはそれぞれの地域におけるガラス小珠に、明瞭な地域差が認められるようになる。

この時期に見られる小珠の大多数はカリガラスで、コバルトを着色剤とした紺（藍）色の小珠と、銅を着色剤とした淡青色の小珠である。特に北部九州では、コバルト着色の紺色系小珠がやや優勢であるのに対し、北近畿では銅着色の淡青色系小珠が90％前後を占めるという状況を示す（大賀 2003：pp.80-82）。この小珠の様相の違いは、北部九州と北近畿がそれぞれ独自に対外交渉を行った結果であると考えられる、と論じられている（肥塚ほか 2010：pp.23-24）。

ここで、北部九州と北近畿から出土するガラス小珠の色調に、特徴的な違いがでている原因をあらためて考察したい。これまで示唆されているように、各地域の大陸における交渉相手が別の窓口で、それぞれの窓口が保持しているガラス小珠の色調が異なっていたため、結果として北部九州と北近畿では入手したガラス小珠の色調に違いが生じた、という可能性はあるのだろうか。

北部九州や北近畿の社会が、生産地と考えられる中国南部や東南アジアと直接的に交渉を行い、同一の色調のガラス小珠を入手していたとは考えがたい。そのため列島外において、北部九州と北近畿の特徴的な色調それぞれに対応す

るような、ガラス小珠の色調に特徴をもって所有していた消費地が、朝鮮半島などにあったと想定せざるを得ない。そのような地域が存在したのか否かは、アジア各地域におけるガラス小珠の色調の違い、という研究がなされていないため、結論づけることは現段階ではできない。大陸におけるガラス小珠の様相を検討するにあたり、どのような色調を所有していたのかという問題は、今後重要な検討課題である。この問題は第Ⅱ部第3章で検討する。

　一方、色調の違いは、単に各地域の好みまたは選択の結果を示す、という解釈も可能である。まず北部九州と北近畿、どちらかの地域がガラス小珠を大量に入手し、その後その地域からもう一方の地域がガラス小珠を入手するにあたり、色調を（どちらかが）選択した結果、国内の地域間で違いが生じた、という解釈が可能である。その場合、ガラス小珠の分布の違いは、列島内部における流通の問題、と捉えることができる。しかし、第2章で論じたように、ガラス管珠においても北部九州と北近畿の二つの中心地が存在し、その様相はガラス小珠の分布の違いと重なっている。それぞれの地域が独自に列島外と交渉をもち、ガラス管珠やガラス小珠を入手したことは、間違いないであろう。このため、この論は否定される。

　しかしそうであっても、各々の地域の対外交渉の窓口が異なっていたか否かは、必ずしもこの分布の違いからは判断できないのではないだろうか。ここで大陸におけるガラス小珠の流通という問題が関わってくる。すなわち大陸において、紺色カリガラスと淡青色カリガラスが異なる産地で作られていたとしても、流通段階では混在していった可能性が高い。弥生社会の各々の地域の使者が渡った大陸の窓口は、北朝鮮の楽浪郡や、朝鮮半島原三国社会などが想定されるが、いずれもアルカリ珪酸塩ガラス小珠の製作地ではない。その点を考慮すると、ガラス小珠の色調に偏りが生じたのは、単に入手段階においてその集団の好みが反映された結果である、という解釈が可能である。その場合は、北部九州や北近畿、といった各地域の対外交渉窓口が異ならず、1か所であっても問題はない。すなわちガラス小珠の色調の偏りは、列島外からの入手段階における各集団の好みの反映、と捉えることができる。

　ともかくも北部九州と北近畿、それぞれの集団が独自に大陸と交渉し、入手したことは確実であろう。しかしそれ以上は（またそれについても）、列島内

におけるガラス小珠の様相だけでは考察することができない。今後、東アジアのみならず、アジア各地におけるガラス小珠の研究の進展が必要であろう。

一方、弥生時代の他の地域に関しては、列島内の流通による入手が想定される地域が多い。ガラス小珠の特徴をみると、後期、特に後葉には、ガラス小珠が瀬戸内や畿内、もしくは東海から関東南部や中部高地で出土量が増加しているが、その色調構成が北近畿と共通しているところから、これらガラス小珠は北近畿からの流入が想定されている（肥塚ほか 2010：p.23）。

また北陸でも後期後葉以降ガラス小珠が多数出現するが、このガラス小珠の色調も北近畿と共通している。後期における越後と北近畿とのつながりは、土器からも指摘されているところであるが（高野 2000：pp.51-54）、一方で北陸に見られる豊富な鉄製品は、北陸が直接的な対外交渉を行っていたことも想定されている（村上 2001：p.70 ほか）。その入手については、直接的な対外交易による入手と北近畿とのつながりの中での入手、両方を考察する必要がある。

ところで小珠の種類の組成という点で、特殊な様相をもつのが関東南部である。この地域は後期後葉にガラス小珠の出土量が増加するが、その多くはコバルト着色の紺色系小珠の大型品で、北部九州や北近畿と構成が大きく異なり、何らかの要因が存在すると考えられている（肥塚ほか 2010：p.24）。今後その流通経路については詳細に検討する必要があろう。なお沖縄や北海道に関しては、本州とまったく異なる対外交渉のルートも想定すべきと考える。

一方アルカリ珪酸塩ガラス系の小珠の組成の大きな変化として、後期中葉〜後葉には多様な色調の高アルミナソーダ石灰ガラス製のガラス小珠が出現する。このタイプは主に北部九州に分布しており、北近畿などでは見られない。このような違いは、各々独自に対外交渉を行っていたことの傍証となろう。さらにその交渉相手が異なっていたことを示唆している可能性もある。しかしこの点については、この時期のアジア地域におけるガラス小珠の流通の変化という外因も考えられ、さまざまな角度から検討する必要がある。

2. 後期後葉から終末期における、ガラス小珠の様相の変化の背景

上述したように、後期後葉ではガラス小珠の分布域が広がり、東日本でも散

見されるなど、これまで見られなかった各地域においてガラス小珠の出土数が増加する。一方で、それまで多数のガラス小珠を出土していた、北部九州と丹後においてガラス小珠が減少する。

　小珠の減少の最も大きい要因としては、外的問題が考えられる。谷澤（2011）は、後期後半～終末期の北部九州におけるガラス小珠の流通量の変化の背後に、後漢代における大陸の情勢の混乱に関連する可能性を想定している。この大陸の情勢の混乱の影響は、丹後にも見られたと考えられる。

　一方で内的要因も無視できない。第2章において、丹後における独自の勾珠の出現と、このガラス小珠の出土量の変化の背景には、政治的な相関関係がある可能性を考察した。すなわち、後期後葉～終末期の丹後における、中小の首長墓からガラス小珠が見られない要因として、大首長による規制の可能性をあげた。さらに、丹後と列島内の他地域との交易による丹後外への流出、という可能性はないだろうか。

　丹後地域と北部九州ではガラス小珠の出土量は減少しているが、相対的に各地域でガラス小珠が増加しているという点は重要である。後期後葉には、列島各地においてガラス小珠の需要が上昇し、交易品の重要な品目として価値が高まっていたことは間違いない。このため丹後が列島外から入手した小珠を内部だけで消費せず、各地へと流通させた結果、丹後内における消費量がさらに減った可能性も考えられよう。

　ガラス小珠の流通の様相は複雑であり、単純な要因一つで推測できないものとなっている。もちろん、北部九州と北近畿ともに大陸の情勢についても考慮する必要があるが、珠の出土量や内容の変化には、上述したような内的な要因もまた検討する必要があろう。

結　語

　以上、弥生時代におけるガラス小珠の様相をまとめた。ガラス小珠は小珠として一括りに扱われがちであるが、化学組成だけでなくその形態にも違いがあることを明らかにした。その分布については時間的空間的に変遷があるだけで

なく、分布に見られる小珠の構成についても明白な差異があることをあらためて確認した。さらに後期では後葉にかけて小珠の出土量が列島全体で増加していると考えられていたが、一概にそういえない状況を明らかにした。そしてこれら小珠の構成の変化の背景、出土量の変化の背景に存在する要因について考察を行った。小珠の構成については、交渉窓口の違いではなく、各集団の好みという内部的な要因を推察するにいたった。一方出土量の変化については、列島内部と大陸の状況、両方の要因が関わっている可能性を指摘した。

　このように、ガラス小珠の分布や変遷の背景には、当時の対外交渉や、国内の地域間の交渉の様相が反映されている。無論ガラス小珠だけからそのような社会分析を行うことは問題であり、上述したように他のガラス製品や鉄製品などの多様な遺物、そして当時の社会状況などと合わせて考察することが必要である。しかしガラス小珠の分析を加えることによって、これまで主として扱われてきた、鉄器や青銅器の分析からだけでは提示しえない社会様相が浮かび上がると考えている。

　本書では簡単に考察するだけにとどめたが、今後さらにガラス小珠の様相について検討を進めるためには、各地域の小珠の集成が急務である。

註
（1）熟練者による目視では、ある程度可能である（谷澤 2011：p.5）。
（2）遺物の状態が悪く、大半を土ごと取り上げているため、その総点数は不明である（島根大学考古学研究室・出雲弥生の森博物館 2015）。
（3）このほか、涙形と形容されることもある。上掲の報告書の中では、垂珠と呼称している。ここでは小珠の範疇で扱うため、小珠の分類中の垂形小珠とする。
（4）別稿でより詳細な検討を行っている（小寺 2015：pp.206-207）。
（5）他地域からこの時期、またはそれ以前とされる遺物もあるが、出土状況などに疑問が残り保留としたい。これについては大賀（2002：p.141）、肥塚ほか（2010：p.23）も指摘している。

終　章

ガラス製品からみた弥生社会

　以上、弥生時代におけるガラス管珠・勾珠・小珠・釧・璧の様相を個々に検討してきた。それぞれの遺物に見られる所有や副葬の様相を分析し、弥生社会の首長間の紐帯、副葬にみられる意図、といったさまざまな問題を考察した。またそれらガラス製品から、各々の地域における直接的な対外交渉の有無や、その背後にある意図などについても考察を行った。

　第Ⅰ部の最後に、これらガラス製品全体の様相から考察される、弥生社会の諸相についてまとめを行いたい。特にガラス製品の所有において、政治的な背景や集団の紐帯や意図を抽出できる地域が存在することが明確となったため、特にそれらの地域を各々取り上げて考察を行う。

第1節　北部九州

　北部九州における中期のガラス製品の分布は、唐津平野・佐賀平野を中心とした地域と、糸島平野・福岡平野を中心とした地域ではその様相が大きく異なる、という特徴を第2章で明らかにした。特にこれまで両地域における中期のガラス管珠の副葬は、同一の様相として扱われがちであったが、ガラス管珠を分類することにより、各々の地域の様相の違いが明確化したことは非常に重要といえよう。また以前から指摘されている、特に中期後葉の、糸島平野・福岡平野を中心に見られるガラス製品が高度に政治性をもつことについても、より鮮明に浮かび上がる結果となった。

　ガラス製品は前期末から北部九州に見られるガラス小珠が、日本列島に見ら

れるガラスの初現である。しかし、集団がある程度の意図をもってガラス製品を入手するのは、中期からであろう。

中期前葉の新段階から宇木汲田遺跡で WC 吉野ヶ里タイプが出現する。この WC 吉野ヶ里タイプの管珠は、日本列島に初めて出現したガラス管珠であり、中期後葉まで北部九州の唐津平野・佐賀平野を中心に副葬されていた。朝鮮半島の青銅器時代に見られるガラス管珠と関係があると考えられ、共伴する副葬品も朝鮮半島の青銅器文化との関連性を示す。第 2 章で述べたように、宇木汲田に見られるガラス管珠と碧玉製管珠の扱いの差異がない点をみると、この時期の唐津平野では、ガラス管珠が権威の象徴としての突出した意味をもつ状況は見られない。やや時期の下った佐賀平野では、その様相に変化が見られる。吉野ヶ里墳丘墓 SJ1002 甕棺墓にみられる、多量のガラス管珠の副葬については、朝鮮半島とのつながりを示す象徴や、権威の象徴としての意味が付与されていたと推定される。しかし、地域的な紐帯や集団の独自性の象徴、といった様相はガラス管珠からは見ることができない。

一方中期後葉になると、北部九州の糸島や須玖岡本で、「王」に比定されるような傑出した大首長が現れ、海を越えて漢帝国と直接的な接触をもつに至った。福岡平野およびおよび糸島平野を中心に、彼ら大首長および彼らとつながりをもつと考えられる首長墓から、前漢鏡・ガラス璧・ガラス管珠・塞杆状ガラス器といった舶載品と、ガラス勾珠が出土している。これら舶載品や、舶載品を加工した品は、首長の地位の象徴であった。

ガラス璧は乳丁文をもつもので、「イト」「ナ」の大首長の墓、「王墓」とも目される墓から出土した。このガラス璧は葬具として「イト」「ナ」の「王」が使用することを意図し、漢帝国から下賜されたものであった。それは蕃国の「王」に対するものであり、漢の皇室との君臣関係を強固にするためのものでもあった、と第 4 章において考察した。「イト」「ナ」の大首長はその重要性を認識し、彼らのみがガラス璧を所有することとしていた、と考えられる。一方ガラス璧の破片を再加工したものは、ガラス璧とは認識されてはいないが、しかし貴重な品として、おそらく鏡の配布とは異なる意図をもって、重要な首長へと渡されたと考えられる。

ところで、漢帝国から下賜されたガラス璧の所有（とその副葬）は、もちろ

ん重要な地位および権威の表明であったであろうか、「イト」「ナ」の集団の人々や周辺の首長達にとって、その重要性と意味を明確に理解することは困難であった可能性が高い。そのためにも、より理解しやすいツールが必要であったと考えられる。そこで出現するのが、ガラス製勾珠であったのではないだろうか。彼ら大首長およびその近親者と考えられる墓からのみ、定形北部九州形M・亜定形北部九州形Mタイプのガラス勾珠が出土している。これらガラス勾珠は、この時期に中国から搬入されたガラス素材を基に、初めて改鋳によって製作が開始されたものである。定形勾珠は、「北部九州大圏の確立に連動して、その共通の精神的表象として生み出された、政治性の強い玉」（木下1987：p.587）という立場にあった。その共通の精神的表象たる勾珠を、これまで見られない新たな素材であり、かつ"先進国とのつながり""権威の背景＝漢帝国"を象徴するガラスを改鋳することにより、国内外における高度な政治性を内在するものとして仕立て上げたと考えられる。

このように、ガラス璧、ガラス勾珠、そして面径20cmを越す大型前漢鏡という、最も高位のランクの副葬品は、それぞれが異なる意味をもちつつ、「イト」「ナ」の大首長の権威の象徴として、所有・副葬されたと考えられるのである。

一方、彼ら大首長と関係が深いと考えられる各地域の首長の墓からは、ガラス管珠が出土した。このガラス管珠はWC立岩タイプというこの時期にのみ見られる珠で、漢帝国において製作され、おそらくガラス璧や鏡と共に、下賜といった形で搬入された可能性が高い珠である。中形・小形前漢鏡と共に、首長同士の紐帯の証として分有されたと考えられるが、中形・小形前漢鏡はもともと国内において配布される意図をもって、漢帝国より下賜された可能性を、第4章において論じた。ガラス管珠も同じ意味をもって下賜された可能性があろう。またガラス管珠の副葬について量の多寡が観察される様相からは、大首長からつながりのある首長に分配された後、さらにその首長により再分配された可能性もあろう。これは鏡の副葬の様相とも関係する問題である。

以上、これらガラス璧・ガラス勾珠・ガラス管珠および前漢鏡の副葬には、当時の社会の大きな変化が鮮明に表れているといってよいだろう。それは単に漢帝国との深い交流を示しているというだけではなく、漢帝国の権威を背景に

かつその文化の影響を受けながらも、内部で新たな支配体制と秩序を確立させようとする、「イト」「ナ」の大首長の意思と活動がうかがえるのである。

しかし弥生時代後期になると、北部九州では、ガラス製品に高度な象徴性を求めた状況は大きく転換する。他の地域でガラス製品の政治性が強くなるのと、対照的であるともいえよう。

定形北部九州形M・亜定形北部九州形Mタイプのガラス勾珠は、継続して福岡平野で製作されており、その形態の相違や格差から、ガラス勾珠に何らかの政治的意味がこめられたことがうかがえる。しかしながら傑出した墳墓以外でも見られる状況は、ガラス勾珠のもつ象徴性が前代に比較して弱くなっていることを示唆する。また多数のガラス管珠が副葬されているものの、そこには政治的な紐帯や象徴を込めるという意図は、その副葬状況からは見出せない。一方ガラス釧の副葬も見られるが、その被葬者の傑出性は、同時期の山陰や丹後でガラス釧を出土した被葬者に見られるほど高くはない。その釧の入手すらも、他の首長を通じて行った可能性がある。ただガラス璧が見られないという点については、後漢代には厚葬の禁止の措置がとられた、という状況や、璧を含めた葬玉（の副葬）自体が斜陽となったなど、漢帝国側の要因によるものと考えられる。

弥生時代後期には多量のガラス小珠とガラス管珠が北部九州で見られるが、その背景には、対外交渉をする集団の増加、および大陸における窓口が多層的になった可能性がうかがえる。すなわち下賜というかたち以外での入手によって、中期後葉に存在した漢帝国の権威を背景とした高度な象徴性は、ガラスから失われたと考えられる。もちろん単純に量の増加によって、ガラスという製品の希少性が失墜した可能性もある。

またガラス勾珠に関して言えば、その製作地域が広がったことも関係があろう。ガラス製品の製作地域が広がった背景には、幾つかの要因が考えられる。中期後葉にはガラス勾珠の製作、すなわちガラス製品の改鋳は「イト」「ナ」以外では行われていない。ガラスを入手する窓口が、「イト」「ナ」に限られていた可能性もあり、また技術的な制約の問題もあった可能性がある。何らかの政治的な縛りも当然あったであろう。一方で、後期にガラス勾珠の製作が広がった背景には、ガラスを入手する窓口の広がりや、青銅器を含む鋳造技術の

終　章　ガラス製品からみた弥生社会　187

広がり、一部の大首長による規制がなくなったことなど、さまざまな要因が考えられる。

　このように、ガラス製品の象徴性の変化は、今後弥生社会の変化の要素の一つとして、考察する必要があろう。一方で漢帝国（を含む外部社会）の変化やつながりの変化、といった外的要因も考えられ、これについてはあらためて検討する。

第2節　山　陰

　山陰では後期になると、出雲や伯耆の日本海側の墳墓においてガラス管珠が多数出土しており、またガラス勾珠や釧も出土している。

　後期前葉にガラス管珠と勾珠を出土する墳墓は1例のみであるが、出土量は多い。因幡の後期前葉の松原1号墳丘墓では4基の墓から、ガラス勾珠17点、ガラス管珠45点、ガラス小珠400点以上が出土した。ガラス製品の数量は、北近畿・北部九州を除く同時期の他の地域と比べて、非常に多いといえる。山陰では後期前葉において、他の墳墓からはガラス管珠・勾珠ともに出土例がなく、また特にガラス小珠に関しては、出雲を除いて墳墓からの出土はない。単発的な、非常に特殊な状況といえる。

　ガラス勾珠は、北部九州とのつながりを検討すべきものであることは第2章で述べた。しかしガラス管珠の出土量は、同時期の北部九州の出土量と比べても傑出している。列島内における複数の地域からの入手、また対外的な入手の可能性など、いくつかの可能性が考えられよう。今後ガラス製品の詳細な検討により、この松原墳丘墓を造営した地域集団と、他の地域との交流が明らかになることと思われる。

　さらに後期中葉以降、山陰ではガラス管珠が墳墓よりまとまって出土している。会下和宏（2000・2002）が論じているように、山陰ではガラス管珠は最も上位の墳墓に見られる副葬品であり、その副葬の財としての階層性は副葬品の中でも最も高いものと考えられる。すなわち首長層がもつ品、という認識があったと考えられる。しかし同時期の首長層が共に持ち合うというような、何

らかの政治的な紐帯は、現在のところその所有の状況からは観察されていない。

　このように山陰では後期中葉から後葉にかけて、これらガラス管珠をはじめとして多数のガラス製品を出土しているが、ここでその入手ルートについて考察したい。まずは列島内の他の地域の介在による入手、または列島外との直接の交流による入手、両方が想定されよう。そこで注目されるのが、ガラス管珠の出土状況である。後期の山陰の墳墓では一つの主体から出土するガラス管珠の数量が多く、10点以上が副葬されている。これら一括して出土する管珠は同じ種類で規格性も高い。山陰以外の地域では、ガラス管珠の1、2点の副葬もよく見られるため、山陰の特徴的な様相といえる。これらガラス管珠の多くは首飾り状を保ったまま出土しており(1)、首飾りとして使用されていた状況がうかがえる。

　山陰地域の特に後期中葉以降の墳墓では、管珠の首飾りとしての着装状態の副葬方法が、非常に多い点が特徴的である（表1）。使用される珠はガラス製・石製であるが、ほぼ同一の素材だけで構成し、他の素材の珠を混在させていない。なお上述したように、ガラス管珠の首飾りをしているのは、地域の最も重要と目される墳墓の、中心的な被葬者であった。山陰では、首飾りという習俗がこの時期流行していたことがうかがえる。もちろん葬送儀礼に使われただけでなく、おそらく生前から何らかの儀礼の際には首長の胸を飾っていたと思われる。首飾りを構成するガラス管珠や碧玉製管珠は、形態・法量が揃ったものであった。この首飾りとしての需要＝複数点必要である、という様相は、西日本の他の地域と比べても際立っている(2)。さらに石製・ガラス製を問わず、この時期の山陰では副葬を構成する珠類に勾珠がほとんど見られない点は興味深く、またそのため管珠の重要性が他地域と比べ際立っているといえよう。

　すなわち、この山陰地域では首飾りの需要が非常に高く、特に大首長は首飾りを構成できる数（少なくとも10点以上）の形態・法量的に揃ったガラス管珠を、意図的に入手する必要があり、そして入手が可能であった、と考えられる。それはガラス管珠の生産地、もしくは流通の拠点との直接的な交渉を行っていた可能性を強く示唆する。しかしこの時期に、北部九州や北近畿などガラス製品を多数入手していた地域においても、規格的な管珠を副葬する墳墓が多

表1 弥生後期中葉〜末葉にかけて副葬品を出土した山陰地域の主な墳丘墓

旧国	墳墓名		墳丘形態	主体名	時期	副葬品		珠類の副葬方法	出典
						珠類	その他		
出雲	西谷	2号墓	四隅突出墓		後葉	管珠（ガ）	ガラス釧	破壊のため詳細不明	①
		3号墓	四隅突出墓	第1主体	後葉	管珠（ガ26・石26）		着装・首飾り他	②
						勾珠（ガ2）・小珠他（ガ170〜）		添え置き	
				第4主体	後葉	管珠（ガ20）	鉄剣	着装・首飾り	
	仲仙寺	9号墓	四隅突出墓	中央主体	後葉	管珠（石11）		着装・首飾り	③
		10号墓	四隅突出墓	中央主体	後葉	管珠（石28）		墓壙内・詳細不明	
	宮山	4号墓	四隅突出墓	中心主体	末葉	―	鉄刀		④
伯耆	宮内	1号墳丘墓	四隅突出墓	第1主体	中葉〜後葉	管珠（ガ29石5）	鉄剣	着装・首飾りか	⑤
				第2主体			鉄刀		
				第3主体		管珠（石13）		着装・首飾りか	
		3号墓	方形墳丘周溝墓		中葉〜後葉		鉄刀		
				SX01			鉄刀		
				SX05		管珠（石29）	鉄刀	着装・首飾りか	
	湯坂	1号墳	方形墳丘墓	SX4	後葉	管珠（石37）		着装・首飾りか	⑥
因幡	門上谷	1号墓	墳丘墓	第1主体	中葉〜後葉	ガ管珠（ガ14）		着装・首飾り	⑦
				第3主体		―	鉄刀		
				第12主体		ガ管珠（ガ2）		不明	
	桂見弥生墳丘墓		墳丘墓	第1土壙墓	後葉	管珠（石2）・勾珠（ガ1）		破壊のため詳細不明	⑧
				第11土壙墓		管珠（石6）	鉇	不明	

珠類略記号）ガ；ガラス製　石；石製
注；石の種類の詳細については、分析されていないものもあるため、記載しない。
遺跡の時期については、松井（1999）、島根県古代文化センター（2006）を基準としている。
出典）①出雲市教育委員会 2006　②島根大学考古学研究室・出雲弥生の森博物館 2015　③④出雲考古学研究会 1985・島根県立古代出雲歴史博物館 2007　⑤鳥取県教育文化財団 1996　⑥鳥取県教育文化財団・国土交通省倉吉河川国道事務所 2005　⑦埋蔵文化財研究会 1988・島根県立古代出雲歴史博物館 2007　⑧鳥取市教育委員会 1984

数存在している地域はみられない。つまり山陰の首長達が、列島外との直接的な交渉によって規格的なガラス管珠を入手した可能性は、十分に高いと考えられる。

　山陰では後期から集落においても、また墳墓においても多数の鉄製品が見られており、その入手について、特に後期中葉以降は直接的な大陸との交易が指摘されている[3]。ガラス管珠の副葬が、後期中葉以降に増加した状況とも整合的

といえるのではないだろうか。もちろん、ガラス管珠を入手していたすべての集団が、列島外と直接的な交渉を行っていたとは考えられない。直接的な交渉を行った最も可能性が高い集団として、出雲の西谷墳墓群を営んだ集団があげられる。出雲では後期後葉の西谷２号墳からガラス釧が、また西谷３号墳ではWC西谷タイプのガラス管珠、西谷形Mタイプのガラス勾珠、特殊な形態をもつ鉛ガラスの垂形小珠や環状小珠など、他の地域には見られないガラス製品を出土した。ガラス釧は同タイプ（西谷タイプ）が丹後と北部九州から出土しており、いずれの地域も直接交渉によりガラス製品を搬入したと目されている地域である。特に西谷は、ガラス釧が４点と最も多い出土である点は注目されよう。

　ところでガラス管珠を多数出土している山陰地域のやや奇妙な点として、ガラス小珠の副葬の少なさがあげられる。ガラス小珠は出雲の西谷を除いた、後期中葉から終末期の墳墓から出土しておらず、一方で住居址からは散見される。これは西日本全体から見ても独自の様相であることは第５章で述べた。入手が困難であった、という外的な要因が考えられるが、これはガラス管珠を入手している状況や、住居址からは散見されている状況とは一致しない。単にこの地域がガラス小珠を装飾品または副葬品に好まなかった、という可能性も考えられよう。また特に出雲では、因幡・伯耆に比べると後期後葉から終末期の集落におけるガラス小珠の出土量は比較的多い。西谷墳墓群を営んだ集団のみが、出雲の日本海側地域における対外交渉を独占し、またガラス製品の使用を独占していた可能性もあるのではないだろうか。今後集落やまた鉄素材の様相とも絡めて、広い視野で考察する必要があると思われる。

　このように、山陰ではガラス勾珠・管珠・小珠すべてにおいて、他の地域と異なる興味深い様相を示す。その推定される入手ルートは、単一的なものではなく、時代、地域でもかなり複雑な様相を示す。山陰のガラス製品の様相については、現在研究途上である。今後これらガラス製品のさらなる検討を通じ、地域内と地域を越えた首長層のつながり、そして対外交渉の様相がより明らかになると思われる。

第3節　北近畿

　北近畿、特に丹後においては、後期に入るとガラス製品が他の地域をはるかに凌ぐ量で副葬されていることが1990年以降の発掘によって徐々に顕かにされ、地域的な特殊性についてすでに注目を集めていた。しかしこれまでその様相は後期全体で語られることが多かった。第2章において行ったガラス管珠とガラス勾珠の分類により、後期におけるガラス製珠類の時期的な変遷が明らかとなった。そこには中葉までと後葉以降に大きな変化があることを指摘した。さらに珠類を含めた副葬組成を明らかにしたことで、ガラス製品の副葬品としての政治性と、墳丘墓の被葬者の傑出性、支配者集団の紐帯がより明確になったのではないかと思われる。

　鉄製品の様相から、丹後地域の人々は、後期初頭には列島外と直接的な交渉を開始していたことが指摘されている（野島 2000a・2000b ほか）。後期中葉までは竹野川流域の豊富な副葬品をもつ大山墳墓群・三坂神社墳墓群・左坂墳墓群を営んだ集団が、この列島外との交渉をリードしていたと考えられる。これら墳墓群からはガラス管珠・勾珠・小珠が大量に出土しており、ガラス小珠の色調やその量から見ても、独自の対外交渉とそれによるガラス製品の入手が、この時期の丹後において行われたことは間違いないであろう。ガラス製品は首長層の墳墓において大量に見られ、さらにガラス管珠は特に中心的な人物のみに副葬されたものであった。

　また後期前葉の丹後では、単に舶載された品を使用するだけでなく、入手したガラス製品またはガラス素材を基に、改鋳などによりガラス勾珠や管珠を作るという試みも行われた。(4) 勾珠に関しては、鉛バリウムガラスを鋳造製作したものと、カリガラスを棒状に鋳造し、研磨や穿孔により製作されたものが見られる。三坂神社には、北部九州で製作されたと考えられる定形北部九州形Mタイプの勾珠が出土しているが、このような北部九州で製作されたガラス製勾珠に影響を受けて、ガラス製勾珠の製作を開始したのであろう。おそらくガラス鋳造技術についても、北部九州からの何らかの影響があった可能性が考えら

れる。両地域のガラスの製作技術をより検討することにより、北部九州と丹後の後期前葉における交流を検討することも可能かもしれない。

　技術的な試行錯誤の中で、非定形の勾珠が製作され、またこの丹後に独自の形態をもつ、ソラマメ形の勾珠が生まれたのであろう。北部九州の影響を受けつつ、丹後独自の勾珠を製作しようと試みたと考えられる。また丹後では独自の管珠であるカリガラスのME三坂神社タイプ・MC左坂タイプ管珠を産み出した。カリガラスを棒状に鋳造し、研磨・穿孔したもので、豊富に入手されたガラス小珠を粉砕して素材とし、鋳造したものと考えられる。管珠の穿孔については、この地域に見られる玉作りの技術を応用したものと考えられる。これらのガラス製勾珠・管珠の製作は、丹後におけるガラス珠類使用とその製作の独自性を示している。

　このように丹後の後期中葉までのガラス製品の様相は、多様性に富んでいるといってよい状況である。ガラス勾珠・ガラス管珠ともにタイプが多様であり、またガラス管珠は数量も多い。その副葬の様相を見ると、ガラス小珠の副葬量は際立っており、この時期の中心的な墳墓群である三坂神社・左坂墳墓群では、数百点を副葬される主体も少なくない。しかしガラス小珠が大小さまざまな墳墓の、さまざまな層の人々に副葬された一方で、ガラス管珠と勾珠については、主に有力者（首長）とそのごく近親者のみ副葬される、もしくはその葬送儀礼に使うという、被葬者の限定がみられた。その被葬者を限定するという行為は、ガラス管珠・勾珠が副葬の財として高い階層性をもっていたことを示している。この丹後の副葬の様相は同時期の北近畿の墳墓においても同様であり、影響関係があったことがうかがえる。

　北近畿の丹波と但馬では、後期初頭から中葉にはガラス管珠と多数のガラス小珠が副葬されており、丹後と様相を同じくする。特にガラス小珠の色調は、北近畿全体で共通するものであり、また但馬の梅田東古墳の後期前葉から中葉の墓には、丹後で製作されたと考えられるMC左坂タイプのガラス管珠が副葬されている。そのガラス管珠の出現と消滅や、ガラス小珠の出土量の後期後葉における減少が、丹後と時期を同じくしている点を考慮すると、この地域のガラス製品が丹後地域を媒介として入手されたことはほぼ間違いないであろう。

以上、この時期の北近畿のガラス製品の様相を見ると、ガラス製品が北近畿の社会において重要な威儀品であったことは間違いない。また丹後から北近畿の各地域へとおくられる、威儀品かつ交易品としての需要もあったと考えられる。丹後における対外交渉の目的は、鉄製品の入手として語られることが多い。しかしガラスの様相から見ると、鉄だけでなく、これら威儀品であり交易品であるガラス製品を入手するというのも、彼らの対外交渉の大きな目的であったと考えられるのではないだろうか。

これらガラス製品の様相と副葬の様相が、後期後葉に入ると大きく変化することを第2章で論じた。多様性に富んだ勾珠は、すべて定形丹後形Mタイプと亜定形丹後形Mタイプへと統一される。このタイプは、北部九州で生み出された定形勾珠の形態に倣いつつも、尾部が細いという北部九州に見られない特徴をもつ点、すでに前代からガラス勾珠を作る試みが行われている点から、この時期に丹後で改鋳製作されたガラス勾珠であると考えられる。また独自に改鋳製作されたガラス管珠も見られなくなり、搬入品のガラス管珠もその数量は多くはない。

後期後葉ではガラス製品は重要な墳丘墓のみに見られるものだが、さらに副葬組成の定型化が、ガラス勾珠を中心に現れる。数点の定形丹後形M・亜定形丹後形Mのガラス勾珠と大量のガラス小珠を基本とし、時に碧玉製管珠または緑色凝灰岩製管珠が組み合わさる。この「ガラス勾珠・ガラス小珠」（または「ガラス勾珠・碧玉製管珠・ガラス小珠」）という組成の珠類に、さらに鉄製武器が共伴する。なおこのガラス小珠の中には、一般的な小珠でない、環状小珠が入る点も前代と異なっている。

ガラス製勾珠を中心としたこの副葬組成は、墳丘墓の中心主体もしくは中心主体周辺埋葬という重要な主体のみに見られるものであった。この副葬組成が非常に高い階層性をもっていたことを示している。一方重要な主体以外には、ガラス製品が副葬されないだけでなく、これら墳丘墓以外ではガラス珠類が全く見られなくなるという、興味深い様相が現れる。それは多数のガラス小珠が、大小さまざまな墳墓に副葬されるという後期中葉までの様相から大きく変わるものである。

このガラス製品の副葬の様相の変化は、丹後における社会的な変化と歩調を

揃えている。すなわち新興集団の台頭と中心的集団の移動である。

　これまで中心的であった竹野川流域の三坂神社・左坂墳墓群を営んだ大宮町東部グループにかわり、浅後谷南墳墓群・金谷1号墳・赤坂今井墳丘墓が属する福田川流域を中心とした赤坂今井グループと、野田川流域の大風呂南墳墓群を擁するグループが台頭する。この野田川流域や福田川流域の集団は、独自に鉄素材や刀剣類を入手しそれを東海や中部関東地方に供給するといった、広域の交易を司る地域集団と考えられている（野島 2000a：pp.31-35）。

　彼ら新興集団が築いた墳墓が、このガラス勾珠を中心とした副葬組成をもつ墳丘墓である。この墳丘墓は墓壙や木棺、そして副葬品に共通した特徴をもち、傑出した首長の存在とその紐帯を示唆している点については、第2章で述べた。そしてその副葬において、中小首長との隔絶化が生じたばかりの大首長権をより明示するものとして、鉄剣ではなく、ガラス製珠類が選択されていると看破した。その理由として、すでに広範囲に配布されて威信財としての突出した地位を低下させた鉄剣は、大首長権を象徴する任に堪えられず、一方で後期前葉より"他者との威信の差を示す財"としてのみならず、"外部社会とのつながりを象徴する財"として扱われていたガラス製珠類がその任を担い、葬送儀礼における比重が高まったのではないだろうか、と推測した。また丹後独自の勾珠の製作や珠類の組成の定形化、一方で中心的な首長層以外へのガラス製品の副葬の規制、といった様相に、彼ら大首長の強い紐帯をうかがうことができる、と論じた。

　一方、これら大首長達の対外交渉にあたっては、それぞれ独自の様相も見られる。大風呂南墳墓群がもつ豊富かつ多様な副葬品は、彼ら大風呂南墳墓群を擁するグループが、列島内外を含めた他地域との直接的かつ積極的な交渉を行っていたことを示唆する。特にガラス釧は大風呂南タイプという弥生時代では類例のないものであり、その副葬の様相も大陸の副葬習俗を取り入れた可能性があるものであった。大風呂南墳墓群を営んだ集団の、丹後における独自性を示しているといえよう。また赤坂今井を擁するグループも、そのガラス製品や鉄製品の様相から、直接的かつ積極的な交渉を行っていたと考えて間違いないだろう。

　このように、丹後の地域集団は競合するような状況もあったと考えられるが、

終　章　ガラス製品からみた弥生社会　195

　上述したように、新興の二つのグループは葬制や副葬品の約束事と規制を共有しており、そこに強い紐帯がみられる。この丹後の大首長層による紐帯の強化は、この地域の他グループや中小の首長層に対する強化という内的な側面だけでなく、他地域の集団や首長層に対しての強化、いう外的な側面もあったと考えられる。その背景には、丹後地域を越えた列島内外の動きが存在する。

　丹後で墳丘墓が造営された時期には、西日本では丹後同様に墓制と副葬品の組成が大きく変化する。吉備・出雲・越前などの諸地域で、やや遅れて大和でも、「王墓」と称されるような大首長の墳墓が姿を現す。弥生時代後期後葉は、諸地域の首長層にとって、そして丹後の首長層においても、支配共同体の維持・運営にとって尋常ならざる事態が外的要因によって将来され、それが王墓とも言われるほどの墳墓が営まれる背景にあったと指摘されている。墳墓に見られる副葬品の組成が西日本全体で大きく変化するのは、この動きと関連していると考えられよう。

　後期中葉までは北部九州と北近畿、そして山陰以外の地域では、碧玉製管珠以外の副葬品はあまり見られないが、後期後葉になると西日本全体において鉄製武器・鉄製工具・珠類（石製勾珠・ガラス管珠・石製管珠・ガラス小珠）の副葬が、そして瀬戸内海の周辺地域において鏡の副葬が見られはじめる。特に後期後葉から終末期にかけて、瀬戸内海沿岸を中心に副葬の厚葬化が見られるが、主要な墳墓における中心的な副葬品は、新たに副葬品に加わった鏡であった。また厚葬化した地域では珠類の副葬も多く見られるが、碧玉製管珠・翡翠製勾珠・ガラス小珠が多く、ガラス管珠・勾珠はほぼ見られない。しかし厚葬化した各地域において、上述した「王墓」でのみ多数のガラス管珠の副葬が見られる点は、ガラス管珠の階層性と入手ルート、そして大首長間の関係性の考察において、重要であろう。

　丹後の副葬品の変化もこの動きの影響を受けた可能性が高い。その中で鏡を副葬品として選択していないという状況には、大きな意味があると考えられる。この鏡の副葬は北部九州を中心とした副葬思想が背景にあると推測されているが（北條　1990：p.54 ほか）、丹後が古墳時代に入るまで副葬品に鏡を取り入れなかった状況は、この北部九州の副葬思想に取り込まれず、影響を受けながらも独自の路線を歩んでいたことを示唆している。しかしこの時期、勾珠

（主に石製である）が各地の重要な墳墓で副葬され始めた状況を背景に、丹後でも勾珠の地位がより上昇し、副葬品目の中で非常に重要なものとなったと推測される。他の地域同様、勾珠を重視するようになった状況は、丹後の副葬思想は独自の発展を遂げながらも、他地域の影響が十分にあったことを示唆している。その上で集団の独自性を示す一環として、自らガラス勾珠を製作し、かつ独自の組成をもつ珠類の副葬を選択したと考えられるのである。

　その素材であるガラスは、丹後のみならず西日本各地においても、"外部社会の威信とそのつながりを象徴する財"であったことは疑いない。すでに述べてきたように、丹後は列島外との直接的な鉄素材の交易によりその勢力を伸ばしてきた集団であった。その丹後にとって外部社会の威信を象徴する財であるガラスは、内部においても、また他地域に対しても、まさに勢力の拠所を象徴する最適の品であったことだろう。

　さらに推測を重ねるならば、先進地域の葬制と副葬をただ真似てその権威を借りることから脱却し、自らの新たなる副葬習俗と権威を生み出すことで、彼ら丹後の首長達は一つの支配イデオロギーを構築しようとした、と推測することはできないだろうか。この時期に拡大しつつある出雲地域、畿内地域、瀬戸内海地域といった各地の大首長勢力や列島外との勢力争いの中で、彼ら丹後の大首長たちが、丹後というまとまりを強固にして対抗していこうとする動きでもあろう。この後期後葉から終末期に見られる丹後タイプのガラス勾珠と珠類の副葬組成は、墓制や副葬品の変化の中でも特に、丹後の大首長たちの強い紐帯と、共同体としての強い自覚を浮き上がらせるものである。

　このような丹後における地域的なまとまりをガラス製品の副葬に見ることができる一方で、丹後と他の地域との関係についても、ガラス製品の中に垣間見ることができる。

　近畿北部の墓制は、後期の初頭から中葉に斉一化が見られる点については、これまで論じられてきた（肥後 1999 ほか）。丹波・但馬では、ガラス製品の副葬についても、丹後と時期を同じくしていた。しかし後期後葉に出現する、上述した定形勾珠のガラス副葬および定形化した副葬をもつ首長墓は、丹波・但馬では見られない。一方で、ガラス小珠の出土量は減じたものの、丹後に見られるほどのガラス小珠の規制は行われていない。

終　章　ガラス製品からみた弥生社会　197

　後期後葉以降の丹後における小珠の消滅は、墳丘墓の首長のもつガラス製品という財の希少性、ひいては政治性を高めるために、意図的に規制を行ったのではないかと考察を行った。丹後の首長層の紐帯の強化は、但馬や丹波の上位首長層を巻き込むものではなかったと推測される。もっとも後期後葉から終末期にかけての丹波・但馬では、丹後ほど傑出した規模や副葬品をもつ墳丘墓は出現せず、「王」と呼ばれるほどの様相を示す大首長の存在は見られない。その点では丹後の大首長らと競合する存在ではなかった可能性がある。しかし、そのような丹波・但馬の首長層に対し、貴重な威信財として丹後の首長には渡さなかったガラス小珠を、継続して渡していたと推測される。そこには北近畿の地域間における関係性を、看取することができるのではないだろうか。

　また後期後葉には、ガラス小珠が瀬戸内もしくは東海から関東南部や中部高地で出土量が増加するが、その色調構成が北近畿と共通しているところから、北近畿からの流入が想定されていることについても第5章で述べた。後期における丹後の集団は、鉄の交易と供給を司る地域集団と考えられていることは上述した。これらガラス小珠は、丹後からの鉄製品の供給と共に、威信財として流通された可能性が高いと考えられる。ただし瀬戸内に関しては出雲からの直接的な入手も考えられ、出雲→瀬戸内という経路も考察する必要があろう。

　また北陸は、後期後葉には多数のガラス小珠が見られ、その色調の様相は北近畿と近い。第5章で述べたように、直接的な対外交易による入手と北近畿とのつながりの中での入手、両方を考察する必要があろう。

　ところで第5章で述べたように、丹後地域では後期後葉においてガラス小珠の出土量は明らかに減っており、同様の様相が北部九州に見られる。しかし丹後と北部九州以外の各地域ではその出土量は増加しており、結果的に丹後と北部九州を除く列島内で流通するガラス小珠は、この後期後葉に増加している状況が見られる。上述したように、副葬品の組成から見ても、後期後葉には列島各地においてガラス小珠の威信財としての需要が各地域で上昇し、交易品の重要な品として価値が高まっていたことは疑いない。

　丹後内でガラス小珠が前代より見られなくなった背景は、大陸の混乱という外的な要因や、丹後内における副葬品の規制、交易品として丹後外への搬出、という内的な要因を考察し、単一の要因ではその背景を解きほぐせないことも

述べた。しかし、他地域のガラス小珠の出土数の増加を見ると、外的要因から入手量の減少はあったものの、丹後は前代ほどではないものの多量のガラス小珠を入手していた可能性は高く、ガラス小珠交易の窓口としての役割を、後期を通じて担っていたと考えられる。

　このように利器と異なるガラス製品は、また単なる装飾品としてではなく、威信財交易品としての高い価値を所有していたと考えられる。一方で鉄製品は利器である場合も、威信財である場合も考えられ、双方の交易モデルは必ずしも一致しないと考えられる。今後、ガラス製品と鉄製品、両方の様相を詳細に検討していくことにより、各地域の弥生社会の交易と交流について、より深みのある考察が可能となろう。そのためにも、やはり東海・中部・東日本におけるガラス製品の様相を明らかにする必要がある。

　最終的に、丹後の大首長達の動きは、赤坂今井墳丘墓の首長の出現へと結びつく。これら墳丘墓の中でも最末期に造られた赤坂今井墳丘墓は、この丹後地域が最も勢力を伸ばした時期に、かつその集団の中でも最も頂点を極めたと考えられる集団の首長墓と目されている。「王墓」とも称されるこの赤坂今井墳丘墓に見られるガラス製品の副葬状況は象徴的である。中心埋葬は発掘されていないが、中心周辺埋葬である第4埋葬から、冠を想起させるような頭飾りが出土した（第2章図15）。この頭飾りは、定形丹後形Mタイプの勾珠と、TC有本タイプまたはWC門上谷タイプと思われるガラス管珠により形成されている。

　このような冠が出現した背景には大陸からの影響を検討する必要があるが、まさに赤坂今井の首長一族の傑出した地位を示すものといえよう。そこには、これまでの墳丘墓の首長らによる、同じ形態のガラス製勾珠を中心とした珠類を副葬した紐帯以上の、「丹後の首長の中の大首長」＝「王」としての新たな動きを見ることができる。西日本全体において高度な政治性をもつ勾珠をこれまで以上に強調しつつ(9)、丹後の権力基盤である"外部社会の威信を象徴する財"をより直接的に示すガラス管珠と組み合わせて作られた冠は、丹後の共同体の独自性と権威の拠り所を、まさに示すものであろう。さらに視覚的に権力を示す"冠"を（葬送儀礼において）使用した行為は、赤坂今井の首長の地位、すなわち「丹後の王」という地位を、他地域の集団に対してより明確に誇示するた

終　章　ガラス製品からみた弥生社会　199

めのものであったと推測される。⁽¹⁰⁾

　以上、特徴的な様相をもつ、北部九州・山陰・丹後のガラス製品とその所有の背景について、まとめをおこなった。
　特に北部九州と北近畿においては、傑出した首長達が登場した直後の出来事である点は重要であろう。葬送儀礼などで、その権威とそして地域の紐帯を高める必要性があった時期である。ガラス勾珠・管珠は単なる装飾品ではなく、権威の象徴として、また政治的な紐帯を示すものとして、その副葬は重要な役割を担うこととなったのである。珠の中では、いずれも舶載ガラスを改鋳したガラス勾珠を特に最重要視した点は、ガラス勾珠が彼らの権力基盤である「外部社会の威信を象徴する財」であるガラスと、国内において高い政治性と象徴性をもつ勾珠の形態、という二つを融合することができ、二重の意味で高い象徴性をもつことができたためと考えられる。それはまさしく、ガラスという可塑性の高い物質ならではの、その特徴を活用した製品であり、また政治的行為であるといえる。その両地域とも次の時代に移ると影響力を失い、ガラス製品を含め前代のような傑出性を見せない点もまた共通している。
　このような、ガラス製品の弥生社会と結びつく重要性とその変化を考える上で、福永伸哉（2004）の考察は重要である。福永は首長制社会の比較研究から、後期後葉の丹後社会を貴重品財政の典型的事例と考察している。⁽¹¹⁾貴重品財政は、貴重品の生産や交易の管理を通じて首長の影響力を広範囲に及ぼし、階層関係や中心周辺関係を明確に示すことができるという利点がある一方で、交易の途絶などによって秩序が容易に崩れ去ってしまうという不安定さを含んでいる、と福永は指摘している。また森岡秀人は列島内各地における中期から後期へ移る弥生社会変動の外的要因として、大陸交渉の変化をあげている（森岡2011：pp.184-185）。
　中期後葉の北部九州社会もまた、福永の指摘するような貴重品財政の社会といえよう。中国国内の事情による、（中国との）交渉窓口の広がりという変化は、おそらく対中国との交渉を独占することによって演出されていた、北部九州における「イト」「ナ」の傑出性を、減じることになったと考えられる。その対外交渉の変化は、丹後を中心とする北近畿がその勢力を伸ばす要因でも

あった。さらに後期の「倭国大乱」により、列島外からの物資が流通する瀬戸内ルートが衰退し、一方で丹後社会が日本海ルートを掌握することにより、その重要性を高めることとなった。しかしその丹後社会もまた、「倭国大乱」の終結により瀬戸内ルートが復活、日本海ルートの役割低下に伴い衰退していったと考えられる（福永 2004：p.138）。

北部九州と丹後の大首長の墳墓から出土したガラス製品は、まさしく彼らの対外交渉を基盤とした社会の、隆盛と衰退を映し出す遺物であるといえよう。

このような北部九州や北近畿はもちろん、列島各地における、搬入ガラス製品から見る弥生社会の対外交渉についてさらに論じるためには、列島内の情報だけでは推測の域をでない。さらに研究を進めるためには、弥生社会に搬入されたガラス製品の、アジアにおける分布とその製作地を検討し、当該期におけるその流通を明らかにする必要がある。この作業を第Ⅱ部で行う。

註
（1）門上谷1号墓第1主体、宮内1号墳第1主体、松原1号墳、西谷3号墳など。
（2）拙論（2006c）で珠類の副葬状況について検討した。ちなみに山陰以外では、頭部位置に集中的に置く、棺内に散布されている、などさまざまな副葬状態があり、複数の素材の管珠を使用することも多い。
（3）村上恭通は、山陰において後期中葉以降、集落から舶載鉄器が安定して出土している点や、大刀の副葬数が北部九州での出土例を凌駕する勢いである点などを取り上げ、これらの例はすでに北部九州を介在しない大陸との交易が日本海沿岸地域各地の拠点集落で可能となったことを意味する、と述べている（村上 2001：p.69）。
（4）鉛バリウムガラスは、漢帝国内において素材として流通していた可能性があったことはすでに述べた。これが列島にもたらされた可能性は検討する余地がある。一方カリガラスについては、東南アジア内や両広地区までは素材として流通していた可能性はあるが、それが列島までもたらされた可能性は限りなく低いと考えている。
（5）福島 2000：p.9。弥生時代後期前葉には丹後弥生社会をリードしてきた大宮町東部グループは、この時期には帯城墳墓群A地域を築いているが、小規模な墳墓であり、二つの強力な新興グループに挟まれて相対的地位が低下したと考察している。なおこの帯城墳墓群ではガラス管珠や勾珠は全く見られていない。
（6）岡山県楯築墳丘墓、島根県西谷三号墓、福井県小羽山30号墓、奈良県ホケノ山墳墓など（広瀬 2000b：p.12）。
（7）広瀬はこの外的要因については、「「倭国大乱」のような戦乱状態であったかもしれないし、後漢の衰亡に基づく南部朝鮮との外交の主導権争いという外的な要因の

可能性も否定できない。それらが相関性をもって各地の首長層を巻き込んだのかもしれない」と推測している（広瀬 2000b：pp.12-13）。
（8）これら瀬戸内海沿岸の新たな副葬組成をもつに至った地域では、鏡を重視する動きは統一されているが、しかし例えばある地域内の主要な首長達がその地域において、特徴的かつ統制された副葬組成をもつという動きは見られない。
（9）後期後葉から終末期の首長墓に見られる、ガラス勾珠を含む珠類の副葬方法は、一定ではない。首飾りなどの着装状態と考えられるもの（金谷1号墳第3・11主体）、添えて置いたと考えられるもの（浅後谷南第1主体）、意図的に集中的に置かれたと考えられるもの（坂野丘第2主体）など、さまざまである。副葬方法、もしくは葬送儀礼については、それぞれの墳墓を営んだ集団である程度異なっていた可能性がある。しかし冠と考えられる状態は見られない。
（10）被葬者は赤坂今井の中心主体＝首長の近親者であった。その葬儀には北近畿以外の各地の大集団から、参列者があったと思われる。この冠は生前から使用していたのだろうか。これは推測であるが、その葬送儀礼に際し、儀礼を司ったと考えられる赤坂今井の首長は、より豪華な冠を使用していた可能性も考えられよう。
（11）福永 2004：pp.139-140。「貴重品財政」は専門工人や交易ルートを掌握することによって集積した威信財や財貨などを活用する財政モデルで、アメリカの人類学者T. アールが提唱した。

第Ⅱ部
アジア各地のガラス製品の様相と弥生社会の対外交流

第1章

弥生時代併行期における朝鮮半島のガラス製品
——管珠・曲珠を中心とする様相——

　弥生時代におけるガラス管珠・ガラス勾珠に関し、第Ⅰ部で分類を行い、列島内の分布状況や流通の様相の把握、そしてその副葬の背後にある意図の解明を行った。そこでも述べたが、弥生時代のガラス管珠の多くは搬入品で、対外交渉を通じて入手したものである。しかしその製作地と搬入ルートについては、鉛同位対比や共伴遺物から、楽浪郡など中国文化圏や朝鮮半島から入手したという推測がなされているが、これらを日本側より検討することは不可能に近い。より詳細に検証するためには、弥生時代併行期における朝鮮半島や、また中国文化圏のガラス製珠類の様相を把握する必要がある。まずこの章では、朝鮮半島より出土したガラス製珠類、特に管珠・曲珠を分析し、弥生時代の製品との比較検討を行いたい。なお楽浪郡出土ガラス製品については、楽浪郡が漢帝国文化圏内であるため、次章で取り上げる。

第1節　朝鮮半島の珠類および副葬品の変遷

1．研究史

　朝鮮半島にガラス製品が出現するのは、無文土器時代後期の多鈕細文鏡が出現する段階で、ガラス管珠が副葬品として出土している。その後原三国・三国時代にガラス製品は増加し、特に三国時代は多量の出土が見られる。弥生併行期の無文土器時代から原三国時代のガラス製品はほとんどが珠類（管珠・曲珠・小珠）で、大半は墳墓からの出土である。

無文土器時代から原三国時代における珠類や装飾品の主な研究は、天河石製珠類を中心とした石製珠類の形態や変遷の研究を中心に行われており、韓炳三（1976）・西谷正（1982）・李仁淑（1987）等の研究がある。2000年以降では李相吉（2002）が、細形銅剣文化期の墓に副葬された装身具の変遷を概観し、それを通じて細形銅剣文化期の特徴を捉えようと試みた。珠類を原材料と形態に分けて考察している点が新しい試みである。また庄田慎矢（2006）は、朝鮮半島の玉文化を略述し、まとめている。

　ガラス製品については、李仁淑（1989・1993・1996）がガラス珠類を含めた朝鮮半島のガラス製品の研究を行っている。紀元前後から1千年紀のガラス製品を集成・概観し、また化学的分析よる分類を行っている。田庸昊（2008）は三国時代を中心に、青銅器時代からのガラス生産関連遺物や製作址についてまとめ、日本と朝鮮半島におけるガラス生産について検討を行った。また近年は化学分析も増えており、韓国出土の古代ガラスの組成の変遷について、金奎虎・肥塚隆保（2010）などの論考がある。一方日本では岡内三眞（1993）が無文土器時代のガラス管珠について、製作技法および製作地、系譜といった問題に関して検討を行っている。また藤田等（1994）は、無文土器時代から原三国・楽浪の遺跡から出土したガラス管珠をまとめ、簡単な分類を行い、弥生時代の特に吉野ヶ里遺跡から出土したガラス管珠との関係性を検討している。

　以上、1990年代以降に研究は盛んになってきたものの、無文土器時代から原三国時代のガラス珠類についての、総合的かつ詳細な研究はまだ見られない。特に他の副葬品も含めた社会的な様相の検討は見られない。無文土器時代から原三国時代を通じた、ガラス珠類とその副葬の具体的な変遷の把握という作業はこれからの課題である。

2. 副葬品にみられる珠類の変遷

　ガラス製珠類の様相およびその変遷を把握するためには、珠類全体の様相の把握も必要である。朝鮮半島においてみられるガラス製珠類を含めた珠類の多くは、副葬品として墳墓から出土しているが、副葬品にみられる珠類の様相には下記のような大きな変化が見られる。以下、まず無文土器時代から原三国時

代において、副葬品における珠類の様相の変遷を簡単にまとめた。

（1）碧玉管珠と天河石製珠類の副葬

　無文土器時代の、遼寧式銅剣と続く細形銅剣が副葬される段階（武末純一による青銅器編年の1期（武末　2004：pp.135-145、以下青銅器の時期区分は武末の区分に準ずる）において、碧玉管珠や天河石製珠類（曲珠・小珠）を副葬する墓が見られる。(4)この時期の墳墓の一般的な副葬品は石鏃や石剣であるが、これら天河石製珠類は銅剣と共伴する例が大多数を占め、天河石製珠類の格の高さを示している。

　次の青銅器2期になると、中西部や南西部において多鈕粗文鏡や青銅製武器と共に、多量の珠類が副葬されるようになる。(5)珠の種類は前段階と同じ碧玉管珠や天河石製珠類で、その組み合わせは多量の碧玉管珠や天河石丸珠に、1〜2個の定形化した天河石玦状曲珠を伴う例が多い。なお、この曲珠の定形化については後述する。

（2）長大太身ガラス管珠の副葬と天河石曲珠の消滅

　副葬品に鉄製品が登場する段階（青銅器3期古段階）になると、副葬品にガラス管珠が出現する。これは長大太身の形態をもつもので、多鈕細文鏡・細形銅剣・鉄製品等と共伴しており、天河石製珠類が占めていた格の高い地位を後継する形で副葬品に加わる。一方天河石曲珠は副葬品に見られなくなり、さらに碧玉管珠の副葬も少なく、ガラス管珠と共伴する例はない。これらガラス管珠を出土する遺跡は天河石製珠類を出土する地域の範囲であり、忠南・全北に見られる（図1）。この後天河石製珠類は副葬品にほとんど見られなくなり、小珠類がわずかに散見される。

（3）ガラス管珠の消滅とガラス小珠の登場

　無文土器時代末期になると、長大太身ガラス管珠は姿を消す。この無文土器時代末期から原三国時代初頭の時期にガラス小珠が初めて登場するが、きわめて少量である。ガラス以外の珠類も同じく少なく、珠類の副葬もそれ以前の墳墓に比べ非常に少ない。

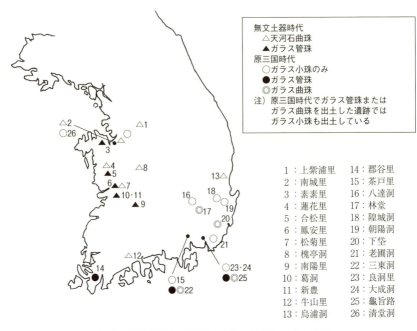

図1　朝鮮半島中部以南で珠類を出土した主な遺跡

　この段階になると、それまで厚葬墓の多かった中西部や南西部から厚葬墓が消え、かわって南東部や東部に、その墓域が長く続く厚葬墓が出現する。これら地域的な変遷と副葬品の変化に関連があるかは不明である。
　その後、原三国時代前期にかけて、珠類を副葬品としてもつ墓がやや増加傾向となる。ガラス珠類は小珠で、量はそれほど多くない。これらの墓は忠南・慶北・慶南に見られるが（図1）、遺跡数も少ない。

（4）ガラス曲珠の登場とガラス管珠の再登場
　原三国時代後期になるとガラス曲珠が初めて登場し、ガラス管珠が再び出現する。またほぼ同時期に、水晶切子珠・曲珠、瑪瑙切子珠・球珠が登場する[6]。水晶・ガラス曲珠は、日本の勾珠でいう定形型の形態をもつものである。これらの珠は副葬品であり、1基につき数点と少量であるが、一方ガラス小珠の出土量は増加する。これら各種珠類が副葬された墓は、慶北と慶南に主に見られ

る（図1）。その後三国時代が近づくにつれ、水晶製や瑪瑙製珠類の副葬量や、副葬された墓数が飛躍的に増加する。しかしガラス曲珠・管珠の副葬量は変わらず少なく、副葬された墓も少ない。

　以上の分析から、副葬における珠類の様相が無文土器時代と原三国時代で大きく異なり、また各々の時代の中でも変化があることが明らかである。無文土器時代は碧玉管珠と天河石曲珠が青銅器2期まで副葬されるが、ガラス管珠が出現する青銅器3期では天河石曲珠が姿を消し、碧玉管珠の量も減少する。さらに無文土器時代末期から原三国時代前期にかけては珠類自体の副葬が減少するが、新たにガラス小珠が出現する。原三国時代後期になると珠類の副葬は多くなり、ガラス小珠が多く副葬され、また新たな種類の珠としてガラス製・石製の曲珠や管珠が副葬される。

第2節　弥生併行期における朝鮮半島のガラス製品

　朝鮮半島で当該時期に見られるガラス製珠類の様相は、大きく三つの段階に区分することができる。
　　第1段階：無文土器時代青銅器3期のガラス管珠を出土する段階
　　第2段階：無文土器時代終末期から原三国時代前期のガラス小珠を出土する段階
　　第3段階：原三国時代後期のガラス管珠・曲珠を出土する段階
　2012年の段階で、筆者は弥生併行期と考えられる遺構から出土しているガラス管珠について12遺跡から50点以上を集成しており、またガラス曲珠は2006年の段階で4遺跡15点を集成することができた。珠類全体から見て、その点数はきわめて少量であるとはいえ、重要な品物であったことは間違いない。次に各段階に分けてガラス製品を検討する。

1. 第1段階（無文土器時代～青銅器3期）

　無文土器時代の青銅器3期の遺跡から出土したガラス管珠は、すべて副葬品と考えられるものである。いずれの遺跡も共伴する副葬品の内容は強い共通性をもち、細形銅剣・銅戈・鉄斧・多鈕細文鏡などであるが、組み合わせは多少異なる。

ａ．忠清南道扶余合松里一括出土品（李健茂 1990）（図2-1～8）

　8点出土。7点が完形。円筒形で、全長約50～62 mm、直径7～10 mm、色調はいずれも青色系統だが図2-1はややくすんだ色調である。図2-7・8はやや透明度が高く半透明、図2-1～6は不透明である。いずれも表面に白い斑点や螺旋状の筋が観察され、不透明なものほど多い。表面に凹凸が少し見られる。また孔径は両端で異なり、片側が特に小さい。螺旋状の筋、表面の凹凸、孔径の差から、巻き付け技法により個別に製作されたと考えられる。成分分析がなされており、中国系の鉛バリウムガラスである（岡内 1993：pp.45-47）。

　この墓からは多鈕細文鏡・細形銅剣・銅戈・鉄斧・鉄鑿・青銅儀器が出土している。

ｂ．忠清南道唐津素素里一括出土品（李健茂 1991）（図2-9・10）

　2点が出土した。いずれも円筒形である。図2-9は全長58 mm、直径9.5～9.8 mm、色調はややくすんだ青色系で不透明。図2-10は全長56 mm、直径8.6～9.0 mm、色調は青緑色で半透明。表面に凹凸がかなり見られる。孔径も両端で異なり、巻き付け技法により個別に製作されたと考えられる。

　この墓からは多鈕細文鏡・細形銅剣・銅戈・鉄斧・鉄鑿が出土している。

ｃ．忠清南道公州鳳安里土壙墓一括出土品（李健茂 1990）（図2-11）

　1点のみ出土した。円筒形で、全長55 mm、直径8～9 mm。色調は青色系統で半透明。表面に螺旋状に白い筋があり、また凹凸が少し見られる。孔径も両端で異なり、巻き付け技法により個別に製作されたと考えられる。

　この墓からは細形銅剣・銅戈が出土している。

ｄ．全羅北道長水南陽里2号石棺墓（尹德香 2000）（図2-12～15）

　4点出土しており、完形は3点か。円筒形で、全長29～54 mm、直径約8～

第1章 弥生時代併行期における朝鮮半島のガラス製品　211

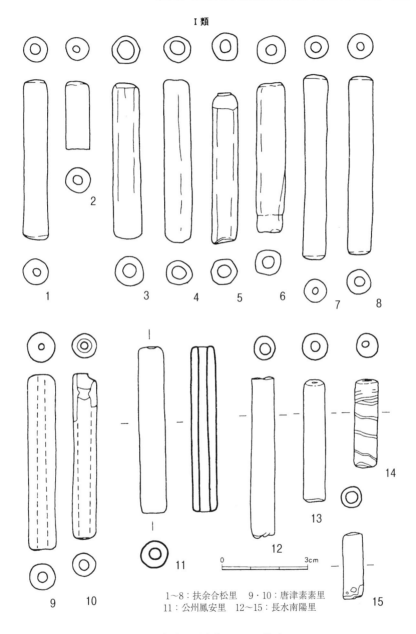

1～8：扶余合松里　9・10：唐津素素里
11：公州鳳安里　12～15：長水南陽里

図2　無文土器時代　ガラス管珠

9 mm。色調は青色系統だが図 2-14 はややくすんだ色調である。また図 2-12・15 は半透明で、図 2-13・14 が不透明。いずれも表面に白い斑点や螺旋状の筋が観察され、不透明なものほど多い。表面に凹凸が少し見られる。孔径も両端で異なり、巻き付け技法により個別に製作されたと考えられる。

この 2 号石棺墓からの共伴遺物は鉄鉇だけであるが、墓域内の同時期の他の墓からは、多鈕細文鏡・細形銅剣・鉄斧・鉄鑿等が出土している。

e．全羅北道完州新豊 46 号土壙墓（国立全州博物館・湖南文化財研究院 2011、韓修英 2012）

16 点出土か(9)。形態は胴部がやや窄まっているものもあるが、基本的に円筒形。全長は 20 mm 以内のものから 60 mm 強のものまでさまざまであり、写真からは短いものも完形であると思われる。色調は青色系統で、表面に白色の斑点や筋が見られるものもある。透明度は、半透明と思われるものから不透明のものまでさまざまであるが、透明度が低いものは白色の斑点が多いように見られる。この 46 号墓からは、管珠以外のガラス製品も出土している。出土したのは薄手のガラス環 2 点で、1 点は直径 38 mm で濃い青色系統不透明を呈する。1 点は直径 46 mm で、淡青色透明を呈する。また直径 5～7 mm の環状形の小珠が相当数出土している。完州葛洞遺跡でもよく似たガラス環を出土しており、これは鉛バリウムガラスと分析されている（金奎虎・肥塚 2010）この墓域からは、細型銅剣・銅鑿・銅斧・多鈕細文鏡・鉄斧・鉄鑿・鉄刀子・鉄環頭刀が出土した。

これら無文土器時代のガラス管珠は、法量は基本的に長大太身であり、また表面の特徴や色調を同じくするもので、製作技法も同一である。分析が行われている合松里のガラス管珠は中国系の鉛バリウムガラスであり、他の珠も同様と考えられる。すべて同じタイプの珠と考えてよいだろう。

2．第 2 段階（無文土器時代末期～原三国時代前期）

無文土器時代末期になると、長大太身のガラス管珠は姿を消す。一方ガラス小珠がこの時期に登場するが少量である。この小珠は 2 種に分けられる。一つ

は長さと径とがほぼ同じ値を示す第Ⅰ部第5章で検討した小珠形の形状をもつ、アルカリ珪酸塩ガラスの小珠である。小珠の径と厚さは5〜10 mm弱で、透明度が高く、この時期では青色系統や緑色系統のものが多い。慶尚南道義昌茶戸里遺跡（李健茂他 1989 ほか）、慶尚北道大邱八達洞遺跡（嶺南文化財研究院 2000）などから出土している。なおこれらの墳墓では、原三国時代の前期から後期を通じてガラス小珠が副葬されている。

もう一種類は薄い環状を呈する珠で、径が10 mm前後で厚さは5 mm程度、第Ⅰ部第5章で検討したように、環状形小珠である。色調は本来緑色や藍色などを呈するようであるが、風化のため白色化したものが多い。(10) 慶尚北道慶山林堂遺跡（韓国土地公社・韓国文化財保護財団 1998）、大邱八達洞等で出土している。これら環状形小珠は鉛ガラスまたは鉛バリウムガラスと考えられる。アルカリ珪酸塩ガラスの小珠に比べると圧倒的に出土量は少ない。

原三国時代前期のこれらガラス小珠の出土地域を見ると、ほぼ慶北・慶南に集中しており、第1段階のガラス管珠が出土した地域とは異なっている、という状況が見られる。なお、ガラス小珠の概要については第Ⅱ部第3章であらためて取り上げる。

この時期ガラス管珠の副葬は見られないが、原三国時代前期の貝塚から、ごく少数であるが出土している。全羅南道海南郡谷里貝塚A 4-6層から、ガラス管珠が1点出土した（図3-9）。報告書によると、この層の時期は紀元前後が想定されている（崔盛洛 1988）。形態は断面四角形で胴部がやや膨らむ。(11) 全長13 mm（端部は欠損している）、直径約8 mm。色調は緑色系で透明。製作技法は不明である。(12) 成分は酸化アルミニウム含有量が多く、酸化カルシウム含有量の少ない、高アルミナタイプのソーダ石灰ガラスである（金奎虎・肥塚 2010：p.39）。

3. 第3段階（原三国時代後期）

原三国時代後期になると、さまざまな材質の珠類が多く見られるが、特に墳墓を中心に珠類の副葬が盛んとなる。ガラス製珠類もその中に散見される。ガラス製珠類には管珠・曲珠・小珠があり、大半がアルカリ珪酸塩ガラスの小珠

である。

　2006年の時点で、ガラス管珠は6遺跡16点、ガラス曲珠は5遺跡15点の出土について集成することができた。

　なお今回の集成の中には、原三国時代後期でも3世紀以降の遅い時期（後期後葉）のものも含んでいる。ここで、弥生時代との併行期がどこまでかという問題があげられる。列島の古墳時代の始まりがいつかについては諸説あるが（岸本 2011 ほか）、3世紀後半ば以降は古墳時代であるという点については、近年の共通認識といえよう。このため、原三国時代後期後葉に対応する日本列島の時代は弥生ではなく古墳時代であり、遺物を比較する上で注意が必要である。

（1）ガラス管珠

　大半が副葬品であるが、数点貝塚から出土している。

a．慶尚南道昌原三東洞遺跡10号土壙墓（安春培 1984）

　1点出土。円筒形で、全長15 mm以上（端部破損）、直径約7 mm。色調は青緑色で不透明。表面に黒色や白色の斑点が観察される。[13] 観察からは製作技法は断定できなかったが、巻き付け技法が想定される。

　この三東洞遺跡からはガラス管珠は4遺構から5点が出土し、ガラス曲珠は3遺構から4点が出土した。ガラス管珠は石棺墓・土壙墓・甕棺墓に副葬されているのに対し、ガラス曲珠はすべて甕棺墓に副葬されていた。その他珠類はガラス小珠・瑪瑙丸玉・瑪瑙切子玉・石製管珠などが共伴している。報告書によると遺跡の年代は2世紀半ば〜3世紀末までを想定しており、10号土壙墓は3世紀初頭としている（安春培 1984）。

b．同　三東洞遺跡1号石棺墓（図3-2・3）

　2点出土。円筒形で、全長34〜37 mm、直径9〜10 mm。色調は灰がかった青色で不透明。表面に白や黒色や灰白色の斑点が観察される。製作技法は不明だが、巻き付け技法が想定される。2点は揃った形態をしている。報告書では1号石棺墓の時期は3世紀前葉としている（安春培 1984）。

c．同　三東洞遺跡3号土壙墓（図3-5）

　1点出土。ややエンタシス形を呈する。全長16 mm以上（端部が破損）、直

径約5mmで小型細身である。表面は凹凸が多い。色調は淡青色で半透明。製作技法は表面の凹凸の多さなどから、巻き付け技法と考えられる。報告書では3号土壙墓の時期は3世紀半ばとしている（安春培 1984）。

d．同　三東洞遺跡25号甕棺墓

1点出土しているが、ガラス管珠の詳細は不明。報告書では25号甕棺墓の時期は3世紀後葉としている（安春培 1984）。古墳時代併行期の遺物である可能性が高い。

e．慶尚南道金海龜旨路遺跡12号木棺墓（申敬澈他 2000）（図3-4）

1点出土。円筒形で、全長約35mm、直径約8mm。色調は少し灰がかった青緑色。不透明で表面上に白色状の斑点が見られる。また螺旋状の筋が見られ、風化によるものと考えられる。孔の径は両端で異なり、片側が特に小さい。この孔径と風化の螺旋状の痕跡から、巻き付け技法による製作と考えられ

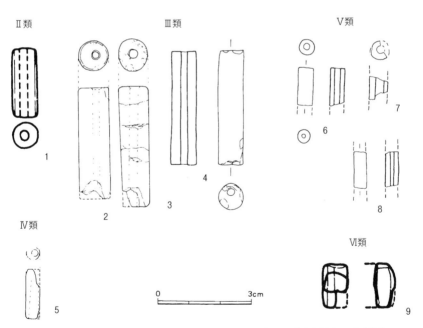

1：海南郡谷里貝塚B2-8層　2・3：昌原三東洞1号石棺墓　4：金海龜旨路12号木棺墓
5：昌原三東洞3号土壙墓　6〜8：金海龜旨路43号木槨墓　9：海南郡谷里貝塚A4-6層

図3　原三国時代　ガラス管珠

る。

　この金海亀旨路遺跡では、木棺墓と木槨墓からガラス管珠4点が、木槨墓からガラス曲珠1点が出土した。木棺墓と木槨墓はかなりの時代の隔たりがある。その他ガラス小珠・石製管珠・水晶曲珠・水晶切子玉などが共伴している。報告書によると遺跡の年代は2～4世紀が想定されており、12号木棺墓は2世紀前葉～中葉としている（申敬澈他 2000）。

f．同　亀旨路遺跡43号木槨墓（図3-6～8）

　3点出土している。円筒形で、全長7～11mm、直径4～5mm。6・8は端部がやや欠けているだけと思われるが、7は破損がひどい。淡青色透明である。縦に並ぶ気泡が観察され、引き伸ばし技法による製作である。43号木槨墓の時期は3世紀後葉とされている（申敬澈他 2000）。古墳時代併行期の遺物である可能性が高い。

g．全羅南道海南郡谷里貝塚B2-8層（崔盛洛 1987）（図3-1）

　1点出土。円筒形で、全長21mm、直径8mm。青色で不透明である。製作技法は不明だが、巻き付け技法が想定される。化学分析がなされており、鉛バリウムガラスである（李仁淑 1996）。

　報告書によると、出土した層は1世紀後半から2世紀と推定されている（崔盛洛 1987）。

h．慶尚南道晋州市大坪里甕棺墓（藤田 1994）

　1点出土。詳細不明。化学分析によると鉛バリウムガラスで、藍色を呈するとのことある。

i．済州道龍潭洞甕棺墓；1点？（李仁淑 1989、Brill 1999）

　2～3世紀とされる甕棺墓から出土したもので、遺物の法量は不明だが、成分分析が報告されている。カリガラスで、藍色透明とのことである。R.H.Brillによると引き伸ばし技法による製作である。

j．慶尚南道鎮海市熊川貝塚；4点（藤田 1994）

　詳細は不明。

　これら原三国時代のガラス管珠は、形態が多様で規格性に欠け、無文土器時代ガラス管珠の規格性の高さと大きく異なっている。

（2）ガラス曲珠

原三国時代後半、2世紀頃になるとガラス曲珠が出現する。すべて副葬品として出土した。

a．慶尚北道慶山林堂遺跡EⅠ-6号木槨墓　（鄭永和他 1994）（図4-1・2）

3点出土しており、3点中2点が図示されている。全長約20 mm。いずれも頭部が明瞭で、胴部が綺麗な弓形を描く。色調は灰青色と報告されている。報告書の写真を見ると、風化が進んでいる。2点は頭部の明瞭さなどは微妙に違うが、形態や法量はほぼ同じであり、同一または同一系統の鋳型で製作したと想定される。細部の異なる点は、整形時の研磨によるものだろう。

慶山林堂は原三国時代から三国時代を通じて営まれた墓域で、ガラス曲珠はガラス小珠や瑪瑙切子珠を共伴している。また紀元前後の木棺墓段階では鉛珪酸塩ガラス小珠が副葬されている（嶺南大學校博物館他 1998）。報告書による

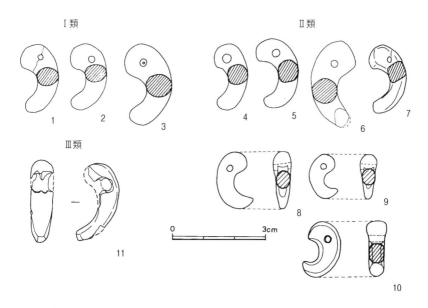

1・2：慶山林堂EⅠ-6木槨墓　3：慶山林堂EⅡ-9木槨墓　4・5：慶山林堂EⅠ-8木槨墓
6：慶山林堂EⅡ-11木槨墓　7：慶山林堂EⅢ-24木槨墓
8・9：昌原三東洞25号甕棺墓　10：昌原三東洞31号甕棺墓　11：金海龜旨路38号木槨墓

図4　原三国時代　ガラス曲珠

と、EⅠ-6木槨墓の時期は2世紀後葉～3世紀初頭と想定されている（鄭永和他　1994）。

b．同　林堂遺跡EⅡ-9号木槨墓（図4-3）

1点出土。全長25 mm。頭部は明瞭で、胴部は綺麗な弓形を描く。色調は明青色と報告されている。報告書では、時期は2世紀後葉～3世紀初頭と想定されている（鄭永和他　1994）。

c．同　林堂遺跡EⅡ-11号木槨墓（図4-6）

1点出土。現長27 mm。頭部はやや不明瞭で、胴部が綺麗な弓形を描く。頭部前部がやや方形をなす。色調は明青色と報告されている。時期は2世紀後葉～3世紀初頭と想定されている（鄭永和他　1994）。

d．同　林堂遺跡EⅢ-24号木槨墓（図4-7）

1点出土。全長約21 mm。頭部が不明瞭で、胴部が細く弓形が強い。色調は明青色と報告されている。時期は2世紀後葉～3世紀初頭と想定されている（鄭永和他　1994）。

e．同　林堂遺跡EⅠ-8号木槨墓（図4-4・5）

2点出土。図4-4の遺物は頭部がやや不明瞭で小さく、胴部の弓形は弱く形態にメリハリがない。全長約20 mm。図4-5の遺物は頭部不明瞭で先端が少し尖り、胴部が細めで弓形が強い。全長約22 mm。色調はいずれも明青色と報告されている。報告書記載の年代からすると3世紀半ば～4世紀初頭で古墳時代併行期の遺物であるが、参考として取り上げておく（鄭永和他　1994）。

f．慶尚南道蔚山下岱遺跡23号墓

2点出土している。観察によると、1点は頭部が不明瞭で、胴部の弓形はやや弱い。全長約20 mm。頭部が小さくずんぐりとした印象をもつ。色調は青色で半透明である。もう一点は頭部を半分欠いているが、かなり明瞭な頭部をもっていたと推測される。現長約23 mm。胴部は綺麗な弓形を描く。色調は青緑色で半透明である。観察より2点とも片面鋳型で鋳造製作したと考えられる。2点の曲珠は形態がやや異なる。[17]

23号墓の詳細は不明であるが、ガラス製曲珠のほかに、瑪瑙切子珠1・瑪瑙丸珠1・ガラス小珠3点が共伴していた。

g．全羅南道昌原三東洞遺跡 25 号甕棺墓（図 4-8・9）

2点出土。全長 18 mm、14.5 mm。図 4-8 は頭部がやや不明瞭で、胴部の弓形は強く、尾部に向かって窄まっている。色調は翡翠色と報告されており、緑色系か青緑色系と思われる。図 4-9 は頭部がやや不明瞭で、尾部に向かって窄まっている。色調は翡翠色と報告されており、やはり緑色系か青緑色系と思われる。透明度は不明。この 2 点はサイズが異なるが、形態を同じくしており、同一の規格で作ったことが推定される。25 号甕棺墓は 3 世紀後葉が想定されている（安春培 1984）。古墳時代併行期の遺物である可能性が高い。

h．同　三東洞遺跡 31 号甕棺墓（図 4-10）

1点出土。全長 17.5 mm。頭部が不明瞭で胴部の弓形が強い。頭部先端は方形であり、一方尾部先端は細くなっている[18]。色調は明るい青色で半透明である。観察より片面鋳型で鋳造製作したと考えられる。31 号甕棺は 3 世紀初頭～前葉が想定されている（安春培 1984）。

i．同　三東洞 4 号甕棺墓

1点出土。図版はないが、観察より全長 20.0 mm 程度であった。頭部が不明瞭でやや方形である。胴部の弓形は強く、尾部は丸みをおびて太い。色調は淡い青緑色で半透明。観察より片面鋳型で鋳造製作したと考えられる。4 号甕棺墓は 3 世紀後葉が想定されており（安春培 1984）、古墳時代併行期の遺物である可能性が高い。

j．全羅南道金海龜旨路 38 号木槨墓（図 4-11）

1点出土。全長約 26 mm。この曲珠は頭部を損失しているが全体に螺旋状の捻りが見られ、捻り加熱技法で製作されている[19]。色調は淡青色で透明である。

報告書によると、38 号木槨墓の年代は 3 世紀後葉が想定されている（申敬澈他 2000）。共伴する遺物を見ても、古墳時代併行期である可能性が高い。

以上ガラス曲珠も出土数が多くはないが、金海龜旨路 38 号木槨墓出土品以外はよく似た形態を示し、観察したものはすべて片面鋳型による鋳造製作であった。

第3節　ガラス珠類の分類と日本出土品との比較

1．ガラス管珠

（1）ガラス管珠の分類

　無文土器時代後期～原三国時代に見られたガラス管珠を形態・法量・製作技法・成分から分類を行った。今回集成したガラス管珠と曲珠の色調は、風化により白色化したものもあるが、すべて青色系統か緑色系統である。

　a．Ⅰ類（図2-1～15）

　形態は円筒形で、法量は全長約20～60 mm、直径約8～10 mm。遺物の中心は全長が50～60 mmのものである。青色や青緑色など青色系統の色調を呈し、透明度は不透明～半透明で、白色の斑点や螺旋状の筋が見られる。これは熔融せずに残ったガラス材料の粒子と考えられる。この透明度と、白色の斑点や筋の差は、また色調のくすみは、ガラスの溶融状態の良し悪しによるものと考えられる（岡内　1993：pp.37-42）が、風化による影響も多少あると考えられる。巻き付け技法により、個別に製作されたものと考えられる。

　Ⅰ類は、その熔融温度の高低によりさらに3群に小分類できる。[20] 岡内三眞（1993）は、無文土器時代のガラス管珠を検討し、製作技法はすべて同一で、巻き付けによるものとしており、さらにこれらを大きく3種類に分類している。分類は基本的に原材料の熔解状態の高低で行っている。熔融状態が悪く透明度が低いものをa類（図2-1・2・9）、溶融状態がややよく透明度もa類よりよいものをb類（図2-3～6・10）、溶融状態が高く透明度の高いものをc類（図2-7・8・11）としている。南陽里のガラス管珠（図2-12～15）は岡内の論文以降に報告されたものだが、この分類では図2-13・14がb類、図2-12・15がc類に相当する。

　以上のようにⅠ類は全体的に法量が揃っており、規格性が高い。忠南・全北において、青銅器3期の墳墓よりから出土している。無文土器時代のガラス管珠はすべてこのⅠ類に属する。

出土遺跡；合松里一括・素素里一括・鳳安里一括・南陽里2号石棺墓・新豊46号土壙墓。

b．Ⅱ類（図3-1）

形態は円筒形で、全長21 mm 以上、直径8 mm。青色系の色調を呈し、不透明。製作技法は不明だが、巻き付け技法が想定される。鉛バリウムガラスである。全南において、貝塚の原三国時代後期とされる層から出土している。

出土遺跡；郡谷里貝塚B2-8層。

c．Ⅲ類（図3-2～4）

形態は円筒形で、法量は全長最大約35 mm、直径約7～10 mm。青色系の色調を呈し、不透明。表面上に黒色や白色の斑点が観察される。螺旋状に風化している痕跡をもつ遺物（龜旨路12号木棺墓出土）より、巻き付け技法による製作が想定される。個別に製作した可能性が高い。成分は不明。慶南において、原三国時代後期の墳墓より出土している。

出土遺跡；三東洞1号石棺墓・三東洞10号土壙墓・龜旨路12号木棺墓。

d．Ⅳ類（図3-5）

形態はエンタシス形で、全長16 mm 以上、直径5 mm。淡青色を呈し、半透明。表面に凹凸が多く、巻き付け技法で個別に製作されたと思われる。成分は不明である。慶南において、原三国時代後期の墳墓より出土している。

出土遺跡；三東洞3号土壙墓。

e．Ⅴ類（図3-6～8）

形態は円筒形で、全長7～11 mm、直径4～5 mm と細身である。青色系の色調を呈し、透明。引き伸ばし技法で製作されている。成分分析はなされていないが、アルカリ珪酸塩ガラス（ソーダ石灰ガラスまたはカリガラス）と想定される。慶南において、原三国時代後期後葉の墳墓より出土している。なお、済州道龍潭洞甕棺墓の遺物の詳細は不明だが、カリガラスで引き伸ばし技法による製作である点から、このタイプの可能性がある。

出土遺跡；龜旨路43号木棺墓。

f．Ⅵ類（図3-9）

形態は断面多角形で、胴部がややふくらむ。全長13 mm 以上、直径約8 mm。緑色系の色調を呈し、透明。製作技法は不明。ソーダ石灰ガラス。全

南において、貝塚の原三国時代前期とされる層から出土している。

　出土遺跡；郡谷里貝塚Ａ４-６層。

　以上６タイプに分類される。このうちⅢ類は成分分析がなされていないものの鉛バリウムガラスであるならば、Ⅱ類と同一タイプと考えられる。

（２）弥生時代にみられるガラス管珠との比較

　次にこれらを、弥生時代のガラス管珠の各タイプと比較し、対応するタイプの存在の有無を調べ、同じタイプである可能性を検討したい。第Ⅰ部第２章表１および図４・５は弥生時代のガラス管珠のタイプ分類である。タイプ分類の詳細については、第Ⅰ部２章に詳しく述べている。

　Ⅰ類は、形態・法量・製作技法・色調・透明度・成分や特徴など、すべて弥生時代中期中葉～後葉に北部九州で見られるWC（巻き付け技法・円筒形）吉野ヶ里タイプと一致する。時期的にも非常に近い時期と考えられ、同タイプと考えて問題ないだろう。WC吉野ヶ里タイプの代表遺物である吉野ケ里遺跡の管珠も、表面の透明度や白色の斑点等に各個体に差があり、ガラスの熔融温度の高低により小分類できる。

　Ⅱ類は形態が円筒形、おそらく巻き付け技法による製作で、成分が鉛バリウムガラスである。弥生時代のガラス管珠ではWCタイプで鉛バリウムガラスの、WC門上谷タイプと対応する。その法量、青色系統の色調、不透明といった特徴もWC門上谷タイプと一致する。WC門上谷タイプは弥生時代後期全般にわたり見られる管珠で、時期的にも合致する。同タイプの可能性は高いだろう。

　Ⅲ類は形態が円筒形、巻き付け技法による製作で、弥生時代のガラス管珠ではWCタイプと対応する。法量、青色系統の色調、不透明といった特徴は、WC門上谷・WC西谷タイプと一致する。WC門上谷タイプは鉛バリウムガラス、WC西谷タイプはソーダ石灰ガラスとそれぞれ成分が異なるが、外見上からは明確な区別が見られず、このⅢ類も成分分析が行われていないため断定できない。WC門上谷タイプは弥生時代後期全般にわたり見られる管珠、WC西谷タイプは弥生時代後期後葉に見られる管珠であり、時期的にも合致する。い

ずれかと同タイプの可能性は高いと考えられる。

　Ⅳ類は形態がエンタシス形、巻き付け技法による製作で、弥生時代のガラス管珠ではWE（巻付け技法・エンタシス形）タイプと対応する。その法量、淡青色の色調、半透明といった特徴も、WE東山タイプとよく一致する。WE東山タイプは弥生時代後期全般にわたり見られるタイプで、時期的にも合致する。成分は不明だが、同タイプの可能性は非常に高いと考えられる。

　Ⅴ類は形態が円筒形、引き伸ばし技法による製作で、弥生時代のガラス管珠のDC（引き伸ばし技法・円筒形）タイプと対応する。透明度の高さはアルカリ珪酸塩ガラスによく見られる特徴であり、龜旨路43号木棺墓出土遺物は成分分析はなされていないが、アルカリ珪酸塩ガラス（カリガラスまたはソーダ石灰ガラス）であることは間違いないと思われる。その細身の法量や、青色系統の色調は、DC二塚山タイプとよく一致する。DCタイプは弥生時代後期、特にDC三雲仲田タイプは後期後葉以降に見られる管珠である。Ⅴ類は、原三国時代のガラス管珠の中でも最も遅く出現するタイプで、後期後葉とほぼ古墳時代併行期である。弥生時代のDCタイプも同じく、弥生時代のガラス管珠の中でもっとも遅く出現するものであり、その点も一致する。しかしⅤ類はDCタイプに比べ、やや後出するといえよう。

　Ⅵ類は形態が多角形のエンタシス形で、製作技法は不明。また成分はソーダ石灰ガラスである。このようなガラス管珠の例は弥生時代の日本では見られない。

　このように、第1〜3段階に見られるガラス管珠の各タイプを検討すると、Ⅵ類以外はそれぞれ弥生時代のガラス管珠において、一致するタイプのガラス管珠が存在していると考えられる。しかし朝鮮半島に見られる各タイプの出土量にはかなりの違いが見られ、弥生社会のガラス管珠の入手先として、まとめて考察するには問題が生じる。これは次章で検討したい。

2．ガラス曲珠

（1）ガラス曲珠の分類

　ガラス曲珠は第3段階からのみ出土している。その形態を見ると、弥生時代

のガラス勾珠の形態分類（第Ⅰ部第 2 章図 8）の範疇にあり、この形態を基準にして分類することが可能である。なお弥生時代のガラス勾珠の形態分類では、定形の中で、尾部が窄まらず厚みがあるものを定形北部九州形、尾部が先端にかけすぼまり厚みもなくなるものを定形丹後形と小分類した。また亜定形もそれに準じている（詳細は第Ⅰ部第 2 章）。しかし原三国時代のガラス曲珠については、実見できた一部以外、側面の形態がわからない遺物が多い。このため弥生における「定形」以下の小分類には対応させていない。亜定形についても同様である。

　以下、弥生に見られる 3 タイプと同形態に見られる。
① 定形：頭部が明瞭で胴部が弓型に湾曲する形態。
　　出土遺跡；林堂EⅠ-6・EⅡ-9 木槨墓。
② 亜定形：胴部のくびれが明瞭でない、頭部が不明瞭など定形勾珠と見なすには不完全であるが、定形勾珠をならった形態。
　　出土遺跡；林堂EⅠ-8・EⅡ-11・EⅢ-24 木槨墓、三洞東 4 号・25 号・31 号甕棺墓、下岱 23 号墓。
③ 螺旋形：頭部が方形で胴部・尾部へと細くなり、平面形は牙形勾珠に似る。全体的に螺旋状の捻りをもつ。
　　出土遺跡；亀旨路 38 号木槨墓。

　製作技法は 2 種類存在し、鋳型鋳造技法と捻り加熱技法である。金海亀旨路 38 号木棺墓出土の曲珠のみが捻り加熱技法による製作で、他はすべて鋳型鋳造技法と考えられる。観察した遺物はすべて片面鋳型による鋳造であった。しかし、両面鋳型による鋳造品の存在を否定するものではないため、ここでは鋳型の形態（片面か両面か）については問わないこととする。
　製作技法と形態から、以下の 3 グループに分けることができる。

a．Ⅰ類（図 4-1〜3）

　定形の形態をもち、全長約 21〜26 mm、幅約 12〜15 mm と法量に差はない。色調は青色系を呈する。透明度は不明。鋳型鋳造法による製作と想定される。慶北において、原三国時代後期の墳墓から出土した。
　出土遺跡；慶山林堂木槨墓EⅠ-6・慶山林堂木槨墓EⅡ-9。

b．Ⅱ類（図4-4〜10）

頭部がやや不明瞭であるものの定形型にならった形態をもち、亜定形の形態に分類できる。全長約16〜26mm、幅約9〜14mmと法量にあまり差はない。色調は淡青色〜青緑色を呈する。観察できた遺物は半透明であった。鋳型鋳造法による製作と想定される。慶北と慶南において、原三国時代後期以降の墳墓から出土した。

  出土遺跡；林堂EⅠ-8木槨墓・林堂EⅡ-11木槨墓・林堂EⅢ-24木槨墓・
     下岱23号墓・三東洞4号甕棺墓・三東洞25号甕棺墓・三東洞
     31号甕棺墓。

c．Ⅲ類（図4-11）

螺旋形の形態をもつ。全長約25mm、幅約12mm。淡青色で透明を呈す。捻り加熱技法による製作である。成分分析はされていないが、その透明度からアルカリ珪酸塩ガラスの可能性が高い。慶南において、原三国時代後期後葉の墓より出土した。

  出土遺跡；龜旨路38号木槨墓。

以上3タイプに分類される。成分分析は行われていないが、Ⅰ・Ⅱ類は鉛珪酸塩ガラスの可能性が高く、Ⅲ類はアルカリ珪酸塩ガラスの可能性が高い。

（2）弥生時代にみられるガラス勾珠との比較

次に各類を弥生時代のガラス勾珠の各タイプと比較したい。前述したように第Ⅰ部第2章表2および図8は弥生時代のガラス勾珠のタイプ分類である。タイプ分類の詳細については、第Ⅰ部第2章に詳しく述べている。

Ⅰ類は形態が定形、製作技法が鋳型鋳造法で、弥生時代の勾珠では定形北部九州形Mタイプ・定形丹後形Mタイプと一致する。Ⅰ類の法量はこのタイプの平均的サイズである。青色系統の色調もこのタイプの特徴と一致する。定形北部九州形Mタイプは弥生中期後葉から出現しそれ以後弥生社会に見られるものであり、一方定形丹後形Mタイプは弥生後期後葉に出現し丹後を中心とした地域に見られる。出現時期として定形北部九州形MタイプはⅠ類に先行して出現しており、定形丹後形Mタイプは併行である。

Ⅱ類は形態が亜定形型、製作技法が鋳造法で、弥生時代の勾珠では亜定形北部九州形M・亜定形丹後形Mタイプと一致する。(22)Ⅱ類の法量はこのタイプの平均的サイズである。淡青色や青緑色の青色系統の色調と透明度が半透明である点も、このタイプの特徴と一致する。亜定形北部九州形Mタイプは弥生中期後葉から出現しそれ以降弥生社会に見られるものであり、一方亜定形丹後形Mタイプは弥生後期後葉に出現し丹後を中心とした地域に見られる。出現時期として亜定形北部九州形MタイプはⅡ類に先行して出現しており、亜定形丹後形Mタイプは併行である。

Ⅲ類は形態が螺旋形、製作技法が捻り加熱法で、弥生時代の勾珠では螺旋形Wタイプと一致する。Ⅲ類の法量はこのタイプの範疇に入り、法量が大きい例(23)に一致する。淡青色の色調と高い透明度も、このタイプの特徴とよく一致する。螺旋形Wタイプの出現は弥生時代後期後葉で、古墳時代併行の可能性があるⅢ類にはやや先行する。なお現在のところ、この螺旋形Wタイプが古墳時代にも出現しているかは不明である。

このように原三国時代のガラス曲珠を検討すると、それぞれ弥生時代に一致するタイプのガラス勾珠が存在する。一致する弥生の勾珠が、どのタイプも時期的にやや先行するか、または先行する可能性をもつ。

形態を見ると、Ⅲ類の1点を除き、原三国時代のガラス曲珠は非常に似通っているといえよう。形態は定形または定形に準ずる亜定形で、法量にほとんど差がない。製作技法もすべて鋳型鋳造法である。ガラス曲珠が登場した最初の時点で、すでに定形といえる整った形態で登場している点は重要であろう。これはガラスだけでなく、原三国時代の水晶製など石製曲珠もまた同様の傾向を示す。いずれも定形から大きく逸脱した形態は存在しない。

第4節　ガラス製品の製作地と弥生社会

ガラス製品、特に管珠が日本に搬入されたルートを考慮するにあたり、朝鮮半島でそれらが製作されて日本に搬入されたのではないか、というのが一つの推論であった。次にこれら朝鮮半島出土におけるガラス製品の製作と、朝鮮半

島を経由して弥生社会にガラス製珠類が搬入された可能性を検討する。

1. ガラス管珠

（1）無文土器時代

　無文土器時代に見られるガラス管珠はすべてⅠ類である。Ⅰ類のガラス管珠はその規格性の高さから一貫した製作がうかがえる。また共伴した遺物からも、出土した墳墓は同一の文化圏に属する。成分分析から中国系の鉛バリウムガラスであることが判明している。

　岡内は、この無文土器時代のガラス管珠は、中国産の原材料を用いて朝鮮で初めて加工成形ガラス珠であると判定できるとし、原材料は中国から輸入した可能性が高いとしている。さらに、ガラス管珠の原材料が十分に溶解していない点から見て、輸入した原材料は、製品としてではなく、熔けきらない半製品あるいは未生成部分を多く含んだガラス塊として運搬したのであろう、と推測している（岡内 1993：pp.50-51）。

　筆者も、鉛バリウムガラスが中国系の素材であり、その素材を使い、この朝鮮半島の無文土器文化圏内で製作された、と推測することには異論はないが、ガラス素材については、搬入だけでなく、素材からの製作の可能性についても検討する必要があるのではないかと考えている。この問題については鉛同位体比の検討も必要であり、また第Ⅱ部第4章で検討を行いたい。

　近年、完州新豊遺跡において、このタイプのガラス管珠が最も多数出土している。また詳細は不明だが、同じくこのタイプのガラス管珠が出土した完州葛洞遺跡では、青銅器の鋳型が出土しており、この完州地域では青銅器生産が盛んであったことが明らかとなってきた（金建洙他 2005、国立全州博物館・湖南文化財研究院 2011）。このような点から、このタイプのガラス管珠が完州地域で製作された可能性も考えられる。これについては、科学的な分析も含めて今後さらに検討が必要であろう。

　このⅠ類と非常によく似たガラス管珠が、戦国時代～前漢初期とされる中国吉林省樺甸県西荒山屯青銅短剣墓から出土している（吉林省文物工作隊他 1982、劉昇雁・黄一義 1988：pp.160-161）。法量・色調がよく似ており、製

作技法も同じ巻き付け技法と考えられる。なお分析報告が詳細でないために、鉛バリウムガラスと断定できないが、鉛バリウムガラスの可能性が高い。この管珠および出土した墓の詳細、そして朝鮮半島のガラス管珠との関係は、あらためて第Ⅱ部第2章で検討する。

　Ⅰ類が朝鮮半島無文土器社会での製作とするならば、ガラス製作技術はこの地域にこれまでなかった知識であり、この場合中国から工人の流入と、製作技術のみの流入双方が考えられるだろう。またこの時点で、ガラス製作技術と共に、ガラス生産技術がもたらされた可能性も推測されよう。しかしいずれにせよその後Ⅰ類のガラス管珠のみならず、ガラス管珠自体の存在が数百年にわたり朝鮮半島において途絶えることから、その製作技術は継承されなかったと考えられる。

　ところで無文土器時代のガラス管珠は、碧玉管珠を模倣して製作されたという論が在るが（李仁淑　1996：p.488 ほか）、それについては疑問を呈したい。まずその法量が問題となる。碧玉管珠の全長は長くともこのガラス管珠の半分以下である。さらにガラス管珠が副葬される前段階（青銅器2期）の副葬品を見た場合、碧玉管珠はむしろ全長30 mm以下の小型細身になる傾向が見られる（東西里石棺墓・南城里石棺墓出土品など）。模倣するのであれば、より碧玉管珠に近い法量にするのが妥当と考えられる。またガラス管珠の色調は碧玉の緑色よりも青色に近く、むしろ天河石の色調に近い。[24]素材が搬入されたため、色調の調節ができなかったと考えるのであれば、そこには材料の希少性という問題が浮上する。もし朝鮮半島内で原料からガラスを製作できず、素材を中国から入手していた状況では、碧玉よりガラスのほうがより希少性が高かったと考えられる。その希少性の高いガラスをもって、碧玉製品に似せる必然性はないであろう。ガラス自体が中国製であるため、ガラス管珠は従来の石製管珠が持たない、高い付加価値をもつと考えられる。一方で、当該文化圏でガラス素材から生産していたのであれば、碧玉管珠の模倣品を製作するならその色調も似せて生産するだろう。以上から、無文土器時代のガラス管珠は碧玉管珠の模倣という文脈で考えるのではなく、むしろ新しい威儀品——中国社会と結びつく——としてのありようを考えるべきではないだろうか。

　このⅠ類のガラス管珠は、弥生時代のガラス管珠の分類におけるWC吉野ヶ

里タイプに対応する。Ⅰ類のガラス管珠を出土した墓に伴う青銅器は細形銅剣や多鈕細文鏡であるが、これらと型式的に対応する青銅器がWC吉野ヶ里タイプのガラス管珠を出土した宇木汲田遺跡（唐津湾周辺遺跡調査委員会編1982）でも見られる。Ⅰ類の時期は弥生中期中葉に先行または同時期と考えられている。

藤田等はこのⅠ類——大型太身タイプのガラス管珠と、唐津・佐賀平野で出土する、（筆者の言う）WC吉野ヶ里タイプのガラス管珠には連続する流れが存在することは事実である、と述べ、さらに、WC吉野ヶ里タイプのガラス管珠が日本で製作された可能性を検討している。まず吉野ヶ里管珠の製作技術の不完全さから、原料ガラスを入手して吉野ヶ里の青銅器製作工房で製作された可能性がある、としながら、合松里ガラス管珠にも製作技術が不完全なガラス管珠があることを指摘した。さらに吉野ヶ里では意図的に切断して製作したガラス管珠の存在があることを重視し、入手したガラス管珠を装身具の意図した形態に合致させるために切断したのであろう、と推測した。最終的に、朝鮮半島から入手したものである、と結論付けている（藤田 1994：p.103）。

以上から、これまで指摘されてきたように、WC吉野ヶ里タイプのガラス管珠は、朝鮮半島のⅠ類ガラス管珠を出土する地域から北部九州に搬入された、とすることに問題はないと考えられる。

（2）原三国時代

その後空白期間をおいて原三国時代前期にⅥ類が、後期にⅡ～Ⅴ類のガラス管珠が登場する。

Ⅵ類、郡谷里貝塚A4-6層出土のソーダ石灰ガラスのガラス管珠は、その素材がインドまたは東南アジア製のガラスであり、またこの高アルミナタイプのソーダ石灰ガラスの小珠は、同時代の東南アジアや中国南部などから出土している。このため、この管珠は搬入品であると考えられている（李仁淑1996：p.490）。しかしこのような形態の管珠としての出土は、これまで報告されていない。ガラス素材の製作地について異論はないが、管珠としての製作地は、中国や朝鮮半島などであった可能性がある。今後、この管珠の製作技法と製作地は検討する必要があろう。[25]

また郡谷里貝塚出土のⅡ類の管珠と、大坪里甕棺墓出土の管珠は中国系の鉛バリウムガラスであり、もしこれらの管珠を半島内で製作していたとしても、中国から輸入されたガラスを使用した二次的な加工であることを示している。
　さらにⅤ類のガラス管珠は、長い管を製作した後、個々に分割するため、一度の製作で多数が製作可能である。出土点数がきわめて少ない現状は、当地におけるこれらガラス管珠の製作について、疑問を生じさせるものである。
　このように原三国時代に見られる各タイプのガラス管珠について、中国からガラス素材を輸入して、朝鮮半島でガラス管珠を製作した可能性を完全に否定することはできない。朝鮮半島では、原三国時代に鋳型を使った改鋳によるガラス小珠の製作がはじまっており、渼沙里（尹世英・李弘鐘 1994）や郡谷里（崔盛洛 1987）などからガラス小珠の鋳型が出土している（田庸昊 2008）。しかしそれをもって、ガラス管珠も製作していたと結論付けるのは誤りである。何度も述べているが、原材料からガラスを製造する技術と、ガラスを改鋳して違う形態のものを作る技術は大きく異なる。鋳型によるガラスの改鋳は、金属製品の鋳造技術の応用として扱うことができる。一方ガラスをよく熔融し、引き伸ばす、巻き付けるといった技法は、ガラス独自のものであり、鋳型鋳造とは全く別の技術である。このため鋳造鋳型の出土は、後者のタイプのガラス製品を製作できる証左にはならないのである。
　これまでの証拠を考慮すると、原三国時代のガラス管珠は基本的に搬入品として捉え、楽浪郡など漢帝国内やまた東南アジアなどにおける製作を検討することが妥当であろう。
　これらガラス管珠は、形態・技法・サイズなどが多様である一方、量は非常に少ない。近年墳墓の発掘例が増えているが、出土する他の珠類に比べてもガラス管珠の出土例は圧倒的に少ないと考えられる。他の石製珠類やガラス小珠とともに1～2点といった状態での出土が多く、ガラス管珠に対する強い需要が存在していた様相は見られない。ガラス管珠を（複数点）副葬する慣習が存在しなかった、という可能性は否定できないが、元来石製の管珠を副葬する慣習はあり、多量ではないが石製管珠の副葬が見られ、ガラス管珠のみを副葬しなかったとは考えられない。
　次にこの原三国地域を経由して、後期の弥生社会にガラス管珠が搬入された

可能性を検討したい。

　Ⅵ類以外は弥生時代のガラス管珠に対応するタイプが存在し、出現時期は弥生後期における対応するタイプの存在時期と併行である。しかし原三国社会を経由して列島内にこれらⅡ～Ⅴ類のガラス管珠が流入した、と想定することには問題が生じる。

　日本では弥生後期にⅡ～Ⅴ類に各々対応するタイプのガラス管珠が見られるが、そのいずれのタイプ（WC 門上谷・WC 西谷・WE 東山・DC 二塚山）も、一つの遺構から複数点出土している場合が多い。すなわち、ガラス管珠は副葬品としての出土が大半を占めているが、弥生後期の墳墓では1主体から7・8～15点程度出土する例は多い。そのような場合、1主体から出土するガラス管珠は、同タイプで法量も揃い、斉一的である。第Ⅰ部の終章で述べたように、山陰をはじめとして、後期の弥生社会では首飾りとしての需要が存在していることは間違いない。第Ⅰ部第2章で取り上げたように、弥生時代後期におけるガラス管珠の総出土数も 700 点以上になると考えられる。

　しかし、弥生社会が一定の量を入手可能であった、または求めた地域として考えると、この朝鮮半島の原三国時代の出土例はあまりにも少ない。このため、弥生社会に見られるガラス管珠の入手先として原三国社会を想定することは困難である。

2. ガラス曲珠

　ガラス曲珠は原三国時代後期に初めて登場するものであるが、まずその製作地を考える場合、その前提にある重要な問題として、ガラス製・石製問わず曲珠自体の系譜問題を無視できない。まず、この問題を取り上げたい。

（1）曲珠の系譜問題

　朝鮮半島の曲珠について、無文土器時代の天河石曲珠から原三国・三国時代のガラス製・石製曲珠まで、半島内における一貫した発達を説明する議論が韓国を中心にみられ、またガラス曲珠の製作地も半島内であるとされてきた。韓炳三（1976）、西谷正（1982）、崔恩珠（1986）、李仁淑（1987）等の研究があ

る。いずれにおいても、国内でその形態を発達した天河石曲珠が、原三国時代以後のいわゆる定形曲珠の元となったという考え方である。しかし、天河石曲珠が途絶えた後、かなりの時間を置いて、ガラス曲珠や石製曲珠が出現する現象について、説明をなしえていない。

　一方で、田村晃一（1986）・庄田慎矢（2006）などにより、これら原三国時代から三国時の定形的な硬玉曲珠は、弥生社会の勾珠の系譜を引くものである、という論も日本側より出されている。

　無文土器時代の天河石曲珠と、弥生時代に定形化する日本の勾珠がそれぞれ別の発展をしていたことは、日韓の先行研究より明らかである（韓炳三1976、森 1980、西谷 1982、崔恩珠 1986、李仁淑 1987、木下 1987 ほか）。しかし、無文土器時代の天河石製の曲珠と、原三国時代のガラス製・石製曲珠を一貫したものとして結びつけるには、いくつか大きな問題が存在すると筆者は考える。

a．時間・空間的問題

　まず時間的な隔たりの問題である。ガラス管珠が出現した青銅器3期頃には天河石曲珠が見られなくなり、その後空白期をおいて、原三国時代のそれも主に後期以降に副葬品としてガラス製・石製曲珠が出現する。この問題はこれまで指摘されてきたが、[26] この隔たりについて説明をなしえる論考はない。さらに無文土器時代に天河石曲珠が多く見られる地域は忠南や全北であるのに対し、原三国時代にガラス製・石製曲珠が見られる地域は慶北・慶南である、という空間的な隔たりも存在する。このような時間的・空間的な隔たりは、原三国時代における珠類の副葬の系譜を、ひいては珠類自身の系譜を、無文土器時代のそれに単純につなげることができないことを示している。

b．天河石曲珠の最終形態に関する問題

　次に、無文土器時代の定形化した天河石曲珠と原三国時代以降の定形曲珠では、形態がかなり異なるという問題がある。まず無文土器時代の天河石曲珠の最終的な定形の形態を検討したい。

　無文土器時代に見られる天河石製を中心とした曲珠は形態分類がなされており、初現的なものから定形へと朝鮮半島内で一貫した流れを追うことができる。

第1章　弥生時代併行期における朝鮮半島のガラス製品　233

　李健茂（1991日文）は無文土器時代の曲珠を「Ⅰ類；半円形、Ⅱ類；半玦形、Ⅲ類；半玦形だが頭大尾小形、Ⅳ類；頭大尾小型だが形態が一定しておらず小形、Ⅴ類；不定形だが身部が曲っていて勾珠と見なされるもの」と、5タイプに分類している。

　李相吉（2002）は、「A類；半月形を基本にし、抹角方形などの variety が多いもの、B類；三日月形を基本とするもの」の2タイプに大きく分類した。李健茂のⅠ・Ⅱ類は李相吉の A 類に、李健茂のⅢ・Ⅳ類は李相吉の B 類に対応する。

　両者の分類を見ると、無文土器時代の天河石曲珠には二系統の形態、すなわち半月形の形態と、頭大尾小の三日月形の形態が見られ、それらは初現的な形態から抉りの明瞭な定形した形態へと発展する、というのが共通した見解である。

　半月形の定形化した形態は、半月形で断面砲弾形、中央に刳り込みをもつ。この刳り込みは左右対称の整った形態をもち半円形に近く、同じく半円に近い曲珠外側の形態を小さくしたものとなる。両端は垂直かつ平坦で、法量は全長約 35〜45 mm。出土遺跡は牙山南城里遺跡・扶余蓮華里遺跡・大田槐亭洞遺跡がある（図5-1〜4）。これらの遺跡の時期は青銅器2期である。一方三日月形の定形化した形態は、頭大尾小の三日月形で同じく断面砲弾形、片方に寄って広い刳り込みをもつ。刳り込みの幅が広いため、刳り込みの形態は縦長の半楕円となり、半円に近い曲珠外側の形態と異なるものとなる。曲面と両端はやや傾きをつけるように研磨し、法量は全長 30〜40 mm。出土遺跡は扶余松菊里石棺墓・盈徳烏浦洞遺跡がある（図5-5〜8）。この遺跡の時期は青銅器1期である。

　西谷（1982）や李健茂（1991日文）の論考では半月形から三日月形の形態へと変化したと考えているが、李相吉（2002）は三日月形と半月形（半円形）の形態は互いに系譜を異にしながら共存するとの見解を示し、また最も後出するのはA類（半月形）の大田槐亭洞等のタイプ（ここでいう半月形の定形化したもの）であるとしている。出土遺構の時期を考えると、半月形の定形化した天河石曲珠をもつ墓のほうが、三日月形の定形化した天河石曲珠をもつ墓より時代が新しく、半月形から三日月形へと変化したと考えることは無理である

234 第Ⅱ部 アジア各地のガラス製品の様相と弥生社会の対外交流

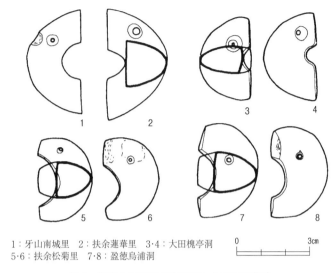

1：牙山南城里　2：扶余蓮華里　3・4：大田槐亭洞
5・6：扶余松菊里　7・8：盈徳烏浦洞

図 5　無文土器時代の定形化した天河石曲珠

といえる。半月形のタイプと三日月形のタイプはそれぞれ系譜を異にした発展をし、相互に影響を受けながら定形化したとみるべきだろう。そして天河石曲珠が消える直前の青銅器 2 期に見られる曲珠は、半月形の定形化したタイプである点は重要である。

　また西谷と李健茂は、無文土器時代の天河石曲珠が、原三国時代および三国時代のガラス製・石製定形曲珠へと連続的に変化する根拠として、天河石曲珠の最終的形態が、原三国時代曲珠の定形に近い、頭大尾小の三日月形であることをあげて、論じている。しかしこれらの論は、むしろ原三国時代の定形曲珠の形態から逆に類推するものであった。つまり原三国時代の定形曲珠になるためには、三日月形が天河石曲珠の最終形態であろうという考察である。しかし上述したように、天河石曲珠の最終的な形態は三日月形でなく、半月形であるということにより、この論は成りたたない。

　さらに三日月形・半月形ともにその定形的形態の断面形と法量にも注目したい。上述したように定形的形態は断面が砲弾形であり、原三国時代以降の曲珠の隅丸方形、または楕円形の断面と様相を異にする。また天河石曲珠の法量は全長 30〜40 mm と大型である。一方原三国時代に最初に見られる水晶製やガ

ラス製曲珠は、大きくても全長25mm程度で、定形化した天河石曲珠比べてかなり小さいといえる。一方日本においては、森貞次郎（1980）・木下尚子（1987）らによって、原三国時代の曲珠と同じ形態をもつ勾珠の形態的発展が解明されている。原三国時代に定形的曲珠が出現する以前の弥生時代中期には、すでに定形的な勾珠の形態は完成していた。

　このように、無文土器時代に非常に優美に整い定形化した天河石曲珠が、さらに原三国時代の定形曲珠——日本勾珠の定形型と同型——に変化するという展開を想定することには、無理があるといわざるをえない。これはその後の朝鮮半島における、各種の曲珠の製作を否定するものではない。しかし原三国時代における曲珠の、特に出現期のものは弥生社会からの入手であり、その後その形態が、朝鮮半島社会においても定着していったと考えられる。

　田村は、日本からの対外政策や物流の対価としての「珠」の存在を指摘しており（田村　1986：p.366）、これら日本で製作された硬玉・ガラス勾珠は、半島南東部の人々が与えた鉄製品や技術・知識の対価として、日本が持ち込んだものと想定している。紀元前後の遺跡から、日本製の青銅武器形祭器や小形仿製鏡などが、これら定形曲珠が出土する地域より出土している様相（小田・武末　1991ほか）も、この推論の傍証となろう。その形態は原三国時代の人々に受けいれられ、やがて原三国内でもさまざまな素材によってこの形態の珠の生産を開始し、三国時代には自国の珠の一つとしての地位を確固たるものにしていたと考えられる。

（2）ガラス曲珠（勾珠）の製作地

　弥生時代の勾珠ではⅠ～Ⅲ類、各々対応するタイプの勾珠が存在している。弥生時代におけるガラス勾珠の製作については、すでに第Ⅰ部第2章で検討した。弥生時代中期後葉から北部九州では、定形・亜定形の形態をもつガラス勾珠が出現しており、舶載されたガラスを改鋳して製作したと考えられている。さらに後期になると広く西日本でガラス勾珠が見られるようになる。Ⅰ・Ⅱ類に対応する定形・亜定形のガラス勾珠の鋳型も弥生後期の遺跡から出土している[31]。原三国時代に見られるⅠ・Ⅱ類の曲珠は、弥生社会から搬入されたと考えて問題ないだろう。

一方、製作技法が異なるIII類のガラス曲珠は、日本における製作は確認されていない。出現時期もI・II類より後出し、弥生でもIII類に対応する螺旋形Wタイプの勾珠の出現は遅い。捻り加熱というIII類の製作技法は、ガラスの性質を理解した技法であり、鋳造より高い温度によりガラスを熔融する必要がある。弥生社会にそのような技術が存在したかは不明であり、III類の製作地の追究は今後の課題である。

その後、朝鮮半島において、3〜4世紀頃とされるガラス曲珠の土製鋳型が慶州隍城洞遺跡（國立慶州博物館 2000）から出土している[32]。遅くとも三国時代初頭には、ガラス曲珠の製作が朝鮮半島で開始されていたと考えて問題はないであろう。

結　語

朝鮮半島の弥生併行期におけるガラス製品をまとめ、形態を分類し、その製作地の推定と弥生のガラス製品との関係を検討した。無文土器時代のガラス管珠は朝鮮半島における製作が推定され、また当該地から弥生社会に搬入されたと考えられる。しかし原三国時代のガラス管珠は、朝鮮半島における製作を想定することは困難であり、今後製作地を検討する必要がある。また朝鮮半島を経由して日本に搬入されたという推定には、同じく困難を伴うことが明らかとなった。一方原三国時代のガラス曲珠は、日本から搬入されたと推定できる、という結果となった。

弥生時代のガラス製品の製作地が朝鮮半島である可能性を推測し、搬入ルートを検証しようとはじめた研究であったが、朝鮮半島からの一方的な搬入ではなく、相互の活発な交渉がうかがえる結果となった次第である。

この紀元前後の朝鮮半島・日本は、東アジアや東南アジアを含めた活発なガラス製品の流通の影響下にあったことがうかがえる。そこには海を越えて、無論ガラスだけでなくさまざまな品々を交易し、あるときは政治的背景をもって入手していた、そのような人々とその社会が垣間見える。

註

(1) 鉛同位体比の問題については、第Ⅱ部第4章で取り上げる。
(2) 韓国ではC字形に湾曲し、一部に孔をあけた珠を曲珠と呼称している。韓国より出土したこのタイプの珠は、すべて曲珠と表記する。
(3) 朝鮮半島から出土しているガラス製品は、北部の情報が少なく、基本的に中部以南の遺物について出土遺物を集成・検討を行った。また楽浪郡設置以降は、対象遺物を中部以南と限っている。
(4) 全羅南道昇州牛山里支石墓（國立中央博物館 1992）・忠清南道扶餘松菊里石棺墓（姜仁求ほか 1978）ほか。
(5) 忠清南道大田槐亭洞石棺墓（國立中央博物館 1992）・忠清南道牙山南城里石棺墓（韓炳三・李健茂 1977）・全羅南道咸平草浦里遺跡（李健茂・徐聲勳 1988）ほか。
(6) 水晶曲珠は時期的にやや早い可能性がある。
(7) ガラスの透明度についての表現は、第Ⅰ部第1章を参照。
(8) 孔径が両端で異なる理由としては、ガラスを巻き付ける芯棒を抜き取りやすくするため、芯棒を先細りにしたのだと考えられる。
(9) 韓修英によると、管珠は首飾り状の形態をもって出土したとのことである。
(10) 風化したガラスはこの白色のため、骨製と記述されていることも多い。
(11) 李仁淑（1993：p.17）による。報告書（崔盛洛 1988）からは、断面四角形であるかは不明。
(12) 藤田等は、この断面形は製作技法が巻き付け技法である場合に見られる現象である、と述べ、その製作技法を巻き付け技法と判断している（藤田 1994：p.102）。しかし、例えば鋳造製作でもこの断面形は作出可能である。実見による調査を行ってないため、製作技法は不明とした。
(13) 三東洞遺跡出土の遺物は新羅大学校博物館で、龜旨路遺跡出土遺物は慶星大学校で、下岱遺跡の遺物は釜山大学校博物館で実見させていただいた。
(14) なお、R.H.Brill の記述では時期は1～2世紀としている。
(15) 李仁淑は藍色と記載しており、R.H.Brill の記載は dark blue であった。
(16) 藤田（1994：p.102）に記載がある
(17) 今回観察より片面鋳型であると判断した曲珠は、孔の一方が周囲から中心に落ち込む形でややひずんだ状態を呈していた。第Ⅰ部第2章でも述べたが、これは片面鋳型にガラス粉を詰めて融かした後、もしくは片面鋳型にガラスを注ぎ込んだ後、孔のための棒を差した時に見られる現象である。
(18) 実見したところ、実測図は頭部・尾部ともに尖りすぎている。
(19) 螺旋状に捩ったガラス棒を、再加熱して弓なりに曲げた勾珠の形態を作り上げる技法。第Ⅰ部第2章参照。
(20) 李健茂（1990）も合松里の管珠を形態・色調・透明度から三類に分類し、結果的には岡内と同じ分類となっている。合松里の管珠で、李健茂のⅠ類は岡内のc類、

Ⅱ類は a 類、Ⅲ類は b 類にあたる。
(21) 蔚山下岱 23 号墓・昌原三東洞 4 号甕棺墓・昌原三東洞 31 号甕棺墓。
(22) 昌原三東洞 25 号甕棺の曲珠は尾部が窄まる形態をもち、弥生時代勾珠の亜定形丹後形Ｍタイプに対応する可能性もある。
(23) 原の辻原ノ久保Ａ地区 9 号土壙出土遺物（長崎県教育委員会 1999）。
(24) この色調と法量の問題は、岡内三眞も疑問を示し、碧玉製の模倣と単純に断定できないと述べている（岡内 1993：p.43）。
(25) なお筆者も 2006 年の論考では、単純に搬入品であると結論付けていた。
(26) 李相吉 2002：p.179。この青銅器時代の天河石曲珠と、原三国時代以後の曲珠とどのような関係があるかは、今後のより詳細な検討が必要と、問題を指摘している。
(27) 李相吉 2002：p.180。ここでＢ類の三日月形を原三国時代またはそれ以後に見られる曲珠の形態に類似する、としているが、この点に関しては疑問を感じる。
(28) 李相吉の分類中の小分類において、Ⅰ類はＡ１に、Ⅱ類はＡ２・Ａ３に、Ⅲ類はＢ２に、Ⅳ類はＢ１に対応している。
(29) 定形化する以前は、半月形・三日月形の両方とも、全長 20 mm 未満の小形のものがよく見られる。
(30) 李相吉 2002：pp.179-181。定形化した形態はＡ３型としている。
(31) 赤井出遺跡（春日市教育委員会 1980）、須玖五反田遺跡（春日市教育委員会 1994）ほか。
(32) 定形系の勾珠鋳型である。報告書では遺跡の年代は原三国時代後半から三国時代と述べられている。筆者は慶州博物館で実見しているが、鋳型は 4 世紀とのことであった。古墳時代併行期と考えられる。

第2章

戦国時代から漢代における中国のガラス管珠の様相

　弥生時代に見られるガラスは、すべて列島外で原料からガラスへと生産されたものであった。朝鮮半島のガラス製品の様相からも、当時東アジアにおいてガラス製品を生産・製作していた中心地は、中国であることが判明している。

　しかしガラスが出現している弥生時代中期以降の併行期、すなわち中国の春秋戦国時代から漢代のガラス製品の研究は、これまで盛んに行われているとは言いがたい。また中国のガラス製品と、弥生社会に搬入されたガラス製品との比較検討といった研究については、その大半が化学分析からの比較であり（山崎・室住 1986、山崎 1987、肥塚 1999 ほか）、遺物の形態からの検討は、安家瑶（1993）の行った吉野ヶ里から出土したガラス管珠と中国の遺物との検討や、藤田等（1994）の行ったガラス璧の検討など、ごく少数の遺物に限り見られる程度である。

　弥生併行期の中国のガラス製品全体の様相を明らかにし、特に製品の製作地やその背景を考察することにより、弥生社会の対外交渉やそのルートについて、より詳しく研究することが可能である。また一方で、それらガラス製品の古代中国社会における価値やその使用における意義を検討することも必要である。古代中国におけるガラス製品の価値や意味合いが明らかになれば、弥生社会への下賜品または交易品として、ガラス製品を選択した中国側の意図を検討する手がかりとなるのではないだろうか。このことは、古代中国の弥生社会に対する見方について新たな見地を加えることになろう。

　しかし後述するように、中国においても、古代中国のガラス製品の全容の解明はこれからの課題であり、まだまだ時間を必要とするものである。本章では、全体の解明の一助として、まずガラス管珠の様相を明らかにすることに研

究の焦点をあてたい。

第1節　中国古代ガラス研究史

　中国古代におけるガラスについては、1984年に行われた北京国際玻璃学術討論会とその論文集により、はじめてある程度の概況が明らかになったといえる。論文集『中国古玻璃研究』（干福熹主編 1986）は、その後の研究の基礎となった。高至喜（1986）は「湖南出土戦国玻璃璧和剣飾的研究」により、戦国楚国に特徴的なガラス璧と剣飾についてその概要を述べた。また漢代のガラス製品に関しては、程朱海・周長源（1986）「揚州西漢墓玻璃衣片的研究」でガラス衣の存在が報告された。黄啓善（1986）「広西漢代玻璃制品初探」と黄森章（1986）「広州漢墓出土的玻璃」により、中国南方における特徴的なガラス製品のありようが報告された。漢代以降のガラス器については安家瑶（1986）「中国的早期（西漢―北宋）玻璃器皿」で概要が論じられた[1]。また王世雄（1986）「宝鶏、扶風出土的西周玻璃鑑定与研究」が、ガラス以前のファイアンス製品を取り上げている。

　この論文集の非常に重要な点として、組成分析や鉛同位体分析がまとまって報告された点があげられる。史美光他（1986）「一批中国古代鉛玻璃的研究」、R.H.Brill・I.L.Barnes 他（1986）「中国早期玻璃的鉛同位素研究」（Brill and Barnes et al. 1991）、R.H.Brill・S.Tong 他「一批早期中国玻璃的化学分析」（Brill and Tong et al. 1991）は、特に古代中国のガラスには独自の鉛バリウムガラスが存在したことを、広く世に知らしめ、さらにここで提示されたガラス製品の分析の値は、現在もよく参考にされるものである。

　また中国古代玻璃と、日本の弥生時代の墓から出土したガラスの間の関係についても報告されている。山崎一雄・室住正世（1986）「中国古代玻璃与日本弥生時代古墓注出土的玻璃之間的関係」では、その分析値から、中国古代ガラスと日本の弥生時代の墓から出土するガラスの化学組成と鉛同位体比を比較し、弥生時代のガラス製品（の素材）が中国製であることを報告している。

　これ以降、中国における古代のガラス研究は地域や時代別に研究とその報告

が行われている。漢代以前について見ると、戦国時代の楚地域で多数出土するガラス璧やガラス剣飾については高至喜（1985・1986）・周世栄（1988）・后徳俊（1995）などが研究を行っている。漢代の広西省・広東省からは、カリガラスという特徴的なガラス製品を中心に、さまざまな遺物が出土しているが、この地域のガラス製品については、黄啓善（1988・1992・2005・2006）が、集成的な研究を行っている。国外製品との比較についてはあまり行われていないが、日本の古代から出土したガラス器と中国古代ガラスの関係について、上述したように安家瑶（1993）が吉野ヶ里出土ガラス管珠と、中国古代ガラスとの関係について論じている。

　しかし、これらの研究は各時代または各地域に分断されており、それぞれの地域や遺物の特徴をあげるだけというような研究の方向性であり、全体的な様相については曖昧なままであった。

　関善明（2001）は、自身の所蔵する古代から清代までのガラス製品を紹介し、また春秋戦国時代から明代までのガラスについて概説した。概説においては、簡単ではあるが各時代の主な製品を取り上げ、各々について説明したという点で重要である。各時代のガラス製品の全体像や、時代ごとの変遷がわかるという点で、非常に重要なものであった。また彼が収集し、紹介した遺物は発掘出土品ではないものの、これまであまり見られない興味深い遺物も含まれている。さらに製作技法についても簡単な考察を行っている(2)。巻末には出土遺物を集成しており、これも重要な一覧である。

　2005年に出版された干福熹編の『中国古代玻璃技術的発展』は、これまでの古代のガラス研究の集大成的な位置づけであった。主に遺物は、先秦・漢（后徳俊 2005）、魏晋南北朝（安家瑶 2005）、隋唐宋（黄振発 2005b）、元明清（張維用 2005）と時代ごとに区分されて検討されている。また特殊な地域として中国北方と西北（張平 2005）、中国南方と西南（黄啓善 2005）の遺物を取り上げて概説している点は興味深い。これまであまり知られていなかった青海・内蒙古・甘粛などの内陸辺境地の古代ガラスの概況が知らされることとなった。さらに中国の古代文献におけるガラスの史料（黄振発 2005a）を編集した研究は、ガラスの記録、というだけでなく、ガラスという物質が中国においてどのように受け止められてきたか、という意識の変遷を垣間見られる点で

も非常に興味深いものである。

　化学的研究の集大成も行われており、古代から清代に至るガラスの化学成分の変遷がまとめられた（干福熹 2005a）。その中では、中国におけるガラス製品の起源として、西方のガラスの伝播だけでなく、独自のファイアンス製品からの発展を重視するという方向性が見られる[3]。また化学成分と鉛同位体比の値から、西方から中国へのガラス技術の伝播や、中国からアジア各地へのガラス技術の伝播について考察を行っている（干福熹 2005b）。

　この本の附録として掲載された、李青会による出土遺跡と遺物の集成（李青会 2005a）と化学分析の集成（李青会 2005b）は非常に重要である。その集成は関善明（2001）の集成を下敷きにしたと思われるが、非常に多くの遺物を網羅しており[4]、今後の中国の古代ガラスの研究に非常に寄与するものである。このように、『中国古代玻璃技術的発展』はさまざまな時代や遺物を多角的に取り上げ、中国古代ガラスとその技術研究の全体像がかなり明らかになったといえるだろう。

　しかし、この集大成においてもこれまでと同じ方向性が踏襲されているため、いくつかの問題点が散見される。まず時代ごとに研究が分断されており、各々の時代を超えたつながりについてはほとんど論じられていない。また春秋戦国時代ならば璧や蜻蛉珠、漢代ならばガラス製葬玉品、魏晋南北朝以後はガラス器と、特徴のある製品を重視し、さらにその中の重要な遺物を取り上げる傾向が強い。そしてそれに関する製作技法や技術の伝播の問題に論が割かれるため[5]、結果としてその時代のガラス製品の全体的な様相が曖昧なままとなっている。またガラスが製作された背景、伝播した背景など、社会的な様相には踏み込んでいない。さらに製作技法の点については、たとえば蜻蛉珠の製作技法に関してかなり問題が見られ[6]、製作実験などが行われていないと推測される。

　また化学分析値の扱いに関して、大きな問題があげられる。これは化学分析値から産地や伝播を論ずる時に頻出する問題として、第Ⅰ部第1章でも詳しく述べたが、風化という条件をほとんど考慮していないため、分析された組成データを製作時オリジナルのものとして扱うことが多々見られる。風化している表層部分の分析値をその遺物の本来の値としたり、他の地域にないこの地独特のガラスである、と論じたり、風化している表層と風化が少ない内部の値を

合計して平均をとる、というような誤りも多い。結果として、特に紀元前における ガラス製品の起源の問題や、（中国における）製作地の推定といった論考は、疑問の多いものとなっている。

このほか、中国古代ガラスの全体的な総括を行った論文としては、傅挙有（2005）「中国古代早期玻璃研究」があげられる。漢代までのガラス製品について、時期別および遺物の種類別に簡単にまとめられており、起源問題や製作技術、対外交流などについても考察を行っている。ガラス製品の種類については、飾品・礼器・容器にわけてさらに細分して取り上げており、これまでの研究の中で最も全体的な遺物の内容とその展開がわかる内容となっている。起源や製作技術については、やや問題を含んでいるが[7]、中国古代ガラスの流れをコンパクトに追うことができる論文となっている。

日本においては、中国の古代ガラス研究では、前1千年紀から宋代にかけての全体的なまとめを由水常雄（1992b）が行っている。この論考は前1千年紀では蜻蛉珠、紀元後はガラス器にその重点がおかれている。日本における中国の古代ガラスの研究では、蜻蛉珠と器がその研究において取り上げられることが多く、戦国時代の蜻蛉珠に関する論考（谷一 1999、由水 2003 ほか）、漢代以後のガラス器などに関する論考が見られる（谷一 1998、由水 1992b）。それ以外のガラス製品についてのまとまった研究は少ない。

中国のガラス管珠と、朝鮮半島・弥生社会から出土したガラス管珠の比較検討を行ったものとして、岡内三眞（1993）の論考があげられる。岡内は朝鮮半島のガラス管珠の起源を検討するにあたり、戦国時代〜漢代の管珠について簡単な考察を行っている。藤田等（1994）は弥生時代のガラスの集成的な研究の中で、弥生の璧と中国の璧を比較検討するため、戦国時代から漢代のガラス璧について考察を行っている。町田章（2002）は、西周から漢代の葬玉（そうぎょく）を論じるにあたり、ガラス製葬玉についてもさまざまな遺物を取り上げ、葬玉における位置づけなどを論じている。

以上、中国および日本における古代中国のガラス研究について概観した。今回研究の対象となる漢代以前のガラス製品の研究について問題点を取り上げたい。

対象となる時代に関していえば、春秋戦国時代のガラス製品の研究は、盛ん

に行われているが、漢代の遺物に関してはあまり行われていない。春秋戦国時代の遺物に関しては、中国では璧に関する論考は多く、一方で蜻蛉珠に関する研究はほとんど行われていない。日本では逆であるといえる。漢代の遺物に関しては、ガラス衣や中国南方の特徴的なガラスについての研究、また器の研究は見られるが、それ以外の遺物に関してはほとんど行われていない。遺物ごとに見ると、特に珠に関しては、蜻蛉珠以外のガラス製珠類についての研究はほとんど行われていない。関善明（2001）が漢代のガラス小珠の様相に簡単にふれ、また『中国古代玻璃技術的発展』において、南方や北方の出土遺物の中で取り上げられている程度である。

またいずれの時代に関しても、主要な遺物を取り上げ説明するという論考が多く、出土遺物全体を概観するような研究は関善明（2001）・傅挙有（2005）による簡単な論考以外は見られない。広く横断的に戦国時代のガラス製品や漢代のガラス製品を検討する、またその間のつながりを論じる、といった研究が今後望まれる。

このように、中国の古代ガラスの研究は、古代を通じてのガラス製品の変遷とその背景、製作地の推定など、ガラス遺物を取り巻くさまざまな問題に関して、未解明な部分が多い。

第2節　西周時代から漢代までのガラス製品の概要

春秋戦国時代から漢代のガラス管珠について検討する前に、この時期までのガラス製品の概要について簡単にまとめ、今後の検討の参考とする。[8]

1. 西周時代～戦国時代のガラス製品

西方で発明されたガラスが、最初に東アジアへともたらされたのは、紀元前1千年紀のことである。現在の中国国内における最も古いガラス製品は、新疆地区より出土しており、西周から春秋期に並行すると考えられている遺跡から単色珠と少量の蜻蛉珠が出土している。春秋末期から戦国時代になると、蜻蛉

珠は中国の中心部へと広がっていく。まず春秋末から戦国時代早期にかけて、山西・山東・河南・湖北・湖南などの地から蜻蛉珠が出土する。その後、中国内で蜻蛉珠が自作されるようになった背景もあり、出土地域は広がり、河北・陝西・広東・四川・甘粛などさまざまな地域から出土するようになる。なお西方から搬入された蜻蛉珠は、その後漢代まで連続して出土している。

　西方から伝来した珠を真似て、戦国時代早期以降になると蜻蛉珠が中国でも製作される。西方から伝来した蜻蛉珠がソーダ石灰ガラスであるのに対し、中国製の蜻蛉珠は鉛バリウムガラスであり、その違いは組成上明確である。当初は西方製のデザインを真似た重圏円文珠が製作されていたが、次第に中国風にアレンジしたものも多数見られるようになった。

　中国製蜻蛉珠の成分は、後述するガラス璧・ガラス剣装具ともに、中国独特の鉛バリウムガラスである。鉛バリウムガラスは、主成分の珪酸（シリカ）が40〜60％で、溶融剤である酸化鉛が高く20〜40％を占め、さらに特徴的な成分として酸化バリウムが10〜20％入る。西方のガラスに主にみられるソーダ・石灰・マグネシウムなどが少ないのが特徴的で、中国で独自に生み出されたと考えられている。

　中国における最初のガラス製品である蜻蛉珠は、西方の製品を模倣し変化発展させたものであったが、戦国時代になると、中国独自の製品の形態を起源にもつガラス製品が見られるようになる。それらは璧・環・剣具で、いずれもそれまで玉（ギョク）や石で作られていたものである。特にガラス璧とガラス剣具は、戦国楚（特に湖南）の地域に集中して出土している。

　このガラス璧やガラス剣具という中国独自のガラス製品は鋳造法により作られており、まさに中国ならではのガラス製品といえよう。これらガラスの製作が、中国社会のこれまでの青銅器鋳造技術と密接に関連することは疑いない。さらにさまざまな鉱物の取り扱いの知識も、青銅器製作に伴って発達しており、鉛によって珪酸の融点を下げるというアイディアも、この技術に由来すると考えられる。特に鉛はガラスの粘性を下げる効果があり、鋳型を使用する鋳造ガラスに向いている、という利点もある。まさしく青銅器鋳造技術を背景として、この中国独自のガラス製造が開花したといえる。戦国時代以前にはカリガラスなどによる異なる配合の中国製ガラスもごくわずかであるが見られ、ガ

ラスの原料の配合について模索していた状況と考えられるが、鉛バリウムガラスによる製作が始まると、すべてそのタイプとなり、他の配合によるガラスが見られない点は、非常に特徴的であるといえよう。おそらく中原か楚で鉛バリウムガラスの配合が開発されたのち、その製法が他の原料配合を圧倒したのではないだろうか。

現在春秋戦国時代のガラス製作址は発見されておらず、また蜻蛉珠の製作と鋳造ガラス製品の製作がどのように関係するかも不明である。しかしガラス璧の分布や出土状況をみると、戦国楚においては中国独自のガラス製品の生産が開始され、発達したと考えて問題はないだろう。

また中国製蜻蛉珠の製作地は明確ではない。特に河南などの中原地域では西方からの蜻蛉珠を多数出土している一方で、中国製の蜻蛉珠の出土点数も多い。北方や西域の人々との接触により、手本となる西方の蜻蛉珠が入手しやすかった点、また蜻蛉珠を象嵌した器物の出土といった点を考慮すると、この地域で蜻蛉珠の製作が行われていた可能性は高い。さらに蜻蛉珠の製作地は一地域ではなかったと考えられる。湖北・湖南という戦国楚の地域も蜻蛉珠の出土点数が多く、またガラス璧などを製作していたと考えられる点などを考慮して、湖北・湖南地域では蜻蛉珠の製作も行われていた可能性が高い。

このほかのガラス製品としては、蜻蛉管珠、無文の管珠などが見られ、小珠も少量であるが見られる。

2. 漢代のガラス製品

漢代のガラスの様相には、戦国時代に比べさまざまな変化が見られる。まず多様な製品が中国内で作られるようになったという点が、最も大きな変化であろう。

その多様な製品の中心の一つはガラス製葬玉（そうぎょく）である。戦国時代にはガラス璧が見られたが、漢代では葬送における葬玉が多様に発展したのに伴い、ガラス製葬玉もまた多数見られるようになった。種類としては、九塞・璧・ガラス衣などがある。

同じく漢代の墓からは身を飾る装飾品が多数出土している。蜻蛉珠は戦国時

第2章　戦国時代から漢代における中国のガラス管珠の様相　247

代に比べ少なくなっているものの散見され、中国製だけでなく、西方製のものも見られる。また漢代以前に散見される程度であった小珠は、前漢中期を過ぎる頃には多数出土するようになり、特に南部で大量に副葬されている。管珠については、蜻蛉珠管珠は見られなくなり、素文のものが散見される。そのほか装飾品では、帯鉤・耳璫など戦国時代から見られる中国独自の製品の、その素材をガラスにかえたものが新たに出現している。興味深い遺物は耳璫である。耳璫は戦国時期から流行し、漢代に多数見られる小型の耳飾りである。ガラス製の耳璫は前漢代に出現し、前漢後漢を通じ、広く漢の支配した地域に非常に多数見られる。同じ形態で鉛バリウムガラス製とカリガラス製のものが見られ、製作地が異なることなどが考えられるが、甘粛酒泉など狭い地域で2タイプが共存するなど、当時のガラス製品の製作と流通を考える上で非常に重要な遺物といえる。

　新たに出現したものとして注目される製品は器である。鉛バリウム製の器は出土例が2件と少ないが、カリガラス製の器が中国南方、広西省を中心に出土している。また西方から伝来した、ソーダ石灰ガラス製のローマンガラスも数例であるが出土している。一方で消えたもの、数量が減少したものもある。楚で特徴的であった剣飾は消え、また河南を中心に見られた蜻蛉珠の器物への象嵌も見られなくなる。

　これらガラス製品の分布にも大きな変化が見られる。戦国時代においては、珠を除くと、ガラス製品は楚の領土と、河南・陝西・山東といった中原の一部地域からの出土量が、圧倒的であった。これが漢代になると非常に広い地域から出土するようになる。

　以上戦国時代と漢代においては、同じ種類のガラス製品が存在しても、製作や社会的意味も含めて、その背景はかなり変化していることがうかがえる。このようなガラス全体の状況にも留意し、次に弥生時代のガラス管珠と関連があると考えられる、戦国時代から漢代のガラス管珠について検討していきたい。

第3節　戦国時代～漢代のガラス管珠の様相

1. ガラス管珠研究上の諸問題

　中国のガラス管珠を集成してその傾向を検討した研究としては、岡内三眞（1993）の論考が唯一のものである。岡内は韓国の扶余合松里遺跡から出土した長大太身なガラス管珠の製作地を検討するために、西周から漢代までのガラス管珠の出土遺物をまとめ、その傾向を検討した。特に形態と色調にバラエティが多い点を指摘している。その出土地は黄河流域の華北と長江流域の江南に中心があり、朝鮮と距離的に近い山東や遼寧、吉林など朝鮮青銅器文化と関連の深い中国東北地区からはほとんど報告がないが、今後の調査に期待するとし、朝鮮のガラス管珠は年代的に見て中国のガラス管珠に起源があり、その系譜に連なると予測してよかろう、と述べている。

　表1は李青会（2005a）の集成した「中国古代玻璃出土文物簡編」より、戦国時代～漢代にかけて出土したガラス管珠を抜き出したものに、岡内（1993）がまとめた珠や、筆者が調べた珠を追加した表である。遺物の出典は表に記載する。なお李青会（2005a）の一覧で、管状器・柱状器と記載されているものの中には、報告書をみると耳璫など他の種類のガラス製品である場合もあった。これら管珠と考えられないものは除外してある。

　記載されたガラス管珠の出土は非常に少ないが、しかし報告書に石製管珠と記述された管珠の中には、ガラス製のものが存在しているようである。例えば内蒙古桃紅巴拉匈奴墓地からは管珠が出土しており、発掘報告（田広金1976）では石串珠と表現されているが、張平（2005）はその中にガラス管珠があることを指摘している。

　ガラス管珠が出土したこれら発掘調査報告においても、図版や写真の掲載、詳細な記載があるものは少なく、実際どのような珠であるか、形態・色調・法量などがわからないものが多い。もちろんその製作技法も不明である。このため、弥生時代のガラス管珠で行ったような、詳細な分類を行うことは厳しい状

第2章 戦国時代から漢代における中国のガラス管珠の様相 249

表1 戦国時代～漢代ガラス管珠一覧（247～249頁）

地域		遺跡名	遺構名	時期	遺物名	形態	法量（mm）	色調	備考	出典
東北	吉林	樺甸西荒山屯（樺甸県横道河子墓）	M3	戦国晩期～前漢初	琉璃管12	円筒形	長50・外径10・孔径5	天藍色		1
	遼寧	旅順魯家村漢代窖蔵		前漢	陶管・琉璃管69	円筒形	不明	不明		2
華北	山西	長治分水嶺	M270	春秋晩期或戦国早期	琉璃管6	不明	長30・径3	緑色		3
			M25	戦国早期	玻璃管2	不明	長20・径3	不明		4
			M126	戦国中期	琉璃管串飾118	不明	長10～24	紫紅色		5
	河南	輝県趙固区	M1	戦国中～晩期	管状玻璃珠	長管状	残長14・径5	翠緑色		6
	陝西	咸陽黄家溝戦国墓	M2	戦国晩期	料管1	不明	不明	不明		7
		咸陽塔児坡		戦国晩期	蜻蛉管珠5	エンタシス形胴部がやや膨らむ	長27・直径10～13・孔径4	紫紅色		8
	甘粛	平涼廟庄	M6	戦国後期	管珠8	円筒形		草緑色・宝藍色		9
		崇信于家湾西周墓地		戦国～漢代	玻璃珠管	棱柱状	不明	深藍色・浅藍色		10
華中	湖北	江陵馬山	M1	戦国中晩期、楚	蜻蛉管珠1	円筒形	長72・径8・孔径5	灰色地風化？		11
		江陵望山	M2	戦国	蜻蛉管珠	円筒形			ファイアンスまたは陶製	12
		江陵九店	M294	戦国中期晩段	料管45	円筒形、両端の角は丸みを帯びる	長16～19・直径6～8	緑色		13
			M234		料管3	円筒形	不明			
			M257		料管22					
			M286		料管8					
			M316		料管7					
			M533		料管31					
			M636		料管16					
			M250	戦国晩期早段	料管1	円筒形	不明			
			M419		料管2					
			M643	戦国	料管7					
			M703	戦国晩期早段	蜻蛉管珠1	円筒形	長3.9・径0.9～1.3	藍色地に藍・白色文様		

注：時期および色調は出典の記述による。また形態は、図や写真により判断できないものについては、出典の記述による。

地域	遺跡名	遺構名	時期	遺物名	形態	法量（mm）	色調	備考	出典
華中	江陵雨台山楚墓	M73	春秋晩期	料管12	エンタシス形胴部かなり膨らむ	長16・径8	緑色		14
		M403	戦国早期	料管8	円筒形、両端の角はやや丸みを帯びる	長18・径6	緑色		
		M212	戦国中期	料管61	円筒形	長20・径6	黄色		
	江陵拍馬山	M11	戦国中～晩期	料管	柱状	長18・径5	藍色		15
	松滋県大岩嘴	M31	戦国中期?	料管3	円筒形、端部の角は丸みを帯びる	長16・径6・内径4	緑色		16
湖南	韶山灌区湘郷	M31	戦国	管珠	円筒形	長20・径6	孔雀藍		17
	湘郷牛形山	M1	戦国中期	蜻蛉管珠1	円筒形	長43	土黄色地		18
	益陽赫山廟	M12	戦国晩期	蜻蛉管珠1	円筒形	長34・孔径7	深藍色		19
	長沙市子弾庫	M5	前漢	管珠6	不明	不明	白色		20
	涪陵地区小田渓	M2	戦国	琉璃管3	円筒形	長22・径?・孔径2	藍緑色不透明		21
	新都戦国木槨墓		戦国早～中期前329年以前	料飾管200以上	円筒形多数四稜形1	長8～20	青緑色		22
四川	巴県冬筍坡戦国船棺	M49	戦国末	琉璃管2	不明	不明	天藍色		23
		M66	前漢初	料管1	円筒形	残長11・径4	石緑色		
		M5		琉璃管珠1	管状	長16/24・径6	碧緑色		24
		M10	戦国晩期	琉璃管珠1					
	四川大邑		戦国	琉璃管珠1	不明	不明	不明		25
	犍為県巴蜀土壙墓	五連区M2	戦国晩期	管1		長13・径6		ファイアンスか	26
		五連区M7		管1	小竹管状胴部やや細くなる	長20・径8	粉緑色不透明		
		金井墓区土中		管1	管状・乳状突起有り	長16・径10	粉緑色不透明		

出典）1 吉林省文物工作隊他 1982 劉昇雁・黄一義 1988、2 劉俊勇 1981、3 山西省文物工作委員会晋東南工作組他 1974、4 山西省文物管理委員会他 1964、5 邊成修 1972、6 中国科学院考古研究所 1956、7 秦都咸陽考古隊 1982、8 咸陽市文物考古研究所 1998、9 甘粛省博物館 1982、10 李青会 2005a、11 湖北省荊州地区博物館 1985、12 湖北省博物館編 1989、13 湖北省文物考古研究所 1995、14 湖北省荊州地区博物館 1984、15 湖北省博物館他 1973、16 湖北省文物管理委員会 1966、17 湖南省博物館 1977、18 湖南省博物館 1980、19 湖南省博物館他 1981、20 周世栄 1988、21 四川省博物館他 1974、22 四川省博物館他 1981、23 前西南博物院他 1958、24 馮漢驥等 1958、25 岡内 1993、26 四川省博物館 1983 楊伯達・中野 1996、27 雲南省博物館 1975、28 雲南省文物考古研究所他 2001、29 広州市文物管理委員会他 1981、30 広西壮族自治区文物工作隊 1981、31 趙虹霞他 2007、32 新疆博物館他 2002 王博・魯礼鵬 2007、33 新疆文物考古研究所 2001 李文瑛 2007、34 李青会・干福熹・張平他 2007、35 田広金 1976 張平 2005、36 伊克昭盟文物站他 1980・1981 張平 2005、37 内蒙古自治区文物工作隊 1965、38 張柏忠 1989

第2章 戦国時代から漢代における中国のガラス管珠の様相 251

地域		遺跡名	遺構名	時期	遺物名	形態	法量 (mm)	色調	備考	出典
華南	雲南	江川李家山	M22	戦国末期～前漢中期	六稜柱形玻璃器1	六稜柱体、両端は平ら	長26・直径11	浅藍色透明		27
			M51	前漢中至晩期	琉璃管27	詳細不明				28
			M57	前漢中至晩期	琉璃管18					
			M68	前漢中至晩期	琉璃管4					
			M69	前漢晩期至後漢初期	琉璃管					
	広東	広州漢墓	M3005	前漢後期	管珠9	円筒形	不明	不明		29
			M3006	前漢後期	管珠2	円筒形				
			M3031	前漢後期	管珠1	円筒形				
	広西	合浦県堂排	M2	前漢晩期	玻璃管	管形	記載ナシ	藍色	カリガラス	30
		合浦環城郷母猪嶺	M1	新莽	管状珠1	管状	記載ナシ	浅緑色		31
		合浦九只嶺	M5	後漢	管状珠1	管状	記載ナシ	藍色	カリガラス	
					管状珠1	管状	記載ナシ	浅緑色		
		合浦風門嶺	M26	後漢早期	管珠1	六稜柱	長約25・1辺約5・孔径2	浅緑色		
新疆	新疆	且末扎滾魯克2号墓地	96QZ IIM2	前漢	琉璃管珠	稜柱状・六面	長30・径12	緑色半透明		32
		尉犂営盤墓地	M26	漢～魏晋或はやや遅い	玻璃管珠2	円筒形	長14	緑色透明・赤色不透明		33
		鞏留県紅旗廠墓葬	?	漢代	ガラス管珠	管	長13・孔径3	藍緑色管・不透		34
モンゴル高原	内蒙古	桃紅巴拉匈奴墓地		戦国時期	ガラス管珠	円筒形	不明	天藍色	全長15mm程度か	35
		西溝畔匈奴墓地	M4	前漢初期	楕円形・円形・柱状珠	柱状	不明	浅黄・浅藍・深藍色	橄欖状か棗状	36
		完工索木鮮卑墓	M2	漢代	玻璃珠管状	不明	不明	緑色		10・37
		科左中旗六家子鮮卑墓地	M145・M146	後漢晩期～西晋	料管2	不明	長22・径5.5／長17・径5	藍灰色		38

況にある。唯一実見できたのが、現在の北朝鮮にある楽浪土城出土のガラス管珠である。楽浪土城出土ガラス管珠は内容が多彩で、製作痕もよく観察でき、分類を行うことが可能であった。また楽浪郡は、弥生時代の対外交流を検討するにあたり、最も重要な地域といえる。このような諸要素を考慮し、楽浪土城出土のガラス管珠については、それのみでまとめて検討したい。

2. 戦国時代～漢代の管珠の様相

まず、戦国時代から漢代に出土したガラス管珠の一覧（表1）集成したリストをもとに、戦国時代から漢代のガラス管珠について概要をまとめる。上述したような問題から、分類は行わない。

全体を見ると、ガラス管珠は装飾をもつ管珠と素文の管珠に大きく分別できる。弥生時代のガラス管珠については、装飾や文様のあるものは出土していない。弥生管珠との比較研究という本章の主目的のため、装飾をもつ管珠については最初に簡単に概要をまとめるのみとする。

（1）装飾をもつ管珠

a．蜻蛉管珠（図1）

現在発掘により出土したものは、すべて戦国時代の遺跡から出土している。蜻蛉珠と同様の文様をもつもので、円圏文や点文、または条文や幾何学文が描かれたものである。陝西・湖北・湖南から出土しており、時期は戦国中期～晩期である。大半は湖北・湖南の戦国楚地域から出土しており、一方、華北（陝西）からは主に晩期に出土している。戦国楚地域は多数の蜻蛉珠も出土しており、これら楚地域から出土した管珠は、蜻蛉珠と同じ工房で

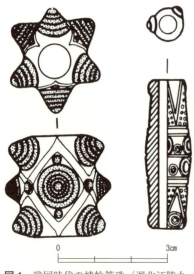

図1 戦国時代の蜻蛉管珠（湖北江陵九店 M703 出土）

第2章　戦国時代から漢代における中国のガラス管珠の様相　253

1：四川巴蜀土壙墓金井墓区土中出土　乳状突起珠
2：四川巴蜀土壙墓五連区M7出土　小竹管状珠
図2　戦国時代のファイアンス系珠

作られたと考えられよう。

　蜻蛉管珠の法量は、全長約30〜70mm、直径8〜13mmと全体的に太身長大である。色調は紫赤色・灰色・藍色・土黄色などの地に、白色・藍色・黄色などで文様を描いている。文様の詳細な検討により、その分類や蜻蛉珠との関係について、検討が可能であろう。

　b．ファイアンス系珠（図2）

　四川犍為県巴蜀土壙墓から出土している。金井墓区中から1点のみ出土した乳状突起がある珠は、西周から春秋戦国時代に見られるファイアンス管珠の系譜を引いたものと考えられる[12]。しかし同じ五連区のM2・M7から出土した小竹管状のガラス管珠と共に、その素地はファイアンスではないのかという指摘がある（黄啓善　2005：p.184）。その場合は、ガラス管珠全体として、ファイアンス管珠と同じ形態をもつ珠はなくなるということになり、系譜関係を検討する点において、重要な問題となる。

（2）素文管（図3）

　素文管の形態はさまざまなタイプがあるようだが、図版や写真がない報告が多く、詳細がわからない遺物も多い。出土した地域にある程度のまとまりが示

254　第Ⅱ部　アジア各地のガラス製品の様相と弥生社会の対外交流

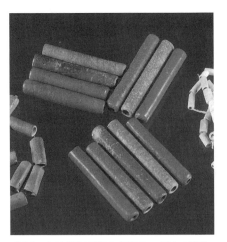

図3　吉林樺甸西荒山屯出土　ガラス管珠

されるため、地域ごとに取り上げる。

【東北】

ガラス管珠は、戦国晩期から前漢にかけて2遺跡から出土している。戦国晩期～漢代初期の吉林樺甸西荒山屯青銅短剣墓と、前漢の旅順魯家村漢代窖蔵である。いずれも、ガラス管珠を含め出土した遺物が、弥生社会との関係において注目すべき遺跡である。以下この遺跡と出土ガラス管珠については詳細を述べる。

a．吉林樺甸西荒山屯青銅短剣墓（＝樺甸県横道河子墓）（吉林省文物工作隊他 1982、劉昇雁・黄一義 1988）

　報告書によると、戦国晩期～前漢初期の墓で、多数の珠類と共にガラス管珠が出土した。ガラス管珠は円筒形、その法量は標本M3：21について全長50mm、外径7mm、孔径5mmであり、また色調は天藍色であると記載している。発掘報告書に図版はないが、写真（図3）を見ると、形態は非常に整った長管形をしており、いわゆる長大太身のタイプである。また全体的に全長と径が非常に揃っている。孔は一端が太く一端が細く、巻き付け技法で製作されたためと考えられる。色調は青緑色または青色で、白い斑点が散見されるものもある。成分分析は詳細でないため、鉛バリウムガラスと断定できないが、その可能性が高い。このガラス管珠は、朝鮮半島の扶余合松里など無文土器時代の墓から出土した長大太身のガラス管珠や、吉野ヶ里出土のガラス管珠とその形態や特徴が非常に似ているものである。しかしそれらの中でも最も整った形状をもつ。

　この墓群は土着の青銅器文化の墓で、北方青銅器文化に属しており、墓群からは多数の青銅短剣や青銅剣、多鈕粗文鏡が出土している。また墓群からはガラス管珠以外にも多数の管珠・珠類が出土している。この他鳩心形・扁平形を

し、一端に穿孔した琉璃堕が2点出土した。管珠は、凝灰岩製の白色管 270 点、軟玉管 56 点、藍飾管 25 点、瑪瑙管 16 点と多彩である。ガラス製品の形態などの詳細は不明である。

b. 遼寧旅順魯家村漢代窖蔵（劉俊勇 1981）

前漢晩期の窖蔵からガラス管珠・陶製管珠合わせて 69 点が出土した。遺物の詳細は不明であり、以下の記載は不鮮明なモノクロ写真の観察による。

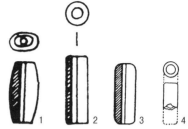

1：湖北江陵雨台山 M 73
2：湖北江陵雨台山 M 403
3：湖北松滋県大岩嘴 M 31
4：四川巴県冬笋坡戦国船棺 M 66

図 4 戦国時代のガラス管珠（S = 1/1）

写真からは陶管とガラス管珠の区別はわからない。管珠はいずれも円筒形で、形態・サイズは揃っているようである[15]。スケールの記載がないのでわからないが、少なくとも長いものとは考えられず、その法量は全長 10～20 mm 程度ではないだろうか[16]。このほか珍珠 22 点と桃状琉璃堕と呼ばれる遺物が 1 点出土している。珠の孔には紐を通した痕跡が残っていると報告されている。

この窖蔵からは減字清白鏡・減字昭明鏡・日光鏡の銅鏡が計 10 面が出土している。詳細は後述する。この他銅矛・銅環・車馬飾・鉄钁・貨幣（戦国斉貨・半両銭・五銖銭）が共伴した。これらは地表下 75 cm の深さに整然と並んで置かれていたものである。北面に 3 点の大型銅鏡と銅鐘残片・銅塊、中間に一点の梁銅壺、南面には 11 点の鉄钁が置かれており、壺内には貨幣・車馬飾・珠・中型小型銅鏡が入れられていた。

墳墓ではなく窖蔵からガラス珠類が出土した例は珍しい。

【華北】

山西・河南・陝西・甘粛から出土しており、時期的には戦国早期から晩期までが中心である。特に山西長治分水嶺遺跡では戦国早期から中期まで継続してガラス管珠が出土している。一方、時期的に明確に漢代と判明しているガラス管珠の報告はない。

管珠の形態については、円筒形と稜柱状と記述されている管珠が出土してい

る。残念ながら図版・写真ともに掲載がない報告が多く、大半の正確な形態が不明である。法量は全長10～24 mm、直径3～5 mmで、蜻蛉管珠に比べ短く細い。戦国早期から出土した珠が直径3 mmと小さく、後期のほうが直径5 mmとやや太身になっているようである。色調は、緑色・翠緑色・草緑色と緑色系が多く報告され、そのほか紫紅色・藍色・浅藍色の管珠が出土しているとのことである。

戦国時代のガラス管珠全体を見ても紫紅色の素文管珠は珍しい。しかし蜻蛉珠を見るとこの色調は存在しており、陝西咸陽塔児坡遺跡（咸陽市文物考古研究所編著 1998）で出土した蜻蛉管珠も、紫紅色と報告されたものが見られる。藍色・浅藍色と報告された管珠は、甘粛省崇信于家湾西周墓地（李青会 2005a）から出土したもので、形態が稜柱状と報告されているものである。墓の時期は戦国から漢代ということで曖昧であるが、色調と形態ともに、この地域の戦国時代の他の珠とはやや異なる特徴をもつといえるだろう。

華北は戦国時代において西方製・中国製の蜻蛉珠の出土が非常に多い地域であり、中国製蜻蛉珠の製作が華北のそれも河南などで行われた可能性は高いと考えられる（小寺 2012：p.37）。これらガラス管珠についても、この地域での製作の可能性を検討する必要があるだろう。

【華中】

華中では、湖北・湖南・四川から多くのガラス管珠が出土しており、時期の中心は春秋晩期～戦国晩期にかけてである。出土報告に図版があるものが多く、その形態が比較的よくわかっている。湖北・湖南の戦国楚地域と、四川は様相を異にしており、各々わけて取り上げる。

a．湖北・湖南

湖北・湖南では、円筒形とエンタシス形が見られるが、エンタシス形は春秋晩期のものだけであり、戦国中期以降は円筒形のみとなる。湖北江陵九店東周墓（湖北省文物考古研究所編著 1995）や湖北江陵雨台山群墓（湖北省荊州地区博物館 1984）、湖北松滋県大岩嘴遺跡（湖北省文物管理委員会 1966）などの円筒形の珠は、図版によると両端の角に丸みがある特徴をもつ。法量は全長16～20 mm、直径5～8 mmで、色調は緑色・黄色・孔雀藍・白色と報告され

ており、緑色が多い（図4-2・3）。

　湖北・湖南とも出土数は多いが、特に戦国時代の湖北江陵の地域では多数の管珠が出土している。この時期の湖北では、一遺構から7・8点、多いものでは60点といった、多数の管珠が出土している墓が見られ、特徴的といえる。これら同じ遺構（墓）から一括して出た遺物は、写真から見ると、法量や特徴にあまりばらつきがなく、規格的と思われる。

　漢代で明確なものは、湖南長沙市子弾庫遺跡M5（周世栄 1988）から出土した6点のみである。その詳細は不明だが、白色の色調を呈するとのことである。なおこの色調は風化による可能性も考えられる。

　戦国楚の地域は湖南を中心に、ガラス璧や剣具、蜻蛉珠など多数のガラス製品を出土している。ガラス管珠には蜻蛉管珠も多く、この地域の特徴となっている。ガラス管珠は、一括して多数出土した遺物が多い点や、一括遺物の形態と法量が揃っている点などを見ても、これら戦国楚地域の管珠はこの地域で製作された可能性が高いであろう。しかし蜻蛉珠や璧などに多く見られる、白色・青色などの色調が見られない点は興味深い。

　なおガラス管珠が副葬された被葬者を見ると、湖北では下士など、さほど位の高くない人物であった。

　b．四川

　四川では、戦国時代から漢代初期にかけての墓からガラス管珠が出土している。大半が戦国時代であり、ごく一部が前漢初期と考えられている。

　ガラス管珠の形態は円筒形が多数を占め、その他四稜柱形と、小竹管状のものが出土している。小竹管状の珠はファイアンスの可能性があり、上述したように乳状突起をもつ珠と共に、西周のファイアンス珠の系譜を引いている可能性がある。

　円筒形と考えられる管珠の法量は、全長8～24mm、直径4～8mmで、色調は藍緑色・天藍色と青緑色・石緑色・碧緑色と報告されており、青～紺（藍）色系統・緑色系統である。円筒形のものでは新都戦国木棺墓（四川省博物館他 1981）の遺物が注目される。全長10mm程度で緑色を呈すると報告されており、200点以上出土している。一方同じ墓より四稜形の全長20mm程度と考えられるガラス管珠が1点出土しており、これもまた珍しいものであ

る。

巴県冬笋坡戦国船棺墓（前西南博物院他 1958、馮漢驥他 1958）は戦国晩期～漢代初期の墓であり、数基からガラス管珠が出土している。M66 墓は前漢初期とされており、四川では唯一前漢に下る可能性があるものである。しかし、他のガラス管珠と法量に特に違いは見られない（図 4-1）。

これらガラス管珠を出土した墓は、巴蜀文化の墓であった。これらの墓の副葬品では、青銅器などに楚との密接な関係を示しているものが多々みられる（徐中舒・唐嘉弘 1981）。また四川でガラス管珠が見られた墓の被葬者をみると、新都戦国木槨墓は戦国早〜中期の蜀王墓と考えられており（四川省博物館他 1981）、涪陵地区小田渓戦国土壙墓の被葬者は諸侯につぐような身分の人物と考えられている（四川省博物館他 1974）。このように身分の高い人物の墓からガラス管珠が出土している点は興味深い。この四川ではガラス管珠だけでなくガラス蜻蛉珠も出土しているが、しかし四川におけるガラス製品の製作は現在のところ想定しがたい。巴蜀は戦国楚と関係が深く、これらの墓から出土した銅器など副葬品にもその関係が現れている（徐中舒・唐嘉弘 1981）。これら出土したガラス管珠も、戦国楚との密接な関係により、楚地域から入手した可能性が高い。貴重な威儀品として、王や高位の人物や身に着けた可能性も考えられよう。

【華南】

この地域では広東・広西のいわゆる両広地区と、雲南から出土している。これも各々特徴が異なるものであり、わけて記載する。

　a．広東・広西

すべて漢代の遺跡から出土した。広東では広州漢墓の前漢後期墓から出土している（広州市文物管理委員会他 1981）。すべて珠類としての一括の報告であり、法量や色調は不明であるが、写真から判断すると M3005 に 9 点、M3006 に 2 点、M3031 に 1 点のガラス管珠が出土している。外見の特徴から、M3005・M3006 は細身の円筒形で引き伸ばし技法による製作と思われ、アルカリ珪酸塩ガラス（カリガラスまたはソーダ石灰ガラス）と考えられる。一方 M3031 は円筒形の管珠で、比較して太身であり、製作技法は不明であるがよ

く見られる鉛バリウムガラス製の管珠ではないかと考えられる。広州漢墓は前漢〜後漢の墓群であるが、非常に多数のガラス珠類やガラス製品を出土している。

　広西では前漢晩期の合浦県堂排漢墓Ｍ２から、多数のガラス小珠と共に、管珠が１点報告されている（広西壮族自治区文物工作隊 1981）。管状形で法量は不明、色調は藍色を呈すると報告されている。分析によるとカリを10.4％含むカリガラス[18]であった（李青会 2005b）。この墓群では４基の墓からガラス小珠が合計1,656点出土している。形態は算盤珠・円形などで、色調は天藍・湖藍・緑色等とのことである。この墓ではガラスのほか、琥珀珠・瑪瑙珠・水晶・肉紅石髄珠・骨珠（ガラスか？）が出土している。報告者は、この墓の被葬者は在地の武官ではないかと述べている。また合浦県から出土したガラス管珠として、このほか５点が報告されている（趙虹霞・李青会他 2007）。法量・形態は不明であるが、うち１点は藍色を呈するとのことで、カリガラスであった。また１点は六稜柱状で浅緑色を呈するとのことである。このように合浦から出土している管珠は、青〜紺（藍）色系か緑色形が多い。

　両広地区は、漢代に多数のガラス製品が出土している地域である。ガラス器などこれまでに見られない製品も多い。ガラス小珠は数万点が出土しているが、報告されている管珠の出土報告は少ない。広州漢墓の報告状況からもわかるように、実際はより多数の管珠が出土していると考えられる。また両広地区では、漢代では鉛バリウムガラスの製品も見られるが、特に小珠やガラス器には特徴ある組成をもつカリガラスの製品が見られ、ガラス器と小珠（の一部）はこの中国南部で製作されたと考えられるものである。これについては次章で述べる。このカリガラスの管珠についても、その可能性があろう。

ｂ．雲南

　雲南では、ガラス管珠を出土した遺跡は一部戦国時期の可能性があるが、大半が漢代併行期の遺跡から出土している。

　ガラス管珠を出土したのは、江川李家山墓の戦国末期から漢代に併行する滇文化の墓であり、この墓からは多数の珠類が出土している（雲南省博物館 1975、雲南省文物考古研究所他 2001）。その中でガラス管珠と報告されているものは５基の墓から出土し、総計で50点以上を数える。戦国末期〜前漢中期

と考えられているM22出土のガラス管珠は六稜柱体で、法量は全長26mm、直径11mm、浅藍色透明を呈すると報告されている。その他のガラス管珠は前漢中期～晩期と考えられている墓から出土しているが、珠の詳細は不明である。

　雲南の墓全体からは、非常に多数の珠類や装飾品が出土している。素材はガラス珠・緑松石・瑪瑙・琥珀・水晶・金・蝕花石髄などで、形態は小珠・管珠・釧・方形片飾・釧・指輪などがある。墓群全体の出土数は明記されていないが、1主体から数千点を出土する墓もあり、合計で数万点に上ると考えられる。管珠・珠ともに瑪瑙製・緑松石製のものが多く、玉製のものも少なくない。ガラス管珠は全体からみると非常に少ないといえる。しかし発掘報告書によると、緑松石製のものが「手で触るとすぐ粉々になるものがある」とあり、あるいはガラス製のものも含まれる可能性がある。これら珠類は多くは装飾品だけでなく、珠襦と呼ばれる滇文化の伝統的な副葬品を構成している。珠襦は死者の遺体を珠類で被う副葬品であり、大量の多種類の珠から製作されている。

　全体的にみると非常に多数の珠類に対して、ガラス製品の割合は非常に少ないといえよう。またガラス管珠以外の雲南独自のガラス製品は発見されておらず、それらを考慮すると、これらのガラス管珠が雲南で独自に作られていたとは考えにくい。雲南はアジア南部と中国を結ぶルート上にあり、古来さまざまな文物が往来した。石製珠類の中には、インドやミャンマーなどの東南アジア・南アジアから伝来したものもみられる。例えば、蝕花石髄は肉紅石髄（カーネリアン）に薬品で文様を描き、熱処理を行い文様を焼き付けたもので、西アジアからインド・パキスタンにおいて盛行した（岡村 1998）。雲南以外では広州漢墓などから出土している。東南アジアやインドでは小珠などのガラス製珠類を生産しており、雲南で見られるこれらのガラス珠類が、インドなどから運ばれた可能性もありえる。

　一方で、この地域は越南や中国南部両広地区とのつながりも強く、上述したように、両広地区で製作されたガラス製品がもたらされた可能性も十分にあろう。今後化学分析も含めた素材の分析が必要と考えられる。

【モンゴル高原】

　この地域では、匈奴や鮮卑の墓から多数の珠類が出土しており、その中にガラス管珠を含めたガラス製品が散見される。

　戦国時期では内蒙古桃紅巴拉匈奴墓地（田広金 1976）からのみ出土している[19]。一方漢代とされる墓では、明確にガラス管珠であると出土が報告されている遺跡は 2 例のみである。しかし戦国時代の桃紅巴拉匈奴墓地のガラス管珠が、発掘報告では石製とされている点から見ると、出土数は報告されているものより多い可能性が高い。この 2 遺跡から出土した管珠の形態と法量はよくわかっていない。円筒状・管状と報告されている。色調は天藍色・緑色・藍灰色とのことであり、藍色系統が中心で緑色も見られる。管珠以外では、棗珠・小珠・偏楕円形などが出土しており、色調は藍色・黄色・緑色系統とのことである[20]。

　戦国時代の桃紅巴拉匈奴墓地出土のガラス管珠は円筒状を呈し、全長 15 mm 程度、色調は青色系統である。一方、後漢～西晋時期とされる内蒙古科左中旗六家子鮮卑墓地（張柏忠 1989）から出土したガラス管珠は、形態は不明だが、法量は全長 17～22 mm、直径 5.0～5.5 mm であり、色調は藍灰色とのことであった。

　これらガラス製品は、首飾りなど装飾品の一部として出土している。匈奴や鮮卑は、生前から多数の金や珠類による装飾品を身に着けており、葬送においてもおそらく着装状態で副葬されたと考えられる。珠類の素材としては、ガラス以外に緑松石・瑪瑙・珊瑚・貝などがあり、ガラス珠類の点数は比較的少ない。出土したガラス製品はこの地域独自の特徴をもつものが存在しておらず、これら漢代に見られるガラス珠はこの地域で製作されたものでなく、当時盛んとなった中原との交渉の中で入手したものであろうと指摘されている（黄雪寅 2005：p.52）。現在までこの地域では当該時期のガラス製作址は発見されておらず、匈奴や鮮卑独自の意匠のガラス製品が発見されていないことは、この説を後押しするものである。

　ガラス製品を副葬された被葬者を見ると、西溝畔匈奴墓地（伊克昭盟文物站・内蒙古文物工作隊 1981）の M 4 墓の被葬者は貴族の女性と考えられており、ガラス珠類は豪華な装飾品の一部を構成していた。被葬者の身分の高さも

また、ガラス製品が搬入品であることを示唆しているのではないだろうか。

【新疆】

　新疆地域では、すでに西周時代から西方製の蜻蛉珠が伝来している。しかしガラス管珠については、時代が明らかなもので戦国時代とされるものは見られない。漢代にはいると、主に墳墓から多数の単色ガラス珠が出土しており、その中で多くはないが単色のガラス管珠も見られる。各々の遺跡で特徴が異なっている。

　新疆且末扎滾魯克2号墓地（新疆博物館他 2002）から出土したガラス管珠の形態は六稜柱状で、緑色半透明。法量は全長30 mm、直径12 mmである。新疆尉犂営盤墓地（新疆文物考古研究所 2001）から出土した2点のガラス管珠は緑色透明・赤色不透明を呈し、いずれも細身円筒形で、法量は全長約14 mm[21]である。緑色透明な管珠は、写真（李文玟 2007）（図5）より縦に筋が観察され、引き伸ばし技法による製作と考えられる。赤色不透明な管珠もおそらく同じ製作技法であろう。共伴した小珠とともに、アルカリ珪酸塩ガラス、すなわちソーダ石灰ガラスまたはカリガラスの可能性が高い。このほか、鞏留県紅旗廠墓葬から出土した管珠は、全長13 mm、孔径3 mm、藍緑色不透明と報告されており、細身の法量から、尉犂営盤と同様のアルカリ珪酸塩ガラスの管珠の可能性がある。

　このように遺跡ごとにその色調や形態が異なる遺物が出土している。時期的にもばらばらであるが、前漢代の且末扎滾魯克2号墓地から六稜柱形の管珠が出土しており、漢代またはそれ以降と考えらえる尉犂営盤墓地から円筒形の引き伸ばし技法の管珠が出土している点は注目される。

　この地域では副葬品に多数の珠類が出土しているものの、他の地域と同様、珠類は詳細に報告されることが少ない。現在判明しているより多数のガラス管珠が出土しているものと思われ

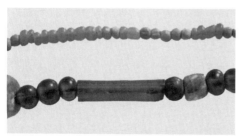

図5　新疆尉犂営盤墓地出土　ガラス管珠

る。またガラス管珠以外にはガラス小珠が出土しており、色調は緑色、橙色、黄色などを呈している。これら珠類の副葬品は、首飾りや耳飾りなどの装飾品として出土しており、ガラス管珠や小珠はいずれもそれら装飾品の一部を構成する形で出土している。ガラスに関していえば、一被葬者に対し小珠は数十点など出土点数が多いが、管珠は1～2点と少ない。

　且末扎滾魯克2号墓地はシルクロードのオアシスルート上にある遺跡で、且末国の墳墓と考えられるものである。新疆尉犁営盤墓地を擁する営盤集落は、漢代の西域諸国三十六国の一つである山国（墨山国）の版図にある。シルクロードのオアシスルート、楼蘭道西段の主要な町であった（長沢 1970）。これら新疆地域の珠類はガラス製品も含めて、漢代のシルクロードの活況を背景に、他地域から搬入された可能性が高いものである。[22]

3. 戦国時代～漢代のガラス管珠の全体像

（1）形態・法量・色調からみる特徴

　戦国時代には、蜻蛉管珠・ファイアンス系珠など文様をもつ管珠も散見されるが、ガラス管珠の大半は素文管であった。また漢代においては、ガラス管珠は素文管のみとなり文様をもつ珠は見られない。素文管の形態は、稜柱形・エンタシス形・円筒形が見られる。

　稜のある管珠を稜柱形とする。四稜柱タイプと六稜柱タイプが見られる。四稜柱タイプは戦国時代早～中期とされる四川新都戦国木棺墓から、1点出ているのみであり、全長は20 mm程度と推測され、青緑色を呈すると報告されている。六稜柱状タイプは、戦国末期～前漢中期とされる江川李家山から、全長26 mm、直径11 mm、浅藍色透明を呈すると報告されたものが1点出土し、前漢の新疆且末扎滾魯克2号墓地から全長30 mm、直径12 mm、緑色半透明を呈すると報告されたものが1点出土している。また広西合浦風門嶺遺跡M26の後漢早期墓から、全長25 mmで浅緑色を呈すると報告されたものが1点出土している。このほか、時期と稜の数、法量ともに不明であるが、甘粛崇信于家湾西周墓地から稜柱状と報告された管珠が出土しており、色調は深藍色・浅藍色とのことであった。

これらからみると、稜柱形はおそらく戦国時代から存在していたが、特に漢代に六稜柱タイプが盛行したものと考えられる。色調は、青緑色や青～紺（藍）色などの青色系統と、緑色系統が存在する。製作技法は不明である。

　エンタシス形は胴部の膨らむ円筒状の管珠である。明らかにエンタシス形とわかっている珠は、戦国時代早期に湖北江陵雨台山楚墓の戦国時代早期の墓から出土した12点である。胴部がかなり膨らんだエンタシス形をしており（図4-1）、全長16mm、直径8mmで緑色を呈していた。製作技法は不明であるが、その形態から巻き付け技法による可能性が高い。漢代になると見られないが、後述する楽浪郡では、この形態のガラス管珠が複数出土している。

　円筒形は胴部に膨らみのない、いわゆる直筒形を呈するものを指し、戦国時代から漢代において最も多く見られる形態である。円筒状・円柱状・長管状と記載された珠で、写真や図版などから形態がわかる管珠は、すべて円筒形であった。この点を考慮すると、同様の記述で形態を表現したものは、円筒形を呈するものが多いと考えられる。

　法量は全長8～50mmで大半が8～25mmの範囲に収まる。直径は3～8mm、孔径はわかっているものが少ないが、2～5mmである。この素文ガラス管珠で最も大きいものは、その時期が戦国晩期から前漢初期とされる、吉林樺甸西荒山屯青銅短剣墓から出土した管珠で、全長50mm、直径7mm、孔径5mmと長大太身である。この遺物を除いた円筒形ガラス管珠の法量は、全長8～30mm、直径3～8mm、孔径2～4mmであり、吉林樺甸西荒山屯青銅短剣墓から出土した管珠と、法量の違いが明白である。

　一方戦国時期に見られるガラス蜻蛉管珠はその全長が約30～70mm、直径8～13mmであり、文様だけでなく、その形態が長大太身である点が特徴的である。平均的な戦国～漢代のガラス管珠と法量が大きく異なっているが、西荒山屯青銅短剣墓出土の長大太身なガラス管珠はこの蜻蛉管珠とサイズが近く、興味深い類似といえよう。

　色調は戦国時代から漢代を通じて、緑色・藍緑色・青緑色といった色調が報告されており、緑色系統や青～紺（藍）色の青色系統が圧倒的に多い。どちらかといえば戦国時代は緑色系統の、漢代は青～紺（藍）色系統の珠が多いようである。その他紫紅色・黄色・赤色・白色が報告されている。紫紅色と黄色は

戦国時代の、赤色は漢代の出土である。

　円筒形のガラス管珠の大半については、その製法は不明である。蜻蛉管珠は巻き付け技法による製作であるが、それ以外の円筒形管珠は、巻き付け技法や鋳造技法によって製作されていると考えられる。これらの技法で製作された円筒形管珠は、戦国時代に出現し、漢代にかけて系譜が続いていると考えることができるものである。

　一方、円筒形でも異なる製作技法、すなわち引き伸ばし技法で製作されているものは、新しく漢代に出現したタイプである。形態は円筒形でも細身で、漢代の新疆や広東・広西の遺跡から出土している。新疆尉犁営盤墓地出土の管珠は全長約14mm、緑色透明と赤色不透明であり、引き伸ばし技法による製作と考えられる。これまでアジアにおいて出土している引き伸ばし技法によるガラス管珠は、鉛バリウムガラスではなく、すべてアルカリ珪酸塩ガラス、すなわちソーダ石灰ガラスまたはカリガラスであり、この新疆の珠もその可能性が高い。また広東広州漢墓M3005・M3006から出土したガラス管珠も細身の円筒形であり、同じくアルカリ珪酸塩ガラスで、引き伸ばし技法による製作の可能性が高い。広西合浦県堂排M2出土のガラス管珠は形態不明であるがカリガラスであり、同じく引き伸ばし技法による製作の可能性が高い。これは戦国時代には全く見られず、漢代に特徴的といえるタイプのガラス管珠である。

　ガラス管珠の組成であるが、分析された管珠は広西合浦の管珠を除き見られない。合浦のガラス管珠は、カリガラスであった。また上述したように、新疆・広東の引き伸ばし技法で製作されたガラス管珠もアルカリ珪酸塩ガラスの可能性が高い。いずれも漢代の墳墓であり、また次章で検討するカリガラス小珠の様相からも、これらアルカリ珪酸塩ガラスの管珠の出現は漢代に入ってからであると推測される。

　しかし戦国時代～漢代の他のガラス製品の組成から推測すると、細身引き伸ばし技法タイプ以外のガラス管珠の大部分が鉛バリウムガラスと考えられる。

（2）出土地域と製作地の問題

　出土した地域は戦国から漢代において変遷を見せる。
　まず戦国時代を見ると、華北では山西・河南・陝西・甘粛から出土してい

る。山西では長治分水嶺という限られた墳墓群からのみ出土しているが、点数は多い。華中では湖北・湖南と四川に見られるが、特に湖北は江陵地域に多い。湖南はガラス璧の分布の中心であり、蜻蛉珠や蜻蛉管珠が出土しているが素文管の出土例が少ない点は注意したい。一方湖北はガラス璧の出土数は少ないが、蜻蛉珠や蜻蛉管珠、素文管の出土例は多い。このようなガラス製品の種類による出土分布の違いは興味深い。今後検討に値する問題であろう。また四川から出土したガラス管珠は、前述したように楚との関係の中で入手した可能性が高いものである。

　残念ながら、ガラス管珠も含め、漢代以前のガラス工房址が発見されていないため、ガラス管珠の製作地を検討するのは困難である。戦国時代のガラス管珠については、ほかのガラス製品の出土状況も合わせて考慮すると、特に湖北や湖南、四川など華中で出土したガラス管珠は、楚地域で製作された可能性が十分にあろう。その場合、璧・素文管珠・蜻蛉管珠・蜻蛉珠の分布の違いは、同じ楚の中でもガラス製品の種類によっては、異なる地域で作られていたことを示唆するのかもしれない。一方で、華北でも蜻蛉珠をはじめとしたガラス製品が多い点を考慮すると、ガラス管珠もまた、華北でも製作された可能性も十分にあろう。

　戦国晩期から前漢にかけて、東北・華南・新疆・モンゴル高原と、ガラス管珠の出土地域が大きく広がっている。しかし華南の雲南以外では特に集中的に出土しているような地域はなく、出土例自体が少ない。また華北や華中、特に山西・湖北・湖南といったそれまで多数出土していた地域では、ガラス管珠がほとんど見られなくなるという変化も起きる。

　広がった地域を見ると、中国の辺縁地域であり、特に雲南では滇文化、モンゴル高原では匈奴や鮮卑、新疆や東北吉林では在地の青銅器文化といった、戦国諸国や漢帝国の版図から外れてはいるものの、中国社会から強い影響を受けたと考えられる地域の墓から出土している。

　これらの地域では、現在のところガラス製作が行われていたと推測するのは難しいため、それらの地域＝モンゴル高原・新疆・雲南で出土した管珠は、搬入品の可能性が高いと考えられる。雲南・新疆・モンゴル高原などで出土している円筒形のガラス管珠は、戦国から漢代に中国国内で見られる円筒形ガラス

管珠と同じ特徴をもっているため、中国から搬入されたと考えるべきであろう。一方東北の吉林樺甸西荒山屯から出土した円筒形の管珠は長大太身な素文管という、他に例を見ないものであり、その製作地についてはさらに検討する必要がある。

また六稜柱形は現在雲南と新疆以外は出土しておらず、その製作地は不明である。しかし漢代に常見されるガラス製九竅塞には稜のあるものも多数見られており、これら九竅塞の製作となんらかの関係を擁する可能性があろう。また広東・広西・新疆に見られる細身の引き伸ばし技法が想定される管珠は、アルカリ珪酸塩ガラスである。次章で扱うが、カリガラスであるならば中国南部の両広地区の製作が推定され、一方ソーダ石灰ガラスはインドや東南アジアの製作が想定される。この搬入経路については後ほど検討を行いたい。

これらガラス管珠は、漢代に分布域が広がるという点では他のガラス製品のあり方と似ており、それら辺境地域に見られる他のガラス製品（耳璫など）も、漢帝国内から搬入されたと考えられるものである。

（3）管珠の被葬者

これら管珠を副葬していた被葬者について簡単であるが触れておきたい。華北や華中など、ガラス製作の可能性をもつ地域においては、戦国早期ではかなり身分の高い人物の墓で見られた。例えば戦国早期の長治分水嶺 M 270 号墓は高位の貴族の墓と考えられている（山西省文物工作委員会晋東南工作組他 1974）。しかし時代が下ると、より広い身分に副葬されたようである。これは蜻蛉珠など他のガラス製品の様相とも一致する[25]。

一方で、ガラス管珠を戦国諸国または漢帝国から入手したと考えられる周辺地域、すなわち四川・雲南・モンゴル高原などでは、身分の高い人物の墓から出土しており、ガラス管珠が珍重されていた様相を示唆している。

（4）戦国から漢代にかけての様相の変化

ガラス管珠の形態・法量をみると、戦国時代に多く見られた円筒形で全長 8〜24 mm、緑色系統や青〜紺（藍）色の青色系統の管珠は、漢代でも散見される。このタイプは戦国時代に出現し、漢代にかけて継続する系譜をもつと考え

られる。一方で、漢代になると戦国時代には見られなかった六稜柱の管珠や、アルカリ珪酸塩ガラスの細身の円筒形の管珠が出現している。戦国時代では蜻蛉珠などの珠類と璧・剣飾のガラス製葬玉以外は見られなかったのに対し、漢代になると多様な種類が現れ、ガラス製品全体が多様性を示す、という点についてはすでに述べた。ガラス管珠の種類の増加は、ガラス製品全体の多様な発展と呼応しているといえよう。

　それらガラス管珠の製作地であるが、現在のところ戦国時代から漢代にかけてのガラス製作址は発見されていない。戦国時代についてはそれぞれの地域で触れているが、蜻蛉珠や璧など他のガラス製品の様相とあわせて考慮すると、ガラス管珠は華北の山西・河南や、華中の湖北・湖南における製作が想定される。

　一方漢代は戦国時代に比べ、ガラスの生産・製作地が広がっていたと考えられる（小寺　2012：p.61, pp.80-83）。管珠についていえば、合浦から出土したカリガラスの管珠もまた、地方におけるガラス製作の活性化の証左である。このカリガラスの詳細については次章で取り上げるが、漢代にはカリガラスによるガラス製品が両広地区で製作されていた可能性が指摘されており（黄后善　2005：p.192、谷一　1999：p.81ほか）、カリガラスの管珠もこの地区における製作が想定される。特にカリガラス製の小珠は中国だけでなく東アジア各地へと広がっており、それら珠類が広く流通したことがわかっている。このような漢代におけるガラス生産・製作の広がりが、戦国時代に見られなかった管珠を生み出す背景と考えられる。ところで、広州漢墓から出土した、引き伸ばし技法と考えられる管珠は、両広地区で製作されたカリガラス管珠、またはインドや東南アジアで製作されたソーダ石灰ガラス管珠、どちらも可能性があるものである。これも次章で詳しく取り上げるが、両広地区が東南アジア・インドといった、いわゆる南海の窓口として活性化した状況が背景にあるためである。

　さらに漢代になると、ガラスの分布が広がった点について触れた。この原因としては、生産地や製作地の広がりだけでなく、漢帝国の続く平和の中で商業活動が盛んになり、モノの流通が盛んになったという社会的背景がまずあげられる。さらに漢帝国の対外戦略は非常に重要な要素として存在する。

　すでに戦国時代から戦国諸国の周辺の社会に対し、ガラス管珠が搬入されて

いたが、漢代になるとそれはさらに盛んになる。背景には漢帝国の対外戦略により、南海・西域諸国への進出および交流、倭を含めた東方諸国との接触が盛んになったという状況がある。これにより、漢帝国内で製作されたガラス製品が帝国内の各地へと流通しただけでなく、漢帝国と接触をもったアジア各地域へも、漢帝国のガラス製品が多数もたらされることになる。もちろんその中に弥生時代の日本も含まれる。漢帝国の影響を受けた各地で増加する需要に対応して、さらに生産・製作が増加・発展したことも想像に難くない。

例えば、アルカリ石灰ガラスの細身管珠は新疆で出土している。このガラス管珠がカリガラスであるならば、両広地区で製作されたと可能性が高いため、このような漢帝国の広がりを背景に、中国内陸部を経由して、シルクロード沿いの町へともたらされたと考えられる。一方ソーダ石灰ガラスであるならば、中国ではなくインドや東南アジアなどで製作された可能性がある。その場合、中国の南方に流入したものが、中国内陸部を経由して新疆へ、という上述した同じルートと、中国を通らず、インドのクシャン朝領域を通じて中央アジアからシルクロードのオアシスルートを経て新疆へ、という二つの経路が考えられる。この後者のルートは、この時期クシャン朝が中国の絹を入手するルートでもある。いずれも漢帝国成立以降、頻繁に使われるようになったルートであり、その背景には漢帝国の対外戦略と対外貿易の活況がある。

しかし戦国時代のガラス管珠と、そのほかの種類のガラス製品と比較すると、ガラス管珠が漢帝国の中心地においてあまり出土が見られない、という非常に大きな疑問が生じる。単に珠類として一括して報告されたため、ガラス管珠として分類報告されていない可能性もあるが、しかし一方で漢代にガラス管珠が漢帝国の中心地では、あまり製作または使用されていなかった可能性も検討する必要がある。これについては、化学組成や鉛同位体などの科学的な分析も用いて検討する必要があろう。また製作・使用されてはいたが、副葬品として選択されていなかった可能性がある。これは戦国時代および漢代における佩玉やガラス以外の珠を含めた装飾品の副葬状況と、対比させて検討する必要があるだろう。

もう一つ考えられるものとして、ガラス管珠が対外向けの品物として製作、または選択されていた、という可能性があげられる。例えば17〜19世紀の欧

米諸国では、蜻蛉珠やガラス珠を有力な交易商品として扱っていた。それらの珠は、アフリカ、中近東、東南アジア、台湾、シベリアや北米の先住民、そして北海道のアイヌなどへともたらされた。欧米諸国にとってこれら蜻蛉珠やガラス珠は安価に作られるものだが、その技術のない地域では珍しく、大切な装飾品として、時には威儀品として珍重され、積極的に求められるものであった。またそれらの対価としては象牙・黄金・宝石・毛皮・海産物など、欧米諸国にとってより金銭的価値のある品物が、欧米諸国へと渡っていったのである（大塚 2001：pp.12-13、谷一 1997：pp.101-103）。

　匈奴、鮮卑、滇、そして倭といった漢帝国と接触を行い、かつ文化の差がある地域の有力者の墳墓において、漢帝国からもたらされたと考えられるガラス管珠が多く見られるのは、同様の現象がその背景にあった可能性はないだろうか。すなわち漢帝国が、または漢帝国において周辺社会と交渉を担っていた人物なり集団が、蛮族にとって貴重かつ好まれる品物として、ガラス管珠を選択していた可能性を指摘したい。

　以上、戦国時代から漢代におけるガラス管珠の様相についてまとめた。出土例も多くなく、出土遺物の様相も明確でないものが多い。よりはっきりとした分類や製作地の検討といった問題は、今後の出土例の増加だけでなく、これまで出土したガラス管珠の様相がより明確になることが必要であろう。

第4節　楽浪郡出土のガラス管珠

　漢代のガラス管珠の分布を見ると、漢帝国の辺境といえる地から多数のガラス管珠を含めたガラス珠類が出土していることがわかる。同じく辺境地域である楽浪郡においても、ガラス管珠の出土が多数見られる。楽浪郡、という弥生社会にとって対外交渉の窓口であった地域から出土しているガラス管珠は、弥生社会のガラス管珠と比較検討する上で、非常に重要な遺物である。幸い楽浪土城出土のガラス製品が実見可能であった。まず楽浪土城から出土したガラス管珠の様相を詳細に分析したい。

1. 楽浪土城出土のガラス管珠

　朝鮮半島の西北部にあった衛氏朝鮮を紀元前108年に滅ぼした武帝は、王倹城（今の平壌）のあったところに楽浪郡、その南に真番郡、東（東海岸）に臨屯郡、東北（咸鏡道）に玄菟郡の4郡を設置し、各郡の中にさらに県を配置して朝鮮半島に郡県支配をしいた。紀元前85年には真番、臨屯の2郡が廃止され、前75年に玄菟郡が西北地方へ移動し、実質的には楽浪郡のみが半島の支配下にあった（早乙女　2000：pp.94-95）。楽浪郡は西晋まで続き、おおよそ紀元前1世紀から約400年間、平壌を中心とする西北朝鮮は中国の支配下にあったこととなる。

　楽浪郡では支配の拠点として土城を築き、そこに役所を置いて郡治や県治とした。楽浪土城はその楽浪郡治址である。東西約700 m、南北約600 mの広さが確認されており、第二次世界大戦前に東亜考古学会により発掘が行われた。この発掘では多数のガラス製品が出土し、その中にガラス管珠も数点発見されている（朝鮮古蹟研究会　1936、高橋　1937）。

　楽浪土城から出土したガラス製品には、耳璫と珠類が見られる。珠類には管珠・小珠・連珠がある。これらは弥生時代の日本から出土している製品でもある。出土総数では管珠と小珠の数が多い。

（1）ガラス管珠の分類

　楽浪土城出土のガラス管珠は、形態は円筒形と胴部がやや膨らむエンタシス形が見られる。製作技法に関しては、巻き付け技法と捻り引きが想定される。組成・形態・製作技法により、大きく5群に分けた（図6）。

【鉛バリウムガラス】

　a．楽浪土城Ⅰ群

　形態はエンタシス形、巻き付け技法により一つずつ個別に製作されたと考えられる。法量および外見的な特徴から2タイプにわけた。

　Aタイプ：6点出土。法量は全長19～22 mm、直径4.7～6.2 mm（巻き始め

272 第Ⅱ部 アジア各地のガラス製品の様相と弥生社会の対外交流

①楽浪土城Ⅰ群

Aタイプ

Bタイプ

②楽浪土城Ⅱ群

③楽浪土城Ⅲ群

④楽浪土城Ⅳ群

Aタイプ

Bタイプ

⑤楽浪土城Ⅴ群

図6　楽浪土城出土　ガラス管珠（Ⅰ～Ⅴ群）

と巻き終わりが4.7〜5.4 mm、胴部最大径が5.1〜6.2 mm)、孔径0.9〜2.3 mm (細い端が0.9〜1.4 mm、太い端が1.6〜2.3 mm)。色調は風化により一部白色化しているが、青色が観察されるものもあり、本来は青色系統の色調である。半透明。複数点出土しているが、形態・法量ともに揃っている。表面に見られる波状の痕跡(図6-3)は鋳造によるものとの説もあるが、これは巻いた後の整形時に、加熱された表面のガラスが溶けたため形成されたものと考えられる。法量からもわかるように孔は一端が大きく、一端が小さい(図6-2)。巻き付け技法で作る場合、最後に芯を抜きやすくするため、芯の太さに傾斜をつけるのは現在まで見られるテクニックである。これも巻き付け技法で作られた証左と考えられる[27]。

Bタイプ：1点出土。法量は全長約31 mm、直径約8.5〜9.0 mm、孔径約4 mm。風化のため灰茶色を呈す。風化がひどいが、不透明な青白い色調が一部観察される。本来は青色系統の色調を呈していたと考えられる。

b．楽浪土城Ⅱ群

1点。形態は円筒形、製作技法は巻き付け技法または捻り引き伸ばし技法[28]。長い管を製作し、その後数点に切り分けたと考えられる。法量は全長25 mm、直径8 mm、孔径約4 mm。風化して銀白色化しており、本来の色調

図7　楽浪土城全タイプ管珠

は不明であるが、かすかに淡青色が観察され、おそらく透明度の高い青色系統を呈していたと考えられる。

c．楽浪土城Ⅲ群

1点。形態は円筒形で、緩やかな螺旋状の痕跡から製作技法は捻り引き伸ばし技法と判断した。長い管を製作し、その後数点に切り分けたと考えられる。法量は全長15 mm、直径3.2 mm、孔径約2 mm。表面は銀化しているが、本来は青色系統の色調を呈していたと考えられる。

d．楽浪土城Ⅳ群

円筒形。風化がひどいため製作技法は不明。複数点出土しており、法量および外見的な特徴から2タイプにわけた。

Aタイプ：1点。法量は全長25 mm、直径5.4 mm、孔径約3 mm。風化により表面は灰茶色となっているが、破損部分から不透明青色の色調をもつ内部が観察される。本来は青色系統の色調を呈していたと考えられる。

Bタイプ：2点。2点とも完形ではないが、残存部の法量で全長19～27 mm、直径8.7～9.7 mm、孔径約4 mm。太身である。不透明な青色の色調を呈する。他の管珠に見られる全長と直径とのバランスを考慮すると、本来の全長は、30 mm程度であった可能性がある。

以前は成分分析を行っていなかったため、Ⅰ～Ⅳ群に分類した後、その状態から鉛（バリウム）ガラスであろうという推測を述べた（小寺 2013）。その後東京理科大学中井研究室に依頼し、2014・2015年に東京大学所蔵の楽浪出土ガラス製品の全点分析を行った。[29] Ⅰ～Ⅳ群はすべて鉛バリウムガラスであった。一方で、その状態から石製の可能性が考えられていた白色管珠が、分析から鉛ガラスであることが判明した。このためⅤ群を新たに設定する。

【鉛ガラス】

a．楽浪土城Ⅴ群

2点。1点ほぼ完形、1点は残欠。形態は円筒形で、製作技法は不明。法量は現長で最大12.4 mm、直径4 mm、孔径2 mm。白色不透明である。表面が滑らかで、石製または陶製の管珠と見紛う質感をもつ。風化状態は観察され

ず、元来白色不透明であった可能性が高い。なお、鉛ガラスと鉛バリウムガラスの風化状態が異なる点は注目される。

(2) 楽浪土城のガラス管珠の特徴と他地域との比較

　以上、楽浪出土のガラス管珠を組成・製作技法・形態・法量から、Ⅴ群7タイプに分類した。これほど多様なガラス管珠を出土している遺跡は、戦国〜漢代を通じてほかに見られない。その多様性に富んだ状況は、非常に特徴的であるといえよう。

　楽浪土城Ⅰ群はエンタシス形を呈する。特にAタイプは法量が全長19〜22 mm、直径4.7〜6.2 mm。その形態と法量が規格的である点は注目される。同じ工房で製作されたと考えて問題ないであろう。

　中国における漢代の遺跡では、楽浪土城出土品以外に、エンタシス形の管珠は現在のところ報告例はない。戦国時代に遡ると、湖北江陵雨台山の春秋晩期〜戦国早期とされる墓からエンタシス形の珠が出土しているが、楽浪土城の管珠より胴部が膨らんだものであり、また時期的にも早く、系譜関係が想定できるものではない。しかし楽浪土城出土のエンタシス形ガラス管珠の法量と色調は、後述する戦国時代から漢代の一般的なガラス管珠の範疇にはいるといえるだろう。

　楽浪土城Ⅱ〜Ⅳ群は円筒形である。円筒形は3群4タイプに分けた。全体的には残存部で全長10〜27 mm、直径4.0〜9.7 mmであり、技法を観察できたものでは、巻き付けと捻り引きが見られる。楽浪土城Ⅳ群のA・Bタイプは製作技法が不明であるが、その太さから巻き付け技法の可能性が想定される。特に興味深いのは楽浪土城Ⅲ群の1点である。捻り引き技法による製作と考えているが、非常に細身である。楽浪以外の漢帝国の遺跡では、これに等しいような法量をもつ管珠は、アルカリガラス系の引き伸ばし技法による珠で、その他の珠（鉛バリウムガラスの可能性が高い）の中では、現在のところ報告されていない。

　一方楽浪土城Ⅴ群は鉛ガラスであり、全体の中では非常に点数が少ない。しかし今後の研究において非常に重要な問題を提示した。一見石製や陶製と判断される、または報告されている管珠の中には、ガラス製品がかなり存在して

いる可能性を示したのである。このため漢代のガラス製管珠の出土数は、かなり増加する可能性がある。

逆に漢代もしくは併行期に周辺地域から出土している中で、楽浪に見られないタイプの管珠としては、まず法量からみると、東北から出土した太身長大な西荒山屯の管珠があげられる。法量の直径から楽浪土城Ⅳ群Bタイプが当てはまる可能性があるが、外見の特徴は異なっており、同種の珠とは言いがたい。また製作技法が引き伸ばし技法による管珠が両広地区と新疆から出土しているが、このタイプの管珠は楽浪土城から出土していない。また他地域に少量見られる、稜のあるタイプの管珠が楽浪土城に見られない点は興味深い。

この西荒山屯タイプと引き伸ばし技法による2タイプ以外の、戦国から漢代の円筒形のガラス管珠は、法量は全長8～25 mm程度、直径約4～8 mmで、藍色・緑色・黄色・紫紅色・白色（風化によるものと思われる）などの色調をもつ。楽浪土城の円筒形ガラス管珠もまた、大半がその法量および色調の範疇に入るものである。法量で見ると楽浪土城Ⅳ群Bタイプが大きく、その範疇をやや逸脱しているが、色調や外観は範囲内に収まっている。むしろ、（上述した東北と新疆の管珠を除く）漢代の円筒管珠の法量の幅を広げるもの、といえるのではないだろうか。

楽浪土城から出土した大半の円筒形のガラス管珠は、その法量と色調が戦国時代から系譜を引き、漢代においては漢帝国の範囲および影響を受けた地域に多数見られる円筒形のガラス管珠、という範疇の中で、判断できるものであるといえよう。一方、他地域に見られない楽浪土城Ⅲ群の珠についてはまた後で検討したい。

（3）楽浪土城出土のその他のガラス製品（図8）

ガラス管珠以外のガラス製品について簡単に説明を行う。

小珠は小珠形が多く、環状形小珠も見られる。そのほかには連珠形・扁球形・花弁形の形態をもつものが見られる。

小珠形のガラス小珠の色調は、淡青色・青色・灰色がかった青色・藍色の半透明を呈する青色系統の珠と、黄褐色不透明・緑色不透明・赤褐色不透明のタイプが存在する。また白色不透明の小珠も存在するが、この色調が風化のため

かは不明である。また環状形小珠は、風化により白色化している。

　これらの色調の小珠形の小珠は、漢代に常見されるものである。分析の結果、淡青色・青色・藍色半透明の小珠と、黄褐色不透明・緑色不透明の小珠はカリガラスであることがわかった。特に青色系統の小珠は、弥生時代の遺跡から多数出土している、カリガラスの小珠と同種と考えられる。

　一方多数出土している赤褐色不透明な小珠は、2点がカリガラスで、残りすべてが高アルミナソーダ石灰ガラスであった。灰色がかった青色半透明の小珠もソーダ石灰ガラスであった。この赤褐色の小珠はムティサラと呼ばれており、この時期のアジア地域に広く見られる珠で、圧倒的多数がソーダ石灰ガラスであるが、ごく稀にカリガラス製のものが見られる。その着色技法から、イ

1：耳璫

2：連珠

3：花弁形

4：小珠（小珠形）

5：小珠（環状形）

図8　楽浪土城出土　ガラス製品

ンドや東南アジアにおける製作が想定されており、これについては次章で取り上げる。

　白色の小珠は鉛ガラスと鉛バリウムガラスが混在していた。鉛ガラスのほうが状態がよく、一見ガラスに見えない質感をもつ点は管珠と同様である。これら鉛ガラスの白色不透明の小珠は、管珠同様、本来から白色不透明であった可能性が高い。

　環状形小珠はすべて鉛バリウムガラスであった。風化が激しく、白色で状態も悪いが、1点のみ黄色の色調をわずかに観察できるものがあった。すべてがこの色調かは不明である。一部の珠に巻き始めと巻き終わりの痕跡が観察され、巻き付け技法による製作と考えられる。この環状形小珠も、弥生時代後期の遺跡に見られる珠と同種のものである可能性が高い。

　連珠は小珠を2～4点連結したような形態をもつものである[30]。楽浪土城出土の連珠は合計5点、2連が2点、3連が2点、4連が1点である。色調は風化により白色化しているが、黄色と緑色系統の色調が観察され、本来は透明度の高い黄色および緑色を呈していたと考えられる。分析によるとバリウムを含まない鉛ガラスであった。類似の形態の連珠が平原木棺墓から出土しているが、その分析によると平原の珠はソーダ石灰ガラスであった（(財) 九州環境管理組合 1991）。現在のところ、連珠の製作地は明らかではないが、組成や製作技法から少なくとも2地域が存在した可能性があろう。また扁球形や花弁形の珠も漢代に見られるようになるものである。風化のためか、白色化している。分析の結果、バリウムを含まない鉛ガラスであった。このタイプの製作地も明らかではない。

　耳璫は漢代の耳飾りで、楽浪土城で出土したものはいわゆる腰鼓形で紺に近い青色を呈し、透明である。驚くほど風化が見られない特徴から、カリガラス製であると考えていたが、分析の結果鉛バリウムガラス製であった[31]。また楽浪古墳から出土した同タイプのガラス耳璫も分析を行ったが、5点中4点が鉛バリウムガラス、1点のみがカリガラスであった。

2. 楽浪古墳のガラス製品

　楽浪におけるガラス管珠の製作問題を検討する前に、楽浪の墳墓から出土したガラス製品の様相についてもふれる必要があるだろう。以下、簡単にまとめ、楽浪におけるガラス製作検討の一助となしたい。

　楽浪においては、太守などの最高支配階層は中国から派遣され、任期が終わると帰国した。一方楽浪郡の支配階層は、衛氏朝鮮以来の土着中国人や新たに流入した中国人、朝鮮土着の人々によって構成されていた。彼らが葬られた墳墓が、大同江南岸の楽浪土城（楽浪郡治址）周辺に多数残っている（早乙女 2000：pp.95-96）。楽浪郡の墳墓は、中国式の木槨墓と磚室墓が見られる。木槨墓はおおよそ2世紀代までみられ、一方磚室墓は2世紀ごろから出現し、3世紀代には支配的な墳墓形態となる（高久 1993：pp.57-61）。漢代は主に木槨墓が中心であるといえよう。

　第二次世界大戦以前の調査では、貞柏里古墳群・石巌里古墳群などの漢代の木槨墓および磚室墓から、ガラス製の耳璫・小珠・丸珠・切子珠・棗珠・心葉形珠・羊形佩飾などが出土している。特に耳璫は楽浪古墳から常見されるものであるが、一方で管珠は見られない。この他の素材の珠類としては琥珀棗平珠・棗珠・珠、瑪瑙製切子珠・丸珠・棗珠、水晶製切子珠・丸珠などがガラス製珠類や耳璫と共伴している。なお珠類は棺内から出土している場合が多く、被葬者の装飾品と考えられる。珠類を出土する墓は多いものの、一方で出土していない墓も見られる（朝鮮古蹟研究会 1934a・1934b・1935・1936）。

　戦後の調査についての情報は少ない。高久健二（2004）のリスト「近年発掘調査された楽浪・帯方郡地域の古墳」に記載された副葬品を見ると、木槨墓からは珠類が多数出土しているのに対し、磚室墓段階になると、ガラス以外の素材も含め珠類の副葬が少なくなっているようである。しかしデータ不足のため、木槨墓と磚室墓の珠類の副葬の違いについては今後の検討課題であろう。[32] なおこれら墳墓から出土した珠類は、ガラス製のものが相当数出土しているようだが、詳細は不明である。[33]

　このように楽浪古墳からは、特に木槨墓段階を中心に、多数の珠類が副葬さ

れている。ガラス製珠類としては切子珠・棗珠・小珠・丸珠・心葉形珠などが見られる。心葉形珠の詳細は不明であるが、それ以外の珠については漢代に散見されるものといってよいだろう。ガラス以外の珠類も出土しており、琥珀製・瑪瑙製・水晶製の珠が見られる。これら珠類は主に棺内から出土しており、被葬者の装飾品であった可能性が高い。このほかガラス製品は耳璫が特に多く出土しており、これは木槨墓だけでなく塼室墓からも多数出土している。また1点だけであるが、ガラス製羊形佩飾が見られる。ガラス製の小型動物形飾は漢代に散見され、虎・獅子・鴨などがあるが、羊が最も多いものである（小寺　2012：pp.65-66）。しかし楽浪古墳からはガラス管珠の明確な出土例は確認されていない。

3. 楽浪土城におけるガラス製品の出土状況と製作の問題

楽浪土城では青銅器生産とガラス製作が行われていた、という指摘が鄭仁盛（2002）によってなされている。

楽浪におけるガラスの製作については、弥生時代に見られるガラス管珠の流通ルート、そして交渉ルートを検討する上でも非常に重要な問題である。楽浪から出土したガラス管珠とガラス製品が、楽浪土城で製作された可能性を検討したい。

（1）ガラス製作に関する議論と問題点

まず鄭仁盛が指摘した、楽浪土城におけるガラス製作に関する議論とその問題点を取り上げたい。

鄭仁盛（2002）は、楽浪土城から出土した青銅遺物の中で、青銅器製作に関わる遺物があることを指摘し、それらの遺物の検討から、楽浪土城において青銅器が製作されたと論じた。さらに、青銅器の鋳造に関係する遺物がF地区を中心に集中していることから、F地区に青銅器製作工房が位置する可能性が最も高く、またD地区も候補として考えられる、と述べている。次に青銅器製作工房の位置をさらに確認するために、ガラスの鋳造と青銅器の鋳造は密接な関係があるといわれていることから、ガラス珠の出土位置を参考にあげた。

「土城内からはガラス玉の鋳造に使われたと見られる土製の鋳型が数点出土した。また水晶製の玉の未成品もあるなど、実際土城内で各種ガラス玉の製作がさかんに行われたことがわかる」と述べている。そしてガラス珠が集中して出土しているＦ地点に青銅器製作工房を求めるのが、今の段階では最も妥当であろう、としている。「また青銅器鋳造関係の遺物とガラス玉類の集中出土地点が一致することは、土城内でガラス玉と青銅器の製作が同じ工房で同時に行われたことを物語っている」としている（鄭仁盛 2002：pp.152-153）。

まず、楽浪土城において青銅器製作が行われていたという点について異論はない。しかしガラスの製作に関して、いくつか重要な問題点がある。

何よりも大きな問題点としてあげられるのが、鄭仁盛は出土したガラス珠の種類を区別せず、すべてをまとめて「ガラス玉」が製作されたとしている点である。上述したように、楽浪土城から出土するガラス製品には、管珠・小珠・耳璫が見られる。その中には、楽浪で製作した可能性が全くないガラス製品も含まれている。

もっとも明白なものは、カリガラスとソーダ石灰ガラスの小珠である。次章で取り上げるが、その成分や遺物の分布から、これらアルカリ珪酸塩ガラスの小珠は、中国両広地区・東南アジア・インドなどでの製作が想定されているものである。このため、楽浪土城でこれらの珠が素材から作られていたということは考えがたい。ただし、これらの小珠の破損品を素材として鋳型などを使用して再び小珠を製作するという再加工であれば、この楽浪土城で行われた可能性はあろう。すでに述べたように、弥生から古墳時代の日本列島でも、粉砕したガラスをたこ焼き型の鋳型に詰めて加熱し、改鋳によって小珠を作るという、ガラスの二次製作を行っていた。しかし、現在のところ楽浪土城からは、古墳時代に見られるようなたこ焼き型の鋳型は出土しておらず、また出土したこれらの小珠も、その観察から引き伸ばしによる一次製作品と考えられる。

このように、明らかに楽浪で製作されていない製品が多数出土しており、特にこれらを含めた出土地点から工房跡を検討することは、問題があるといえよう。すなわち「ガラス珠」が密集して出土するＦ地区＝ガラス工房＝青銅器工房という図式は、単純には成り立たないものである。

一方で製作された可能性を検討すべきガラス製品として、鉛珪酸塩系のガラ

スがあげられる。これについては、管珠や環状形小珠、耳璫に鉛バリウムガラス製のものが見られる一方で、ごく一部の管珠と小珠、また連珠や花形珠に鉛ガラスが見られる。この2タイプのガラス組成の製品は形態も異なり、同じ工房で作っていたと想定することは難しい。どちらの成分のガラス製品も、もう一方の成分のガラスで製作することが可能であり、あえて成分を変える必然はないからである。楽浪土城内で製作されたのであれば、どちらか片方の組成のガラス製品である可能性が高い。

　また成分の違いの問題だけでなく、管珠については、その形態・製作技法の違いから、ガラス製品として一括して検討するには大きな問題が存在する。ガラス製品の形態や製作技法の違いには、製作地の違いが反映されている可能性が高いのである。またそれぞれのタイプで量の多寡があり、これもまた意味があると思われる。すなわち、ガラス管珠がこの楽浪土城で製作されていたとしても、出土したすべてのタイプが楽浪土城で製作されたものとは考えがたい。

　ところで鄭仁盛は、先行研究によりガラスの鋳造と青銅器の鋳造は密接な関係があると言われている、と述べており、青銅器製作工房址とガラス製作を結び付けているが、楽浪土城から出土したガラス製品はその大半が鋳造品ではない、という点を指摘したい。すでに検討したように、楽浪に見られるガラス管珠の製作技法は、巻き付け技法と捩り引き伸ばし技法である。ガラス製作の論拠の一つとしている土製の鋳型の詳細は明らかでないが、いずれにせよガラス管珠の製造とは関係ないと考えられる。とはいえ、ガラス製作の工房では、原料を溶融したり、またガラス素材を再溶融、再加工するためなどに、炉は必要不可欠である。ガラス製作の工房があるならば、青銅器の工房と同一の場所にあった可能性が最も高いことは間違いない。

　最後に、ガラス製品の製作を検討するのであれば、ガラスを原料からこの地で製作していたのか、またガラス素材は搬入されたものを使用し、それを再溶融しガラス製品を製作していのか、というガラス素材の生産の有無という問題も重要である。これについては、化学分析だけでなく鉛同位体比の分析も必要である。

　以上をまとめると、楽浪土城で製作された可能性があるガラス製品は、ガラス管珠（すべてではないが）と、環状形小珠など一部の鉛珪酸塩系の小珠であ

るといえる。
　次に楽浪で出土したガラス製品の出土状況を取り上げ、これら製作の可能性のある珠と、製作の可能性がない珠の出土位置がどこであったのかを再検討し、楽浪土城のガラス製作の可能性の検討と、F地区が工房であるという可能性も合わせて検討したい。

（2）ガラス製品の出土状況

　楽浪土城の発掘報告によると、ガラス管珠はCトレンチ、D区域、E-E'トレンチ、Fトレンチから出土している。まず、発掘報告書よりそれぞれの出土状況を見ていく。
　Cトレンチ内では、耕土下10cmの深さにおいて、ガラス管珠1、五銖銭、「不而左尉」文字の封泥など多数の遺物が出土した。Cトレンチではこの他「楽浪禮官」の瓦当残片、水晶切子珠、また「楽浪大尹章」「訡邯左尉」「宰印」「王□私□」等の封泥などが発見されている。D区域では、ガラス耳璫、ガラス管珠2、石製管珠1、水晶切子珠、五銖銭20個が出土している。E-E'トレンチから骨製管珠1を出土している。このほか、発掘ではガラス耳璫、「遂成右尉」封泥、骨鏃、銅鏃、鉄鏃、鉄斧、五銖銭等を出土したと報告されている（朝鮮古蹟研究会 1936）。Fトレンチ（F区域）からは多数の小珠・管珠が出土しているとの報告があり（高橋勇 1937）、この珠類はガラス製品であると思われる。
　これら朝鮮古蹟研究会の報告では遺物の出土位置などの詳細は不明であるが、鄭仁盛により、ガラス製品の出土位置が作図されている（鄭仁盛 2002：p.344）（図9）。鄭仁盛の作図には詳細な出土位置は記載されていないため、あらためて各タイプの出土位置を検討したい。なお出土区は鄭仁盛（2002）と表現を統一するためにそれぞれ、CトレンチをC区、D区域をD区、E-E'トレンチをE区、FトレンチをF区とする。なお、出土地点が判明しない遺物もある。
　楽浪土城I群Aタイプの管珠6点の記載を見ると、F4区より出土したものが2点、F2区・F5区が各1点C区が1点、不明が1点である。楽浪土城I群BタイプはC区から出土している。楽浪土城II群はC区、楽浪土城III群は

284　第Ⅱ部　アジア各地のガラス製品の様相と弥生社会の対外交流

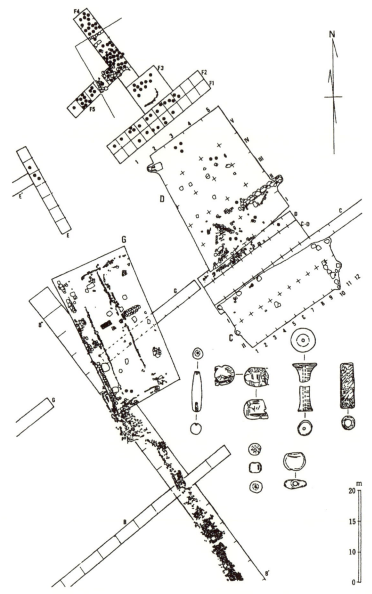

ガラス製品各種とその出土位置。F1・2区内の遺物は各々の正確な出土地点がわからないものが多い（黒点がガラス製品）。

図9　楽浪土城におけるガラス製品の出土位置（鄭仁盛 2002より）

F5区より出土している。楽浪土城Ⅳ群AタイプはF4区より出土し、BタイプはD区とF4区から出土している。楽浪土城Ⅴ群はF5区より出土している。

　管珠以外の珠を見ると、まず小珠はC・D・F区より出土しており、花弁珠はC区より出土していた。また連珠はF2・4・6区より出土し、耳璫はC区から出土している。[37]

　次に区ごとにまとめて見てみたい。まずC区は楽浪土城Ⅰ群AタイプとBタイプの管珠を各1点、楽浪土城Ⅱ群の管珠1点、小珠、花弁珠、耳璫を出土している。D区は楽浪土城Ⅳ群Bタイプを1点と小珠を出土している。F区は最も出土数が多い。楽浪土城Ⅰ群の管珠4点、楽浪土城Ⅲ群の管珠1点、楽浪土城Ⅳ群A・Bタイプが1点ずつ、楽浪土城Ⅴ群が2点、このほか小珠・連珠が出土している。

　これからみると、ガラス管珠は発掘区内のさまざまな区域から出土しているが、F区の出土が最も多い。特にその形態と法量が揃っている楽浪土城Ⅰ群Aタイプの管珠が6点中4点F区より出土している、というのは重要であろう。楽浪土城Ⅰ群Aタイプのエンタシス形の管珠は形態と法量の規格性が高いもので、同じ工房で製作されたことは明らかである。しかし出土位置は区の中でも3地点に分かれており、墓からなどの一括遺物ではない。これはこのガラス管珠が、どこか他の場所で製作されたのち、一括で運ばれてきた可能性をより低くしている。さらに楽浪土城Ⅰ群のエンタシス形の管珠は、現在漢帝国の他地域では出土していない。ここから考慮すると、楽浪土城Ⅰ群Aタイプの管珠は、楽浪で製作された可能性が最も高い遺物といえよう。

　すでに鄭仁盛は青銅器の鋳造に関係する遺物がF地区を中心に出土し、一部D地区からも出土していると述べている（鄭仁盛 2002：p.152）。F地区が青銅器工房であり、また同じ場所でガラス製品を製作していたとしたならば、F地区から大半が出土している楽浪土城Ⅰ群Aタイプのエンタシス形ガラス管珠が、この工房で製作されていた可能性が最も高いといえる。

　F区からは、その他楽浪土城Ⅲ～Ⅴ群の管珠が出土している。正確な出土位置が不明なものもあるが、出土点数の多さやF区からの出土をみると、このタイプのガラス管珠もまたこの工房で製作されていた可能性も考えられる。し

かしいずれも出土点数が少なく、早急な判断は避けたい。
　小珠に関しては、F区から多数出土しており、改鋳や巻き付け技法による小珠の製作が行われていた可能性もある。しかしあくまで可能性であり、今後はガラス小珠の詳細な調査により、楽浪土城における製作の可能性を検討する必要があるだろう。
　材料に関しては、楽浪でガラスを原料から製作していたか否かは、今回の検討からは不明である。当時原料からガラスへと製造された後、ガラスはガラス板や棒などの素材として流通していた可能性がある。(38)楽浪土城では出土してはいないが、そのようなガラス素材を入手して、ガラス製品を製作していた可能性はあるだろう。
　一方、F区から出土していない楽浪土城Ⅱ群の管珠は、すでに検討したように戦国時代～漢代にかけて中国内で見られる円筒形ガラス管珠の範疇に入るものである。出土数も1点と少なく、これは楽浪土城における製作ではなく、搬入されたものと考えるべきであろう。一方楽浪土城Ⅳ群Bタイプは、それら戦国～漢代の円筒形ガラス管珠よりやや大きめといえる管珠である。F区からも1点出土しており、今後楽浪における製作についても検討する必要があるかもしれない。
　以上をまとめると、楽浪土城で製作されていた可能性が高い管珠は楽浪土城Ⅰ群Aタイプであり、製作工房があるとするならば、出土位置からみても、青銅器工房と同じくF地区と考えるべきであろう。この工房では環状形ガラス小珠などの製作を行っていた可能性もある。なおF地区出土ガラス製品には、上述したように明らかに楽浪で製作されていないものもあり、"F地区で出土＝楽浪で製作されたガラス製品"とはいえない点には注意したい。
　このF地区の機能について、谷豊信（1995）が重要な指摘をしている。谷は楽浪土城の中で、これら東亜学会の発掘した区域が含まれる東北隅に位置する200m四方程の範囲では、文字瓦当や封泥の出土することなどからみて、この一角に官衙が集中していたものとみられる、と述べている。すなわち、これらガラス管珠を含むガラス製品は、楽浪郡の官衙から出土したものであり、製作を行っていたのは官営工房の可能性が高いと考えられるのである。このガラス管珠の製作が官営工房で行われた可能性が高いという点は、非常に重要で

ある。

4. 楽浪へのガラス製品の搬入ルート

　以上、楽浪がガラスの製作地であった可能性を検討した。一方、明らかに楽浪土城で製作されていないガラス製品は、どのように楽浪にもたらされたのであろうか。

　この楽浪郡に見られる文化は、中国本土そのものの文化ではないが、中国の文化の強い影響を受けていた。例えば、谷（2004）によると、楽浪土城における漢代から西晋時代の瓦当文様の変遷は、中国本土の中心地である西安や洛陽における変遷と大筋において対応しており、また楽浪の墳墓の墓制は、同じく漢代から西晋時代の中国本土の墓制の流れに合致している。それら楽浪に見られる漢式瓦当や墓制の状況は、文化の中心地（西安や楽浪）と周辺地域（楽浪）という図式で理解できるものである、と論じている。

　またその中国本土との関係も洛陽や西安といった中央とだけでなく、各地域とかなり複雑な関係を結んでいた様相がうかがえる。谷は紀年磚の分布から、楽浪が海上交通によって、長江下流域と文化的にかなり近い関係をもっていた可能性が高いことを指摘している（谷　1999：p.191・2004：p.3）。岡村秀典は、楽浪からは江南系の銅鏡が多数出土していること、また前漢末期に比定できる楽浪漢墓からは南海産のタイマイや江南の灰釉陶器、刻紋青銅器などが少なからず出土していることを述べ、海路を通じた江南との交易が存在した可能性を指摘している（岡村　1995：pp.16-17）。

　当時の楽浪では中国本土との頻繁な交流の中で、さまざまな文物が流通していたと考えて問題はないだろう。ガラス製品の流通においても、楽浪は漢帝国の活発な流通圏に属していたと考えられる。この地で製作されていないガラス製品は、このような流通の中で中国本土の何処かの製作地から楽浪まで運ばれたと考えられる。

　これら他地域で製作されたガラス製品の中でも、楽浪土城からアルカリ珪酸塩ガラス製の小珠が多数出土している点と、楽浪古墳からカリガラス製の耳璫が出土している点は注目される。特に耳璫は楽浪古墳から多数出土しており、

他地域と比較しても出土数は多い。アルカリ珪酸塩ガラスの小珠の製作地は、中国両広地区や東南アジア・インドと考えられており、カリガラス製のガラス耳璫は、カリガラス製の小珠同様に両広地区における製作された可能性が高いものである。

この時期、南海（インド・東南アジア）貿易および海のシルクロードに対する交易の窓口は中国両広地区（広西壮族自治区合浦など）であった。また秦代以降、両広地区と長江流域は水路で結ばれるようになり、長江下流域にはより容易に中国両広地区からの、ひいては南海や西方からの文物がもたらされるようになった。江蘇省では後漢および西晋から東晋にかけて、海のシルクロード経由と考えられるローマンガラスが多数出土しており（小寺 2012：pp.83-86・pp.126-133）、長江下流域と両広地区とのつながりを示している。

楽浪と長江下流域、さらにその中でも江南地域が、かなり密接なつながりを有している可能性が指摘されていることは、すでに上述した。楽浪土城および楽浪古墳から出土しているガラス製品の一部も、長江下流域や両広地区との密接なつながりを示す証拠の一つであるといえよう。これら両広地区で造られたガラス製品と、南海製や西方製のガラス製品が両広地区から江南へともたらされ、江南から楽浪へ直接的な海路によってもたらされた可能性は非常に高いと考えられる。

以上、楽浪土城から出土したガラス製品を、ガラス管珠を中心に検討を行った。多様な種類のガラス管珠が出土しており、その形態・法量・製作技法から分類することができた。

さらにその出土地点などの情報を加味し、特に複数点見られる楽浪土城 I 群 A タイプのエンタシス形のガラス管珠は、楽浪土城の工房で作られていた可能性が高いことを指摘した。このように楽浪土城でガラス製作が行われているのであれば、他地域出土の円筒形管珠よりやや大き目の法量をもつ楽浪土城 IV 群 B タイプは、楽浪土城で製作された可能性も検討すべきであろう。一方その他のタイプの円筒形の管珠は、楽浪土城で製作した可能性を否定できないものの、他地域から搬入された可能性のほうがより高いと考えられる。

これらガラス管珠をはじめ、小珠や耳璫、その他楽浪古墳からも出土してい

るガラス製品は、漢帝国本土との頻繁な接触によりもたらされたものであろう。中でも長江下流域と楽浪のつながりは深く、これらガラス製品の中には、長江下流域から直接的に運ばれたものがある可能性を指摘した。

　ところで、活発な流通ルートがその背景に想定されるガラス小珠やガラス管珠であるが、楽浪土城では多数出土しているにもかかわらず、戦前の楽浪古墳の発掘では出土が少ない。ガラス小珠が散見される程度で、ガラス管珠にいたっては皆無であり、常見されるガラス耳璫と対照的である。単純に発掘方法や組成の問題もあるかもしれないが、木棺墓の遺存状況も考えると、少なすぎるといえよう。中原など漢帝国のほかの地域でもガラス管珠の副葬が少ないことは、すでに指摘した。ガラス管珠を装飾品として普段使用していても、副葬する習俗が存在しなかった可能性はあろう。しかしこれらの問題は、戦後から現在までの楽浪古墳から出土する遺物についての情報も必要であり、性急な判断は控えたい。

第5節　戦国時代〜漢代の管珠と弥生管珠

　以上、中国および楽浪郡の戦国時代から漢代の遺跡に見られるガラス管珠を検討した。

　全体的な分類はできなかったが、弥生時代のガラス管珠とつながりが深いと考えられる遺物が出土している。ここであらためて、弥生時代の搬入ガラス管珠と漢代のガラス管珠の関係について考察したい。第Ⅰ部第2章で分類したガラス管珠のそれぞれのタイプ別に、戦国〜漢代の遺跡から出土したガラス管珠を対比させて検討する（弥生時代の各タイプの管珠の図は第Ⅰ部第2章図4・5参照）。

1．WC吉野ヶ里タイプと吉林樺甸西荒山屯青銅短剣墓出土遺物

　吉林樺甸西荒山屯青銅短剣墓M3から出土した長大太身のガラス管珠（図3）は、朝鮮半島の扶余合松里など無文土器時代の墓から出土した、長大太身

のガラス管珠（図10-1・2、第Ⅱ部第1章図2）や、弥生前期中葉〜後葉にかけて出土した、WC吉野ヶ里タイプのガラス管珠（図10-3、第Ⅰ部第2章図2）とその形態や特徴が非常に似ているものである。これらは同じ系譜をもつ、もしくは同種のガラス管珠と考えてよいだろう。西荒山屯M3の遺物はそれらの中でも最も整った形状をもつ。

　この墓群は報告によると戦国晩期〜前漢初期と考えられている。墓群では7基のうち5基から青銅短剣が出土し、また多数の青銅剣が出土している。M6からは銅剣が、M1からは触角式柄細身剣が出土している。この他青銅の剣把も多数出土しており、さらにM2からは多鈕粗文鏡が出土している。この墓群は土着の青銅器文化の墓地であり、北方青銅器文化に属している。またこれら青銅器は朝鮮半島の青銅器文化との関連を示唆するものである。一方で鉄製の農業生産工具等の遺物は、彼らが中原の文化を受け入れていた様相を示しており、報告書ではこの地域と接していた燕国の影響を受けた可能性が指摘されている。

　この吉林樺甸西荒山屯、朝鮮無文土器時代、および弥生時代から出土しているガラス管珠の相互の関係を検討するにあたり、最も重要な問題となるのが、製作が行われた地が（または最初に製作された地が）、この中国東北の青銅器文化の地域であるか、朝鮮半島青銅器文化の地域であるかという点であろう。青銅器からもこの西荒山屯の属する地域の青銅器文化は、朝鮮半島青銅器文化とつながりをもっていることは明らかであり、このタイプのガラス管珠の存在もつながりを裏付ける遺物である。しかし西荒山屯の青銅器文化と、扶余合松里など韓国のガラス管珠を出土した無文土器時代の文化との関係は、時期の前後を含めていまだ大きな問題となっている。ここで朝鮮半島および中国東北地域の青銅器や編年について明確な言を述べることは避け、ガラス管珠がこれらの問題解明の一助となるべく、ガラス管珠の様相を整理したい。

　これらガラス管珠からそれら遺跡および時代の関係を考察するために、このタイプのガラス管珠の系譜を検討したい。このタイプの管珠は中国戦国時代に見られる素文管には見られない。しかしすでに第Ⅱ部第1章で述べたように、朝鮮半島においてもそれ以前にガラス製作は行われておらず、また法量や外見が似ている石製管珠は見られず、系譜をたどることはできない。これは中国東

第2章 戦国時代から漢代における中国のガラス管珠の様相 *291*

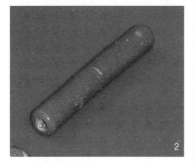

1：扶余合松里出土
2：公州鳳安里出土
3：佐賀吉野ヶ里出土

図 10 朝鮮無文土器時代のガラス管珠と日本吉野ヶ里遺跡出土管珠

北部の在地の青銅器文化についても同様である。さらに朝鮮無文土器時代の長大太身なガラス管珠が、鉛バリウムガラスという中国独自のガラスで作られている点をみると、少なくともガラス原料の配合および管珠の製作技術自体は中国から伝播したと考えて問題ないだろう。

そこでこの長大太身という形態と法量について、中国における似た珠を検討すると、戦国時代の蜻蛉管珠が俎上にあがる。文様の有無を取り上げなければ、製作技法や形態の系譜がつながる可能性がある。この蜻蛉管珠の製作地の一つとしてあげられるのが、戦国時代の華北である。この地域では蜻蛉管珠や蜻蛉珠が見られており、それらの生産が行われていたと考えられる（小寺2012：pp.30-31）。

ここからは推測にすぎないが、何らかの要因で華北のガラス生産の工人集団

が東北または朝鮮半島へと流れ、在地の青銅器文化の地域へとたどり着き、その地域においてガラス管珠を製作した可能性はないだろうか。そのため原料からガラスへの製作はこれまでの技術にのっとって鉛バリウム[42]となるように配合した、もしくは中国から素材ガラスを入手した[43]が、一方でその形態は青銅器文化の好みを取り入れて変化を加えたのではないだろうか。すなわちこの地域でそれ以前から好まれていた天河石や碧玉の色調を取り入れ、蜻蛉管珠でなく、白点をもつような青色・緑色の単色の管珠を製作した可能性はあろう[44]。

　遺物の完成度は相互の関係を検討する上で、重要な手がかりとなる可能性がある。これらWC吉野ヶ里タイプおよび類似の管珠は、表面に凹凸があるものが多く、またゆがみがあるなど、その完成度はかなり幅がある。さらに白色の筋や斑点が観察されるが、これは溶融状態の良し悪しによるものと考えられる（岡内 1993：pp.37–42）。凹凸が少なく、ゆがみがなく、溶融状態がよいものを完成度の高いものとして、同タイプの珠を比較検討する。

　朝鮮無文土器時代のこのタイプのガラス管珠については、すでに第Ⅱ部第1章で取り上げたが、岡内（1993）も指摘するように、扶余合松里（図10-1、第Ⅱ部第1章図2-7・8）および公州鳳安里（図10-2、第Ⅱ部第1章図2-11）のガラス管珠が、ゆがみや凹凸がなく、溶融状態もよく、出土遺物の中でより完成度が高いと考えられる。

　一方弥生時代のこのタイプのガラス管珠、すなわちWC吉野ヶ里タイプの遺物は点数が多く、その完成度もかなり幅がある（図10-3、第Ⅰ部第2章図4-1～3）。吉野ヶ里SJ1002甕棺から出土したWC吉野ヶ里タイプのガラス管珠は80点弱と多いが、その質にかなり幅がある。最も整美なものを比較しても、凹凸・ゆがみ・溶融状態は、上述した扶余合松里のものと同等に近いものも見られるが、大半のものは質がよくない。大半はゆがみや凹凸がひどく、同様に質が悪い珠は無文土器時代の珠には見られない[45]。このため全体的に見れば、無文土器時代の同タイプのものより質が悪いものが多い、すなわち技術的に劣っているといえるだろう。一方、中国吉林西荒山屯M3の遺物は写真（図3）からのみの検討であるが、凹凸・ゆがみともほとんど見られない。色調から透明度も高いと思われ、溶融状態もよいと推測される。また遺物12点は法量が揃っており、その点は、複数点出土した扶余合松里や長水南陽里、吉野ヶ

里と異なっているといえる。すなわち完成度の高さは、吉林西荒山屯M3、無文土器時代の特に扶余合松里・公州鳳安里、そして佐賀吉野ヶ里の順であるといえる。

しかし技術が発展したとみるか、または衰えたとみるか、によりその最初の製作地は異なる判断となる。さらに製作地が複数で技術の優劣があった、などの理由も考えられるため、やはりどの地域で製作が開始されたかは判断がつきにくい。

これまでの状況から推測すると、
① 吉林西荒山屯の地域で製作されていた製品が、朝鮮半島青銅器文化にもたらされた。
② 工人集団が当初は吉林などで製作していたが、その後朝鮮半島無文土器文化地域へ移動した。
③ 当初から朝鮮半島無文土器文化地域に工人が渡り、西荒山屯の遺物は朝鮮半島からもたらされた。

といった可能性が考えられる。しかし遺物の出土数や無文土器時代の出土遺跡の広がりから見ると、朝鮮半島無文土器社会において、このタイプのガラス管珠が、最も長い期間製作されていたものと考えられる。

またすでに第Ⅱ部第1章で検討したが、弥生時代中期にみられるWC吉野ヶ里タイプは、朝鮮半島中西部において製作されていたこのタイプのガラス管珠が、弥生社会へともたらされたものと考えられる。特に吉野ヶ里から出土したガラス管珠は、中期中葉〜後葉の墓から出土しており、これら中国および朝鮮半島から出土した同タイプのガラス管珠の中で、最も遅く出現したと考えられる。この遅い時点で、最も技術が劣ったものが製作されていた理由としては、少なくともこの時期の朝鮮半島においてガラス製作技術が衰えていく方向にあったためと考えられる。例えばその背景には、中国からの新たなガラス製作技術の流入や工人の移動がなかったという可能性が考えられよう。最終的に無文土器文化の終焉と共に、このタイプのガラス管珠製作技術が途絶えてしまったのであれば、原三国時代以降にこのタイプのガラス管珠が出現しない状況とも整合する。

2. WC立岩タイプと旅順魯家村漢代窖蔵出土遺物

　前漢代の旅順魯家村漢代窖蔵はその出土貨幣より、前漢中～晩期と考えられている。出土した管珠は図版がないものの、その写真からいずれも円筒形で形態・サイズが揃っていることがうかがえる。その法量は不明であるが、少なくとも全長20 mmを超えないのではないかと推察した。このサイズの円筒形管珠は戦国時代から中国で見られており、戦国時代からのガラス管珠の系譜を引く珠であると考えられる。これは弥生時代中期後葉～後期に出土する円筒形管珠と、形態・法量・色調が整合するものである。その中で前漢中晩期という時期とその共伴遺物から、特にWC立岩タイプの管珠との関連がうかがえる。WC立岩タイプの管珠は中期後葉の北部九州の厚葬墓から出土した珠であり、この厚葬墓の甕棺には漢鏡2～3期の銅鏡が副葬されていた。

　この窖蔵からは10面の銅鏡（図11）が出土している。第Ⅰ部第4章で述べたが、漢代に一つの墓から複数の銅鏡が出土した遺跡は非常に少なく、複数面をもつ墳墓は王侯クラスのものであった。この遺跡は墓ではないが、多数の銅鏡を出土したという点では、非常に珍しい遺跡といえる。銅鏡は大中小にわけて報告されている。大型とされる銅鏡は3面、すべて減字清白鏡で直径17 cm、銘文も同じである。中型とされる銅鏡は3面、すべて減字昭明鏡で、そのうち2点が直径10.6 cmで銘文も同じである。1点が直径9.3 cmで銘文も異なる。小型とされる銅鏡は4面で、すべて連弧文日光鏡であり、直径6.6 cmである。3点の銘文が同じで、1点が異なる。また図示されている銅鏡はすべて連弧文鏡であるが、重圏鏡が含まれているかは不明である。

　これらの鏡は、岡村秀典の漢鏡3期（岡村 1984）に属する鏡であるが、北部九州の厚葬墓から出土した鏡は、ほぼ同型の鏡である。第Ⅰ部第4章で述べたように、岡村は弥生時代に出土した銅鏡を検討するにあたり、鏡を大型・中型・小型に三分している（岡村 1999：pp.8-21）。その分類ではおおよそ面径20 cm以上が大型、16～18 cmの鏡は中型、径5～12 cmの鏡は小型と分けており、以下記述はそれに従う。なおこの旅順の出土報告では、銅鏡を大・中・小に分けているが、岡村の基準にあわせると、出土報告で大型とされるものは

第 2 章　戦国時代から漢代における中国のガラス管珠の様相　*295*

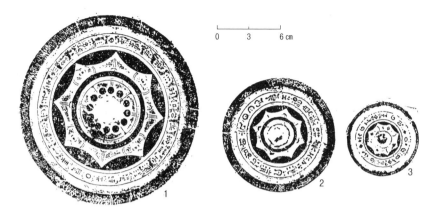

1：大型銅鏡　2：中型銅鏡　3：小型銅鏡
図 11　遼寧旅順魯家村漢代窖蔵出土　前漢鏡

中型鏡、中型・小型とされるものは小型鏡に属する。

　福岡須玖岡本 D 地点甕棺墓から出土した鏡は散逸しているが、中型の清白鏡 8 面と小型の昭明鏡・日光鏡が出土している（高倉 1995）。三雲南小路 1 号甕棺墓では連弧文清白鏡が複数面出土しており、鏡径は 16.4～18.8 cm に復元されている。三雲南小路 2 号甕棺墓では、連弧文照明鏡 5 面（直径 6.2～8.3 cm）、連弧文日光鏡 7 面（直径 6.36～7.40 cm）が出土した。立岩遺跡では 10 号甕棺墓と 35 号甕棺墓から連弧文清白鏡（各径 18 cm、18.05 cm）が、34 号甕棺墓から連弧文日光鏡（径 4.9 cm）が出土している。福岡東小田峯 10 号墓では連弧文清白鏡（径 17.2 cm）が出土している。このほか、漢鏡 3 期に属する銘帯鏡は、北部九州の中期後葉の墓から 10 数例出土しているが、多くは面径 6～11 cm の小型鏡である。

　旅順魯家村漢代窖蔵から出土した鏡の文様の組み合わせは、「ナ」「イト」の王の墓とされる須玖岡本と三雲南小路だけである、という点も興味深い。そしてこれら漢鏡 3 期の銅鏡を出土した中期後葉の北部九州の墳墓から、銅鏡と共に出土しているのが、WC 立岩タイプの管珠である。この窖蔵から出土したガラス管珠のサイズがはっきりとわからないが、時期を考えてみても、同タイプの可能性が非常に高いのではないかと考えられる。

　WC 立岩タイプの管珠は北部九州から大量に出土しているため、弥生社会に

おける製作も想定されている論については、第Ⅰ部第2章で触れた。この窖蔵出土ガラス管珠が WC 立岩タイプである、もしくは WC 立岩タイプを含むのであるならば、前漢代の遺跡より北部九州と同様の遺物の組み合わせで出土しているという点、そしてこれまで検討してきたように、この円筒形の管珠は戦国時代のガラス管珠の系譜を引くという点をみると、WC 立岩タイプが中国で作られたと推測することがきわめて妥当となる。逆に弥生社会で作られたガラス管珠が中国へと（貢納などとして）渡ったとしたら、弥生社会へもたらされたものと同型の銅鏡とともに出土するということは、非常に考えがたい。この窖蔵出土のガラス管珠と銅鏡は、漢帝国内の同じ工房で作られるか、少なくとも同時期に作られたものであり、それを入手した人物により、何らかの理由で一括して保存され、現代まで土中にあったと考えた方が妥当であろう。

　この窖蔵の本来の目的は不明であるが、ガラス管珠を多量に出土した遺跡が墳墓ではない、という点もまた興味深い。墳墓に埋葬されていないものの、ガラス管珠が作られていたという証左である。

3. DC 二塚山・DC 三雲仲田タイプと広州漢墓・新疆尉犂営盤墓地出土遺物

　新疆尉犂営盤墓地 M26 墓は、漢～魏晋あるいはやや遅い時期と考えられる墓である。この墓から出土した2点のガラス管珠は緑色透明・赤色不透明を呈し、いずれも細身円筒形でサイズは全長約 14 mm であった。製作痕から、これらのガラス管珠は引き伸ばし技法による製作と考えられ、カリガラスまたはソーダ石灰ガラスの可能性が考えられる。また広州漢墓の前漢後期の墓から出土した引き伸ばしと考えられる管珠は、同じくカリガラスまたはソーダ石灰ガラスと考えられる。

　次章で詳細に取り上げるが、東アジアでは漢代併行期には多数のカリガラスの小珠が見られ、漢代でもやや遅い時期になるとソーダ石灰ガラスの小珠が見られるようになる。これらアルカリ珪酸塩ガラスの珠は中国の両広地区や、インド・東南アジアといった地域の製作が想定されている。

　同様の引き伸ばしによるアルカリ珪酸塩ガラスの管珠は北部九州の弥生時代

後期の遺跡から出土している。DC二塚山は素材がカリガラス、DC三雲仲田がソーダ石灰ガラスで、いずれも弥生時代後期の北部九州に見られるものである。いずれの地域も、アルカリ珪酸塩ガラスの小珠を多数出土している地域であり、これらアルカリ珪酸塩ガラスの管珠も小珠の搬入とともに、もたらされたと考えられる。

　すでに、尉犂営盤墓地にこのアルカリ石灰ガラスの管珠がもたらされた背景として、漢代の流通の活況や対外交渉の活発化を指摘した。弥生社会にこれらアルカリ石灰ガラスの管珠がもたらされた背景には、新疆と同様に漢帝国における流通と対外交渉の活発化という状況が、外的要因として存在すると考えられる。これは東アジアだけでなく、アジア全体の社会の動きと弥生社会が無関係ではなかったことの興味深い証拠である。

4. WE東山タイプと楽浪土城出土エンタシス形管珠

　楽浪土城から出土したガラス管珠について分類を行ったが、特に楽浪土城Ⅰ群Aタイプのエンタシス形管珠は複数点出土しており、さらに楽浪土城における製作も可能性が高い遺物である。

　このタイプとほぼ同じ種類の管珠が、弥生時代後期に西日本・北部九州を中心に出土しているWE東山タイプである。形態・寸法・色調・製作技法、すべて同じであり、同種の珠だといっても過言ではない。WE東山タイプは、時期的には後期全般にわたっており、総計では100点を超える可能性がある。一被葬者に対し1〜3点のみの出土もあるが、福岡須玖岡本遺跡・兵庫東山墳墓群など5〜10点以上出土している遺跡もあり、福岡平原1号墓では20点以上出土していると考えられる[46]。これらは主に着装と考えられる状況や、また何らかの儀礼を想定させる状況で出土している。その使用状況を考えると、一括出土遺物はばらばらに入手した珠ではなく、複数点を揃えて入手したと考えられる。なお、弥生時代後期のガラス管珠ではWE東山タイプだけでなく、WC門上谷タイプでも同様の分布や出土状況を見せている。

　楽浪出土遺物の時期は明確ではない。しかし楽浪土城の年代は、紀元前1世紀から西晋時代までと考えられる。弥生時代後期と時期的にも整合すると考え

てよいであろう。

　このWE東山タイプのガラス管珠は、弥生時代後期と併行する朝鮮半島の原三国時代の遺跡からは出土しておらず、そもそも原三国時代にガラス管珠の出土がほとんど見られない、という状況については前章で述べた。一方で弥生社会に見るまとまった数量のガラス管珠の入手は、これらを流通させていた社会との直接的な関係をうかがわせる。

　同種と考えられる楽浪土城Ⅰ群Aタイプは、楽浪土城で製作された可能性が高いと考えられるものである。すなわち弥生時代後期に、このWE東山タイプのガラス管珠を多数出土した地域、北部九州でも福岡・糸島、そして北近畿の首長達は、直接楽浪と接触していた可能性が高いと考えることができよう。

5. WC門上谷・TC有本タイプと漢代の円筒形ガラス管珠

　この他、弥生時代の遺跡から出土している搬入ガラス管珠として、WC門上谷・TC有本・WC西谷タイプがあげられる。この中でWC西谷は成分が異なり、ナトロンソーダ石灰ガラスである。その成分からは少なくともそのガラス素材は中国以外における製作を検討する必要がある。このためWC西谷については、今回は漢代の遺物と比較検討を行わない。

　WC門上谷は、円筒形で巻き付け技法により製作された珠である。西日本各地から出土しており、法量が全長約20〜34mm、直径約5〜10mmと、弥生時代から出土したガラス管珠全タイプの中で、最も法量に差があるもので、細分する必要性も考慮すべき珠である。一括して出土したものは、形態・法量ともに規格性が高いという特徴をもつ。TC有本は円筒形で、捻り引きにより製作された珠である。弥生時代後期に西日本から出土しており、出土量は多くはない。法量は全長7.5〜22.0mm、直径2.5〜7.0mmで、幅があるが、一括出土遺物の規格性は高い。

　戦国時代〜漢代のガラス管珠では、円筒形のガラス管珠は常見されるものである。明らかに系譜が異なる吉林樺甸西荒山屯青銅短剣墓M3と新疆尉犁営盤M26から出土したガラス管珠を除き、法量は全長8〜25mm程度、直径約

4〜10 mm 程度で、緑色系統や青〜紺（藍）色など青色系統の色調が中心的である。WC 門上谷タイプは、比較するとやや全長が長いが、楽浪出土珠を見ると、漢代から出土する円筒形ガラス管珠の中には、全長 30 mm に届くと考えられるものも出土している（楽浪土城Ⅳ群 B タイプ）。WC 門上谷タイプは、戦国時代〜漢代の円筒形ガラス管珠の範疇に入る珠といってよいであろう[48]。

　一方 TC 有本タイプは、その法量と色調は漢代の円筒形の範疇に入るが、現在のところ中国出土遺物で、捻り引き技法で製作されたとわかっている管珠は、楽浪土城から出土した 1 点（楽浪土城Ⅲ群）のみである。この楽浪土城出土の楽浪土城Ⅲ群は丹後大山 3 号墓から出土したものと、法量が非常に近い（大山は全長 17.5 mm、直径 3.8 mm）[49]。他地域のガラス管珠を観察していないため、捻り引きで製作された珠が他にもある可能性は否めない。ただこれまでの報告では、楽浪土城Ⅲ群ほどの細さのものは現状では報告されていない。楽浪土城Ⅲ群は 1 点のみの出土であり、楽浪における製作を検討するのは早急である、とすでに述べた。今後他の遺物の製作技法の観察を行った後に、検討すべき問題であろう。

　以上、弥生時代に見られる搬入ガラス管珠は、WC 西谷以外はすべて、漢代または漢代併行期の大陸の遺跡から出土する同種の管珠があるといってよいだろう。弥生の各タイプのガラス管珠が、列島内の異なる地域や時代において出土する状況には、当時の東アジアの社会状況を見ることができる。

結　語

　中国の戦国時代から漢代におけるガラス管珠の出土品を検討し、またそれらと弥生時代に見られるガラス管珠を検討した。

　中国のガラス管珠については報告数も多くなく、図版などもないため、かなり曖昧な分析となったが、各時代の傾向や、戦国時代から漢代のガラス管珠の系譜といった全体的な様相は、ある程度明らかになったといえよう。さらに楽浪出土遺物に関しては、実見による分類を行い、その製作についても検討を行

うことができた。これにより漢代のガラス管珠の製作状況や流通状況についても、より具体的な検討を行うことができた。

最終的に弥生社会出土のガラス管珠との対比において、WC 西谷以外はすべての弥生搬入ガラス管珠に対応するガラス管珠が、中国において存在したことは非常に重要であるといえよう。

まず弥生時代中期に見られるガラス管珠は、いずれも大陸で製作されたことがわかり、中国出土ガラス管珠とその共伴遺物、弥生時代のガラス管珠とその共伴遺物との関連において、WC 吉野ヶ里タイプを入手した首長と、WC 立岩タイプを入手した首長が、異なる時期に異なる地域と交渉を行っていたことを、あらためて示す結果となった。

また後期に見られるガラス管珠の中でも、WE 東山タイプ＝楽浪土城Ⅰ群Ａタイプの管珠が楽浪における製作の可能性が高くなり、これらを多数入手していた地域の首長達は、楽浪と直接接触していた可能性が高いと考えられる結果となった。この楽浪土城Ⅰ群Ａタイプの管珠が、楽浪土城の「官衙」で製作されていた可能性が高い、ということは非常に重要であると考えられる。すなわちこの管珠は、漢帝国との公的なつながりの中でもたらされた可能性が高い、ということである。これらを入手していた北部九州や北近畿の首長達の、漢帝国とのつながりの内容についても、あらためて検討できる可能性があろう。

もちろんすべてが、下賜といった公的な品物のやりとりであったわけではないであろう。滞在した楽浪郡内における入手や、また私的な交渉なども考えられる。すでに漢代では、漢帝国の辺境もしくは周辺地域までガラス製品が広く流通している様相が、今回の漢帝国におけるガラス管珠の検討からもうかがえる。弥生社会も後期になると、末端ではあるが、この漢帝国におけるガラス製品の流通の一角を占めていた可能性があろう。

このガラス製品の流通には、小珠を中心としたアルカリ石灰ガラスの製品が大きな位置を占めていた。次に、古代アジアで広く流通し、かつ弥生時代に非常に多数出土しており、各地域の活発な交流の様相を示唆する、カリガラス製品とその製作・流通について考察したい。

註

（1）安家瑶はすでに1984年に「中国的早期玻璃器皿」（安家瑶 1984）を発表しており、1986年の論文集に掲載された論文は、1984年の論文を基にしている。

（2）この中で、蜻蛉珠の象嵌部分について、鋳造による製作技法を提示している（関善明 2001：p.18）。また后徳俊（2005：p.99）や傅挙有（2005：p.235）は、蜻蛉珠の製作技法として、関善明が提示した鋳造による製作技法を主要なものとして取り上げている。しかしこれら中国から出土している蜻蛉珠は、その文様や断面からみても、大半は鋳造的な製作ではなく、ガラス片を重層的に貼り付けて文様とする、いわゆる貼付技法で製作されたと考えられる。

（3）先秦・漢を扱った后徳俊（2005）の論考でも同様である。

（4）基本的に『文物』『考古』『考古学報』など主要な学術誌において報告された遺跡から出土した遺物を中心としており、他の雑誌における報告については取り上げていないものが多い。また上述三誌の中でも取り上げていない遺物は見られる。

（5）特に春秋戦国時代から漢代にかけては、どのように中国独自であるかを主張するために多くの言が費やされている。

（6）この問題は、註（2）に取り上げている。

（7）中国のガラスは西周におけるファイアンス製品や原始瓷器を起源とした独自のものとしており、西方の影響については述べられていない。しかし中国において最初に出現するガラス製品は西方の蜻蛉珠が伝来して以降に出現した点、また西方の蜻蛉珠と形態・文様が同一である点を考慮すると、西方の影響を軽視しすぎではないかと考える。また製作方法は鋳造以外について検討しておらず、蜻蛉珠の象嵌部の製作技法についても、関善明（2001）の鋳造技法を踏襲している。

（8）すでに筆者は拙著『ガラスが語る古代東アジア』（小寺 2012）で、古代中国におけるガラス製品の変遷について簡単に取り上げている。

（9）この出土地域に関しては、西方製、中国製を区別せず記載している。

（10）湖北江陵県望山1号墓出土越王勾践剣は、剣格の両面に象嵌された文様があり、片方は緑松石が、もう片方はガラスが象嵌されていた（湖北省文化局文物工作隊 1966）。このガラスの組成は分析によるとカリ硝石を原料と推定されるカリガラスであった（谷一 1999：p.26）。

（11）岡内三眞は、管珠の形態についてはファイアンス製の珠（形態が多様である）までも一括してガラス管珠としており、筆者と比べ検討対象が広範囲となっている。ファイアンスとガラスの管珠が一続きの流れとして扱えるかは、ファイアンス→ガラスという系譜の有無についてまず検討する必要があろう。

（12）ガラス以前に作られた管珠として、西周時代にファイアンス製の珠が出現する。ファイアンスとは、粉末状にした石英の核に少量のアルカリの釉薬を加えて焼成させたものである。西アジアでもガラスが出現する前にその前形態として現れていた。陝西省と河南省の西周期の墳墓から出土しており、前11～前8世紀頃のもので

ある(王世雄 1986、谷一 1999:p.9 ほか)。これらは中央に凸部や瘤のある珠・管珠などで、淡青色や淡緑色を呈している。分析からは90％以上が石英で、石英の粉を珠上に造形して加熱したものと考えられる(王世雄 1986)。ファイアンス珠はその後春秋戦国時代においても、多くはないものの作られていたようで、河南淅川下寺墓の春秋中晩期の墓葬からも多数のファイアンス珠が出土している(河南省文物研究所他 1991)。これら西周期から春秋期にかけてみられるファイアンス珠が、戦国時代以降にみられる素文のガラス珠とどのような関係をもつかについての詳細な検討は行われていない。註(11)でも述べたように、ファイアンスとガラスの系譜について検討する必要がある。

(13) 地域の区分は小澤ほか(1999:p.3)による。

(14) 劉昇雁・黄一義の記述によると、スペクトル分析から珪素30％以上、アルミニウム10％以上、銅2％以上とのことである(劉昇雁・黄一義 1988:pp.160-161)。この分析からガラスの種類を判断することは難しい。鉛珪酸塩ガラスにしてはアルミニウムの含有量が多いように思われる。藤田(1994:p.101)も同様の指摘をしているが、おそらく鉛バリウムガラスであろう、と結論している。

(15) ガラス管珠が、風化のため陶管と判断された可能性も考えられる。

(16) 陶管と呼ばれる珠は戦国時代・漢代の墳墓から出土しているが、いずれも報告では全長20 mm以内であった。

(17) 四稜形のガラス管珠と円筒形のガラス管珠が掲載された白黒写真からは、四稜形のガラス管珠に比べると円筒形が約半分程度の全長であった。それらガラス管珠合わせて全長8～20 mmと記されていることを考えると、恐らく四稜形が全長20 mm、円筒形が全長8～10 mm程度ではないかと考えられる。

(18) 詳細な成分は、第Ⅱ部第3章表1にも記載しているが、下記の通りである。SiO_2 79.1％、K_2O 10.4％、MgO 0.5％、Al_2O_3 1.86％、Fe_2O_3 1.51％、Na_2O 0.87％。

(19) この墓地では戦国時代と考えられる7基の墓から、349点にのぼる珠類が出土した。報告によると"石串珠"とされているが、張平(2005:p.176)は天藍色・円柱形のガラス管珠が出土している、と指摘している。この墓地から出土した串珠の写真(干福熹他 2005 写真11-14)によると、ガラス管珠が1点観察される。形態は円筒形、色調は青色系統、サイズは不明だが、他の全長が記載されている珠類のサイズと比較すると、全長は15 mm程度であると考えられる。

(20) なお西溝畔匈奴墓地のM4墓(前漢初期)から柱状と報告されたガラス珠が120点出土した。しかし形状は管珠というより、橄欖状か棗状に近いものである。弥生時代の遺跡から出土するこのタイプのガラス珠は、棗珠として分類され扱われている。このため本書でも管珠としては取り扱わない。

(21) 発掘報告(新疆文物考古研究所 2001)ならびに李文玫(2007)によると、出土珠類の全長は1.5～14.0 mmと珠の種類を分けずに記載されている。図版と写真から出土した珠類の中でガラス管珠が最も長いことがわかるため、ガラス管珠の全長を

14 mm と判断した。
(22) 漢代にはオアシスルートはそれ以前に増して活況を呈していた。武帝は積極的に匈奴の討伐と西域交易の掌握に努め、前121年頃には漢は甘粛地方から匈奴を追放し、武帝は河西地方に河西四郡をおき、直轄両地化を進めた。また烏孫をはじめとする西域の各国（大宛・康居・大月氏・大夏・安息・身毒など）に使節を送った。これにより西域諸国は漢と国交を開始することになる。こののち、オアシスルートによる東西交易は活況を呈する。
(23) 引き伸ばし技法による製作にアルカリ石灰ガラスが適している点については第Ⅰ部第1章で述べた。
(24) 関善明（2001）には、収蔵品として多数のガラス管珠が掲載されている。参考として記載したい。松石緑色玻璃管・珠（関善明 2001：pp.124-127）は春秋晩期～戦国早期のものとしている。形態は円筒状で、色調は青緑色不透明を呈する。関善明はその大きさから二式にわけている。Ⅰ式：直径6～7 mm、長23～39 mm、孔径2～4 mm、Ⅱ式：直径4～7 mm、全長5～12 mm、孔径2～4 mm。分析がなされており、バリウムを5.9～7.4％、鉛を22.65～23.89％含む鉛バリウムガラスであった。
(25) 蜻蛉珠の副葬の様相の変化については拙著（小寺 2012：pp.31-32）で簡単に述べている。
(26) 柳田 2008：p.255。なおこの問題については第Ⅰ部第2章で検討済みである。
(27) この6点のほか、風化が進み非常に状態の悪い管珠が1個体出土している。形態は胴部のやや膨らむエンタシス形で、法量もⅠ群Aタイプの範疇にあるため、同種の珠と判断している。
(28) 製作技法について、巻き付け技法と捻り引き伸ばし技法の判断は、出土管珠が1点だと困難な場合がある。この点については第Ⅰ部第2章参照。
(29) 以下、楽浪土城出土ガラスの組成の説明はこの分析による。分析結果およびそれを反映した楽浪土城出土ガラス製品の全体像の報告は、現在準備中である。
(30) 製作技法としては、個々の小珠を製作した後、再加熱して連結させた状態が観察された。他地域から出土した連珠では、小珠を連結させたのでなく、長いガラス管を製作した後、軟らかいうちに小珠状になるように連続して表面を括り、最終的には切断せずに連珠状としたものも存在する。
(31) このタイプの耳璫は、カリガラス製と鉛バリウムガラス製の両タイプが存在している。形態からは区別がつきにくいが、カリガラスより鉛バリウムガラス製の方が風化が進む場合が多く、風化があまり見られないものは、カリガラス製の可能性が高いと考えていた。
(32) 高久（2004）によると、このデータに記載されている古墳は正式報告書が未刊なものが大部分であるため、完全なデータベースではなく、また副葬品については空白なものが多いが、これは副葬品がないのではなく、報告されていないだけである

可能性が高い、としている。
(33) 現在のところ、楽浪古墳からはガラス管珠と明らかにわかる出土報告はなされていない。しかし永島暉臣慎がシンポジウム「楽浪文化と東アジア―楽浪郡研究の最前線」において行った報告によると、木槨墓から全長が 20 mm 未満の白色で骨製といわれている管珠がかなり見られるとのことである（永島 2004）。報告中の写真を見ると、ガラス製の可能性が高いと思われた。
(34) なお水晶製の珠の未製品はガラス珠製作の証左とならないことを指摘しておく。
(35) 報告書には出土位置の詳細な記載はない。楽浪郡の遺物はこれまで所蔵している東京大学の考古学研究室により何度か整理されている。ガラス製品が個々に納められている袋に記入されている情報が、出土地点を表すものとして考えている。
(36) 註 (35) で述べた、I 群 A タイプと判断した状態の悪い管珠も、F 地区から出土している。
(37) 小珠の出土状況とその製作の問題については、分析結果とともにあらためて詳細に検討する予定である。
(38) ガラス塊（ガレット）としての流通は、中国で行われていたかは不明であるが、ガラス棒が収集品などに見られており、流通していた素材の可能性があると考えられている（后徳俊 2005：p.110）。
(39) 李青会 (2005a) のリストをまとめると、漢代で 200 点以上出土している。このリストでは楽浪古墳における出土は含まれていない。戦前の楽浪古墳の発掘報告書をみると、常見されるといってよいと考えられる（朝鮮古蹟研究会 1934a・1934b・1935・1936 ほか）。
(40) 灵渠＝湘桂運河の掘削。これについては次章であらためて述べる。
(41) なお江蘇省では漢代の墳墓から、ローマンガラスだけでなく、ガラス衣やガラス璧を象嵌した箱型覆面など多数のガラス製品を出土しており、他の地域に見られない様相をもつ。この地域でもガラス製品が製作されていた可能性は高い（小寺 2012：pp.56-61）。
(42) 本章の趣旨から外れるが、バリウムが意図的な配合なのか、それとも原料に意図せずに混入されていたのかという議論がある（小寺 2012：pp.44-45 に詳しい）。しかしこのような辺境におけるガラス製品の製作においてもバリウムが配合されているのであれば、意図的なものであると考えられるのではないだろうか。
(43) ガラスの組成分析や鉛同位体比の分析により、さらに詳細に検討できる可能性があろう。しかし第 II 部第 4 章でも述べるが、中国文化圏では、鉱石など原料は遠隔地からの入手もあったと考えられ、科学的な分析に全面的に依存するには問題がある。
(44) ガラス素材は中国から入手していた可能性もあるが、後述する鉛同位体比からは、在地の原料を使っている可能性が高く、在地でガラスの原料からの製作も行われていたと考えられる。

（45）状態がひどい珠は、完成品を入手した後、再加熱するなど何らかの手を入れた可能性も検討すべきであろう。
（46）平原は出土状態が悪いため多くが破損しており、明確な点数は不明である。
（47）前述のまとめと法量の数値が異なるのは、楽浪のガラス管珠の数値を入れたためである。
（48）特に全長 30 mm 前後の大きいものは、楽浪土城Ⅳ群 B タイプとの関連する可能性もある。楽浪土城における製作も考えられよう。
（49）対馬椎ノ浦遺跡から出土した管珠も、同タイプの可能性が高い。

第3章
カリガラス製品と古代アジアの交易ネットワーク

　第Ⅰ部第5章で述べたように、弥生時代の日本列島内では多数のカリガラス製品が存在しており、その圧倒的多数が小珠である。弥生時代のガラス小珠は現在出土したものだけでも5万点以上を数え、大部分がカリガラスと考えられる。この非常に多数のカリガラスの小珠が列島内に広く流通していた様相については、第Ⅰ部で述べた。カリガラス製品としては、小珠と管珠といった珠類以外では1点のみであるが釧も存在しており、いずれも列島外からの搬入品であると考察した。

　カリガラスによるガラス製品は、紀元前3世紀頃から後3世紀頃にかけて古代アジア地域に非常に多数分布するものである。圧倒的多数が小珠などの珠類で、その他では耳飾り・環状製品・器とさまざまな製品が見られる。分布は中国・朝鮮半島・日本など東アジアに多く、またベトナムから多数出土している。その他、東南アジアやインドでも出土している。この古代アジアでみられるカリガラスは、西方にはみられない組成をもつもので、その組成については第Ⅰ部第1章で説明を行った。あらためて述べると、酸化カリウムと二酸化ケイ素を主成分とし、カリウムを12～18％程度含有する。また酸化アルミニウムを数％含有し、酸化ナトリウムおよび酸化カルシウムを1～2％前後、もしくはそれ以下しか含有しない特徴をもつ。[1]

　このタイプのカリガラス製品は古代アジアに特徴的な製品であるのみならず、出現期間が限られている一方で広く分布しており、古代アジアにおける製品生産と流通、そしてその背後にある人々の活動と交流を分析することのできる、貴重な遺物の一つである。そして弥生社会は、これらカリガラス製品の最終的かつ大規模な消費地であった。対中国、対朝鮮半島というだけでなく、古

代アジアという大きな枠組みの中において、弥生社会がどのような関わりをもっていたのか、カリガラスはそのような分析を行うための、まさに非常に有効な遺物であるといえる。

しかし古代アジアに見られるカリガラス製品の出土遺物を全体的に概観した上での、製作・流通の検討はこれまでなされていない。また現在までカリガラスの製作址は東アジアでは発見されていない。中国南部の広東省・広西省ではカリガラスの器や装身具などを多数出土しているため、カリガラスの製作地はこの中国南部地域であると推定されることが多い（黄啓善 2005：p.192、谷一 1999：p.81 ほか）。しかし例えば弥生社会ではカリガラスの小珠が大量に出土しているが、日本で原料から製作されている可能性はなく、単純に量の多寡で製作地をはかるわけにはいかない。さらにアジア各地におけるカリガラス製品の種類の多様さや分布域の広さを見ると、数か所における製作もまた想定されよう。

近年はカリガラスの科学的研究が盛んに行われており、後述するように組成分析から1か所ではなく最低2か所の製作地があったことが推定されている（肥塚ほか 2010：pp.16-18）。しかし科学的研究は当然ながら組成分析の検討に特化したものであり、出土ガラス製品の様相を把握した上での論考ではない。また何度も述べているように、それはガラスの素材の製作地の推定であり、ガラス製品の製作地ではないのである。

カリガラス製品の背後にある古代の人々の交流について検討するためには、科学的分析によるガラス素材の分析だけでなく、遺物の形態の検討、そしてその分布について把握することは必要不可欠である。まず形態・分布・組成などアジアにおけるカリガラス遺物全体の様相を把握し、それを基に素材の生産地・製品の製作地の検討を行う。最終的にそこから得られた知見を、製品の移動や交易に関する分析を行う一助としたい。

第1節　アジア全体にみられるカリガラス製品の種類と内容

現在化学分析から判明している、アジアに独特の組成のカリガラス製品は、

珠類・耳璫・器・ガラス環が見られる（表1）。まずはそれぞれの製品についてその詳細と分布を見ていきたい。

1. 珠類

アジアで見られるカリガラスの珠は、一次製作時には引き伸ばし技法で製作されている。[(2)] 引き伸ばし技法で製作されたガラスの管を長めに分割して製作されたものが管珠となり、短く分割したものが小珠となる。小珠は切り離した後、加熱整形しているものが多く、その場合両端部は丸みを帯びる。一方切り離したままであれば、臼状または管状を呈する小珠となる。

（1）日本

日本では弥生中期以降から古墳時代前期にかけて非常に多数の小珠が出土している。多数の出土品が分析されているが、特に弥生時代のものはカリガラスが大多数を占める。

日本で見られるカリガラスの小珠の圧倒的多数は、引き伸ばし技法で製作された搬入品である。ごく少量であるが鋳造により製作された小珠も散見される。これはたこ焼き型の鋳型に細かくしたガラス片を詰め、加熱して小珠を製作したものと考えられ、搬入されたガラス製品を利用して列島内で改鋳製作されたものと考えられる。

弥生時代の遺跡から出土したガラス小珠の出土数は、同時期の朝鮮半島の遺跡から出土した数量に比べて圧倒的に多く、また中国の漢代の遺跡から出土した数量も凌駕するほどである。[(3)] 多数の遺跡からあまりに多量に出土しているために、総数が把握できていないが、第Ⅰ部第5章で述べたように、弥生時代においてのみだけでも、5万点以上のカリガラス製の小珠が出土していることがわかっている。これら弥生時代のカリガラスの小珠の様相の変遷についても、すでに第Ⅰ部第5章で述べた。

あらためて簡単に述べると、弥生時代前期末から中期初頭に出現し、中期には北部九州や山陽などで散見される程度だが、後期に入ると西日本を中心に列島各地に分布し、出土量も激増する。特に後期の前葉から中葉には北部九州・

表 1 漢代併行期のアジアにおけるカリガラス製品 組成表

国名	遺跡・遺構	製品	時期	SiO_2	PbO	BaO	Na_2O	K_2O	Al_2O_3	MgO	CaO	TiO_2	Fe_2O_3	CuO	MnO	CoO	色調	出典
日本	福岡カルメル修道院	小珠	中期末～後期前葉	76.5	0.1		0.7	17.8	2.4	0.1	0.9		0.4	1.0			淡青色半透明	①
	福岡三雲井原ヤリミゾ15号木棺墓	小珠	後期前葉	78.0	0		0.6	15.5	1.6	0.1	1.0		1.4		1.3	0.1	青紺色	①
	京都府大鳳呂南	小珠	後期	71.8	0		0.2	18.2	4.3	0.4	0.5	0.2	0.8	0	3.6	0	紫色透明	②
	京都府大鳳呂南	釧	後期後葉	82.8				12.3	2.7		1.0		0.4				淡青色透明	③
	兵庫東梅田10号墓	小珠	後期前葉～中葉	75.9	0.06		0.7	16.4	3.8	1.0	0.5	0.1	0.4	1.27	0.05		淡青色透明	④
	兵庫東神社18号墓	栗珠	中葉	74.3			0.8	15.0	2.0	0.6	0.7	0.1	1.95	0.05	2.32	0.05	青紺色	④
	京都三坂神社3号墓	小珠	後期前葉	77.0	0.06		0.6	16.9	3.0	0.4	0.5	0.07	0.52	0.98	0.01		青紺色	⑤
	京都三坂神社8号墓	小珠		76.3			0.4	17.8	1.7	0.4	0.8	0.07	1.3	0.02	1.12	0.06	青紺色透明	⑤
韓国	慶山林堂 A-I139号	小珠	原三国	76.0			1.0	18.0	1.8	0.15	0.79	0.2	0.76	0.76	1.1		青色透明	⑥
	済州龍潭洞壅棺墓	管珠	2・3世紀	79.76	0.01	0.3	1.13	14.78	2.6	0.38		0.15	1.36	0.01	1.24	0.05	青色透明	⑦
	昌原三東洞壅棺墓	小珠	3世紀	77.32		0.27	0.36	17.6	1.36	0.32	1.16	0.12	1.89	0.04	1.8		青色	⑧
	釜山老甫洞	小珠	3世紀	78.33	0.01	0.3	1.19	16.7	1.32	0.33	1.24	0.06	0.85	0.05			青色	⑧
	慶州朝陽洞	小珠	1世紀	73.47	0.01	0.3	0.89	14.9	3.48	0.42	1.42	0.2	2.38	0.02	2.29	0.1	紺色透明	⑤
中国	広西合浦文昌塔 M1	亀型器	前漢	77.87				16.97	1.55		1.42		2.14				緑色	⑨
	広西合浦文昌塔 M70	杯	前漢	79.69				16.22	2.14	0.01	0.41		1.36	0.22			淡青色	⑨
	広西貴県気車路 M5	盤	後漢	77.7			1.62	16.8	3.17				0.7				青青緑色	⑨
	河南南陽市陳棚村 M68	器	前漢晩期	82.12		0.02	0.66	12.18	2.14	0.41	1.91	0.15	0.34		0.05		淡青色	⑩
	甘粛酒泉	耳璫	後漢	78.48				16.75	1.91	0.68			1.05		1.78		藍色	⑨
	広西貴県北郊 M7:32	耳璫	後漢	78.11			1.56	13.76	3.22				1.25		1.52		墨緑	⑨
	広東広州漢墓	珠	前漢後期	76.97			0.49	13.72	7.15	0.28	0.67		0.57				月白色	⑪
	広西合浦堂排	管珠	前漢	79.1		0.017	0.87	10.4	1.86	0.5	2.05		1.51		0.08		藍色	⑨

第3章 カリガラス製品と古代アジアの交易ネットワーク　311

国名	遺跡・遺構	製品	時期	SiO2	PbO	BaO	Na2O	K2O	Al2O3	MgO	CaO	TiO2	Fe2O3	CuO	MnO	CoO	色調	出典
東南アジア・インド	Lang Vac（ベトナム）	腕輪か	紀元前2～後1世紀頃	79.68		0.01	0.25	14.6	0.74	0.38	2.95	0.15	0.86	0.024	0.068		灰青色透明	⑧
		腕輪		※1	0.0007		0.22	18	1.3	0.5	2.8	0.03	0.75	1.3		0.5	藍色	⑫
		腕輪		※1			0.22	20	0.6	0.8	4	0.05	0.2	0.002		0.021	青	⑫
		耳飾		※1			0.22	22	0.9	0.75	7	0.09	1.3	0.005	0.11		水色	⑫
		ビーズ		79.6	0.05	0.005	0.51	14.5	2.69	0.28	0.82	0.11	1.06	0.03	0.04		淡青色	⑧
		ビーズ		72.29	0.43	0.005	0.39	17.3	5.42	0.21	0.56	0.21	1.11	1.76	0.016	0.005	青色不透明	⑧
	Thi Xa（ベトナム）	粟珠	1世紀頃	75.8	0.03	0.19	0.25	16.3	3.1	0.22	0.51	0.17	1.21	0.06	1.26		紺色透明	
		粟珠		62.39	2.08	0.01	0.64	18.6	4.08	1.59	2.85	0.23	1.72	3.07	0.37		赤色不透明	
	Bukit Selindung, カリマンタン（インドネシア）	ビーズ	1千年紀早期	75.86	0.027	0.2	0.32	14.9	0.99	0.31	3.77	0.08	0.51	0.037	2.54		青紫色透明	
		ビーズネ		59.19	0.067	0.1	0.57	21.3	2.4	3.72	5.51	0.46	1.91	2.93	0.18		赤色不透明	⑧
	Ban Don Ta Phet（タイ）	ビーズ	前4世紀初頭	76.12		0.03	2.95	12.2	2.77	0.49	3.04	0.23	0.86	0.86	0.04		緑色透明	
		ビーズ		76.97	0.03	0.01	1.83	15.6	1.8	0.29	2.09	0.11	0.44	0.44	0.02		青緑色透明	
		ビーズ		74.92		0.01	0.83	15.4	1.09	0.82	5.85	0.07	0.33	0.005	0.03		淡青色	
	Arikamedu（インド）	カレット	1世紀～	80.48	0.03	0.01	0.59	14.3	1.86	0.29	1.55	0.05	0.57	0.004	0.02		淡青色	
		ビーズ		76.98	0.06	0.1	0.63	13.3	2.13	0.38	2.21	0.14	1.88	0.04	1.67	0.15	紺色	

※1 SiO2は主要成分としての記載。
注：遺物の時期および色調は基本的に出典の記述による。
出典：①福岡市教育委員会 1997　②糸島市教育委員会 2010　③肥塚 1999b　④兵庫県教育委員会 2002　⑤大宮町教育委員会 1998　⑥韓國國土地公社・韓國文化財保護財団 1998　⑦李仁淑 1989　⑧Brill 1999　⑨李青会 2005b　⑩河南南陽市文物考古研究所 2008　⑪広州市文物管理委員会・広州博物館 1981　⑫ダェン 2008

北近畿に大量に出土しているが、後葉から終末期には、この2地域で出土量が減少する。一方、この2地域以外の西日本と東海・中部・北陸・関東は後期後葉以降に出土量が増加する。このほか東北と北海道、また沖縄でもその分布が確認されており、非常に広い範囲に流通したことがわかっている。

　形態は上述したように球形や臼状を呈する。色調は淡青色・青色・紺色（藍色）・緑色・紫色などがあり、透明や半透明を呈する。圧倒的多数が淡青色と青～紺（藍）色であり、緑色は散見される程度、紫色はごく稀である。

　一遺跡から大量に出土する遺跡も見られ、例えば後期の北部九州では一主体から8千点以上を数える出土例があり、北近畿では一主体からの出土数が500点以上、一基の墓から合計1000点以上に及ぶ例も散見される。このことから、一つの集団が何千点という非常に多数のガラス小珠を入手していた様相がうかがえる。また北部九州と北近畿の所有する小珠の色調の割合（淡青色と青～紺色の割合）に違いがあり、この地域性の背景についていくつか推測が可能である点についても述べた。

　カリガラス製の管珠は、後期の北部九州で見られる。青～紺（藍）色の色調を呈するもので、佐賀県二塚山遺跡では200点と多数を出土している。この他、アルカリ石灰ガラスと考えられる管珠は北部九州で散見されており[4]、この中にはカリガラスの管珠も含まれると考えられる。この他カリガラス製の鋳造管珠もごく少量存在しているが、これについては第Ⅰ部第2章で検討を行った。これは搬入されたカリガラスを材料に列島内で改鋳した再加工品であるため、ガラスの生産地および引き伸ばし技法による製作地を検討する本章では、これ以上取り上げない。

（2）中国
a．ガラス小珠の全体像

　中国において、最も古い単色の小珠は新疆から出土している。西周中期～春秋とされる遺跡から数点が出土しており、分析されたものはソーダ石灰ガラスであった（李青会 2005b）。西アジアまたはインドなどの製作が想定されるものである。

　漢代以前の中国において、単色のいわゆる小珠の出土数は少ない。李青会の

「中国古代玻璃出土文物簡編」(2005a)は出土ガラス遺物の集成一覧であるが(以下李青会 (2005a) 集成一覧と略す)、ここに集成されているガラス小珠を集計すると、春秋戦国時代の諸国において、ファイアンス珠を除くと250点に達せず、出土地域は主に戦国時代の河北・河南・陝西・湖北・湖南と偏っている。

　李青会の「中国古代玻璃物品的化学成分滙編」(2005b)は出土遺物の化学分析一覧であるが(以下李青会 (2005b) 成分分析一覧と略す)、これによると漢代以前の珠の中で蜻蛉珠以外の珠分析は30点程度報告されている[5]。新疆や中原から出土した珠の分析はすべてソーダ石灰ガラスまたは鉛バリウムガラスであった。一方で、湖南長沙楚墓・湖北江陵九店東周墓から出土した珠がカリガラスと分析されており、色調はいずれも藍色とのことである[6](表1)。

　漢代になると、小珠は中国各地から出土している。ガラス小珠が出土したと報告されている省は、河南・陝西・寧夏・甘粛・湖北・湖南・浙江・江蘇・広東・広西・四川・雲南・貴州・新疆・内蒙古・青海と広い(李青会 2005a・黄啓善 2005 ほか)。全体的な統計や集成はないが、李青会 (2005a) 集成一覧のガラス小珠を集計すると、漢代の遺跡からは少なくとも11,000点以上のガラス小珠が出土している。しかし出土点数が無記載な遺跡も多数あり、もちろんこのリストに取り上げられなかった遺物が多数あろう。また黄啓善 (2005) の統計によると、中国南方・西南地区(四川・重慶・雲南・貴州・広西・広東)出土の"玻璃珠(蜻蛉珠を除く)"については、19,791点を計上している。李青会 (2005a) 集成一覧におけるガラス小珠の記載数11,000点以上のうち、黄啓善のいう中国南方・西南地区の総計は広東・広西・雲南あわせて約7,000点であり、黄啓善の集計よりはるかに少ない。中国南部が特にガラス小珠の出土が多い点を差し引いても、漢代におけるガラス珠類の出土数は、少なくとも数万点以上と考えられる。

　これら出土ガラス珠の多くは、成分分析がなされていない。ガラス小珠の色調は藍色・浅藍色・深藍色・青色・淡青色・湖藍色・緑色・淡緑色・紫色・月白色・白色・黄色・磚紅色・紅色・黒色・醬色・褐色などと報告されている[8]。多くは透明～半透明だが、一部不透明なものも見られる。不透明な珠としては、黄色・緑色・磚紅色・紅色・褐色などと報告されている。全体的に、報告

されている色調としては、透明〜半透明の藍色が多い。形態は円形の小珠が大半であるが、その他に切子形・偏壺形・連珠とされるものが見られる。

これまで発表されてきた漢代の小珠の分析を見ると、カリガラスが多いが、その他ソーダ石灰ガラス・鉛バリウムガラス・高鉛ガラスの小珠も出土している。李青会（2005b）成分分析一覧では、カリガラスと分析された漢代の小珠は20点あげられており、その色調は藍色・醤色・緑色・紫色・紅色・緑色・墨緑色と記載されている。この中では藍色が最も多く、20点中11点藍色が半分を占める。なおこの一覧に掲載された漢代の小珠は、このほか鉛バリウムガラス5点、鉛ガラス2点、ソーダ石灰ガラス4点、恐らく風化により分別不明4点である。

これら漢代の遺跡から出土したガラス製珠類は、ほぼ墓からの出土である。前漢にも多数出土しているが、後漢になるとその出土数は増大するようである。

出土情況を見ると、墓主の胸部あるいは頭部から出土する例が多く、石製などの素材の珠とも共伴している。装飾品または佩玉を構成する珠として使用されたと考えられる。

b．中国南部のガラス小珠の様相

漢代の小珠の出土地として、特に注目すべきは中国南部である。上述したように、黄啓善によると中国南方・西南地区（四川・重慶・雲南・貴州・広西・広東）の漢代の遺跡から出土したガラス珠類は19,791点にのぼり、他の地域・時代と比較しても非常に多い（黄啓善 2005：pp.188-189）。特に広東・広西省のいわゆる両広地区だけで、18,489点を数える。発掘により、今後さらに増えるものと考えられる。また出土点数の量だけでなく、一基の墓から500〜1,000点近い珠類の副葬が見られるといった状況は特徴的といえよう。化学分析も盛んに行われており、李青会（2005b）・黄啓善（2006）・趙虹霞他（2007）などに、広西のガラス製品の分析が多数報告されている。

広西の様相：中国南部で漢代の遺跡から最も多くガラス小珠を出土したのは、広西省である。特に合浦や貴港では、ほぼすべての発掘された漢墓ではガラス小珠を出土している。例えば広西合浦堂排漢墓（広西壮族自治区文物工作隊 1981）の4基の前漢晩期の墓の発掘報告では、ガラス小珠は1号墓437

点・2号墓合計133点・3号墓1,084点、合計1,654点出土しており、色調は天藍色・湖藍色・緑色等と述べられている。この3号墓のように、漢墓の被葬者一人に対し1,000点前後副葬する例も珍しくなく、最も多い例は九只嶺遺跡6号A墓で、3,869点を出土した（彭書琳 2006：p.190）。

ここで、趙虹霞他の分析報告（2007）を取り上げたい。これによると、広西合浦から出土した前漢晩期から後漢のガラス珠・ガラス管珠・ガラス耳璫・小型ガラス飾を分析した結果、カリガラスと分析されたガラス製品は46点中23点と50％を占めた。分析された遺物が明確に記載されたものの中では、ガラス小珠は30点中20点と約70％がカリガラスであり、少なくとも3点、10％がソーダ石灰ガラスであった。ガラス管珠は2点が風化により不明、1点がカリガラスであった。このほか成分が明らかになったものとしては、紫色算形珠1点がカリガラス、心形ガラス飾1点が鉛バリウムガラス、草緑色不透明ガラス小珠1点が鉛ガラスであった。

カリガラス小珠の色調は、浅藍色（azury）・藍色（blue）・深藍色（navy blue）・緑色（green）・浅緑色（jade-green）・紫色（purple）・紅色（red）・黒色（black）・鉄褐色（brown）不透明と表現されている。藍色系統が最も多く10点で、内訳は藍色が7点、深藍色2点、浅藍色1点であった。次に多いのは緑色系統で5点、内訳は緑色2点、浅緑色3点であった。このほかの色調は、紫色2点、紅色・黒色・鉄褐色不透明は各1点である。一方ソーダ石灰ガラスの小珠は3点とも草緑色（grass green）であった。

また筆者は、広西南寧博物館・広西合浦博物館・広西貴港博物館で、ガラス小珠を実見した。前漢から後漢の漢墓などから出土したもので、小珠の色調を見ると、透明または半透明の珠は青〜紺（藍）色・淡青色透明・紫色・緑色が見られ、不透明な珠は緑色・黄色・赤褐色が見られた。全体では青〜紺色などの青色系統が非常に多く、紫色や緑色も多数見られた。それ以外の色調の珠はごく少ない。これらの珠の成分は不明であるが、筆者が観察した珠の一つが風門嶺遺跡M26墓から出土した小珠で、青〜紺（藍）色の色調を呈していた（図1）。趙虹霞ら（2007）でも風門嶺M26の小珠が分析されており、色調は深藍色・藍色と表現され、カリガラスと分析されている。筆者が見た風門嶺の小珠が分析されたものと同じ一括出土品であれば、カリガラスであろう。

製作技法については、実見した珠は気泡が縦に並ぶ様子が観察され、引き伸ばし技法による製作と考えられる。またすべての小珠の端部は丸みを帯び、ガラス管から小珠に切り離した後、角をとる加工がなされていたことがわかる。

このように、広西では合浦や貴港を中心に、非常に多くのカリガラスが出土しており、一方でソーダ石灰ガラスも散見される。カリガラスの色調は、青〜紺色が多数を占め、紫色・緑色・淡青色も少なからず見られる。一方で赤褐色・黒色・醬色などが、ごく少数見られる。また鉛珪酸塩系ガラスの小珠も少量であるが出土している。

広東の様相：同じ中国南部で多数のガラス小珠を出土した地域として、広東があげられる。広州漢墓では総計6,000点以上のガラス小珠が出土している（広州市文物管理委員会他 1981）。

前漢前期[10]はM1120墓からのみ111点出土しており、深緑色・黒色不透明・白或藍色を呈すると報告されている。深緑色が最も多く77点を数える。前漢中期になると複数の墓から、合計89点出土している。全体的な色調は不明であるが、M2018墓から出土した小珠は、藍色透明・紅色不透明・黒色不透明と報告されている。前漢後期になると、ガラス小珠の出土数はもっとも多く、2,692点出土した。透明なものは、深藍色・浅藍色・淡青色・月白色・深緑色・浅緑色・湖水緑色・白色・淡黄色と報告されている。一方不透明なものは、磚紅色・黄色・緑色・黒色と報告されている。後漢前期では総数は不明だが3,000点以上出土している。透明なものは深藍色・浅藍色・藍色・湖水緑色・緑色・墨緑色・淡墨緑色・紫色・紅色・黄色・白色と報告されており、不透明なものは緑色・黄色・橘紅色と報告されている。後漢後期は600点程度

図1　中国広西合浦風門嶺M26号墓出土　ガラス小珠

で、色調は後漢前期と変化はないとのことである。

これらのうち数点の珠が分析されている。前漢後期 M3019 墓出土の月白色のガラス小珠が分析されており（表1）、カリガラスであった（広州市文物管理委員会他 1981：p.292）。また後漢前期 M4013 墓は 2,000 点近いガラス小珠が出土しているが、浅藍色・紫色・藍色の小珠がスペクトル半定量分析にかけられており、いずれもカリガラスと考えられる（広州市文物管理委員会他 1981：p.353）。

全体を概観すると、ガラス小珠は前漢前期には見られるものの、中期までは少量であり、前漢後期になると爆発的に増え、その状況は後漢前期まで続く。後漢後期になると少なくなるものの、かなりの点数を出土する。色調をみると、透明なものは深藍色・浅藍色・藍色・淡青色・深緑色・浅緑色・湖水緑色・緑色・墨緑色・淡墨緑色・紫色・紅色・黄色・淡黄色・紅色・白色・月白色と表現される色調をもち、不透明なものは紅色・磚紅色・橘紅色・黄色・緑色・黒色と表現される色調をもつ。分析された珠はわずかである。月白色・藍色・浅藍色・紫色の小珠が分析されており、カリガラスであった。

このように、両広地区では全体的に多量なガラス小珠を出土するだけでなく、一つの墳墓に多量のガラス小珠を副葬するという特徴がある。またこれまで取り上げた分析報告から考慮すると、ガラス小珠のかなりの割合（趙虹霞等の分析報告（2007）では7割）がカリガラスの可能性が考えられる。一方で、ソーダ石灰ガラスもある程度出土している点はその後の流通を考える点からも重要である。

c．その他の地域の様相

李青会（2005a）集成一覧では、ほかの地域では湖南や新疆が比較的多いが、湖南が約 1,500 点、新疆が約 2,150 点と両広地区に遠く及ばない。またそれら出土小珠の中で、どの程度の割合がカリガラスかは不明である。例えば青海では、青海大通上孫家漢墓（李青会 2005b）から出土したガラス小珠が複数分析されているが、1点が深藍色のカリガラス、4点が淡黄色と肝紅色のソーダ石灰ガラスと報告されている。地域によってその組成に偏りが見られる点は、興味深い様相といえよう。

d．小珠以外の珠類

　分析によりカリガラスとわかっている珠としては、小珠以外に管珠と魚網墜形珠がある。管珠については、明らかなものは前漢晩期の広西合浦から出土したガラス管珠2点のみであり、色調は藍色と報告されている。このほか、広州漢墓と新疆から出土している管珠が引き伸ばし技法によるもので、カリガラスの可能性が考えられる。これらの管珠の詳細については第Ⅱ部第2章で述べている。管珠の報告は少ないが、統計からもれているもの、珠類として一括して報告されている場合も多いと考えられ、実際には多数のカリガラス製管珠があると思われる。

　このほか広西から出土した魚網墜形珠が分析されており、カリガラスであった。魚網墜形珠は多くはないが、このほか偏壺形など、少数ではあるものの円形以外の小珠がみられることは上述した。その中にカリガラス製品がある可能性を、このカリガラス製魚網墜形珠が示唆している。

e．中国におけるカリガラス製珠類のまとめ

　中国において、カリガラスの出現は戦国時代である。漢代に比べ多くはないが、250点という量を出土している。これら小珠の詳細や製作地は不明である。時期的にはすでにインドでカリガラスが出現している。インドにおける出現時期については後述する。

　漢代になると小珠全体の出土量が増加する中で、カリガラスの小珠も増加する。前漢後期になるとガラス小珠は南部を中心に激増し、その状況は後漢へと続く。後漢後期になると中国南部での出土量は減少するようである。これは中国全体の様相であるかは不明であるが、それでも前漢中期以前と比べると、非常に多い点数であるといえよう。

　両広地区のガラス小珠の分析例は多く、分析された小珠全体の7割以上がカリガラスである。この地域の小珠の中の、カリガラスの小珠の占める割合の多さは重要である。一方で、両広地区の小珠の中にはソーダ石灰ガラスも多数出土しており、注意が必要である。

　カリガラス珠類の色調は、透明〜半透明のものでは、青〜紺（藍）色が最も多く、緑色・淡青色・紫色といった色調も多い。そのほか、白色・黒色などが少数見られる。不透明のものでは赤褐色・茶色・黄色といった色調が見られ、

これも少ない。

このほかの珠類でも漢代になるとカリガラス製のものが出現する。中国南部において、紺色の管珠と、魚網墜形珠がカリガラスと分析されている。

全体的に見るとカリガラスも多いが、またソーダ石灰ガラスの小珠も多く見られる点は注意したい。特に青海などに見られるソーダ石灰ガラスの割合の多さは、今後それらソーダ石灰ガラスの小珠の流通ルートを考察する上で、重要と考えられる。青海・新疆など、中央アジアに近い地域のガラス小珠については、いわゆる後世でいう内陸シルクロードを経由して、西方やインドなどから搬入された可能性を検討すべきであろう。

また漢代全体の出土量はそれなりに見られるのに対し、弥生社会に後期後葉までほとんど流入がない、という状況とはどのような関係があるのか。いずれ検討したいと考えている。

（3）朝鮮半島中部〜南部[11]

韓国におけるガラス製品の研究の状況については第Ⅱ部第1章でも簡単に触れたが、特にガラス小珠の様相については、詳細な研究はなく、また現在のところまとまった集成や分析報告は見られない。以下、おおよその概観をまとめる。

ガラス小珠全体の概観であるが、その時期についてはすでに第Ⅱ部第1章で述べたように注意が必要である。ここで扱う時期は漢代併行期、そして弥生時代併行期であるが、これは原三国時代の全時期ではなく、原三国時代の始まりから、原三国時代後期の中ごろ（前1世紀頃〜3世紀頃）に該当する。原三国時代後期の後葉になると、中国では三国時代後半から西晋時代となり、日本では古墳時代併行期となる。

まず原三国時代初頭、紀元前1世紀中頃からガラス小珠が出現する。紀元1世紀にはいると小珠の出土は増加するが、特に原三国時代後期の墳墓からは非常に多数の小珠が出土している。

ガラス小珠は原三国時代前期では、慶州南道・慶州北道など、主に中南部から出土しており、後期になるとさらに中南部地域で出土遺跡が増加し、また出土量も多量となる。原三国時代後期には忠清北道や京畿道など、中西部でもガ

ラス小珠が多く出土するようになるが、全体的に見ると、特に慶州南道や慶州北道の洛東江流域や慶州周辺にその出土分布が集中している。出土した小珠の集成などは未だなされておらず、全体的な出土数は不明である。さらに後期後葉の古墳時代併行期になると、ガラス小珠のみならず、水晶製珠類の出土数も増加し、それ以前の状況と一線を画するようである。何らかの背景の存在が推測されるが、今回扱うテーマではなく、また時期も異なるため、簡単に触れるのみとする。

このように、後期中葉までのガラス小珠を見ると、それ以前に比べると増加は見えるもの、中国や日本の出土量に比べるとかなり少ないのではないだろうか。韓国におけるガラス小珠の集成がないため確かなところは不明だが、2006年時点の筆者の集成では原三国時代後期中葉頃までの遺跡からの出土総数は、1万点を超える程度であった。なお現在ではさらに増加していると思われる。

報告されている色調は、透明～半透明の淡青色・青～紺色・緑色系統のほか、紫色・灰黒色・橙色・赤褐色などが見られる。全体的には、淡青色・青～紺色系統の小珠が多いが、赤褐色の小珠も非常に多く出土しており、特徴的ともいえる。そのほかの色は散見される程度である。

これら原三国時代の小珠は、鉛バリウムガラス、カリガラス、ソーダ石灰ガラスが存在する。鉛バリウムガラスの小珠はごく少量であり、カリガラスとソーダ石灰ガラスが圧倒的多数を占めると考えられる。カリガラスの小珠は紀元前1世紀頃から、5世紀の三国時代初めまで出土している。ソーダ石灰ガラスの小珠は原三国時代にも見られるが、三国時代以降はガラス製品の大部分を占めている（李仁淑 1996：p.489）。

カリガラスと分析された最も古い小珠は、紀元前1世紀後半頃～紀元後1世紀頃の大邱八達洞遺跡、義昌茶戸里遺跡のガラス小珠で、八達洞の小珠は紺色で酸化カリウムを17～18％含んでいた。茶戸里の小珠もほぼ同様の傾向を示す（金奎虎・肥塚 2010：p.37）。この他、分析されたカリガラスの小珠は釜山老甫洞遺跡・慶山林堂遺跡・慶州朝陽洞遺跡・昌原三東洞遺跡などから出土している（表1）。カリガラスの色調は、濃紺（dark blue）透明、青（blue）透明、青（透明度不明）と表現されており、引き伸ばし技法による製作である（Brill 1999：pp.372-373）。

原三国時代後期になるとガラス小珠の出土遺跡や遺構が増加し、一遺構からの出土点数も増加する。しかし大半の遺跡においては、一主体からの出土数は、多くは数点〜数十点で100点を超えるものはほとんど見られない。

最も多くガラス小珠を出土している遺跡の一つが、慶尚南道昌原三東洞遺跡（安春培 1984）である。原三国時代の特に後期を中心とした墳墓であるが、非常に多数のガラス小珠も副葬されており、遺跡全体で1,895点出土している。そのうち褐色1,144点、玉色537点、青色188点、黒褐色24点、黄色2点と報告されている。これらを出土した墓はⅤ期に分けられており、Ⅰ期57点、Ⅱ期225点、Ⅲ期595点、Ⅳ期295点、Ⅴ期723点、合計1,895点出土している。全時期から褐色・珠色・青色の小珠は出土しており、大体1基から2種類以上の色調の珠が出土する。いずれの時期も褐色の小珠が最も多く、次に玉色が続く。最も多数を出土した墓はⅤ期の甕棺4号墓で、ガラス小珠が368点（赤褐色290点・淡青色78点）、ガラス曲珠も1点出土した。第Ⅱ部第1章でも取り上げたように、この墓にはガラス管珠・曲珠が副葬されているが、管珠・曲珠はすべてガラス小珠と共伴している。

筆者が実見したところ、小珠の色調は赤褐色不透明（報告書の表記では褐色。以下（　）内は同じ）・淡青色半透明（玉色）・青色〜紺色の透明〜半透明（青色）・黄色不透明（黄色）で（図2）、気泡が縦に並ぶなどの痕跡が見られるところから、引き伸ばし技法による製作と考えられる。三東洞で分析がなさ

1：三東洞10号土壙墓　　　　　　　　　　2：三東洞4号甕棺墓

図2　韓国慶尚南道昌原三東洞出土　ガラス小珠

れたカリガラスの小珠（表1）については、出土遺構が不明であるが、青色透明である。

朝鮮半島中南部から出土したガラス小珠の色調はバラエティに富むが、カリガラスと分析されたものは、青～紺（藍）色の青色系統を呈し、ほかの色調の珠については不明である。赤褐色の小珠については、この時期の東アジアや東南アジア全体でみると、その多くがソーダ石灰ガラスと分析されているものの、楽浪土城や中国南部ではカリガラスも見られるため、朝鮮半島に多数見られる赤褐色の小珠の組成については、今後の分析を待ちたい。

特に原三国時代の墳墓から出土したガラス小珠について、興味深い特徴として、小珠が複数点副葬されている場合は、1種類ではなく2種類以上の色調の小珠を混在して配している出土状況があげられる。これは点数が多い場合はもちろん、10点を切るような場合でも見られる様相で、独自の特徴といえよう。入手形態や入手経路以上に、当時の人々の習俗を考察する上で重要と考えられる。

このほかカリガラスの珠類で分析されたものとしては、小珠以外に管珠が1点出土している。2～3世紀とされる済州龍潭洞甕棺墓から出土したガラス管珠が分析されており（表1）、カリを14.8％含む紺色透明であった。引き伸ばし技法で製作されている。すでに第Ⅱ部第1章でも述べたが、同類の引き伸ばし技法によるガラス管珠は、この1例以外は報告されておらず、原三国時代にガラス管珠の出土自体が乏しい点から、この時期にはカリガラスの管珠はほとんどないものと考えられる。

（4）東南アジア

東南アジアではこの時期非常に多数のガラス製珠類（＝ビーズ）が出土している。形態は円形以外にもさまざまなものが見られる。ソーダ石灰ガラスが大半を占めているが、カリガラスも出土しており、特にベトナムに多い。

ベトナムでは多数の小珠が出土している。ドンソン文化のLang Vac遺跡は紀元前2～後1世紀頃の墓地遺跡であり、墓から多数のガラス製品が副葬品として出土している（平野 2001：pp.355-356、グエン 2005・2006・2008）。ガラス小珠は非常に多数出土しているとのことで、分析されたガラス小珠はカリ

ガラスであった。また Thi Xa 遺跡から、カリガラスの珠類が出土している（表1）。この他ベトナムでは多数のガラス小珠が出土しているが分析されているものは少なく、総数はわかっていない。ソーダ石灰ガラスの小珠も特に中部・南部では多く見られる。分析されたカリガラスの小珠の色調を見ると緑色系統・青色系統と報告されているガラスが多く、これらは透明度が高い。そのほか不透明な赤色・黄色といった色調が報告されている。

　タイの Ban Don Ta Phet は長期間存続した遺跡であるが、多数のガラスビーズが出土する生産址としても知られている。その多くはソーダ石灰ガラスであるが（平野 2004：p.60 ほか）、前4世紀初頭の遺構から多数のカリガラスの珠が出土している。色調は透明な青色・緑色と報告されている。インドネシアの Bukit Selindung からは第1型式とされるドンソン銅鼓から、カリガラスの珠類が出土している。色調は透明な青紫色と不透明な赤色を呈しているとのことである（表1）。

　このように東南アジアでは、タイ・インドネシア・ベトナムなどからカリガラスの珠類が出土しており、特にベトナムに多い。色調は透明な青色・緑色・藍色が多く、すなわち緑色系統と青色系統が主で、不透明な赤色・黄色のものも見られる。

　以上、アジアで見られるカリガラスの珠類を概観した。すべて単色の珠で、蜻蛉珠のような多色の珠は見られない。

　形態を見ると、圧倒的多数がいわゆる小珠であり、ごく一部管珠が見られる。管珠は中国両広地区・北九州から多数出土しており、1点という少ない例であるが朝鮮半島南部にも見られる。色調は青色系統である。

　カリガラス小珠の出土は、東アジア・東南アジア・インドと非常に広い地域に見られる。小珠の色調は全体的に見て透明～半透明な淡青色・青色～紺（藍）色・緑色系統が多く、最も多いのは青色～紺色系統である。また多くはないが、透明～半透明な紫色・黄色・白色・黒色などの色調が見られる。一方不透明なものとして赤褐色・黄色・黄緑色といった色調が見られる。

　カリガラス小珠が最も多く出土しており、または出土報告が多い地域は、現在のところ弥生時代後期の西日本である。次に多い地域は中国の前漢後期から

後漢にかけての両広地区である。朝鮮半島の原三国時代の遺跡の出土量については、その全体数は不明であり、今後増える可能性もあるが、現在のところは弥生遺跡の出土量をはるかに下回っている。

東南アジアでは出土量などは不明であるが、分析からはソーダ石灰ガラスの珠がより多く多数を占めるものの、カリガラスの小珠も見られる。

カリガラス小珠の色別の分布に関しては、興味深い問題が観察される。日本では圧倒的に淡青色・青〜紺（藍）色系統が多く、他の色調の小珠が見られない。しかし中国・朝鮮半島・東南アジアでは、青〜紺（藍）色系統の色調が多数を占めるとはいえ、ここまで極端な分布ではなく、さまざまな色調の小珠が見られる。また淡青色はいずれの地域でも、むしろ青〜紺（藍）色系統に対し、少数派であり、日本ほど多数を占める地域はない。これは入手ルートなどを考える上で非常に重要な問題を提示しており、あらためて考察する。

また興味深い珠として不透明赤褐色の小珠があげられる。アジアで見られる赤褐色の小珠は、分析によりその大多数はソーダ石灰ガラスであるが、中国広西や楽浪、ベトナムドンソン文化においてカリガラスのものが出土している。なお朝鮮半島では特に赤褐色不透明の小珠が多く見られるが、それらがカリガラスかは不明である。赤褐色の小珠は後述する製作技法の問題と関係し、その問題はカリガラスの製作地について重要な示唆を行っていると考えられる。

2．耳飾り

耳璫と玦状耳飾りの2種類が見られる。

（1）耳璫（第Ⅱ部第2章図8-1）

第Ⅱ部第2章で説明を行ったが、耳璫は中国の耳飾りであり、遺物の大半が墓から出土したものである。カリガラス製の耳璫は、腰鼓型（喇叭型）と呼ばれるもので、前漢代に出現し、前漢後漢を通じ、広く漢の支配した地域に非常に多数見られる。色調は青色または紺色（藍色）が主で非常に多く、緑色も見られる。表面は滑らかに研磨されており、透明度が高い。出土遺物の風化が少ない点も特徴的である。鋳造によって製作し、研磨して仕上げたものである。

この腰鼓型耳璫の非常に興味深くかつ大きな問題として、カリガラスだけでなく、鉛バリウムガラス製のものが存在する点があげられる。2種類の耳璫は一見しただけでは区別がつかない。発掘報告書では分析が行われていないものが大多数であるため、その遺物がどちらの成分に属するか不明である。分析からは紺色系統のものにカリガラスが多く、緑色系統は鉛バリウムガラスが多いようである。(15) ガラス素材の風化のしやすさの違いから、風化が肉眼ではほとんど観察できないものはカリガラスの可能性が高いと考えていたが、楽浪古墳と楽浪土城から出土した耳璫は鉛バリウムガラスでも状態がよく、風化によっては一概にはいえないことが判明したため、組成の判断には注意を要する。

　ガラス耳璫の出土地域を見ると、(16) 前漢代では、遼寧・河南・陝西・貴州・湖南・内蒙古に出土例があり、後漢代では寧夏・河南・陝西・湖北・湖南・内蒙古・甘粛・青海・四川・貴州・広西・広東・楽浪郡とさまざまな地域から出土例があり、特に後漢代に特に流行していたことがわかる。そのほか北西朝鮮（当時の楽浪郡）と、ベトナム北部（当時の南海郡）の漢墓（平野 2004：p.53）から出土しており、いずれも漢帝国下からの出土といえる。

　分析によりカリガラスとわかっているものは、楽浪古墳出土藍色耳璫、甘粛酒泉出土藍色耳璫、貴州清鎮 M 18 出土藍色耳璫、広西合浦貴県北郊出土藍色耳璫などで（表1）、すべて後漢代の遺跡である。このうち甘粛や広西からはカリガラス・鉛バリウムガラス両タイプの耳璫が出土している点は興味深い。流通・消費の段階では、素材が意識されていない可能性が高い。これは楽浪でも同様である。

（2）玦状耳飾り（図3）

　ベトナムのドンソン文化では石製の玦状耳飾りが多数存在しその系譜が追えるが、この時期にガラスで製作されたものが登場する。それらは透明度の高い青色や緑色を呈しており、鋳造により製作されたと考えられる。

　ドンソン文化の Lang Vac 遺跡に関してはすでに珠類の説明で触れたが、この墓地遺跡から出土したガラス製品の中には、腕輪と耳飾りが多数見られる。耳飾りの色調は透明度の高い緑色や青色系統で、簡易分析がなされている。それによると透明度の高い青色系統の耳飾り（玦状耳飾りか）が、カリを 20 %

326 第Ⅱ部 アジア各地のガラス製品の様相と弥生社会の対外交流

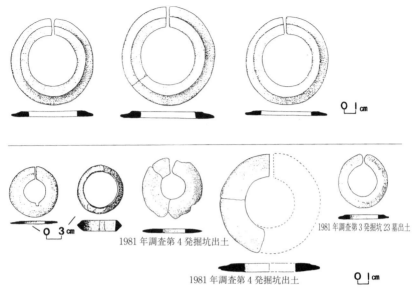

図3 ベトナム Lang Vac 遺跡出土 ガラス玦状耳飾り

を含むカリガラスであった(表1)。

 ドンソン文化期のガラス製品の分析は非常に少なく、他の玦状耳飾りすべてがカリガラス製であるかはわからないが、多数のカリガラス製玦状耳飾りがあると考えて問題ないであろう。

3. ガラス環

 環状を呈し、腕などに通すか、紐などで体に吊るす等して身につけるものを一括して取り上げたい。

(1) 腕輪
a. ベトナム(図4)
 紀元前後のベトナムの遺跡からは多数のガラス腕輪が出土しているが、その形状および組成は北部と南部で異なっている。

第 3 章　カリガラス製品と古代アジアの交易ネットワーク　*327*

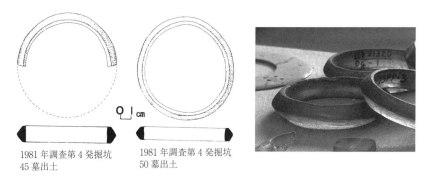

1981 年調査第 4 発掘坑　　1981 年調査第 4 発掘坑
45 墓出土　　　　　　　　50 墓出土

図 4　ベトナム Lang Vac 遺跡出土　ガラス腕輪

　ベトナム北部の Lang Vac 遺跡をはじめとするドンソン文化の遺跡から、多数の腕輪が出土している。形態は整った円形で、上下に狭い面取りがあり、断面形は五角形となる。緑色・藍色・青色系統の色調を呈し、透明度が高い。鋳造によって製作されたと考えられる（平野 2001・2004、グエン 2006・2008）。腕輪はカリを 14～20％含むカリガラスであった（表 1）。ベトナム中部・南部にはソーダ石灰ガラスの腕輪が多数見られるが、それらとは形態・製作技法も異なっており、ドンソン文化に特徴的な遺物といえる。

b．日本（第Ⅰ部第 3 章図 4）

　日本では、カリガラス製の釧（腕輪）が 1 点のみ出土している。この釧についてはすでに第Ⅰ部第 3 章で詳細な検討を行っている。

　北近畿、丹後半島の弥生時代後期後葉の大風呂南 1 号墓から出土した釧は、外形は整った円形を呈し、上下に面取りがある点が特徴的で、断面形は五角形となる。青色で非常に透明度が高い。両面鋳型のまず下型に、坩堝からやや伸ばしながらとったガラス種を入れ込んで、さらに上型を重ねて圧力をかけ、製作したと考えられる。仕上げは非常に丁寧であり、表面は滑らかに研磨されている。化学分析によりマグネシウムの少ないカリガラスであることがわかっており（表 1）、不純物である鉄によって青く発色したと考えられている。上下の面取りの幅が厚い点を除くと、ドンソン文化から出土したガラス腕輪によく似ているといえよう。しかし副葬方法は、腕輪というよりも佩玉的な状況を呈

している点にもすでに触れた。

弥生時代後期の北近畿は、カリガラス製の小珠が大量に出土している地域である点は重要である。

(2) 佩玉

中国南部の広州からは、佩玉として使用されたと考えられる環状のカリガラスの製品が3点出土している。

2点は深藍色半透明の円形の環（図5-1）で、中央部は厚く周縁部になるほど薄くなっている。中国の佩玉に見られる形状であり、鋳造により製作されている。

特に興味深い遺物は、亀型器と呼ばれるものである（図5-2）。緑色で非常に透明度が高い。成分分析によるとカリを約17％含むカリガラスであった（表1）。その形態は中国文化では見られないデザインだが、このデザインの原型は台湾や東南アジア地域に広がる O-lingling 型耳飾りであり、特にベトナム中部を中心とした同時期のサーフィン文化を代表する遺物でもある。サーフィン文化ではこの型の石製やガラス製耳飾りが多数甕棺から出土している[17]。中国南部と東南アジアとのつながりを示す重要な遺物である。

 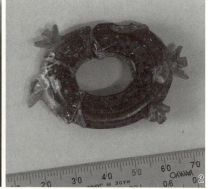

1：合浦飼料公司M7漢墓出土　ガラス環　　2：合浦文昌塔M1漢墓出土　ガラス亀型器

図5　中国広西出土　ガラス環

4. 器

　カリガラス器と考えられるものは、碗・杯・盤の3種が存在している（図6・7）。すべて漢帝国の文化圏から出土しており、中国では前漢後期から後漢にかけての墳墓に副葬されていた。大多数は中国南部の広東省・広西省の両広地区から出土している。広東省からは3点のみだが、広西省から多数出土しており、黄啓善（2006）の広西のガラス器の集成によると、碗と盤で計16点出土している。近年も杯の出土が1点報告された（広西文物考古研究所他 2012）。そのほか河南省南陽で2点出土している（河南南陽市文物考古研究所 2008、東京国立博物館・読売新聞社編 2010）。中国以外では、ベトナム北部の漢墓から出土している（平野 2004）。

　色調は淡青色・青色・青緑色・紺色・濃紺色・藍色・淡緑色・緑色といった色調で表現されており、全体的に淡青色・青〜紺（藍）色の青色系統と緑色系統を呈し、透明度が高いものが多い。カリガラスの器は、分析されたものはすべて、カリウムを13〜17％含んでいた（表1）。このガラス器についての詳しい説明は後述するが、カリガラスが中国南部で作られていたという論を支える最も中心的な遺物である。

　以上、カリガラス製品の地域ごとの製品分布は表2となる。

表2　カリガラス種類別出土地域

	小珠	耳飾り		環		器
		耳璫	玦状耳飾り	腕輪	佩玉	
中国	◎	○			○	○
日本	◎				○※	
朝鮮半島中〜南部	◎					
ベトナム北部	◎		○			○
その他東南アジア諸地域	○					
インド	○					

◎出土多数、○出土あり。
※大風呂南出土ガラス環は釧というより佩玉的な使用法である。この点については、第Ⅰ部第4章で述べている。

1:広東広州横枝崗 M2061 墓出土碗　2:広西合浦文昌塔 M70 西漢墓出土杯　3:同　内部の研磨痕
4:同　外部の研磨痕　5:広西合浦紅頭嶺 M11 出土杯　6:広西貴県汽路 M5 東漢墓出土杯

図6　中国広東・広西出土　カリガラス杯（碗）

第3章 カリガラス製品と古代アジアの交易ネットワーク　*331*

1：広西貴県東郊南斗村M8出土高足托盞杯
2：同（托盞部）
3：広西合浦母猪嶺M1出土盤

図7　中国広西出土　カリガラス杯・盤

遺物の分析から生産地を検討する前に、科学的研究からみた、カリガラスの組成の特徴と生産地推定の問題を取り上げる。

第2節　カリガラスの組成分析と生産地推定

近年の科学的研究からは、カリガラスの生産地の推定が進んでいる。カリガラス自体はすでに紀元前600〜前300年のインドで作られており、インドのArikamedu遺跡などに製作址が発見されている（肥塚　2010：p.10）。カリガラスの起源であるとも考えられており、紀元前後のこの時期も、カリガラス製ガラス小珠が多くはないが製作されていたようである。しかしこのインドのカリガラスの製造方法が他地域へと伝播したかについては、はっきりしたことは

わかっていない。一方で近年化学分析が特に盛んになり分析例が増えるにつれ、東アジアのカリガラスの小珠の中でも、その組成の違いが明らかになってきた。

第Ⅰ部第5章でも述べたが、非常に重要な部分であるため、あらためて取り上げる。

近年の研究において、日本列島で出土するカリガラスは材質的に細分でき、酸化アルミニウムと酸化カルシウムの含有量から大きく二つのグループに分けられることが、肥塚隆保等によって報告されている（肥塚ほか 2010）。以下、要点をまとめる。

第1グループは酸化アルミニウムと酸化カルシウムの含有量が中間的な値を示すもので紺色透明を呈し、これらはインドから東南アジアを経て、日本列島や朝鮮半島まで広域的に分布する。紺色のカリガラスは酸化コバルトを0.1%程度含有し、コバルトによる着色である。必ず1～2%の酸化マンガンを伴っており、コバルト原料の産地を推定する上で重要な特徴である。

第2グループはアルミニウムの含有量が多く、カルシウムの含有量が少ないもので、淡青色透明を呈する。これは中国南部からベトナム中を中心に分布することが知られている。淡青色のカリガラスは酸化銅を1%前後含有し、銅による着色である。微量の鉛および錫が検出されることから、着色剤として青銅が用いられたと考えられている。また、このタイプのカリガラスは鉛同位体比がきわめて斉一的な値を示す。

さらに、古代日本列島に見られるカリガラスには、この2種類とガラスの材質やその着色剤が異なるものが少量ではあるが出土していることも報告されている。大風呂南1号墓のガラス釧は、意図的に添加されたと考えられる着色剤が検出されず、少量の不純物と考えられる鉄によって発色した淡青色を呈する。このカリガラスは引き伸ばし技法で製作された小珠にはほとんど見られな
[18]
い。大風呂南のガラス釧は、基礎ガラスの材質は紺色のカリガラスに共通する。また福岡県三雲・井原遺跡ヤリミゾ地区出土の赤紫透明色を呈するガラス小珠の発色はマンガンによるものであり、基礎ガラスの材質は、主流となる2種類のカリガラスを混合したような中間的な値であった。なおガラスの生産地と加工地が一致しないことを示すのかもしれない、と述べている。

もう一つ、カリガラスの生産地を考える上で、赤褐色のカリガラス小珠の問題が提示されている。赤褐色の一般的に「ムティサラ」といわれているガラス小珠は、大半がソーダ石灰ガラスとして知られているが、カリガラス製のものも存在している。素材が異なっても製作技法が同じであるため、形態的特徴は同じで、外見は区別がつかない。カリガラス製の赤褐色の小珠は日本では出土していないが、楽浪土城址や中国広西省の後漢墓から出土している。分析によるとアルミニウムの含有量が比較的多いが、酸化マグネシウムを3%程度以上含有するなど、上記のカリガラスと区別される。さらにその着色には銅のコロイド技術が用いられており、当時の中国ではこの技術は知られていなかった。[19] すなわち、赤褐色のガラス小珠（の素材）は中国以外の生産地を推定できるものである。

このようなカリガラスの材質的細分の違いから、カリガラスは一つの産地ではなく、二つの中心的な産地と、さらにそれ以外のいくつかの産地が推定される、と肥塚らは論じている。

また J.W.Lankton 他の研究において、アルミニウムとカルシウムの含有量が中間的な値を示すタイプのカリガラスは南インドにおける分布が濃密であり、高アルミナ低カルシウムのタイプは、東南アジア〜中国南部に分布が濃密であることを指摘している（Lankton and Dussibieux 2006）。

ところで、近年青紺色のガラス小珠の産地について、新たな知見が R.H.Brill によって指摘されている。肥塚によると、Brill はカリガラスに含まれる微量の鉛を用いて鉛同位体比測定を行い、その値には中国の鉛の特徴を示すものがあること、またその中にタリウムが含まれることを述べ、そのタリウムは貴州のランムーチャンのタリウム鉱山産のものと推定している。ガラス小珠の青紺色の着色は付近に産出するコバルト鉱石が関与したと考察している（肥塚 2009：p.9）。

鉛同位体比とタリウムいずれも中国産である結果が出たことにより、コバルト着色の青紺色（または藍色・紺色など）のある種のカリガラスが、中国で生産されていた可能性は非常に高いといえるのではないだろうか。[20] これにより上述した、日本から出土するカリガラスの小珠の組成とその分布から導き出された肥塚らの論に、やや疑問が生じる。

日本で大きくグループを形成している、コバルト着色の紺色のカリガラスの小珠は、インド・東南アジア・東アジアと広く分布しているものである。一方で銅着色の淡青色のカリガラスの小珠は中国南部からベトナム中部と日本に中心地をもつ。肥塚らの研究では、組成の差および分布の差は、生産地の差であるという論であった。この分布から見ると、淡青色の小珠は生産地が中国南部などが想定され、一方で紺色の小珠は東南アジア・インドなどが生産地として想定されよう。しかし紺色の小珠はタリウムが検出されており、その鉛同位体比とタリウムがいずれも中国由来であることが指摘され、中国が生産地である可能性が想定される。すなわち分布から導き出される推論と異なる結果となっている。

これは何を意味するのだろうか。もちろん中国南部においていくつかの生産地が存在した可能性もあろう。異なる地域において、一見同じ色調のガラスを製作したということは十分ありえることである。紺色のカリガラスにおいて組成の差異が存在し、かつ中国における製作が確実であるならば、紺色のカリガラスは最低二つ以上の地域で作られたと考えるべきなのであろうか。それはおそらく紺色に限らず、それぞれの色調についても同様のことがいえるだろう。

このことは、ガラス小珠の色調と分布からだけでは、その製作地を判断するのは早計であることを示している。

すでに何度も述べているが、ガラスは原料からの生産後に素材として流通することもあり、生産地と製作地が異なっていた可能性をもつため、遺物の分布から生産地の問題を考察する場合には注意する必要がある。

中国ではガラス棒が素材として流通していたとの見解もある（后德俊 2005：p.110）。また少なくとも同時代のインドでは、西方からガラス塊が輸入されており、インド内のガラス生産地でも、同じくガラス塊を製作し流通させていたと考えられ、東南アジアでは、それらを入手してガラス珠類を製作している製作址も見られる（平野 2004：pp.60-63）。

これらカリガラスの小珠の分布を見ても、当時のアジアにおけるガラス製品の流通は、非常にダイナミックなものであり、商品としてのガラスの流通が非常に盛んであったことがうかがえる。素材と製作の問題、製品の流通について考慮せず、化学組成から見る分布のみによって生産地や相互の関連を考察する

ことについて、あらためて疑念を呈したい。

またカリガラスの組成と生産に関する研究は、ガラス珠類に特化されており、他のカリガラス製の製品に関してはほとんど言及されていない点は、大きな問題である。例えば中国広西省を中心に見られるカリガラス器は、次に検討するが、形態がいずれも似通っており、同一の地域または同一の工房で製作されていたことが想定される。しかし色調は紺色・青色・緑色といった色調が見られる。その成分を見ると、淡青色や緑色の製品において、アルミニウムが多い一方で、カルシウムも少なくはない。必ずしも小珠の色調と組成の様相と一致してないように思われる。これは小珠と器がその素材の生産地を異にしている可能性、もしくは製作するモノによって、ガラス原料の配合を変化させている可能性も考えられる。

しかし成分から素材の生産地を考察することは、上述したような問題点もあり、また筆者の化学的知識が足りないこともあり、これ以上は踏みこまない。

次に考古学的研究に立ち戻り、製品の特徴を分析することから、カリガラスの製作地を検討を行いたい。

第3節　カリガラス製品の製作地の検討

以上カリガラスで製作された製品の種類および分布、そして組成の特徴を検討した。

製品は圧倒的多数が珠類、特に小珠であり、カリガラス製品が出土するすべての地域にその分布が見られる。それ以外の製品は基本的に特定の地域にしか出土しない。器と耳璫は中国文化圏でのみ見られ、玦状耳飾りと腕輪はほぼベトナム北部ドンソン文化圏でのみ見られる（表2）。

一方でカリガラス全体に共通する特徴もある。色調がそれである。色調はカリガラス製品すべてにおいて透明度の高い青〜紺（藍）色の青色系統が中心的であり、淡青色・緑色が次に続く。しかし珠類では、上述した色調が最も多く見られるものであるが、加えて紫色・黒色・白色・赤褐色・黄色などは珠類だけに見られ、他の製品にほとんど出現しない色調である。なかでも赤褐色と黄

色の珠は明らかに不透明であり、この色調は他のカリガラス製品と大きく異なる特徴といえる。

なお西方のソーダ石灰ガラスの製品や、南アジアや東南アジアのソーダ石灰ガラスの珠のほうが、色彩という点ではバラエティに富んでいる。当該時期のソーダ石灰ガラスの製品であれば、透明な珠にも赤や黄色があり、また不透明な緑色や青色の珠も見られる。器の色調もそれと同様に多彩である。この点は、カリガラス製品とソーダ石灰ガラス製品と大きく異なっている点といえよう。

このように、カリガラスは全体的にみて色調や素材としての統一性はあるものの、珠類については独自の特徴が見られる。一方で、珠類以外の製品の分布には地域的な偏りがあり、中国とベトナム北部にその分布が見られる。

現在のところ組成分析と鉛同位体比から、中国におけるカリガラスの小珠の素材生産に関しては、その可能性が高いことが指摘されている。しかしベトナムに関しては不明である。また一方で赤褐色の小珠の存在などから、中国以外におけるカリガラスの素材生産が推測されている。

当該地域にだけ見られる特徴的な遺物が存在する、中国南部とベトナム北部の製品と社会的背景を検討し、カリガラス製品の製作地について考察を行う。

1. 中国南部におけるカリガラス製品の製作の検討

中国では、漢代も含め古代のガラス製作址は現在まで発見されておらず、中国南部もまた同様である。カリガラス製品が製作されたか否かについては、遺物の詳細な検討や社会的背景といった状況証拠から判断せざるを得ない。唯一赤褐色小珠は、中国において当時着色技術がなかったと考えられており、赤褐色小珠も含めた珠類の一部は、中国以外での製作が推定される。それ以外の遺物はどうであろうか。

すでに中国南部、特に両広地区において多数のカリガラス製品が出土していることを述べた。種類は珠類・耳瑞・佩環・器（表2）であり、珠類における色調は多彩である。

ガラス珠類の出土数は、中国の漢代の遺跡において半数以上を占め、最も多

量である。しかし現在のところ、カリガラス小珠の出土数が最も多い地域は日本であり、他の地域でも多数出土している製品について、その量の多寡はその地における製作を示す十分な証拠とはならない。

　一方、耳璫と佩環は中国独自の形態であり、異なる素材でも同じ形態が存在する。その点は、中国社会におけるこのタイプのカリガラス製品製作の証左となろう。しかしガラス小珠と同様に、特に耳璫に関しては広く中国から出土しており、中国南部における製作を示すものとはならない。また佩環については中国では両広地区の出土のみとはいえ、その出土数が非常に少なく、これも中国南部の製作とする証左としては厳しい。

　ここで注目されるのは、カリガラス製の器である。上述したように、出土した遺物は1点をのぞきすべて中国から出土している。その1点も出土地域はベトナムではあるが、この地に葬られた漢人の墓、すなわち漢墓であった。これも耳璫と同じく、漢独自のものである可能性が非常に高い。さらに耳璫と異なり、その圧倒的多数は広西から出土している。このカリガラス器が中国の広西で作られた可能性を検討し、それにより、中国南部におけるカリガラス製作を検討したい。

（1）カリガラス器の製作地の検討

　カリガラス器は、当初はその形態が東地中海製の鋳造ガラス器に非常によく似ているところから、西方のガラス器であると考えられてきた（由水　1992b：pp.134-136、安家瑶　1984：p.419）。その組成がカリガラスという、当時の西方にない独自の組成であることが徐々にわかってからは、両広地区の製作と指摘されてきた。しかしその根拠は、その成分が西アジアに見られないアジアに特徴的なカリガラスであるという点と、この地域に多数出土している点に依拠している（谷一　1999：p.81、黄啓善　2005：p.192ほか）。

　両広地区では、漢代を通じて多数のガラス器が墓に副葬された。両広地区では碗または杯と盤（皿）の器が出土しており、広東からは碗3点、広西からは杯（碗）(22) 14点（うち托盞付高脚杯1点・脚付杯1点）・盤2点が出土している（表3、図6、図7、図8-1～4・7・8）（黄啓善　2006ほか）。

　広東広州横枝崗M2061墓から出土した器が1点分析されており、カリガラ

スであった。以前ソーダ石灰ガラスと報告されており（関善明 2001：p.49）、西方系のガラス器であると考えられていたが、その記述は誤りであり、カリガラスであることが明らかとなった。そのほかの広西から出土したガラス器については、分析されたものはすべてカリガラスであった。

次に杯（碗）と盤、それぞれの特徴をまとめる。

広東広州のガラス碗は、前漢中期の横枝崗 M 2061 墓から出土しており、カリガラスの器として中国では最も早く出現するものである（表3、図6-1、図8-1）。このガラス碗は3点出土しているが、完形は1点のみである。3点ともにほぼ同じ形態と考えられている。形態はややいびつである。比較的器の高さがなく、器壁は薄い。また口縁の外側直下にはへこんだ弦文が1本みられる。これは鋳造時に型で作られたものを、さらに研磨により明瞭にしたものと考えられる。底部には低い高台が付いている。色調は紺色であり透明度は高い。鋳造で製作されたものと考えられる。

一方で広西から出土したガラス杯は、広東の器と異なる特徴をもつ。広西のものは出土点数が多いだけでなく、形態をはじめさまざまな点で共通した特徴をもつ点は重要である。（図6-2〜6、図7-1、図8-2〜4）

製作技法は鋳型鋳造による。胴部はやや膨らみ、胴部中央または上部よりに突起文として浮き出した2〜4本の線文が見られる。装飾兼滑り止めと考えられる。これは鋳造時に型で作られたものを、鋳造後にさらに研磨により削りだして、よりはっきりと際だたせたものと考えられる。なお脚付杯の杯部も同様に胴部中央に突起文が見られる。鋳造後には研磨しており、これらの内部および外部には同心円の研磨痕が見られる（図6-3・4）。内側底部には、装飾的に円形の研磨痕を残している。脚付杯以外の杯に高台など脚部はない。

杯の法量は判明しているもので、高さ約3〜7 cm、口径約 5.8〜10.0 cm で、ある程度大きさに変化はあるが、上述したように形態的には似通っている。器壁は貴県南斗村 M 8 出土高脚托盞杯（図7-1）を除き厚めである。色調は淡緑、青、淡青、青緑、紺、濃紺といった青色系統と緑色系統を呈し、非常に透明度が高い（図6・7・8）。

盤の点数は少なく、2点である（図7-3、図8-7・8）。鋳型鋳造によるものと考えられる。口縁部外側に1本の凹線文をめぐらしている。鋳造後に研磨し

第3章 カリガラス製品と古代アジアの交易ネットワーク *339*

表3 両広地区出土のガラス器一覧

地域	出土遺跡	遺物名	時期	法量（cm）			色調〔カッコ内は筆者実見による判断〕	成分分析	出典
				高さ	口径・腹径・底径	器壁厚			
広西省	貴県風流嶺M2 西漢墓	円底杯残片	前漢	不明			藍色半透明	カリ	①
		高足杯残片	前漢	不明			淡青色透明	カリ	①
	合浦県環城紅頭嶺 M34	円底杯	前漢晩期	6.8	口径9.3・腹径9.7	0.4	深藍色半透明（濃紺（藍）色半透明）	分析なし	①②
	合浦県紅頭嶺 M11	円底杯	前漢晩期	6.7	口径9.1・底径5.0		藍色半透明	カリ	①
		円底杯残片		不明			藍色	カリ	①
	合浦県文昌塔 M70 西漢墓	円底杯	前漢晩期	5.2	口径7.4・腹径8.3		淡青色半透明（同）	カリ	①②
	合浦県環城黄泥崗 M1	円底杯	新	5.8	口径9.2	0.4	天藍色半透明	カリ	①②
	貴県汽車路 M5 東漢墓	円底杯	後漢	3.7	口径7.7	1	深紺（藍）半透明	カリ	①②
	貴県東郊南斗村 M8 東漢墓	高脚托盞杯高脚杯部	後漢	（脚部含む）8.2	口径6.4	0.1～0.2	淡青色透明（非常に淡い淡緑色透明）	分析なし	①②
	貴県火車駅東漢墓	円底杯	後漢	3.2	口径5.8		緑色透明	カリ	①
	貴港孔聖嶺 M12 東漢墓	円底杯	後漢	不明			藍色半透明	分析なし	①
		円底杯残片					藍色半透明	分析なし	①
	合浦寮尾東漢三国墓 M14	杯	後漢晩期	3.9	口径6.2・腹径6.4・底径3		藍色半透明（濃紺（藍）色半透明）	カリ	③
	貴港南梧高速公路 M12	円底杯	漢代	不明			藍色	分析なし	①
	合浦県環城郷母猪嶺 M1	盤	前漢晩期	2.5	口径12.7	0.3	天藍色半透明（青緑色半透明）	分析なし	①
	貴県汽路 M5 東漢墓	盤	後漢	3.4	口径12.7		青緑色半透明	カリ	①
	貴県東郊南斗村 M8 東漢墓	高足托盞杯托盞部	後漢	2.4	口径12.4・底径9	0.1～0.2	淡青色透明（非常に淡い淡緑色透明）	分析なし	①②
広東省	広州横枝崗西漢墓 M2061	碗	前漢中期		口径10.6・底径4	0.3	深藍色半透明（濃紺透明）	カリ	④⑤
		碗残片		完形品と同サイズとのこと			深藍色半透明	不明	④⑤
		碗残片					深藍色半透明	不明	④⑤

注：遺物の時期および色調は出典の記述による。
出典）①黄啓善 2006 ②NHK大阪放送局編 1992 ③広西文物考古研究所他 2012 ④関善明 2001 ⑤広州市文物管理委員会他 1981

340 第Ⅱ部 アジア各地のガラス製品の様相と弥生社会の対外交流

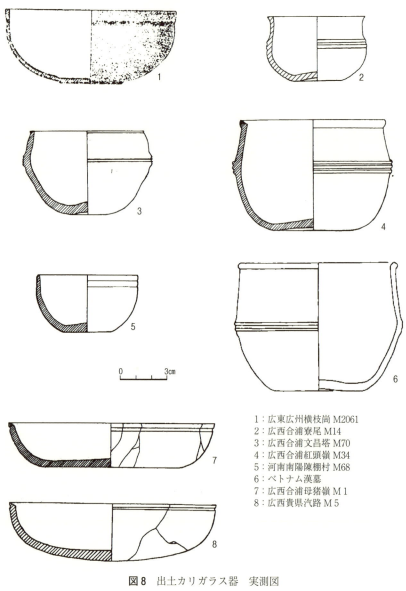

1：広東広州横枝崗 M2061
2：広西合浦寮尾 M14
3：広西合浦文昌塔 M70
4：広西合浦紅頭嶺 M34
5：河南南陽陳棚村 M68
6：ベトナム漢墓
7：広西合浦母猪嶺 M1
8：広西貴県汽路 M5

図8 出土カリガラス器 実測図

ており、特に底部内側には、研磨による同心円の円圏文を際だたせ、装飾としている。盤2点の法量は、高さ2.5〜3.4 cm、口径12.7 cmとよく似たサイズである。杯に比べると透明度が低く不透明に近い半透明で、青緑色を呈する。

一方、高足托盞杯の托盞部は、透明度の高さ、やや薄手である点、そして口縁が開く形態で他の2点と異なっている。しかしその法量は、高さ2.4 cm、口径12.4 cmと盤とほぼ同サイズであり、また内側底部に同心円の円圏文がある点も盤と同じである。

以上のように、杯（碗）と盤は形態に各々共通した特徴をもつ一方で、器全体を見ると、鋳造製、円圏の研磨痕と内側底部に見られる研磨による円圏文、外側の線文が共通する特徴となっている。器の色調は、青色系統と緑色系統であり、透明度は全体的に高いが、不透明に近いものも盤に見られる。これらの器は、現在までに分析されたものはすべて、カリウムを12〜17%含むカリガラスであった（表1）。分析されていない他の同じ特徴をもつガラス器も、カリガラスである可能性が高い。

ベトナム北部から出土したガラス器（平野 2004）（図8-6）も分析されており、同様の形態的な特徴をもつ、カリガラス器であった。

広西合浦出土の器は前漢晩期を中心に後漢にわたり、広西貴県出土のものは前漢から後漢にわたるが後漢が中心である。前漢晩期頃に出現してから、その器の形態などの特徴に大きな変化はない。

以上から、これら広西のカリガラス器は同じ製作技法で製作されており、その形態と突起文、底部の円圏文というデザインも非常に似通っている点から、同一地域で製作された製品と考えられ、出土地域の集中から、その製作地は広西であると考えてよいだろう。このカリガラス器とよく似た組成、色調をもつ製品、中国伝統の形態をもつ耳璫や環、また珠などについても、このガラス器を製作する工房において、作られた可能性があろう。

広東のガラス器は3例のみであるが、いずれも同じ形態をしているところから、同じ工房における製作がうかがえる。そこで問題となるのが、広東出土器と広西のカリガラス器との関係性である。広東と広西から出土したガラス器は、器型や器壁の厚さなど、様相を異にしており、簡単にその系譜を追うことができない。広西のガラス器は広東のものより後出であるが、その製作におい

てなんらかの関係があったか、また広東のガラス器が広西で製作されたかは、現状では不明である。広州横枝崗のガラス器の分析からは詳細な組成がわからないため、中国南部で常見されるカリガラス製品の組成と比較検討することができない。このため広州横枝崗出土ガラス器については、両広地区以外における製作も否定できない。胴部に線文を施すという点は共通の要素といえるが、むしろこの線文をもつという特徴は、その製作地がどこであれ、後述する同じモデルを基にこれらガラス器を製作したため、という可能性が推定される。

興味深い遺物として、河南南陽市陳棚村68号漢墓から出土したカリガラス器がある（河南南陽市文物考古学研究所 2008）（図8-5）。器型は広西のものに近いが、弦文の位置は広州横枝崗に近く、中間的な形態とも言える。その組成（表1）は、広西のものと異なっている。今後鋳造製ガラス器の型式分類が必要である[24]。

しかし、ガラス器の製作に関しては不明であるが、広州において多数のガラス製品やカリガラス小珠が出土する様相は、広州におけるカリガラス製品製作の可能性を示す。またカリガラスの小珠の中に、紫色・白色といったガラス器にない色調が存在する点は、ガラス器の製作工房以外でもガラス小珠が製作されていた可能性を示唆する。このため、本章ではカリガラス製品の製作は両広地区で行われたと、より範囲を広くとって結論としたい。

次に当時の社会的な状況を検討し、漢代にカリガラスがこの両広地区において製作されたという推論を裏付けられるか、考察を行う。

（2）社会的背景の検討

a．ガラス製作技術の有無

前漢前期には、両広地区からは璧や帯鉤などの鋳造による鉛バリウムガラス製品が多数出土しており、それらは当地で製作された可能性が高いと考えられる。すでにガラスの製作技術はカリガラス製品が発展する前に、この地にもたらされていたのである。

なお、このガラス製作技術は二つの方向から流入した可能性がある。広東は戦国時代から楚の影響が強く、楚文化の南越に対する影響も大きかった。楚は戦国時代にはガラス製作が最も盛んに行われた地である。この楚のガラス文化

の影響と、また楚の滅亡に伴うガラス工人の両広地区への移動も推測されよう。また秦漢時期には、合浦は政治に敗れた人々が流される地であり、彼らによって中央の先進的な生産技術や技能がもたらされ、それにより合浦では農業や手工業、商業が大変発達し、青銅器生産やガラス製造技術が発展したと指摘されている[25]。中原もガラス製作が発展しており、この技術もまたもたらされた可能性がある。

b．透明なガラス器出現の要因の有無

漢代になると、はじめてガラスで器が作られるようになったが、鉛バリウムガラスの器の出土例はごくわずかである。前漢の徐州北銅山楚王墓からガラス杯16点、河北満城中山王劉勝墓からガラス耳杯2点とガラス盤1点が出土している。いずれも緑色不透明で、玉製品を原型としていることがうかがえる（由水 1992b、谷一 1999、小寺 2012ほか）。ガラスの特性である透明度は活かされていない。実際漢代までのガラス製品は、ガラスの透明度を活かした製品は見られない。一方広西のガラス器は透明度を活かしたものであり、これまでの中国のガラス製品にない特徴をもつといってよいだろう。このような透明なガラス器が出現する要因が、この時期の広西にはあったのだろうか。

前漢には南海（東南アジア・インド）交易が促進されたことは周知であるが、南越の建国、そして南海交易の発展により、両広地区は東南アジアの窓口となった。漢書（巻28下）地理誌にも述べられているように[26]、特に広西の合浦は南海へと至る道の中国側の最後の港であり、この地域の漢墓の多さと、副葬品からは当時の繁栄がうかがえる（由水 1992b、谷一 1999、小寺 2012ほか）。両広地区には、インドや東南アジアの製品が多数流入することとなり、高アルミナソーダ石灰ガラスの小珠がまさにその一つである。

さらにこの時期、西方においても東方との活発な交易への動きが高まっていた。すなわち繁栄を迎えていたローマ帝国では東方の産品の需要が高まっており、この需要を背景として、ローマとインドとの交易が海路により盛んに行われていたのである。その様子は「エリュトラー海案内記」によってよく知られているところである（蔀 1997）。さらにバルバリコンやそのほか西インド各地の港から輸出される貨物はこの地域の産品だけでなく、東南アジアの各地から集積された品物も多く含まれていた。インドのArikameduなどからの考古学

的な出土品も、この時期東南アジアとこれらの港が結ばれていたことを示している（蔀　1997・1999）このローマとインドのつながりにより、さらに東南アジアを経由して、西方のガラス器が、中国の両広地区までもたらされたとうかがえる。

現在中国漢帝国内の遺跡から出土している西方のガラス器は、後漢前期から中期の江蘇省の墓から2点、後漢後期の洛陽から1点出土しており、いずれも地中海沿岸で作られたものである[27]。もちろん出土より多数のガラス器がもたらされていたことは疑いなく、これら漢帝国にもたらされたガラス器の（少なくとも一部が）海路でもたらされ、窓口は両広地区であったと考えられる。これらのガラス器は透明度の高いものであった。

注目されるのは、紀元前2世紀半ば～後1世紀半ばの、漢代に併行する時期の東地中海において、広東と広西から出土するガラス器とその特徴が重なる鋳造ガラス器が製作されている点である。この時期の東地中海製の鋳造ガラス器は、広口・平底の浅鉢や、直口の深碗など、碗・鉢・皿といった器種がみられる（図10）。鋳造・研磨により作られており、器壁は非常に薄いものが多いが、厚いものも散見される。口縁や胴部の内面や外面にカットによる線文が見られるのが特徴的である。表面は回転研磨され、底の中央に円圏文の削り痕が残る例も見られる。透明度の非常に高いガラスであり、無色に近いものから、緑色・紫色・金茶など非常にさまざまな色調をもつ。その成分は、西アジアの伝統的なソーダ石灰ガラスである。シリア・パレスティナ沿岸の町で製作されており、輸出品として非常に人気が高く、地中海全域から出土しているほか、ユーラシア北部などからも出土している（由水　1992b：pp.133-136、平山郁夫シルクロード美術館ほか　2007：p.37）。

残念ながら、現在このタイプの器は東アジアから出土していない。しかし同時期の地中海製の他のタイプのガラス器が中国から出土している状況を見ると、このタイプの鋳造ガラス器が漢帝国にもたらされていた可能性は高い。そこで、両広地区出土ガラス器と、東地中海製鋳造ガラス器との共通点を検討したい。

東地中海製鋳造ガラス器の碗・鉢・皿という器種は、広西の器種と共通であり、その形態も似通っている。鋳造・研磨という製作技法も共通しており、さ

らに東地中海製鋳造皿には内面中央に円圏文の削り痕が装飾的に残る遺物も多く、この点も広西のカリガラス器と共通している。特徴的なのは、どちらも胴部に線文が入るという点である。この線文は装飾的な役割もあるが、広西の器では使用時の滑り止めという実用的な役割も果たす。しかしその胴部の線文が、東地中海製のガラス器に見られるものがカット技法によるものであり、中国のカリガラス器は鋳型と研磨による浮き出し線文である点が異なる。

図9　東地中海製　鋳造ガラス器（前2〜後1世紀）

　透明度もまた共通の要素である。このタイプの東地中海製の器は非常に透明度が高く、この点は漢帝国のカリガラス器も同様である。一方で大きな違いは色調である。両広地区のガラス器が青色・紺色・緑色系統の色調のみに対し、東地中海製の器は青色や紺色系統もあるが、紫色・黄色・赤色といった色調も見られ、よりバラエティに富んでいる。

　以上から考察すると、前漢の中期頃において、活発化した海路の交易により、まず両広地区へと西方から東地中海製の透明な鋳造ガラス器がもたらされた。それが契機になり、かつその器を手本として、前漢後期頃には広西でカリガラス器の製作が開始された可能性は十分にありえるのではないだろうか。より時期の早い広州横枝崗の器の方が、その形態において東地中海製品に似ており、底部の高台の有無以外はほぼ特徴を同じくしている。筆者は2012年の著作（小寺 2012）において、この器がソーダ石灰ガラスという誤った情報のもと西方製であると述べたが、東地中海で作られた器をモデルに、おそらく中国でカリガラスによって製作された器と訂正する。

　ガラスの鋳造技術自体は中国においても発達し、すでにこの地域にももたらされていたため、その製作自体は困難ではなかったが。しかし当時の中国ではカットによるガラスの装飾技法というものは存在しておらず、線文を取り入れ

より実用に供するために、可能な技術（＝鋳型における彫りこみ）で対応したと考えられる。また底部に見られる円圏文は、製作技法（またはその一部）が伝播した可能性を示すものであるといえる。一方で、西方と東方の器の色調の違いは、ソーダ石灰ガラスの配合までは伝播しなかったことを示唆していると思われるが、またこの時期の人々の色調の好みも反映している可能性がある。

c．カリガラス製作の契機と背景

次に、鉛バリウムガラスでなく、カリガラスの生産とその製作を行う要因が、両広地区に存在したか否かについて検討を行う。

干福熹は、カリ硝石を用いる技術自体は煉丹術などによってすでに古代中国に存在しており、またこの地区では鉛よりカリ硝石が入手しやすかったため、カリガラスを製作したのではないか、という推論を提示している（干福熹 2005b：p.229）。その可能性を否定するものではないが、一方で東南アジアやインドより、カリガラスの生産方法が伝わった可能性もありえる。

上述したように、漢代には盛んに南海との交流・交易が行われ、さまざまな製品が伝来した。一方でカリガラス自体は紀元前600～前300年ごろのインドで生産が開始されており、中国のカリガラスより時期的に早く出現したと指摘されている（肥塚 2010：p.10）。中国のカリガラスの組成と、中国よりその出現が早いインドの Arikamedu やタイの Ban Don Ta Phet のカリガラスの組成が似ている点（表1）、そして中国のカリガラスが盛んに製造され始めた時期が、この東南アジアやインドとの活発な接触後であったという点は重要である。

またカリガラス小珠の製作技法が引き伸ばし技法である、という点も重要である。すでにインドや東南アジアで製作されていたカリガラスやソーダ石灰ガラスの小珠は、引き伸ばし技法によるものであった。しかし漢代以前の中国において、引き伸ばしによるガラス珠の製作技法は見られない。蜻蛉珠や鉛バリウムガラス製の管珠は巻き付け技法によるものである。粘り気が少なく、鋳造に適した鉛バリウムガラスは、粘り気をある程度必要とする引き伸ばし技法によるガラス珠の製作には不向きであり、鉛バリウムガラスの製作の中で、この引き伸ばし技法が生まれたとは推測しがたいのである。[28]

これらの点を考慮すると、カリガラスの原料配合と引き伸ばしによる小珠の

製作技法、いずれも、インドや東南アジアとの活発な接触を背景に、これら地域から伝播した可能性は高いのではないだろうか。[29]

　カリガラスの小珠は、前漢前期からある程度出土しているものの、前漢後期や後漢代の出土数が圧倒的に多く、カリガラスの製造が前漢後期に盛んになってきたことがうかがえる。これはカリガラス器の出現・発展と時期を同じくすると考える。前漢中期ごろにもたらされた西方の透明ガラス器を手本に、両広地区ではそれを手本として前漢後期に新たな製品であるカリガラス器を製作するようになったと推察したい。その動きが両広地区における器以外のカリガラス製品の製作にも拍車をかけ、小珠や耳璫などの大量生産を後押ししたと考えられるのではないだろうか。

　ところで鉛バリウムガラスは主に葬玉製品の製作に使われているが、一方でカリガラス製品に葬玉は見られず、珠類や耳璫、器といった装飾品や実用品のみが作られている。ここからは、カリガラスを使用していた工房が、鉛バリウムガラスを使用していた工房と異なっていた可能性も推測される。

　以上、ガラス器そのものを検討し、両広地区における製作の可能性が高いことをあらためて示した。さらに技術的背景の存在、手本となる西方からの透明なガラス器の搬入、カリガラスの配合と引き伸ばし技法による小珠製作技術の伝播の可能性から、この時期の両広地区において、器・耳璫・小珠といったカリガラス製品が製作されたと推測することは、妥当ではないかと考える。

　もちろん、カリガラス製品すべてがこの地区で製作されたということを主張しているのではない。例えば戦国時代にごく少数見られたカリガラスの小珠や、漢代でも特に出土数の少ない色調の小珠、また中国でその製作技術がないといわれている赤褐色不透明の小珠については、インドなど中国以外の製作地を検討する必要があろう。

2．ベトナムにおけるカリガラス製品製作の検討

　ベトナム北部から出土したガラス腕輪や玦状耳飾りは、この地の伝統的な形態を踏襲するものであり、その独自性は強い。

　ベトナムでは初期鉄器文化の紀元前3世紀頃からガラス製品が登場する。北

部のドンソン文化、中部のサーフィン文化、東南部のドンナイ文化の主に墓から腕輪・耳飾り・ビーズの3種類のガラス製品が出土している。北・中部のガラスの出現年代は紀元前後に集中する傾向が見られる（平野 2001・2004）。

　北部ドンソン文化の Lang Vac 遺跡は紀元前2～後1世紀頃の墓地遺跡である。墓から多数のガラス製品が副葬品として出土しており、その中には腕輪と耳飾が多数見られる。すでに述べたように、腕輪と耳飾りが分析されており、カリを14～22％含むカリガラスであった。国立ベトナム博物館に展示されている Lang Vac のガラス腕輪は、透明度の非常に高い緑色を呈し、断面は上下に狭い面取りのある五角形であった。鋳造による製作と考えられる。Lang Vac のカリガラスはマグネシウムが少ないタイプのもので（表1）、中国両広地区を中心に出土するカリガラスとその組成が近く、鋳造製作という点からも中国両広地区の製品との関係がうかがえる。一方で、南部の Giong Ca Vo 遺跡で出土したガラス腕輪と双獣頭耳飾はソーダ石灰ガラスであり、組成に大きな違いが見られ、また腕輪の製作技法も異なっている（平野 2000・2004）。ソーダ石灰ガラスの製品は、インドや西アジアのガラスとして東南アジア地域に広がっており、その影響の下に製作されたものと考えられる。

　ベトナム北部は特に中国南部、広東・広西・雲南と関係が深く、古い時代より青銅器など文化にさまざまな影響がうかがえる（今村 1998）。前203年に建国された南越は広東・広西・ベトナム北部を支配し、続いて紀元前111年に前漢武帝が南越を征伐した後、ベトナム北部は漢帝国の支配下に置かれることとなった。ベトナム北部には、武帝支配以後に中国系官人の墓と考えられる漢式の木槨墓や磚室墓も造営されるが、この漢墓から腰鼓型のガラス耳璫、広西のカリガラス器と同型の器（図8-5）が出土している（平野 2004）。これらは漢帝国からもたらされたと考えられよう。

　このような中国南部との密接な関係性と、カリガラスの組成の類似性を見ると、ドンソン文化の釧や耳飾りは、両広地区で製作されたものがこの地域にもたらされた可能性と、中国のカリガラス製品の影響のもとにこの地域で製作された可能性が考えられる。しかし両広地区から類似の腕輪が出土していない点、そして何よりも腕輪や玦状耳飾りの形態が、それ以前からある石製品の形態の系譜を受け継ぐものである点を考慮すると、これらのカリガラス製品は当

地で製作されたと考えるべきであろう。このカリガラス製の腕輪は、第Ⅰ部第3章で取り上げた丹後の大風呂南墳丘墓から出土したカリガラス製の釧と、その成分と形態が似ている点は上述した。今後ドンソン文化のガラス腕輪と丹後の釧について、比較検討する必要がある。

しかし特にその製作技術に関しては、中国の影響をうかがうことができる。ベトナム中部や南部で同時期に製作された腕輪は、輪作りや回転技法などの製作方法で製造されている（平野 2004）。これは東南アジアや南アジアでよく見られる技法であり、その影響の下に製作されたと考えられる。一方ベトナム北部でみられる腕輪は鋳造によるものである。言うまでもなく、当時鋳造によるガラス製作は中国で非常に発展しており、その製作技術の影響を受けたと考えるべきであろう。中国からの技術者の移動という可能性や、ガラス素材を中国南部より入手して製作していた可能性もまたありえる。

一方、小珠に関しては、中国からの搬入品の可能性、またこの地における製作、両方とも想定可能である。後者の場合、腕輪や耳飾り同様、ガラス素材が中国産であった可能性も想定される。

以上、ベトナムではカリガラス製の腕輪や耳飾りは当地で製作されていた可能性が高い、といえる。しかしガラス小珠の製作の有無、およびカリガラス素材の生産の有無といった問題に関しては、結論を出すことができない。今後の研究を待ちたい。

3. カリガラス小珠の流通の背景

以上、カリガラス製品が中国両広地区において製作されていたことについては、ある程度論証できたのではないかと考えられる。最後に、この中国両広地区という、中国中央部から遠方の地で製作されたカリガラス小珠が、中国、そして東アジア各地へと、広がっていった理由について考察を行いたい。

この漢代は、中国がインド・東南アジアといった南海だけでなく、広く周辺地域と積極的に接触を図った時期である。漢帝国という安定とその対外的な広がりの中で、商業は繁栄し、市場もさらに広がっていった。カリガラス製品もまた、この動きの中で生み出されたであろうことは上述した。その中で耳飾

り・環・器等は基本的に製作された文化圏で使用されていたが、それと対照的に小珠は非常に広い範囲に分布している。

　珠類は普遍的な装飾品であり、アジア各地において広く使用されていた。さまざまな文化において装飾品として使用される小珠は、普遍的な人気をもつ商品であったと思われる。すでに漢代以前から、ソーダ石灰ガラスを中心としたガラス小珠がインドや東南アジアにおいて作られており、商品として流通していた。カリガラスの小珠の製作には、このソーダ石灰ガラス小珠の人気が、少なからぬ影響を与えたのではないか、と推測される。すなわち、両広地区においてカリガラスの小珠は、当初から普遍的な商品として広く商うことを目的として製作されたのではないだろうか。そのため各地へと流通し、最終的に東アジア各地から広範囲にかつ多量に出土するに至ったのではないだろうか、と推測するのである。

　同様に商品として製作されたものが、カリガラス製の耳璫であろう。珠類ほどの普遍性はないため漢帝国の国内向けの商品であったそれは、漢帝国内部で非常に好まれ、多数流通し、各地から出土しているものである。[30]

　両広地区という中国の南部から、そのような多数の製品を中国内に広く流通させることができた背景には、秦代に中国南部と中原が水陸路でつながった点が、非常に重要であると考えられる。秦代（前222年）に始皇帝により人工水路（灵渠＝湘桂運河）が開かれ、これにより、漓水と湘江の水道が通じ、すなわち珠江水系と長江水系を経て中原へと至る、水陸の道が通じたのである（楊式挺 2006：p.21）。なおこの湘桂走廊により中原と両広との通行が容易になったことは、両広を窓口とするインドや東南アジアとの南海交易を促進させる大きな要因でもあったと思われる。この道を通じ、両広地区で製作されたガラス小珠や耳璫が中原をはじめ、漢帝国各地へともたらされたのであろう。また長江とつながったことにより、両広地区と長江下流域との流通が活発化したこともうかがえる。ローマンガラスから見た長江下流域と両広地区とのつながりについては、すでに第Ⅱ部第2章でも取り上げている。

　さらに両広地区が南海交易の中国の窓口であった点を考えると、インドや東南アジアの地域で製作されたカリガラス製やソーダ石灰ガラス製の他のガラス小珠の多くも、まず両広地区へと流入したのち、この経路を経て中国各地へと

流通した可能性が高い。(31)

結　語

　以上、遺物や科学分析、この時期の社会的背景の検討により、カリガラスの器・小珠・耳璫などが中国両広地区で作られていたと考察した。またベトナムでは、ガラス小珠の製作については不明であるが、この地域独自の形態のカリガラス製腕輪や耳飾りは、ベトナム北部において、中国のガラス鋳造技術の影響を受けて製作されたと考えられる、と結論付けた。いずれもこの時期の中国と東南アジア・インドとの活発な交流を背景に、生まれたものであると考えられる。

　現在東アジアや東南アジアで多数見られるカリガラスの小珠について、特に色調が淡青色、青〜紺（藍）色、緑色の色調を呈するものは、そのかなりの部分が中国両広地区で製作されたものと考えられるのではないだろうか。一方で、それら両広地区で製作されたと考えられる、中国伝統の形態をもつガラス器には見られない色調の珠、すなわち赤褐色不透明の小珠などは、インドや東南アジアにおいて製作された可能性が高い。これら中国両広地区で製作されたカリガラス小珠をはじめ、インドや東南アジアで製作されたガラス小珠も、漢帝国の活発な製品流通の中で、遠く朝鮮半島や日本列島へともたらされたと考えられる。

　以上のように、ガラス小珠をはじめとするカリガラスの研究分析から、東アジアから東南アジア、南アジアをつなぐ交易交流という、当時の対外交流の様相を、多少なりとも露わにすることができたのではないかと思う。当時の東アジアでは、広く東南アジア・インドまで含めた活発な交流が行われていた。さまざまな品物が行き交っていたと考えられるが、布や亀甲、真珠などそれらの品々の大半は残りにくいものであり、現在は文献などから推測するのみである。どの地域で製作され、どのように流通したにせよ、これらカリガラスやソーダ石灰ガラスの珠類達は、当時のアジア世界の広がりと活発な交流の貴重な証拠である。

註

(1) 風化により、ガラスの成分は変化をうける。それによるカリウムやナトリウム、アルミニウムの全体に占める割合の増減は、非常に大きい。このため、それぞれの数値はあくまで出土時における成分の目安であって、遺物の風化度によってはこれより少ない値や多い値もある。

(2) 引き伸ばし技法は、完全に溶融したガラスから引き伸ばしてガラス管を作るため、ガラスを高温で完全に溶融する技術が必要であり、作られた小珠は、基本的には一次製作品であると考えられる。

(3) 中国のガラス小珠の数量は後述している。しかし中国においてはガラス小珠の出土記録は曖昧なものが多く、実際の出土数は不明である。

(4) これら、北部九州で散見されるアルカリ石灰ガラス系の管珠は、短いものが多く、小珠として記載されていることが多い。上述の定義より、管珠として計上する。

(5) 春秋戦国諸国ではない、新疆出土の珠の分析も含んだ数である。

(6) 分析が掲載されている干福熹（2005b：p.229）では、戦国後期の雲南江川の遺跡から出土した六稜形状緑色玻璃珠もカリガラスとしている。しかし遺跡の時期として、漢代中期までの可能性があるため（李青会 2005a：p.260）、戦国時代の珠としては取り上げない。

(7) 中国の発掘報告書や分析報告で使用される珠の色調"藍"は、日本でいう青色・紺色・藍色を含む。

(8) 関善明 2001：p.44、黄啓善 2005：p.189。このほか、発掘報告書などを参照。

(9) 以下、英語による色調の表記は趙虹霞他（2007）の論文内の記述による。

(10) 広州漢墓では、前漢を前・中・後期に、後漢を前・後期に時期区分を行って報告している。以下時期区分は、報告書に従う。

(11) 本章で扱う時期は、漢帝国が朝鮮半島北部に楽浪郡を置いているため、北部は漢帝国の範囲内として扱っている。

(12) 発掘された遺跡の数や墓の数などもあり、単純に比較することはできないが、例えば弥生時代後期の北部九州や丹後半島、または漢代の中国両広地区のように、多数の遺跡の多数の主体において、500〜1,000点を超す多量のガラス小珠が副葬される地域や時代がある、といった様相は少なくとも存在しない。

(13) 英語表記の色調は、Brill（1999：pp.372-373）による。

(14) Brill 1999。多数出土したビーズのすべてがカリガラスかどうかは不明である。

(15) 主に李青会（2005b）成分分析一覧をもとにしている。

(16) 主に李青会（2005a）集成一覧からの集計による。

(17) サーフィン出土のO-lingling型耳飾りの組成はよくわかっていない。ベトナム中部〜南部のこの時期の遺跡から出土するガラス腕輪や双獣頭耳飾りで、分析されているものはソーダ石灰ガラスであった（平野 2000：p.49）。

(18) なお古墳時代に見られる棗珠、四角柱状珠など特殊な形状のガラス製品の中には、

同様の発色の淡青色を呈する珠が存在している。
(19) ソーダ石灰ガラスの赤褐色小珠についても同じ技法によって着色されている。
(20) すべての紺色系統のカリガラスを中国で製作していた、という意味ではない。
(21) 1世紀半ばのギリシャ商人が書いた『エリュトラー海案内記』によると、インドの南西海岸には、ローマから船のバラスト兼商品として、ガラス塊が輸入されていたことが数か所において、述べられている（蔀 1997）。
(22) 碗と杯の区別は文献により異なることもある。広西の遺物について黄啓善（2005・2006）の表記に従った。黄啓善は碗ではなくすべて杯としている。
(23) Zorn & Hilgner（2010）。筆者も前著（小寺 2012）では、関善明（2001：p.49）の記述を参考にガラス器をソーダ石灰ガラスとしており、その誤りを訂正する。
(24) ここでは検討しないが、河南南陽大学25号墓出土ガラス碗（東京国立博物館ほか編 2010）は、鋳造製カリガラス器であり、全体的な特徴は同じだが、胴部の膨らみがないなど、広西のガラス器とやや形態が異なっている。
(25) 蒋廷瑜 2006：pp.207-211。広西のガラス製品の分布の中心は合浦と貴県であるが、合浦には非常に多数の漢墓が存在している。沿海地域の最大の漢墓群で、おそらく5～6千基以上あると考えられ、現在までに約1,000基弱を発掘している（楊式挺 2006：p.23）。出土文物も豊富かつ多様であり、インドや西方からの搬入品と考えられる品も見られる。墓の数、規模、出土遺物の量ともに両広地区でも飛びぬけた数であり、徐聞や広州をはるかに凌駕している。これらは漢代に合浦が非常に繁栄していたことを示している。
(26) 武帝の在位中の前110～前88年に船隊が組まれ、徐聞・合浦・日南を発ち、現在のマレーシア、ミャンマーの地を経て、インド洋の黄支国（現在のインドのカンチープラム）へと航海し、最後には已程不国（現在のスリランカ）に達した後、帰国したとの記述がある。
(27) 小寺 2012：pp.83-86。なお楼蘭古城など中央アジアからも出土している。
(28) カリガラスでは、溶融温度を高くすれば粘り気が減じ流動性が高くなるので、鋳造によって器を製作することに問題は生じない。
(29) 製作開始当初は南海からガラス塊などの素材を搬入して製作した可能性についても、検討する余地があろう。
(30) 小寺 2012：pp.66-67。李青会（2005a）集成一覧では耳瑞として200点を超す点数が記載されているが、これには孔のない耳塞も含まれている。各報告書の図版の検討などから、喇叭型の耳瑞は少なくとも200点以上出土している。この点数には、数十点出土した楽浪古墳の遺物は加算していない。
(31) これまで述べてきたように、新疆や青海など中央アジアに近い地域については、内陸ルートも検討する必要がある。

第4章

鉛同位体比からみるガラス製品の関係

　ここまで科学的な分析としては、組成分析を取り上げ論考してきたが、もう一つ、ガラスの生産地を考察する科学的な分析方法として、鉛同位体比法があげられる。これまでもたびたび取り上げられることが多かった弥生時代のガラス製品の鉛同位体比であるが、その全体的な値の検討や、中国古代のガラス製品の鉛同位体比と相互に比較して検討した研究はない。漢代のガラス製品はどのような関係をもつのか、鉛同位体比から検討を行いたい。

第1節　これまでの研究とその問題点

1. 研究史

　鉛同位体比法は原料となる鉛鉱石や着色材料などに伴う鉛の産地を推定する方法で、ガラスの生産地そのものを特定するものではない。しかし有力な手がかりを提供するものである。
　鉛には4種の安定同位体があり、生成年代など地質条件の異なる鉱床の鉛鉱石はそれぞれ異なった同位体比を示すことから、美術工芸品や考古資料に利用してその産地を推定することが R.H.Brill によって考案された。日本においては、1973年頃から考古遺物への適用が試みられ、青銅器などに利用された（肥塚 1999：pp.41-44）。その後 Brill（1986）や山崎一雄・室住正世（1986）らによってガラスにも応用された。Brill は収集品のガラス製品と青銅器の鉛同位体比を分析し、中国の古代から近代までのガラス製品に見られる特徴を考察

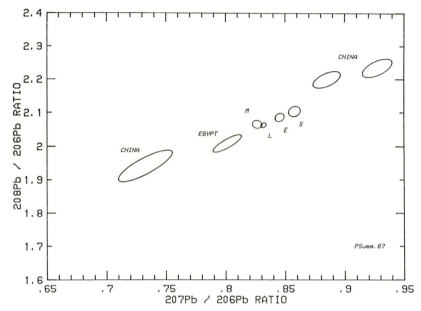

M:メソポタミアほか　L:ギリシア　E:イングランド・イタリア・トルコほか
S:スペイン・ウェールズほか

図1 欧州・地中海・中東・中国の古代遺物の鉛同位体比の分布
(Brill and Barnes et al. 1991 より)

している(1)(図1)。また山崎は、弥生時代の北部九州の遺跡(須玖岡本・立岩・宇木汲田)から出土したガラス管珠や塞杆状ガラスの鉛同位体比が、中国の長沙出土璧(戦国時代)と同じ鉛同位体比を示すため、これら北部九州から出土した鉛バリウムガラスの管珠が中国からもたらされたことを明らかにした(山崎・室住 1986、山崎 1987:pp.274-283)。

日本では主に馬淵久夫・平尾良光らが、青銅器を中心にガラスについても研究を行っている(馬淵・平尾 1985・1990 ほか)。三雲南小路遺跡から出土したガラス璧・管珠・勾珠の鉛は、すべて中国北部の鉛を含むが、前漢鏡の鉛とは系統の異なる鉱山から採ったものと思われる、と指摘している。またこれらのガラスの値は、上述の北部九州の遺跡から出土したガラス類の多くと同系統の値を示している、と述べている(馬淵・平尾 1985:pp.81-82)。

近年は日本では出土遺物についての鉛同位体比の分析も、少しずつではあるが行われている。ガラスの鉛同位体比のまとまった研究は、上述したBrillや山崎らの研究以降のものとして、日本の古代ガラスの鉛同位体比とその産地について検討した肥塚隆保（2001）の論考がみられる。しかし遺物の出土情報も絡めた考察や、またそれらを中国や東アジアのガラス製品の鉛同位体比全体の値と比較考察を行うことは、これまで行われていない。

2. 鉛の産地に対する近年の新たなる研究

中国のガラスに使われた鉛の生産地として、華北の鉛・華南の鉛という捉え方は、よく使用されるものである。これらの論考の基礎となるものは、馬淵・平尾らによって作成された、弥生時代に出土する青銅器の鉛同位体比による模式図（図2）である。

以下は、それぞれの領域とラインの説明である。

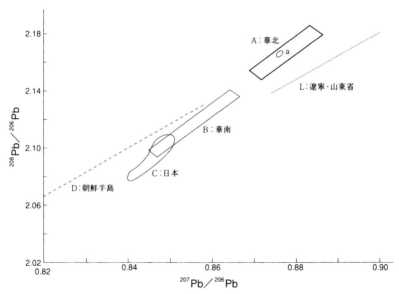

図2 馬淵・平尾による弥生時代に出土する青銅器の鉛同位体比模式図
（平尾 2003より）

領域 A：弥生時代に将来された前漢鏡が占める位置で、華北の鉛。弥生時代の後半の銅鐸や弥生倣製鏡が入る。

領域 B：後漢・三国時代の舶載鏡が占める位置で、華南の鉛。古墳出土の青銅鏡の大部分はここに入る。

領域 C：日本の鉛鉱石。

ラインD：多鈕細文鏡、細型銅剣など弥生時代に朝鮮半島から将来された朝鮮系遺物が位置するライン。

ラインL：遼寧・山東省領域（なおこのラインは2000年以前の論考には記載されていない）。

　馬淵らの研究において、弥生の出土遺物の鉛同位体比については、これまでこの模式図を分析値に照らし合わせて、製作に使用された鉛が何処の産地であるかを推定してきた。しかし近年、この図のあり方について疑問が提唱されている。

　新井宏（2000・2007）は、この図のあり方に異議を唱え、鉛同位体比の分布は同一地域でさえも大きく異なる場合があり、議論はそれほど単純ではなく、図の領域の範囲は、馬淵らの研究においてもあくまで仮説であり、厳密な手続きを経た結論ではないことを指摘した。近年の中国や韓国における成果も取り入れて、新たに鉛同位体比と鉛産地同定の関係について広汎な考察を行った。以下長くはなるが、今後の論考に必要であるため、概略をまとめた。

　まず領域 A については、中国各地の方鉛鉱の鉛同位体比の関係を考察し、中国北部と中国南部で鉛同位体比の分布にある程度の差が認められ（図3）、中国北部の鉛は領域 A に近い値を示すものが多く、領域 A を中国の北部に求めることについては蓋然性が認められるが、領域 A に完全一致する鉛が見つかっているわけではなく、「華北の鉛」は検証されていない仮説に過ぎないとしている。さらに遼寧省の鉛が領域 A に多数存在している点（図3）などから、前漢鏡や弥生時代後半の青銅器に用いられた鉛は、華北の陝西省産というよりはむしろ、中国東北部の山東省や遼寧省産の鉛であった可能性が高いと論じている。

　領域 B の産地についてもまた疑問を呈している。中国の南部地域、すなわち長江領域の鉛は、ほとんど領域 B の左下側、$Pb207/Pb206$ が0.855以下に集

第4章 鉛同位体比からみるガラス製品の関係 *359*

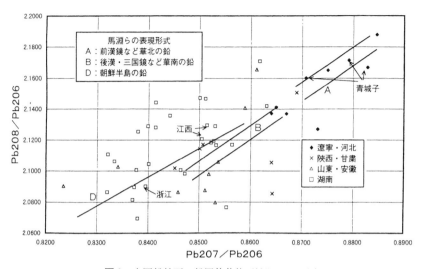

図3 中国鉛鉱石の鉛同位体比（新井 2000 より）

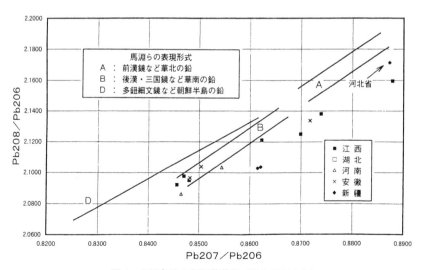

図4 中国各地の鉛同位体比（新井 2000 より）

中しているが、領域Bの右上側にはなく、領域Bを完全にカバーするような鉛産地は未だ華南には見つかっていない（図3・4）。また華北・華中の各省にも領域Bに合致する資料があり、鉛同位体比の解析からだけではその鉛の産地が華南と特定できないと、論じている。

さらに、新たな領域Eの存在を取り上げている。これはPb207/Pb206が0.89を超し、Pb208/Pb206が2.19を超すような領域（図5）で、領域Eの鉛同位体比を示すものには、古くは二里頭や二里崗文化の青銅器があり、このほか斉の円銭など、漢代に至るまで多くはないが出土している。[3]この領域Eに近い鉛同位体比を示す方鉛鉱をみると、遼寧省の錦西と朝鮮半島の黄海道の甕津および海州、そして山東省の香奇（図6）であり、いずれも中国の北東部から朝鮮半島にかけての分布である。新井は領域Eの鉛原産地も山東省や遼寧省が有力視されること、そして領域Aも山東省や遼寧省が有力視されることについてその近似性に注意を促している。

また、朝鮮半島の南部にラインDにのる鉛鉱石があるというのは予測であり、この予測は未だ検証されていないことを指摘し、一方で商周期の青銅器の多くがこのラインDによくのっており、このラインDの領域の鉛同位体比をもつ鉛も、「中国産の鉛」であった可能性がきわめて高いことを指摘した。このラインの鉛原料としては、現在のところ雲南省にしか該当するものがなく（図3・4・7）、近年では殷周文化の青銅器の原料が、四川省あるいは長江流域からもたらされたとする説が中国では有力である、と示唆している。商周時代にまで遡って、四川や長江流域と中原の交流が盛んに行われていたとするならば、戦国時代や漢代になっても、それが完全に中断されたとは思えない。さらに青銅器は再使用されるものであるため、弥生時代に見られるラインDにのる鉛は、新規原料との希釈の中で産まれたものと考えることがより合理的であろう、と解釈している。

まとめると、馬淵・平尾らが提示した基準の各領域の鉛の産地は、領域Aは中国の北部であるが、中原ではなく中国東北部の山東省や遼寧省産の鉛であった可能性が高く、領域Bは必ずしも華南の鉛とは限らない。ラインDにのる鉛は朝鮮半島ではなく中国産の可能性が高い、としている。さらに新たな領域Eを提唱した。

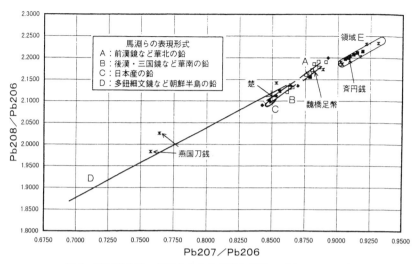

図5　戦国期古幣の鉛同位体比と領域と領域E（新井 2000 より）

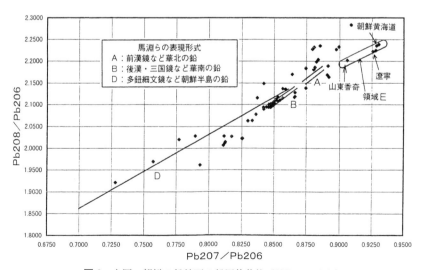

図6　中国・朝鮮の鉛鉱石の鉛同位体比（新井 2000 より）

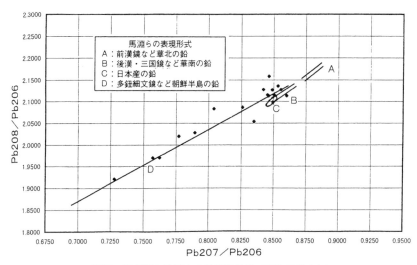

図7 雲南省の鉛鉱山の鉛同位体比（新井 2000 より）

　一方で、斉藤努（2003）は、新井（2000）も含めた近年の鉛同位体比法に対する問題点の提起について検討した。この論考の中で、「鉛同位体比の産地推定では、考古遺物と鉛鉱石を直接結びつけるのは危険で、"前漢鏡タイプの鉛"というように遺物同士を比較して論じるのが主流であり、鉛鉱石はあくまでも地域の傾向を眺める程度の参考に留めるべきであると考えている」という馬淵による論も取り上げ（斉藤 2003：p.260）、馬淵らによる同位体の図においては、各領域と「華北産の鉛」「華南産の鉛」という地域に関する記述はイコールではないことを指摘している。

　また商周代に雲南省の鉛を中原で使用していたという近年の中国における論考に対してもいくつかの問題を提示し、さらに新井（2000）の「朝鮮半島系遺物ライン」＝雲南省系の鉛である、という意見に対しても反論を行っている[4]。

　最終的に、鉛同位体比法そのものの有効性について特に問題となる点はないこと、そして鉛同位体比測定結果の解釈は、歴史学的・考古学的な研究の成果と整合が取れるような形で行われるべきであり、数値のみに基づく議論は危険である、と論じている。

　岩永省一（2004）は、考古学サイドから遺物を研究する立場として、馬淵・

平尾説の問題点を指摘している。「馬淵・平尾説は産地によって鉛同位体比に違いがあること、日本列島・朝鮮半島・華北・河南の鉛が同位体比で区別できることを前提としている。ところが馬淵・平尾氏自身が1987年に示したように、日本・朝鮮半島・中国各地の鉱山から得た鉱床鉛の同位体比は全体どうしで比較すると互いに重複部分が多く、截然とは区別できない」ことを述べ、さらに、「馬淵・平尾氏が「華北の鉛」という場合、その同位体比の範囲は、現実に華北でとれる鉛全体の同位体比の範囲を意味してはおらず、もっと狭く、（中略）、最初から考古学的脈絡を頭において、本来同位体比の重複部分が多々ある中国・朝鮮・日本の鉛の中から、特定の時期に使用され、互いに同位体比が完全には重複しない部分だけを採用したかたちになっている」ことを指摘し、馬淵・平尾説の問題の所在を明らかにしている（岩永 2004：pp.117-118）。さらに馬淵・平尾がラインDによくのるのが朝鮮半島の鉛ではなく雲南省の鉛であることを知っていたにもかかわらず、ラインDを「朝鮮系」と解釈したのは、ラインDにのるのが朝鮮製（系）の遺物であり雲南省からの鉛の搬入は考えにくいという考古学的判断を念頭におかなければありえず、新井の説は、そのような馬淵・平尾説の弱点をあらためて指摘したものだった、と述べている。

　なお、岩永は、新井に対する平尾からの見解は特に発表されていないが、2001年以降の論考では、模式図にはラインL（遼寧ライン）が足されており、また「ラインDが、必ずしも朝鮮半島の鉛とは定まらない」と、他地域の鉛である可能性を認めていること、また○○産の鉛、という表現についても穏当な表現に変えられていることを指摘している（岩永 2004：pp.113-114）。岩永は、「科学分析の結果は一つでも、その解釈に当たっては考古学的脈絡の参照の深度が問題となるのは当然である」（岩永 2004：p.116）と述べている。

　中国や弥生時代の日本において製作された出土遺物を考察する場合、その時代的背景も含めた上で、鉛の生産地を推定する必要があるのは当然であるといえよう。その場合無論予察は必要ではあるが、特に遠距離の移動についても頭から否定せず、ほかの遺物などからの情報も交えて考察する必要がある。

　以上、新井・斉藤・岩永の論考からは、ガラスの鉛同位体比からその製作地について検討を行う際、馬淵・平尾の模式図を参考とする場合は、弥生遺跡か

ら出土した遺物の鉛同位体比がどの領域に属しているかを参照することをまず
目的とすべきで、使用された鉛の産地については予察的なものであり、単純に
鉛が華北産・華南産という判断を行うことは早計である、ということと理解さ
れる。しかし新井（2000）の論考および中国鉛鉱山の同位体比の分布（図3・
4）からみると、中国全土的には鉛鉱山の値は南北の地域的な偏りがあるのは
確かと考えられるので、ある程度の予察は可能であろう。

　ここで、馬淵・平尾の領域の鉛産地について、あらためて検討を加えたい。

　まず新井（2000）の論考および中国鉛鉱山の同位体比の分布（図3・4）な
どから、馬淵・平尾の領域Aは中国北部（華北および東北）の鉛、領域Bは
華南というよりも華中・華南の鉛、というほうがより適切であると考える。

　もっとも問題となるのは、「朝鮮遺物系ライン」ついてである。岩永が指摘
したように、考古学的脈絡からこのラインを朝鮮遺物系ラインとしたのである
ならば、このラインにのる中国産の鉛が弥生時代の遺物に入ってくる考古学的
可能性があれば、論が成り立たなくなってしまう。

　ここで重要なのは、三雲遺跡の前漢鏡の鉛同位体比の分析である。馬淵・平
尾の三雲遺跡から出土した青銅器の鉛同位体比の分析では、前漢鏡の5点と金
銅四葉座飾金具の鉛同位体比が、この朝鮮遺物系ラインにのるため、朝鮮系遺
物（多鈕細文鏡や細型銅利器）と同類の鉛が使用されており、朝鮮半島内で製
作されたのではないか、という考察が行われている（馬淵・平尾 1985：pp.79
-80）。しかしこの報告が記載された同じ報告書の結語において、「楽浪郡設置
以前と考えられる鏡がその中に含まれており、朝鮮半島で製作された可能性は
考えられず困惑する」とすでに疑問が提示されている（福岡県教育委員会
1985：p.84）。筆者もこの疑問はもっともであると考える。すなわち、このラ
インにのる中国産の鉛が、弥生時代の遺物に入ってきていることは明らかであ
る。

　新井が指摘するように、このラインにのる位置には、図3・図7からみると
中国中南部や雲南の鉛鉱山が含まれている。このラインにのる中国産と考えら
れる遺物の鉛に関しては、楽浪郡設置以前については、この中国中南部や雲南
の鉛鉱山を想定すべきであろう。なお楽浪郡設置以後についてはどちらか片方
でなく、双方を検討する必要があると思われる。以上から、朝鮮半島遺物系ラ

インという設定には、大きく疑問を禁じえない。

　もちろん、単純にある地域の原料が使用されていたからといって、その地域でその製品が作られていたことを示さない、ということは当然であろう。鉛の産地は青銅器製作地を示しているわけではない。すでに殷周代から、原料や製作品の長距離間の移動は見られている。ガラスも素材が流通したり、また青銅器と同様に改鋳が行われたりする製品であることを忘れてはいけない。単純に原料の産出地が製作地ではないということ、化学組成や鉛同位体などの科学的データだけに製作地の答えを求めることは、誤謬を生じやすい、ということをあらためて確認しておきたい。

　これらの論考を踏まえ、まず中国の古代ガラス製品の鉛同位体比について考察を行い、その次に日本から出土したガラス製品の鉛同位体比の特徴を分析し、中国との関係を検討していきたい。

第2節　中国の戦国～漢代におけるガラス製品の鉛同位体比

　戦国～漢代のガラス遺物について、出土品で鉛同位体分析が行われているものは多くはない。そもそも鉛同位体比の研究を提唱したBrillの研究自体が、収集品の分析により行われているものである。まず出土品のみで鉛同位体比の分布の検討を行う。次に収集品も含めて、この時期のガラス製品の鉛同位体比の分布とそのもつ意味について考察したい。

1. 出土品の鉛同位体比の分布

　表1は戦国時代～漢代の、発掘による出土ガラスの鉛同位体比の一覧であり、図8はその分布図である。

　$Pb207/Pb206$の値を中心に考察すると、大きく3つのグループに分けることができる。

　グループ1は戦国時代のガラス製品と、漢代のガラス製品の大部分を含み、双方の値は混在している。$Pb208/Pb206$の値が高い右上辺の一群と、その値

表1 中国戦国時代〜漢代の発掘出土ガラス製品 鉛同位対比一覧

	遺跡名	時期	資料名	組成	Pb207/Pb206	Pb208/Pb206	Pb206/Pb204	出典
1	陝西宝鶏	西周	ファイアンス珠破片		0.8435	2.0727	18.12	①
2	湖南長沙	戦国	深緑色玻璃、璧的残片	鉛バリウム	0.8846	2.1930	17.55	②
3	河北平山中山王墓	戦国	緑色透明基体蜻蛉眼珠		0.8606	2.1578	18.11	①
4			緑色透明玻璃棒		0.8811	2.1797	17.66	①
5	広西合浦環城区2号墓	前漢晩期	藍色琉璃珠		0.8953	2.178	17.26	①
6			浅藍色玻璃管		0.8755	2.147	17.7	①
7			浅藍色玻璃破片		0.8746	2.142	17.74	①
8	江蘇徐州北洞山西漢楚王墓	前漢	淡緑色不透明玻璃杯	鉛バリウム	0.8768	2.1903	18.19	①
9			乳白色不透明玻璃獣	鉛バリウム	0.7428	1.9650	21.59	①
10			深藍透明玻璃塊	鉛バリウム	0.8665	2.1690	17.91	①
11	広州南越王墓	前漢	浅緑色平板玻璃片	鉛バリウム	0.8897	2.1907		①
12	安徽毫州	A.D.164	黄色玻璃珠		0.8430	2.0898	18.59	①

注;遺物の時期および色調は出典の記述による。出典)①李青会 2005b ②山崎・室住 1986

が低い左下辺の一群に分けることができよう。図2の領域A・領域Bの区別にも対応し、右上辺は華北の、左下辺は華中・華南の鉛の使用が想定できる可能性がある。しかし左下辺の一群の中には、領域A・Bの中間的な値の広西合浦出土珠も存在し、その鉛の産出先を推測するのは難しい。

興味深いのは、戦国中山王墓・前漢楚王墓・広西合浦環状区遺跡と同一遺跡から出土した遺物が右上辺の群と左下辺の群、双方に存在することである。それぞれの鉛の産地が異なる可能性を示唆する。遺物の種類は異なっているため、これは製作地が異なる可能性と、製作地は同じであるが素材の産出先が違う可能性、両方とも考えられる。

グループ2は漢代の安徽出土ガラス小珠と西周代のファイアンスが属している。このグループ2は華中・華南の鉛鉱山が多く分布する領域(図3・4)に属する。

左下のグループ3は1点のみであり、徐州前漢楚王墓出土のガラス獣である。この鉛同位体比の値は雲南省の鉛鉱山が多く分布している領域(図7)で

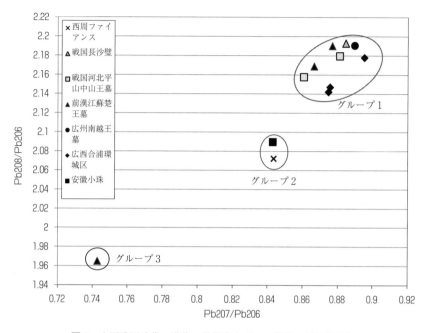

図8　中国戦国時代～漢代の発掘出土ガラス製品　鉛同位体比

あり、かつ朝鮮半島の鉛鉱山が分布している領域である。江蘇徐州楚王墓の報告書では、被葬者を楚王劉道（在位前150～前129年）と推定しており（徐州博物館他 2003）、楽浪郡設置（前108年）以前である。時期を考慮すると、雲南の鉛が使われた可能性がある。

　遺物で注目すべきものは、小珠があげられる。ガラス小珠はグループ1の右上辺と左下辺、そしてグループ2に見られる。これはそれぞれの製作地が異なる可能性を示す一方で、鉛が原料として遠隔地まで流通している可能性、両方とも考えられる。さらに中国北部の鉛の使用を想定される領域にある珠は、中国南部の広西省合浦から出たものである。原料の流通に加えて、製品の広範囲の流通という側面からも検討すべきであろう。

　また戦国時代の璧は楚地域で大量に出土しており、その製作地は湖南であるとこれまで考えられてきた（高至喜 1986、后徳俊 1995・2005ほか）。しかし湖南長沙出土璧はグループ1の右上辺にあり、中国北部の鉛の使用が想定され

る位置である。同様の状況を示すものが、グループ1に見られる、広州南越王墓から出土した緑色平板ガラス板である。帯鉤の一部を構成する遺物であり、類例を見ないことから広州での製作が想定されるものであるが、グループZの右上辺に位置する。この位置も中国北部の鉛が想定される領域であり、華南の広州からは非常に離れている。最後にまとめて検討したい。

2. 収集品の鉛同位体比の分布

次に収集品の鉛同位体の分布を検討する。表2と図9は戦国～漢代と考えられている収集品の鉛同位体比一覧およびその分布図である。

収集品の時代については、引用した文献の記載を掲載したが、時代の正しさは問題となる。まず戦国から漢代にかけて見られる、璧・剣飾・蜻蛉珠・素文珠（大珠・珠）・棒・環については、文献記載の時期に関係なく、時代を分けずに一括して扱う。一方、漢代とされている遺物の中で、これまで漢代以前の遺跡から出土していないもの、すなわち含蝉・耳璫・龍画飾板（ガラス札）[9]については、漢代の遺物として扱ってよいと考えられる。

$Pb207/Pb206$ の値を中心に考察すると、大きく三つに分けることができる。

$Pb207/Pb206$ が $0.84～0.88$ 周辺のグループ5は、遺物の出土品のグループ1～2に重なる部分で、もっとも多数の分布が見られる。このグループの中で $Pb208/Pb206$ の値が高い一群と、その値が低い一群に分けることもできよう。それぞれ中国北部、華中・華南の鉛の使用を想定することができる。蜻蛉珠や棒が上辺のグループに固まっている一方で、環と漢代のガラス製品である含蝉・耳璫はどちらにも属し、分布が広いといえる。

図の左下、$Pb207/Pb206$ が $0.7～0.73$ 周辺を示すグループ6にも多数の遺物が分布している。雲南や朝鮮半島の鉛が使用された可能性がある位置である。$Pb208/Pb206$ の値が高い一群と、その値が低い一群に分けることができる。グループ上辺に璧、龍画飾板の一群があり、下辺に蜻蛉珠の一群がある。

$Pb207/Pb206$ が 0.92 以上を示すあたりに、グループ4が見られる。大半は蜻蛉珠で、素文珠と璧を含む。新井（2000）が提示した領域E（図6）と重なる場所で、中国東北・朝鮮半島系の鉛を使用した可能性をもつ。

第 4 章　鉛同位体比からみるガラス製品の関係　369

表 2　中国戦国時代〜漢代と考えられている収集品　鉛同位体比一覧

	収集品名	推定時期	資料詳細	組成	Pb207/Pb206	Pb208/Pb206	Pb206/Pb204	出典
1	璧	前4〜前3世紀	colorless、風化大	鉛バリウム	0.7257	1.9211	22.14	①③④
2	璧	前4〜前3世紀	不透明緑色、風化大	鉛バリウム	0.8168	2.1187	19.35	①③④
3	璧	前3世紀	不透明緑色、風化大	鉛バリウム	0.7178	1.92226	22.52	①③④
4	璧	戦国	残片・深緑色、風化大	鉛バリウム	0.8840	2.1939	17.57	②
5	璧	前漢	藍色		0.93114	2.23676	16.334	①
6	剣珌	前2世紀	不透明 colorless、風化大		0.72467	1.90812	22.17	①③④
7	蜻蛉珠	前4〜前3世紀	濃紺透明に黄・白色の眼	鉛バリウム	0.88811	2.19931	17.4	①③④
8	蜻蛉珠	前4〜前3世紀	濃紺透明に黄・白色の眼、風化中程度	アルカリ石灰	0.86497	2.17023	18.0	①③④
9	蜻蛉珠	戦国・湖南	濃紺透明、風化軽い		0.87983	2.18596		①③④
10	蜻蛉管珠	前4〜前1世紀	赤茶地に青色の眼、風化大		0.92251	2.22356	16.62	①③④
11	蜻蛉珠	前5〜前1世紀	半透明青色、眼欠、風化大	鉛バリウム	0.9319	2.24107	16.38	①③④
12	蜻蛉珠眼	前5〜前1世紀	緑青色、風化大	鉛バリウム	0.93394	2.24866	16.32	①③④
13	方形蜻蛉珠	前4〜前1世紀	colorless 地に眼は青色、風化大	鉛バリウム	0.92502	2.2113	16.48	①③④
14	蜻蛉珠	前漢	黄白色基体		0.69685	1.82888	23.587	①
15	蜻蛉珠	前漢	褐色象嵌部		0.71068	1.85728	23.026	①
16	蜻蛉珠	前漢	藍色象嵌部		0.80602	2.02749	39.708	①
17	蜻蛉珠	前漢	黄色象嵌部		0.70650	1.84826	42.845	①
18	大珠	漢？	透明明青色、風化大	鉛バリウム	0.8468	2.1026	18.62	①③④
19	珠	前漢	褐色		0.92794	2.2300	16.440	①
20	棒	前漢	緑色		0.88930	2.19177	17.401	①
21	棒	前漢	紫色		0.87455	2.18233	17.738	①
22	環	前漢	緑色		0.86515	2.11462	18.016	①
23	環	前漢	白色		0.87987	2.18808	17.663	①③④
24	含蟬	漢	緑色、風化大		0.85531	2.12944	18.23	①③④
25	含蟬	漢	不透明白色、風化大		0.84665	2.09833	18.58	①③④
26	含蟬	漢	青緑色、風化大	鉛バリウム	0.8795	2.16063	17.65	①③④
27	龍画飾板（ガラス衣？）	前2〜後1世紀	不透明 colorless、風化大	鉛バリウム	0.71917	1.92554	22.45	①③④
28	耳環	前漢	藍色		0.88925	2.19282	17.409	①
29	耳璫	漢	黒色、風化大	鉛	0.84332	2.09396	18.66	①③④

注；遺物の時期および色調は出典の記述による。
出典）①李青会 2005b　②山崎・室住 1986　③Brill and Barnes, et al. 1991　④Brill and Tong, et al. 1991

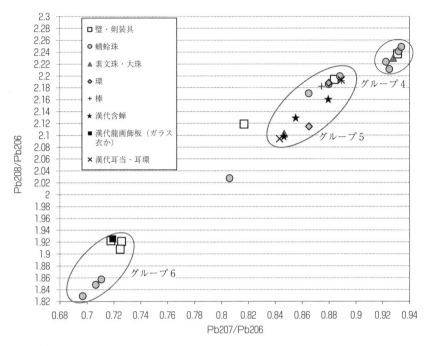

図9 中国戦国時代〜漢代の収集品 鉛同位体比

やや特殊な値をみせるものが、Pb207/Pb206 が 0.8〜0.82 に分布している 2 点である。この中で蜻蛉珠に関しては、蜻蛉珠が分布している領域はエジプトの鉛が分布する領域であり（図1）、この蜻蛉珠が西方からの搬入品である可能性を示唆している。一方で、璧に関してはかなり特殊な値を示し、類例がない。収集品であることを考え、検討から除外したい。

遺物ごとに見ると、広範囲な分布を示すものが、璧・剣葬具と蜻蛉珠である。璧・蜻蛉珠ともにグループ 4・5・6 に分布している。

以上、出土遺物を基本として、収集品の情報を加え、戦国〜漢代に見られるガラス製品の鉛同位体比についてまとめを行う。

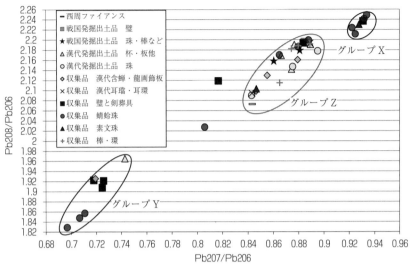

図10 中国戦国時代〜漢代の出土品・収集品 鉛同位体比

（1）鉛同位体比によるグループ

出土品・収集品両方の鉛同位体比の分布を図10に示した。煩雑になったため、図8・9も参照しつつ、説明を行う。まず鉛同位体比の分布は、明確に大きな3つのグループに分かれる。

a．グループZ

中心の大きなグループがグループZである。戦国時代も漢代も、ガラスに使われた鉛の中心的な分布であり、Pb207/Pb206が0.84〜0.9で、Pb208/Pb206が2.08〜2.2の領域にあり、図8のグループ1・2と図9のグループ5が含まれる。この値の領域は同位体比の分布の中心領域といえる。このグループZの領域は、さらに3群に分けられる可能性がある。上辺のPb208/Pb206が高い部分にある程度の密集が見られ、一方で、Pb208/Pb206とPb207/Pb206が中間の値の中央では散在し、Pb208/Pb206が低い値の下辺ではまたある程度の密集が見られる。右上辺は図2の領域Aに対応し、中央と左下辺が図2の領域Bに対応する。右上辺は中国北部の、中央から左下辺にかけては華中・華南の鉛である可能性をもつ領域である。

蜻蛉珠はある程度の集中が見られ、グループZの右上端グループに集中し

ている点が特徴的である。また特に漢代の遺物はグループZ全体に広がる傾向が見られる。これには出土遺物の珠、収集品の含蝉・耳璫・耳環が含まれる。

　このグループからみると、漢代の遺物の鉛同位体比は領域全体に広がり、戦国時代に比較するとさまざまな鉱山由来の鉛を使用していると考えられる。それは流通だけでなく、ガラスを製作した地域の広がりにも対応すると考えられる。しかし時期のわかる遺物で見ても、日本で見られる漢鏡の鉛同位体比の分布のように、時期によって華北と華中・華南で明確に分かれるといったことがない点には注意したい。いずれ青銅器などの鉛同位体比と併せて検討する必要があろう。

b．グループY

　次に、Pb207/Pb206 が 0.75 以下を示すグループ Y がある。図 8 のグループ 3 と図 9 のグループ 6 が含まれる。出土品では 1 点だが、収集品を入れると多数見られる。収集品は璧と剣葬具、蜻蛉珠、漢代の龍画飾板である。

　Pb208/Pb206 の値でみると、3 群に分けられる。Pb208/Pb206 が高い右上辺は、漢代出土品のガラス獣が 1 点のみ分布する。Pb208/Pb206 が中間の値を為す中央には、収集品の璧、龍画飾板が集中しており、Pb208/Pb206 が最も低い左下辺に、蜻蛉珠が固まっている。この鉛同位体比の値は雲南省の鉛鉱山が多く分布している領域であり、かつ朝鮮半島の鉛鉱山が分布している地域である。

　すでに漢代の江蘇徐州楚王墓のガラス獣が、雲南の鉛が使われた可能性があることについて述べた。一方、龍画飾板であるが、これは前漢後期～新代のガラス衣および箱型覆面の象嵌用として出土しているガラス札と考えられる。これらガラス衣や箱型覆面は、大半が江蘇省から出土している（小寺 2012：pp.56-61）。すなわち龍画飾板もまた江蘇省から出土した可能性が高い遺物である。しかし時期的に楽浪郡設置以降であり、ガラス獣と異なり、雲南だけでなく朝鮮半島の鉛を使用した可能性も考えられる。

　収集品を見ると、珠と璧、各々分布が固まって分かれている点は興味深い。また蜻蛉珠は、漢代とされているもののみがこのグループに集中している点は、特筆されよう。

c．グループX

図10最も右より、Pb207/Pb206が0.92以上を示す遺物がグループXを構成する。図10のグループ4が含まれる。すべて収集品で、蜻蛉珠が多数分布し、その他璧と素文珠も見られる。東北・朝鮮半島の鉛の使用が想定される領域である。

（2）鉛同位体比と推定製作地の問題

次に、ガラス製品の推定される製作地と鉛産地の距離が隔たっている問題を考察する。

璧および剣装具は非常に広い分布が見られる。湖南から出土した戦国時代の璧はグループZ右上辺にあり、このすぐ傍に収集品の璧も分布する。この領域の鉛の産地は中国北部が推定されている。一方、収集品についてはグループYの中央群に多数見られ、その鉛の産地は雲南または朝鮮半島の鉛が推定される。またグループXにも見られ、これは中国東北部から朝鮮半島の鉛が推定されている。

戦国時代の璧は楚地域で大量に出土しており、華北からは出土していない。その製作地は楚地域であるとこれまで考えられており、華中・華南の鉛を示す分布がないことは、むしろ奇妙とさえいえる。戦国時代においては、璧の楚における製作という推定はほぼ間違いないと思われるため、楚においても製作地が複数あったか、鉛を複数の産地から集めていたことが想定できよう。また楚は長江中流域がその領域として含まれ、長江上流域にある雲南から鉛を入手した可能性は検討に値すると考えられる。なお漢代の璧は、楚地域だけでなくより広い地域で製作されていたと考えられるため、その製作地や鉛の入手に関しては異なる考察が必要である。今回は出土品がないため考察を行わないが、漢代とされる収集品の璧のみがグループXにある点は興味深い。

同様の問題が、広州南越王墓から出土した緑色平板ガラス板と、広西合浦出土の小珠について見られる点についてはすでに上述した。いずれの鉛も中国北部の鉛が想定される領域にあり、中国南部の両広地区からは遠隔地にあるといえる。

このように出土場所と、分析による鉛の想定される産地が遠隔地である場合

が、いくつかの遺物で見られることがわかる。特に華中・華南で出土した遺物の中に、中国北部の鉛を使用したと想定される鉛同位体比を示すものが多く見られる。鉛が原料として遠隔地まで流通していた可能性を示すと考えられるが、一方でそれぞれの遺物の製作地や、製品の流通について今後さらなる検討が必要と思われる。

　鉛の流通という問題を考えるにあたって注目されるのは、戦国中山王墓・前漢楚王墓・広西合浦環状区と同一遺跡から出土したガラス製品が、各々異なる産地の鉛を使用していたと考えられる鉛同位体比を示している点である。すでに述べたように、遺物の種類は異なっているため、これは製作地が異なる可能性と、製作地は同じであるが素材の産出先が違う可能性、両方とも考えられる。

　それを検討する上で重要と思われるものが、徐州前漢楚王墓出土の3点のガラス製品である。2点がグループZに属しているが、ガラス杯は右上辺群に位置し、ガラス塊は中央群に位置する。それぞれ、華北の鉛と、華中・華南の鉛の使用が推定される位置である。さらにガラス獣はグループYに属しており、ガラス獣は雲南の鉛を使用していた可能性をすでに指摘した。すなわち、3点とも異なる産地の鉛を使用しており、特にガラス獣は間違いなく異なった鉛産地の鉛であろう。一方収集品であるが、ガラス獣と同じグループYに属する龍画飾板は、雲南だけでなく、朝鮮半島の鉛の可能性もあることを示唆した。

　上述したように、江蘇省ではガラス衣や、ガラス札が象嵌された箱型覆面など多数のガラス製品を出土しており、また前漢楚王墓から出土したガラス杯・ガラス塊・ガラス獣は他に類例がない遺物である。このような類例のないもので、かつ楚王墓に副葬品として墓に入れられたガラス製品が、一般に広く流通していたものとは考えられない。副葬のために製作された可能性も考えるべきであろう。これら前漢楚王墓のガラス製品や龍画飾板を含めたガラス製品が、この江蘇地域で盛んに作られていた可能性は高い。すなわち、製作地は同じであるが、中国各地の鉛を使用していたことを示していると推測される。

　ところでBrillは、戦国時代とされる蜻蛉珠および漢代の含蟬（グループZに属す）と、戦国時代とされる璧と漢代の龍画飾板（ガラス札）（グループY

に属す) は化学分析により組成が似た値を示しているものであったが、鉛同位体比の分析によると、全く異なった値を示しており、鉛同位体比と化学組成に期待したような関連性はなかったことを、鉛同位体比の分析結果の中で指摘している (Brill and Barnes et al. 1991：p.69)。これは非常に重要な問題と考えられる。風化による成分の変化についても考慮するべき必要があるが、似た化学組成をもつその戦国蜻蛉珠と戦国璧は、同じ地域で（もしくは同じ工房で）作られた可能性がかなり高いと考えられるため、鉛同位体比の違いは、同じ地域で異なる鉛を使用していたことを示唆するものである。

　以上の分析から、戦国時代でも漢代でも、さまざまな鉛同位体比の鉛＝多数の鉛鉱山の鉛が使用されており、いずれも複数の産地の存在と、鉛という素材自体が広がりをもって流通していた様相がうかがえる。特にその傾向は漢代では強くなり、より多様な産地の鉛が流通していたと考えられる。
　また遺物の検討より、漢代では江蘇や両広地区をはじめ、戦国時代よりもガラスを製作する地域が広がっていることを指摘したが、漢代のガラス遺物にみられる鉛同位体比も、この状況を裏付けるものである。すでに戦国時代においてもすでにその傾向が見られたが、同一の遺跡から出土する複数の鉛鉱山由来の鉛を使用した製品の存在から、一つの製作地でさまざまな場所の鉛を入手し、製作していたという状況が示唆されるのである。これはまた、製作を行っていた一つの工房、または地域が、常に同じ産地の鉛を使用していたとは限らないことをも示す。この鉛素材を含む流通の活発化は、製作された耳璫や珠などの商業製品を、各地に流通させるのにも役立っていたと考えられよう。
　全体から見て、特に漢代においては、単純に推定される鉛鉱山の存在地＝ガラス製品の製作地とはならないということが、あらためて強く確認されたといえる。さらに当時の活発な流通状態を考えると、出土地＝製作地ではないことも、同じく納得できるだろう。これは珠や耳璫などの商業的傾向の強い製品において、より顕著だと考えられる。
　鉛同位体比の分析がなされている出土遺物が少なく、この鉛同位体比の分布から提示される疑問とそれに対する推論は、引き続き検討せざるをえないものが多い。今後青銅器のようにガラスの鉛同位体比の分析が進めば、より説得力

のある論を提示することもできよう。

　次に弥生のガラスの鉛同位体比との比較検討をするにあたり、いくつか重要な点を取り上げたい。

　中国で見られるガラス製品の鉛同位体比の分布は広く、馬淵・平尾の模式図より広い分布が見られる。中心的な分布であるグループZに限り、かつ時期のわかる遺物で見ても、日本で見られる漢鏡の鉛同位体比の分布のように、時期によって中国東北部と華中・華南で明確に分かれることがない点には注意したい。

　このような点から、ガラスとその製作地について検討する場合、弥生時代の搬入青銅器の鉛同位体比に見られる分布を基準に考察することは、問題があることがわかる。日本に見られる青銅器は（ガラスも同様であるが）、搬入される時点で、送り手と受け手双方の選択が入る。つまり日本出土の青銅鏡の鉛の値は、中国の青銅器の鉛の全般的な値を示すものではないのである。ガラスの鉛同位体比は青銅器のそれとはまず別個に検討されるべきであって、その後あらためて双方を照らし合わせて、例えば同じ鉛を使用していた可能性や、同じ工房における製作の可能性、といったものを判断すべきであろう。

　また中国のガラスに見られる、広く各地の鉛が素材として流通していたという状況や、同一の遺跡から出土した遺物が異なる鉛を使用しているという状況は、ガラス製品の鉛同位体比だけを取り上げ、中国のどの地域から（直接）渡ったか、という問題を考察するような論は意味を成さない、という事実を示唆している。

　次にこの中国の鉛同位体比の分布およびその分析と比較しつつ、弥生時代の搬入ガラス製品の鉛同位体比について検討する。

第3節　弥生時代のガラス製品の鉛同位体比とその分布

　表3は弥生時代に出土したガラス製品の鉛同位体の表である。中期と後期に分けて、鉛同位体比の分布を作図した。

第4章 鉛同位体比からみるガラス製品の関係 *377*

表3 弥生時代のガラス製品 鉛同位対比一覧

	遺跡名	遺構名	時期	資料名	組成	Pb207/Pb206	Pb208/Pb206	Pb206/Pb204	出典
1	佐賀吉野ヶ里	SJ1002甕棺	中期中葉～後葉	管珠	鉛バリウム	0.9532	2.2719	15.965	①
2				管珠	鉛バリウム	0.9483	2.2673	16.023	①
3	佐賀宇木汲田	106号甕棺	中期中葉？	緑色管珠	鉛バリウム	0.8898	2.1939	17.42	②
4	福岡三雲南小路	1号甕棺	中期後葉	璧	鉛バリウム	0.8847	2.1961	17.628	①
5				璧	鉛バリウム	0.8854	2.1938	17.590	①
6				白色化管珠	鉛バリウム	0.8854	2.1950	17.591	①
7		2号甕棺		白色化勾珠	鉛バリウム	0.8796	2.1875	17.751	①
8	福岡立岩	28号甕棺	中期後葉	緑色（白色化）塞杵様	鉛バリウム	0.7301	1.944	22.17	②
9	福岡峯	10号甕棺	中期後葉	璧1	鉛バリウム	0.8867	2.1974	17.498	①
10				璧2	鉛バリウム	0.8869	2.1974	17.497	①
11	福岡須玖岡本	甕棺	中期後葉	深緑色（白色化）管珠	鉛バリウム	0.8881	2.1933	17.45	②
12		20号甕棺	後期前葉	勾珠（深緑色）	鉛バリウム	0.8899	2.1973	17.421	③
13	福岡春日ウト口B地点	2号土壙墓	後期	勾珠	鉛バリウム	0.9150	2.2556	17.043	③
14	福岡平原	木棺墓	後期後葉	骨状化管珠	?	0.8863	2.1675	17.459	④
15				勾珠	鉛バリウム	0.8822	2.1714	17.555	④
16				青色小珠	カリガラスか	0.8437	2.0861	18.559	④
17	熊本下山西	14号住居址	後期	深緑色勾珠	鉛バリウム	0.8824	2.181	17.62	②
18	福岡二塚	甕棺	後期後葉	ガラス釧	鉛ガラス	0.9145	2.2570	17.08	⑤
19	福岡宮の下	1号石棺	後期	管珠no.6	鉛バリウム	0.8521	2.1082	18.442	③
20				管珠no.22	鉛バリウム	0.8515	2.1088	18.501	③
21	岡山有本B	49土壙墓	後期中葉	青色管珠	鉛バリウム	0.8559	2.1178	18.374	⑥
22	京都赤坂今井4号墓	第4主体	終末期	青色管珠（漢青含む）	鉛バリウム	0.91206	2.25081	17.117	⑦
23	鳥取宮内1号墳	第1主体	後期中葉～後葉	管珠（漢青含む）	鉛バリウム	0.84947	2.10776	18.584	⑦
24	京都左坂墳墓群		後期前葉～中葉	淡青～青緑色小珠	カリガラス	0.8522	2.1101	18.405	⑧
25					カリガラス	0.8526	2.1126	18.417	⑧
26					カリガラス	0.8525	2.1143	18.389	⑧
27					カリガラス	0.8525	2.1144	18.409	⑧
28	京都三坂神社墳墓群		後期前葉	淡青～青緑色小珠	カリガラス	0.8528	2.1155	18.394	⑧
29			後期前葉	青紺色小珠	カリガラス	0.8527	2.1075	18.399	⑧
30			後期前葉	青紺色小珠	カリガラス	0.8525	2.1074	18.392	⑧
31	Thixi,Vietnam		1世紀	黄色不透明小珠	カリガラス	0.86291	2.10601	18.196	⑧
32			1世紀	青紺色小珠	カリガラス	0.86227	2.10711	18.224	⑧
33			1世紀	赤色不透明小珠	カリガラス	0.8626	2.10687	18.216	⑧

注：遺物の時期および色調は出典の記述による。
出典）①平尾 2003 ②山崎・室住 1986 ③平尾ほか 1995 ④馬淵ほか 1991 ⑤山崎 1987 ⑥肥塚 2000
⑦峰山町教育委員会 2004 ⑧肥塚 2001

1. 中期の出土ガラス製品の鉛同位体比の分布とその分析

北部九州の中期中葉～後葉の遺跡から出土したガラスの鉛同位体比をみると（図11）、特徴をもつ遺物ごとに分布が大きく三つのグループに分かれることがわかる。各々特徴的な遺物ごとに分かれている。

a．グループa

図の右上辺に分布するグループaはPb207/Pb206が0.948以上と非常に高い値を示す。2点とも吉野ヶ里遺跡出土の長大太身の管珠である。

b．グループb

中央のグループbはPb207/Pb206が0.87～0.88で、非常にまとまった値を示す。図10の中心的な領域であるグループZの領域および、図2の領域Aに

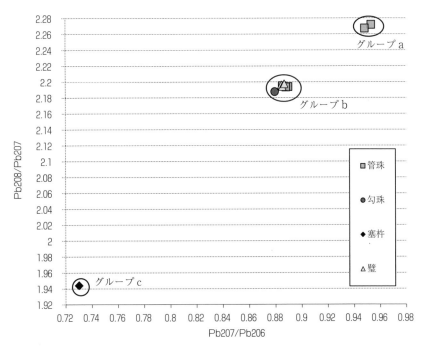

図11　弥生時代中期のガラス製品　鉛同位体比

属するものである。この領域Aは中国北部の鉛の使用が想定される領域である。宇木汲田遺跡出土品以外はすべて中期後葉の北部九州から出土した管珠・勾珠・璧である。後期のガラス製品や中国出土のガラス製品と比較しても、須玖岡本遺跡および三雲南小路遺跡から出土したガラス製品の鉛同位体比の一致は、非常に珍しいものであるといえる。

　c．グループc

　図の左下のグループcは立岩遺跡の塞杵状ガラス器で、Pb207/Pb206が0.73と非常に低く、図10のグループYの領域に属する。この領域は、雲南および朝鮮半島の鉛の使用が想定される領域である。この立岩遺跡からはCW立岩タイプのガラス管珠が出土しており、同タイプの三雲出土遺物が分析されている。上述したように図10のグループZに属する値で、この鉛同位体比の値の違いは顕著である。

　まず注目されるのは、グループaの吉野ヶ里遺跡の管珠である。Pb207/Pb206の値は0.948以上と非常に高い。中国のガラスの鉛同位体比をみると、最も高いグループX（図10）はその値が0.933以下であり、戦国時代から漢代に見られる中国のガラス製品の分布からは外れており、現在のところ見られていない値である。そのためこの鉛の採鉱地は当時の中国の文化圏になく、そのガラス素材の製作地が中国社会以外であった可能性も浮上する。この鉛同位体比の値は、新井（2000）の示す領域Eの範囲の上辺にあり、この領域は中国東北部・朝鮮半島の鉛鉱山が分布する領域である点も重要である。

　第Ⅱ部第1・2章で検討したように、吉野ヶ里タイプの管珠の類例は中国東北部の在地の青銅器文化と、朝鮮半島の後期無文土器社会で出土しており、吉野ヶ里のガラス管珠は、朝鮮半島からの搬入品と考えられることを再確認した。また鉛バリウムというガラス素材については、中国からの搬入、在地での生産、両方の可能性が考えられると述べた。この鉛同位体比の値は、在地におけるガラス素材の生産について、より高い可能性があることを示唆しているのではないだろうか。[11]

　次に注目されるものは、グループbの璧や管珠の値である。戦国時代から漢代のガラス製品に見られる鉛は多様な鉛同位体比をもち、さまざまな地域の

鉛を使用していたことをすでに検証した。そのような多様な鉛同位体比をもつ漢代のガラス製品を個別に集めた場合、このように斉一的な値をもつことはおよそ考えがたい。特にまとまって出土した製品の鉛同位体比が斉一的な値を示すのであれば、同じ地域または同じ工房で、短期間の間に製作された可能性が非常に高いと考えてよいだろう。すなわち、ガラス璧とガラス管珠は同じ鉛を使用し、同一工房で、時期をおかず製作されたと想定できる。

　管珠はCW立岩タイプで、このタイプの管珠と璧は、漢帝国から共に下賜されたと考えられる点についてはすでに第Ⅰ部で述べた。これら管珠と璧の鉛同位体比の斉一的な値は、同時期に官製工房で下賜品として作られたということを、まさに示唆するものといえよう。さらに勾珠が非常に近い値をもつことは、それら下賜されたガラス製品を素材として勾珠が改鋳製作された、という推論の証拠となるものと考えられる。

　一方、立岩から出土した塞杵状ガラス器は、ガラス管珠や璧と異なる鉛同位体比をもち、グループcに属する。上述した理由から、ガラス管珠や璧とは同一時期に製作されたものではないと考えられる。このように異なる鉛が使用された理由として、いくつかの状況が推測される。

① 原料の入手場所が異なるものの、璧や管珠とともに中国において同一の工房で製作され、璧や管珠とともに北部九州の使者へ下賜され、日本へと渡った。

② 璧や管珠と製作地を別にしているが、中国において1か所にまとめられ、璧や管珠とともに北部九州の使者へ下賜され、日本へと渡った。

③ ガラス管珠や璧などとは製作地を別にし、下賜とは異なるルート（または接触相手）から入手された。

　漢代では鉛が広域に流通しており、同一工房で異なる地域の鉛を使用している状況が見られる、という様相についてこれまで検討してきた。このため①の可能性もまた②の可能性も完全には否定できない。

　しかし塞杵状ガラス器は立岩遺跡と安徳台遺跡から出土しており、いずれもガラス璧を出土した須玖岡本甕棺墓と三雲南小路甕棺墓の集団に対し、下位の集団と考えられている。すでに第Ⅰ部第4章で、須玖岡本D号甕棺墓と三雲南小路1号甕棺墓という二つの王墓からこのガラス器が出土していない状況

と、中国戦国時代から漢代の類似のガラス器である、ガラス製礬飾の出土状況を検討した結果、塞杵状ガラス器は下賜品としては考えられないと結論付けた。このため、③製作地を別にし、かつ璧や管珠が下賜されたのとは異なったルートで入手されたと考える、という推論が、最も可能性が高いのではないだろうか。

しかし立岩の首長が独自に中国へと使いを派遣したとは考えがたい。おそらく三雲や須玖岡本の大首長達が中国に使者を送る際に、立岩や安徳台の首長に属する人物がともに従って海を渡り、その際何らかの形で入手したものを自分の集団へもち帰ったと推測することが、妥当ではないだろうか。

ところで、やや疑問が生じるのが、グループbに属する宇木汲田の管珠である。宇木汲田ではCW吉野ヶ里タイプのガラス管珠が中期中葉の41号甕棺から出土している。しかしこの106号甕棺は立岩式で中期後半に属しており、ガラス管珠の分析値も吉野ヶ里のそれとは異なっている。このガラス管珠は図も写真もなく、タイプ不明である。鉛同位体比の分析を行った山崎一雄によると、ガラス管珠は長さ8mm、外径7mm、孔径3mm（完形か否かについては記載なし）、風化して白色化しているが、本来の色調は青緑色だったと考えられる（山崎 1982：p.323）。外径の法量からはCW立岩タイプではなく、一方鉛同位体比や風化の様相を考えると、CW吉野ヶ里タイプでもない。図も写真もないため、これ以上推測を行わない。今後あらためて検討したい。

2. 後期を中心としたガラス製品鉛同位体比とその分布

図12は後期のガラス製品の鉛同位体比の分布図である。こちらも大きく3つのグループに分かれている。しかし中期のガラス製品の分布とは異なる様相を示している。

（1）分布の様相
a．グループd

右上のグループdはPb207/Pb206が0.914で、図10のグループXの領域にやや近く、新井（2000）の領域Eに属している。中国東北〜朝鮮半島系の鉛

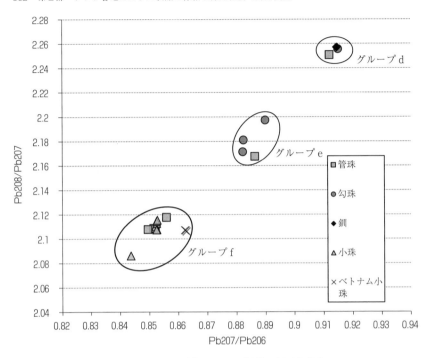

図12　弥生時代後期のガラス製品　鉛同位体比

の使用が想定されている領域である。福岡春日ウト口遺跡出土勾珠と、京都赤坂今井墳丘墓出土管珠、福岡前原二塚遺跡のバリウムを含まないガラス釧がこれに属する。第Ⅰ部で述べたが、釧は北部九州ではこの他に出土例がないが、出雲・北近畿において類例を出土している。

b．グループe

グループeはPb207/Pb206が0.88〜0.89にあり、勾珠と管珠である。図10のグループZの領域の右上辺と、馬淵・平尾の模式図（図2）領域Aに属しており、この領域は中国北部の鉛の使用が想定されている領域である。福岡平原木棺墓から出土した管珠と勾珠は非常に近い値を示しており、これも勾珠が管珠を素材として改鋳された可能性を示唆する。

c．グループf

グループfはPb207/Pb206が0.84〜0.86にあり、図10のグループZの領域

第4章 鉛同位体比からみるガラス製品の関係　383

の左下辺部と図2の領域Bに属している。この領域Bは華中・華南系の鉛の使用が想定されている領域である。遺物は小珠と管珠で、特に丹後から出土した小珠は、色調に限らず非常に近い値を示している。

　グループdの3点の遺物以外のすべての出土遺物がPb207/Pb206が0.84〜0.89、Pb208/Pb206が2.08〜2.2に分布しているが、これは戦国から漢代のガラス製品の分布に見られる中心的な領域であるグループZ（図10）の範囲にある。この範囲内で遺物の分布が右上辺と左下辺に分かれているという点も、中国のガラス製品の様相と同じといえる。一方で、グループdは新井領域Eに属するが、この場所も多くはないが中国戦国時代から漢代の遺物の分布が見られる領域である。図10のグループYに属する遺物は見られないものの、弥生後期のガラス製品の鉛同位体比の様相は、中国戦国時代から漢代のガラス製品の鉛同位体比の分布と、同様の傾向をもつといえよう。これは逆に中国から日本への流通を考察する上で、非常に困難な問題を引き起こす。
　例えばガラス管珠はグループeとグループfの双方に分布している。福岡平原遺跡から出土した管珠がグループe、同じ福岡宮の下遺跡、岡山有本B遺跡から出土した管珠がグループfである。ガラス管珠の分析値の違いから、何らかの推測が導き出されるだろうか。
　すでに、漢代では特に多様な鉛鉱山の鉛が使われており、鉛鉱山の存在地＝ガラス製品の製作地ではないこと、また漢代における製品の広範囲な分布と流通からも、出土地＝製作地ではないことを指摘した。すなわち中国から搬入されたガラス製品の鉛同位体比がバラエティに富んでいても、その同位体比の異同が、入手先の異同を必ずしも示さないということとなる。中国の多様なガラス製品の製作状況を反映して、多様な鉛を使用したガラス製品が入っていたことはわかるが、鉛同位体比の分布から、中国から弥生社会へと搬入された流通の様相や経路を検討することは困難である。
　一方その鉛同位体比の多様性は、逆に斉一的な値をもち、かつ同一の遺跡から出た遺物群の存在を際立たせる。すでに中期後葉に見られるガラス璧と管珠の製作背景を述べるときにも触れたが、多様性に富む鉛を原料にしていた中国において、まとまって出土した製品の鉛同位体比が斉一的な値を示すのであれ

ば、同じ地域または工房でごく近い時期に作られていた可能性が十分に高いといえる。後期でこのような値を示すものが、カリガラスの小珠である。

（2）カリガラスの製作地の問題

北近畿の後期前葉の三坂神社墳墓群と、後期前葉～中葉の左坂墳墓群出土のカリガラスの小珠の鉛同位体比は、いずれも非常に近い値をもつ。一方で福岡平原遺跡から出土した小珠は異なる値を示している。

しかしいずれも図10のグループZ内に収まっており、中国の鉛鉱山の鉛を使用していたと考えられる。すでに前章で、遺物の状況から、この時期の東アジアに見られる小珠を中心としたカリガラス製品の多くは、中国の両広地区で製作された可能性が高いことを論じた。弥生時代に見られるカリガラスの淡青色・青紺色の小珠が、中国の鉛鉱山の鉛を使用していた、ということは、カリガラス製品の生産が（全部ではないにしても）中国において行われた推論に対する、強力な傍証といえるのではないだろうか。

なお分析によると、三坂神社の青紺色カリガラス小珠はごく微量の鉛しか含まず、どの原料に関する不純物なのかは明らかではないとしており、また淡青色カリガラス小珠に含有する鉛は青銅に使用された原料に関与する可能性があるとしている[12]（肥塚・小暮 1998）。

まず鉛を使用したと考えられている淡青色のカリガラスについて考察したい。この淡青色カリガラスの小珠に見られる鉛同位体比は、漢代のガラス製品の中心領域Zの範囲に入っている点も重要である。使用された鉛は中国の鉛鉱山のものと考えられ、図の位置的には華中・華南の鉛鉱山由来の可能性が高い。三坂・左坂の淡青色小珠の鉛同位体比の値はほぼ同一ともいえるほどであり、同一の地域・または工房で作られた製品が、まとまって北近畿へと搬入されたと考えて問題はないだろう。

特に注目したいのは、三坂神社と左坂墳墓群の鉛同位体比が斉一的な値をもっていたということである。すなわち、一括して入手したガラス小珠を、それぞれの集団が分有したということを意味し、この二つの墳墓群を営んだ集団が、密接な関係を有していたことがうかがえる。個々にではなく、この二地域の「首長」が中心となって大陸と交渉した可能性もあろう。残念ながら出土し

た遺構名が不明であり、それぞれの詳細な時期についても不明であるが、北近畿は特に後期前葉から後期中葉にかけて、多数のガラス小珠を出土している。これら小珠の鉛同位体比について分析が進むと、北近畿内の墳墓群を営んだグループ間の関係についても解明されていくのではないだろうか。

　一方、三坂神社から出土した青紺色カリガラスの小珠の鉛同位体比は、淡青色のそれとは微妙な差異を示すものの、非常に近い値であるといえる。日本列島で出土する紺色透明のカリガラス小珠と淡青色のカリガラス小珠は、化学組成に差異が見られることはすでに前章で述べた。それについては製作地が異なるであろうことが指摘されている（肥塚ほか 2010：pp.17-18）。今回鉛同位体比が分析された三坂神社出土のガラス小珠も淡青色と紺色を呈しており、その化学組成には同様に差異が見られるものと思われる[13]。これら組成の差異と、使用された鉛同位体比の近さがどのような意味をもつかは、今後検討すべきであろう[14]。

　ところで、前章で述べたように、近年カリガラスの青紺色小珠の着色は、貴州のランムーチャンのタリウム鉱山産の付近に産出する、コバルト鉱石が関与した可能性が指摘されている（肥塚 2009：p.9）。今回の三坂出土の青紺色のカリガラスがこれと同種の珠であるならば、鉛同位体比が近い値を示す淡青色の小珠の鉛は、上述のタリウム鉱山に非常に近い鉛鉱山から入手した可能性はないだろうか。その場合、それぞれの鉱山からともに近い中国両広地区へと原料が運ばれ、小珠が製作されたと推察される。

　特に日本まで流通した上で出土したという点を考慮すると、淡青色・青紺色の小珠がともに非常に近い地域で製作された可能性は高いと考えられる。近い（と考えられる）場所から採掘された原料が、異なる地域にもたらされて各々小珠となり、それがまた日本で同一の墓から出土したと考えることは、やや無理があろう。

　他の小珠の鉛同位体比が異なることも、またその裏付けとなる。平原木棺墓から出土した紺色の小珠はその風化の程度からアルカリ珪酸塩ガラスと考えらえるものだが[15]、北近畿から出土した青紺色のカリガラスとは、鉛同位体比が異なる値を示す。化学組成が明らかでないため比較することができず、また時期差による可能性もあるが、三坂・左坂出土の小珠とは製作地が異なる可能性も

十分にあろう。[16]

　ところでガラス小珠は鉛バリウム・カリガラス・ソーダ石灰ガラスの三者が同時期に存在し、各々製作地が異なると考えられている。しかし組成について明らかにした上で鉛同位体比を分析していない珠も多く、単純に鉛同位体比を比較的できない。特に今回中国で出土・収集された小珠について、その組成がわからないため比較検討が無理なことは非常に残念といえよう。

（3）ベトナム出土カリガラスの鉛同位体比

　そこで、ベトナムから出土したガラス小珠の分析値を取り上げた。Thixi遺跡から出土しており、時代は1世紀である。すべて色調が異なる珠であるため、分析を行った鉛が何を目的として加味されたものであったのか（もしくは混在的な状態であったのか）は不明である。しかしその鉛同位体比は非常に斉一的な値を示している。少なくとも非常に近い地域でそれぞれの原料が採集されたと考えられよう。すなわち、色調は異なるものの、同じ地域で製作された可能性が高いだろう。

　肥塚隆保は、日本から出土した中国産と推定されるカリガラス（すなわち上述の北近畿から出土しているカリガラス小珠）とは異なる鉛同位体比を示しており、複数の産地でカリガラスが製造されていた可能性を示している、と論じている（肥塚 2001：p.238）。

　この鉛同位体品の値は、中国戦国時代〜漢代の鉛の中心的な領域であるグループZに含まれる位置であり、ここからは中国における製作も否定できない。しかし何度も言及しているように、中国でその着色技術がないと考えられている赤色不透明な小珠が含まれている点が問題となる。中国からの原料や素材の流通も含めた検討が必要であろう。[17]

　現在のところアジア各地におけるガラス製品の鉛同位体比の分析は少ない。弥生時代の出土遺物の鉛同位体比の分析は比較的行われており、それはアジア全体の古代ガラス製品とその流通の解明にも、大きく寄与するものである。

3. 弥生時代ガラス製品の鉛同位体比全体像

　中期〜後期の鉛同位体比全体の分布をみると（図13）、非常に広範囲にわたっていることがわかる。グループa、グループd、グループbe、グループf、グループcに分けることができる。
　弥生時代の中期と後期で重なるグループは、グループbeだけである。他のグループはそれぞれの時期で考察しているため、あらためて個別には考察しない。グループbeは中国の鉛同位体比の中心的なグループZ（図10）の最も分布の濃い場所に対応しており、弥生中期後葉から後期にかけての時期、中国ではこの領域の鉛鉱山の鉛を使用していたガラスが多く作られていたこと、そし

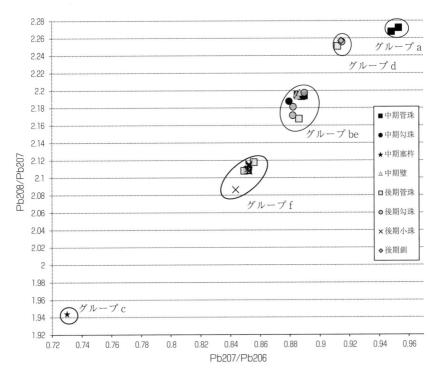

図13　弥生時代中期〜後のガラス製品　鉛同位体比

てそれが日本に多数入ってきたことがわかる。

　グループ be・グループ f ともに、中国のグループ Z（図10）に対応しており、そのグループ Z は遺物のまとまりから三群にわけることができると示した。日本出土品のほうが、グループ be とグループ f に、より明確にまとまっており、グループ f の出現は時期的に遅い。今後中国におけるガラス製品の製作地や製作時期、流通の解明に関して重要な情報となる可能性がある。

　また図10のグループ X にグループ d が、グループ Y にグループ c が対応する。各々の出土量もまた、中国の各グループの内容と多寡を反映していると考えられる。特にグループ c が少ないが、対応するグループ Y は蜻蛉珠やガラス製葬玉がその大半であるため、同様の製品が弥生時代にほぼ搬入されていないことを考慮すると、グループ c の遺物が少ないことは理にかなっている。

　この分布を見ても、弥生時代中期後葉の須玖・三雲で出土したガラス製品の鉛同位体比、そして後期の三坂・左坂で出土したガラス小珠の鉛同位体比の斉一性が際立っているといえよう。上述したように、製作地と時期が同一である可能性が非常に高い。

　またグループ a に属する珠は、中期の吉野ヶ里から出土した管珠のみである。上述したが、中国に同様の鉛同位体比をもつガラス製品が見られず、在地におけるガラス素材からのガラス管珠の製作の可能性が、あらためて示唆されよう。

　ところで中国の人工顔料である"漢清"を使用したガラス管珠が存在することが、近年注目されている。福岡上月隈出土管珠（福岡市教育委員会 2000）や、丹後赤坂今井墳丘墓出土管珠（峰山町教育委員会 2004）、鳥取県宮内墳丘墓出土管珠（峰山町教育委員会 2004）、岡山有本遺跡出土管珠（肥塚 2000）などの分析から検出されており、それらを使用したガラス管珠は関係があると考察されている（大賀 2010b：p.214）。今回、後者3点の鉛同位体比が分析されており、赤坂今井がグループ d、有本と宮内がグループ f と異なった値を示すことがわかった。さらに時期的には上月隈は中期、残りは後期に属する。なお上月隈の管珠は三雲の管珠と同タイプと考えられ、分析されていないが、その鉛同位体比も同じである可能性が高い。その場合はグループ be ということになる。これから見ると、漢清をもつガラス管珠の鉛同位体比は、非常に広い

範囲に分布しているといえよう。中期から後期という製作時期の長さも考慮すると、それぞれの管珠が同じ工房で異なる地域の鉛を使用して製作されていたとするよりも、"漢清"が中国のガラス生産において広く使用される顔料であった、と推測する方がより妥当である。

すでに第Ⅰ部第2章で、WC立岩タイプの管珠の製作技法は巻き付け、TC有本タイプは捻り引きと、製作技法は異なっていることを考察している。"漢青"が広範囲に使用された顔料であったとするならば、中国の異なる地域、異なる技法で製作された珠において漢清が検出されることは、別に問題とはならない。ゆえに漢清の有無をもって、ガラス管珠のタイプの同一性を判断することはできないといえる。

結　語

以上、中国の戦国時代から漢代にかけての鉛同位体比の分布とその意味をまとめ、弥生時代のガラスの鉛同位体比を比較することにより、流通や交渉において新たな考察ができるか、検討を行った。

中期のガラス製品については、吉野ヶ里遺跡出土のガラス管珠の鉛同位体比の値は、戦国時代から漢代に見られるガラス製品の鉛同位体比の分布から外れており、かつ中国東北部～朝鮮半島の鉛鉱山に結びつくことがわかった。このため、ガラス自体の在地の生産を検討する必要性を示唆するものとなった。また鉛同位体比の斉一性がもつ意味をあらためて検討することにより、中期後葉の三雲南小路遺跡と須玖岡本遺跡出土のガラス璧・管珠・勾珠については、これまで考古学的に検証してきた推論、すなわち璧と管珠は一括の下賜品であり勾珠はその改鋳品である、という推論を、鉛同位体比が裏付ける結果となった。

一方、後期におけるガラス製品の鉛同位体比は、非常に多様なものとなっており、戦国時代から漢代のガラス製品の多様さを反映するものであったといえる。しかし中国古代のガラス製品が、鉛同位体比から製作地と遺物を結びつけることが困難であるという結果が導き出されているため、弥生時代のガラス製

品の搬入の様相を鉛同位体比から考察することは難しいことが明らかとなった。しかしそれゆえに、逆に斉一性のある鉛同位体比をもつ遺物については、弥生中期のガラス璧と管珠のように、その斉一性が意味のあるものである、と導き出される。またカリガラスの小珠の産地については不明な点が多いが、淡青色および青紺色の小珠が、ガラス素材も中国産である可能性が高いという結果となった。さらにその鉛同位体比の斉一性から、この珠を出土した北近畿の墳墓の被葬者が、異なる集団に属してはいるものの共に使者を送った可能性があるという、社会的な分析へもつなげることができたのである。

　鉛同位体比はガラスが生産された時点で使用された鉛の同位体比であり、特に漢代のように原料やガラス製品の流通が盛んであった時代の遺物については、化学組成同様、その値を単独で扱い考察を行うことには限界がある。しかし遺物の情報や共伴遺物と併せて考察することにより、多様な分析が可能となる。今後アジア各地の鉛同位体比の分析が進み、各地域間の流通や交渉といった問題について、さらに解明が進むことを期待する。

註
（1）Brill 1986・1991。その後の中国における鉛鉱石の鉛同位体比の分析が進むと、このChinaの上辺・下辺のグループの間、この図ではエジプトやヨーロッパの出土遺物の鉛が示す値に近い鉛同位体比をもつ、中国の鉛も発見されている（図3・5）。
（2）馬渕・平尾両氏の数々の論文に掲載されている。図2は平尾（2003）より転載。
（3）新井（2007）に数量の一覧がある。
（4）科学的な問題はともかく、非常に遠距離であるため、運んできたというのはおかしい、という論（斉藤 2003：p.263）は、四川省に中原の青銅器が見られるなど、この時期の長距離間の物資の移動が多数見られる点からも疑問を感じる。
（5）なお、これは中国系の遺物に関する問題であり、このラインにのる朝鮮系の遺物の鉛については、中国の鉛鉱山なのか、朝鮮半島の鉛鉱山なのかは、別途検討すべき問題である。
（6）礼器として使用されることの多い青銅器とは異なり、個人的な使用が多いガラス製品に関しては、特に原料から製作できる地域において、個々人が使用していた壊れたガラスを集めて、また製作の材料に使用したということは考えにくい。そのような再生産は、ガラスを原料からつくることができない地域、すなわち弥生社会などにおいて特に想定されよう。
（7）残念ながら朝鮮半島のガラス製品の鉛同位体比分析についてはほとんど入手でき

なかった。またあらためて、中国・朝鮮半島・日本の鉛同位体比を合わせて検討したい。
(8) グラフの値の間隔は各図で異なる点に注意。
(9) ガラス札に文様を刻んだものが漢代には多数見られる。ガラス衣または箱型覆面の象嵌として使用されており、ガラス製葬玉の一つである（町田 2002：pp.157-161、小寺 2012：pp.56-61）。
(10) 両広地区ではカリガラスの小珠の出土も多いが、一方で鉛バリウムガラスの珠類の出土も見られる。このガラス小珠がアルカリ珪酸塩ガラスか鉛珪酸塩ガラスであるかは不明であり、製作地の推定や鉛原料の移動を考察するにはデータ不足である。
(11) 青銅器などガラス以外の製品の鉛同位体比とも比較検討することも必要であろう。とはいえ、弥生社会へのガラス管珠の搬入という点に関しては、朝鮮半島の無文土器文化圏からという推定に変化はない。
(12) この意味するところが不明である。青紺色ガラス小珠の鉛同位体比は参考程度に扱うべきなのだろうか。
(13) 両遺跡出土の珠の化学組成が分析されているが、鉛同位体比を分析された珠の特定はできていない。しかし色調ごとに斉一的な値を示すことが指摘されており（大宮町教育委員会 1998）、今回鉛同位体比を分析した珠も他の珠と同様の組成と考えて問題ないであろう。
(14) 組成の違いは、生産された地域の違いを示す、という前提が常に言われている。しかし、その「地域の違い」はどの程度の距離を考察するべきか、あらためて検討する余地があるのではないだろうか。近い地域でも、異なる工房において、（基礎材質は同一だが）微妙な組成が異なるガラスを製作していた、という可能性も検討すべきであろう。
(15) 分析はされていない。ソーダ石灰ガラス、またはカリガラスのどちらかは不明。
(16) なお、鉛同位体比が異なっても、製作地は異ならない可能性が常にあることは、上述した。
(17) ベトナム北部は中国南部から続く地質的な近さをもつ。ベトナム北部の鉛鉱山の鉛同位体比が、中国の鉛鉱山の範囲に入る可能性はあるだろうか。

終 章

ガラスの諸相からみた古代アジアと弥生社会の対外交渉

　第Ⅱ部では、弥生時代併行期のアジア各地におけるガラス製品を検討し、その上で弥生の搬入ガラス品と比較検討を行った。またその製作地や流通経路などについても考察を行った。最後に、この第Ⅱ部で検討した弥生時代併行期のアジアのガラス製品の様相と、第Ⅰ部で検討した弥生のガラス製品の様相から、弥生社会とアジアとの対外交渉について考察を行う。

第1節　中期におけるガラス製品と対外交渉の諸相

　日本でガラス製品が見られるのは前期末である。ガラス小珠が前期末に出現したのち、中期中葉までは非常に散発的な出土状況をみせる。この日本の前期末から中期中葉に見られるガラス小珠が、どこを経由して日本列島へともたらされたのか、その経由地は判然としない。第Ⅱ部第1・3章で検討したように、朝鮮半島の無文土器文化ではガラス小珠は出現しておらず、朝鮮半島中南部においてガラス小珠が出現するのは、無文土器時代末期または原三国時代初頭ごろである。もし朝鮮半島を経由してもたらされたものだったとしても、朝鮮半島でも、また日本列島においても、偶発的に入手されたものであったと考えられよう。
　中期中葉になると、ある程度意図的に搬入されたガラスが出現する。中期中葉から後葉に見られるWC吉野ヶ里タイプのガラス管珠については、第Ⅱ部第1章で朝鮮半島無文土器社会に見られる類例を検討することにより、これまで言われてきた"朝鮮半島無文土器社会との接触による入手"という論を、あら

ためて確認することができた。当初は偶発的な入手であったかもしれないが、やや時代を下った吉野ヶ里墳丘墓 SJ1002 甕棺墓の出土数は 80 点弱と多く、この集団はガラス管珠を威儀品として、意図的に入手したと考えられる。

中期後葉になると、漢帝国との接触の中でガラス製品が搬入される。第Ⅰ部第 4 章では、中期後葉に北部九州の「イト」「ナ」を中心とする集団が漢帝国に接触を行い、その中で漢帝国による蕃国の王に対する下賜というかたちで、弥生社会にガラス璧がもたらされたことを論証した。一方、中期後葉の福岡平野・糸島平野を中心に出土している CW 立岩タイプのガラス管珠も、同様に下賜品であると推測を行った。この管珠については、第Ⅱ部第 2 章における中国のガラス管珠の様相から、中国の戦国時代からの円筒形管珠の系譜を引くものであること、また類品の出土から、中国における製作と考えることが妥当であることを論じた。さらに第Ⅱ部第 4 章の鉛同位体比の検討において、ガラス管珠とガラス璧の鉛同位体比は斉一的な様相をもつことを明示し、同一工房、おそらく官衙で同一時期に製作された可能性が高いことを示唆した。この鉛同位体比の様相は、ガラス管珠はガラス璧同様に漢帝国からの下賜品、という推測を裏付けるものであったといえる。

この中期後葉に北部九州で見られるこれらガラス製品は、漢鏡とともに漢帝国の歓迎(1)を示している一方で、下賜というかたちを通して、この時期の北部九州が漢帝国を中心とした東アジアの政治秩序の中に、初めて組み込まれていったことを明確に示している。

この時期にガラス小珠は増加傾向をみせるが、まだ多くはない。この「イト」「ナ」の大首長墓にガラス小珠が見られない点や、北部九州のみならず西日本までガラス小珠が散見される状況は、これらガラス小珠が下賜とは関係のない接触や、また「イト」「ナ」による対外交渉とは異なる動き、すなわち違う集団による対外交渉によっても、弥生社会へともたらされた可能性を示唆している。

一方「イト」「ナ」による対外交渉の中においても、重層的な接触があったことをガラス製品が示している。第Ⅰ部第 4 章では、立岩遺跡などから出土した塞杆状ガラス器について、弥生社会および中国戦国時代から漢代における類品の出土状況から、下賜とは異なるかたちで弥生社会にもたらされた可能性を

指摘した。第Ⅱ部第4章で検討した立岩出土塞杆状ガラス器の鉛同位体比は、下賜品と考えられるガラス璧や管珠と異なる値を示し、この推論を裏付ける結果となった。この塞杆状ガラス器を出土した立岩の首長が独自に対外交渉を行ったかは不明であるが、北部九州における中期後葉の墳墓から出土する搬入品からは、「イト」「ナ」の大首長が漢帝国との交渉を独占していたのは確かであろう。このため塞杆状ガラス器の入手方法としては、「イト」「ナ」の大首長達が中国に使者を送る際に、立岩の首長に属する人物がともに従って海を渡り、その際何らかの形で入手したものを自分の集団へ持ち帰ったのではないかと推察した。すなわち、大首長の支配下にある首長らも、大首長とともに使いを送った可能性があることを述べた。独自の活動を行ったかは不明だが、交通路や列島外の知識を持ち帰ることができる、という点では非常に重要な行動だったのではないだろうか。ガラス小珠の一部も、このような付随的な動きの中で入手された可能性もあろう。

　このような中期後葉のガラス製品は、一つの対外交渉の活動の中にも、すでに多層的な接触がある様相を示しているのではないだろうか。

第2節　後期におけるガラス製品と対外交渉の諸相

　後期に入ると、それまで北部九州を中心に見られていたガラス管珠と小珠が、北部九州以外の西日本においても多数出土するようになる。ガラス管珠は多様なタイプが見られ、地域的には北部九州や北近畿、後期中葉以降は山陰、そして後葉以降は山陽にも広がっていく。主に地域の重要な首長の墳墓において、副葬品として出土している。

　第Ⅰ部で検討したように、ガラス管珠や釧をはじめとするガラス製品の出土状況から、少なくとも北部九州、北近畿、山陰では地域の首長が独自に対外交渉を行い入手していた可能性がある。しかし各々の地域においても、これらガラス管珠と小珠の様相は重層的であり、一つの窓口、もしくは一つの手段によってガラスを入手していたとは考えられない。

　次に、大陸における窓口と、またその入手方法などを検討する。

1. 原三国社会のガラス製品と弥生社会

まずこれまで弥生時代にみられるガラス製品は、韓半島を経由してもたらされた可能性が示唆されていた。しかし第Ⅱ部第1章で検討したように、原三国時代の前期ではガラス管珠はほとんど見られず、また後期の弥生時代併行期においてもその数は非常に少ない。弥生社会に見られるガラス管珠の調達先を、朝鮮半島原三国社会と考えることは厳しいといえよう。

ガラス小珠はどうであろうか。第Ⅱ部第3章で検討したように、朝鮮半島中部〜南部の原三国社会では、日本でガラス小珠が増加する時期、すなわち紀元前1世紀中頃にカリガラス小珠が出現している。この時期は朝鮮半島における中国の影響が強まった時期であり、ガラス小珠も前漢鏡と共伴している[2]。紀元前108年、武帝が衛氏朝鮮を滅ぼし、楽浪他四郡を置き、主に朝鮮半島の西北部を支配していた。このような動きを背景に、これら原三国社会のガラス小珠は漢帝国を通じて搬入されたと考えて問題はないだろう。しかし原三国時代後期までは出土量は多くなく、日本に比べると圧倒的に少ないことも述べた。また小珠の色調についても第Ⅱ部第3章で検討したが、弥生社会の様相、すなわち淡青色と青〜紺(藍)色が支配的である、という色調の様相とかなり異なる様相をもつ。色調の問題に関しては次に述べるが、色調の問題を除いてもその出土量から考慮すると、ガラス小珠の入手先を朝鮮半島原三国社会とするには、ガラス管珠と同様に問題があると考えられる。

2. ガラス小珠の色調からみる入手先の問題

ここで、ガラス小珠の色調の問題を再び取り上げたい。第Ⅰ部第5章で述べたように、弥生社会におけるカリガラス小珠の色調は、淡青色と青〜紺(藍)色の小珠が圧倒的に多く、さらに後期になると、北部九州と北近畿を中心に色調の差が見られる。北部九州では淡青色と青〜紺(藍)色の構成が半分ずつ程度なのに対し、北近畿のガラス小珠は淡青色が圧倒的多数を占める。

しかし、第Ⅱ部第3章で検討したアジア各地のガラス小珠の色調を見ると、

終章　ガラスの諸相からみた古代アジアと弥生社会の対外交渉　*397*

淡青色の色調が圧倒的多数を占めるような地域や、淡青色と青〜紺（藍）色の色調が大半であるような地域は、朝鮮半島原三国社会に限らず、東アジアでは存在しない。東南アジアについては、全体的な詳細は不明だが、少なくともベトナムを中心に検討した遺跡では、日本と似た色調構成をもつ遺跡は見られない。さらに第Ⅱ部第3・4章で検討したように、中国や東南アジアのガラス小珠の様相をみると、色調による明確な生産地の差は、少なくとも出土遺物からは見られない。また漢代では一基の墓から多数の色調のガラス珠類をもつ墓も多く、現在のところ、中国国内における出土した珠類の色調が明確に偏っている、という地域は観察されていない。ガラス小珠の化学組成や鉛同位体比の値からは、むしろ複数の地域で複数の色調の珠を製作していた可能性が高まっている。

アジア全体で見るとカリガラスの色調は、淡青色は少なくないものの、むしろ青〜紺（藍）色が主流である。どちらかといえば、北部九州のありようと近い。しかしすでにこの時期のアジア世界では多彩な色調のガラスが流通しており、中国、そして原三国社会も多彩な色調の小珠を所有していた。

一方、弥生社会において、ごく狭い地域で当時の主流であった色調からの例外が見られる。それが北部九州の対馬と壱岐である。谷澤亜里（2011）は、北部九州におけるガラス小珠の流通ルートを考察する中で、九州の特に対馬においては、ガラス小珠は多彩な色調をもち、カリガラスのみならずソーダ石灰ガラスの小珠も出土している点を指摘し、また朝鮮半島南部の墳墓においてソーダ石灰ガラスの小珠が見られる様相から、対馬・壱岐については、朝鮮半島南部を経由して搬入された可能性を指摘している。地域的な近さを考慮しても、少なくとも対馬は独自に朝鮮半島南部から入手していたと考えることは妥当であろう。

しかし対馬・壱岐を除いては、弥生社会と対応するような色調をもつ地域は、同時期のアジアでは現在のところ見られない。これは弥生社会における珠の色調の選択が、外部集団の所有する色調に左右されたのではなく、弥生社会の集団（すなわち北部九州や丹後など）の好みに左右された可能性が高いことを示すのではないだろうか。

すなわち、ガラス小珠の色調の違いからは（少なくとも対馬・壱岐を除き）

ガラス小珠の入手先を判断することはできず、さらには交渉相手の違いについて判断することはできないと考えられる。

3. 中国におけるガラス小珠の生産と弥生社会への搬入

　カリガラスの中国における生産・製造についてはすでに第Ⅱ部第3章で検討を行い、中国南部、両広地区がその場所であったと結論付けている。カリガラスの小珠は中国において、前漢後期から後漢前期にかけて、爆発的に増加している。漢帝国の広がりの中で各地へと流通し、特に後漢代には広く漢帝国内に流通していたと思われる。この小珠が増加する時期は、朝鮮半島原三国社会や弥生社会において小珠が増加する時期と一致しよう。

　この時期、漢帝国は広くその影響力をアジア各地に広げて行くが、朝鮮半島や日本もまたその例外ではなかった。日本におけるガラス小珠が中国との直接的な接触後に増加する点、朝鮮半島を遥かにしのぐ量の小珠が出土している点などを考慮すると、弥生の人々は漢帝国との直接的な接触の中で、これらガラス小珠を入手していたと考えることが、最も妥当であろう。

　おそらく紀元1世紀頃には、朝鮮半島や日本列島まで含まれる、アジアガラス小珠流通のネットワークが確立されていたことが推測される。第Ⅱ部第3章で述べたように、インドや東南アジアで製作されたカリガラスの小珠やソーダ石灰ガラスの小珠も、一度中国南部に流入した後で、中国製カリガラス小珠と同じ流通経路にのって、朝鮮半島や日本を含む東アジア各地へともたらされたと考えられる。

　このようなガラス小珠の日本までの流通に対し、中国南部からの直接的な搬入を考える論考がある。例えば柳田康雄（1993）は海路からの直接獲得を示唆している。また大賀克彦は、ムティサラについて南海の製作地からの直接的な輸入を想定しており（Oga & Gupta 2000：pp.77-78）、さらに引き伸ばしによるアルカリ石灰ガラス管珠については、アルカリ石灰ガラス小珠の中間生成物である点と時期的なものから、東南アジアもしくは中国南部から、海路によって舶載されたと判断される、と述べている[(3)]。しかし現在まで、東南アジアまたは中国南部との直接的交渉を裏付ける、他の遺物は出土していない。

一方、谷澤は、列島内で確認されるガラス小珠の種類と量の時期的変化について、中国鏡の流入動態との共通点が認められ、列島と中国王朝の交渉と、ガラス小珠の流入となんらかの関連が想定されるとしている。あえて南方ルートでの直接交渉を想定する必要はなく、現状では後期後半の多量の小珠の流入は、後漢王朝が関与する可能性も認め、具体的な大陸側の窓口は楽浪郡域や、洛陽を想定したいとしている（谷澤 2011：pp.19-20）。また鄭仁盛は、楽浪から出土した赤褐色の小珠＝ムティサラを取り上げ、日本におけるムティサラの分布と楽浪土器遺跡の分布が一致する点そして、地理的に東南アジアに近い沖縄南九州からは、ムティサラも楽浪土器の出土例もない点を指摘し、倭と三韓地域に搬入されたムティサラは、楽浪にもたらされたものが再分配されたのであろう、と考察している（鄭仁盛 2002：pp.204-205）。

日本や朝鮮半島でガラス小珠が多数搬入されるのは、時期的に漢帝国との交流ネットワークが強まってからのことである点は明らかである。むろん中国における窓口が何か所か存在した可能性はあろう。しかしガラス小珠以外の遺物が出土していない状況では、弥生社会が中国の南部や南海との直接的な接触によってガラス小珠を入手していた、と想定することは厳しいのではないだろうか。それよりもむしろ、中国南部と密接なつながりがあった地域が、ガラス小珠の入手において弥生社会の窓口となっていた、と考えることがより妥当であろう。その地域としては、谷澤や鄭仁盛も指摘しているように、楽浪郡が浮上する。

4. 楽浪郡におけるガラス製品の様相と弥生社会

楽浪郡では多様なタイプのガラス管珠と、ガラス小珠を含む多彩なガラス製品を出土している。

管珠については、第Ⅱ部第2章で検討したように、弥生時代後期に見られるガラス管珠のタイプの中で、列島で改鋳されたと考えられる鋳造穿孔された管珠（ME左坂・小羽山タイプ）と、特殊な組成をもつWC西谷タイプ以外は、すべて楽浪土城をはじめとした漢帝国の版図およびその周辺において出土が見られる。

漢代の中国では、ガラス素材はもちろん、ガラス製品の商品としての流通が盛んであったことは、第Ⅱ部第2章のガラス管珠や第3章の小珠と耳璫の分布、そして第4章の鉛同位体比の様相からうかがえる。上述したような漢代に見られる管珠の多くは、商品として流通していたのであろう。そして流通の段階では、各地域の多彩なガラス製品が混在していたと考えられる。管珠や耳璫、小珠といった楽浪から出土しているガラス製品の多彩な様相は、まさに楽浪がこのような流通ルートの末端にいたことを示していると考えられる。なお、中国漢代におけるガラス管珠の出土量を見ると、小珠に比べると圧倒的に少ない。商品としての普遍性は低い分、その価値も高かったであろう。
　一方でこのような商品としての流通に関わらない、ガラス製品の存在も考えられる。それは漢帝国の官衙で作られたガラス製品である。官衙で作られた最も代表的なガラス製品はガラス璧であろう。このほか官衙で製作された可能性が高いものとして、上述したWC立岩タイプ型の管珠があげられる。後期にはガラス璧はないものの、WE東山タイプの管珠は、楽浪の官衙で製作された可能性が高いことを指摘した。WE東山タイプは、主に北部九州と北近畿から出土しており、この官衙で製作された管珠を弥生社会の使者に与えられるのであれば、それは下賜というかたちをとっていたと考えるのが、最も妥当であろう。
　すでに第Ⅰ部第2章で、北部九州に見られるガラス管珠について、中期後葉ではガラス管珠の扱いに高い政治性が見られ、一方後期においてはその価値の低下が見られることを指摘した。中期後葉においてはガラス管珠を下賜というかたちで入手しているが、後期ではそれとは異なる状況で入手したのではないかと推測し、それが高度な政治性を失った理由ではないだろうかと論じた。しかし弥生時代後期においてもガラス管珠は出土点数が少なく、その分布の広がりを見ても、ガラス小珠に対してガラス管珠は圧倒的な重要性をもつ搬入品であった。これは九州だけでなく、西日本全体で共通する様相である。
　今ここで、WE東山タイプのガラス管珠の様相から、このタイプが楽浪土城の官衙で製作されていた可能性と、その下賜による入手の可能性をあげた。すなわち当初の推測と異なり、弥生時代後期に見られるガラス管珠についても、下賜というかたちによる公的な入手があり、また一方で下賜以外の私的な入手

終章　ガラスの諸相からみた古代アジアと弥生社会の対外交渉　401

もある、という重層的な入手のあり方が存在した可能性が浮上してきた。

　この下賜というかたちでの入手があった点が、弥生後期社会において、ガラス管珠の地位が高く保たれた原因ではないだろうか。一方、中国両広地区におけるカリガラスの製作や分布の様相を見ると、その製作は官衙において行われたものではなく、商業的なものであったと推測されるため、ガラス小珠については、下賜というかたちによる入手はなかったと考えられる。弥生社会において、ガラス管珠とガラス小珠ではその内在する意味が異なっている様相がうかがわれるが、それは量の多寡だけでなく、このような背景によるものと思われる。そして、より漢帝国中央と結びつく意味をもつガラス管珠は、入手した集団内で保持するか、（列島内における）重要な他集団に対して贈られたのであろう。しかしそのような意味が見られないガラス小珠の存在は、逆に、列島外における多層的な交渉が、当時存在していたことを示唆している。

　このように、楽浪土城から出土したガラス管珠をはじめとするガラス製品の様相は、公・私どちらの交渉におけるガラスの入手についても、当地で可能であったことを示している。楽浪における多様なガラス製品の様相は、弥生社会に見られる多様なガラス製品の様相と非常に整合的であり、この点からも、楽浪は北部九州や丹後の唯一の交易窓口ではないものの、最も重要な窓口であったと考えられよう。楽浪以外の漢帝国におけるガラス管珠の様相はあまり明確とは言えず、今後中原など楽浪郡域以外からもたらされた可能性についても検討されるべきであろう。なお、大賀は弥生時代に見られるガラス管珠の一部は長江中流域に生産地を想定しており、弥生社会への搬入は生産地（原文ママ）との直接交渉を想定している（大賀　2010b・2010c）。しかしその論拠は明確にされておらず、また、ガラス以外の遺物からの証拠もない。しかし、この論を完全に否定する材料はないため、今後さらなる検討が必要である。

　楽浪において、ガラス小珠が多量に流通する状況は整っていた。第Ⅱ部第2章において、楽浪と中国江南（長江下流域）との密接な関係と、ガラス管珠がその経路によって楽浪へと運ばれた可能性について述べた。さらに第Ⅱ部第3章では、中国南部の両広地区で作られたガラス小珠と、そこを窓口としてインド・東南アジアからもたらされたガラス製品が、湘桂走廊を通じて大量に長江流域へと運ばれ、一部は洛陽・長安方面へ、一部は長江下流域江南方面へ、そ

して江南と楽浪の密接なつながりの中で、それらガラス製品が楽浪へ、というルートを検討した。このルートは水上輸送のため、陸上に比べると大量の荷物の運搬が可能、という利点がある。一方で洛陽や長安など中原からも、多数のガラス製品が入ってきたと思われる。楽浪はガラス製作地だけでなく、漢帝国におけるガラス消費地でもあり、アジアにおけるガラス珠類の活発な交易ルートの一端を担っていたと考えられる。

これらの点を考慮すると、ガラス小珠も特に楽浪とのつながりによって、朝鮮半島中南部や弥生社会へと、その多数が（もちろんすべてではないが）もたらされたと考えてよいのではないだろうか。

ところで弥生社会にみられるガラス小珠の総数は、第Ⅱ部第3章でも比較検討したように、アジア全体で見ても驚くほど多く、その数量は圧倒的といってもよいほどである。後期弥生社会のガラス小珠の需要は、アジアのガラス小珠の生産や流通に大きな影響を与えた可能性も考えられる。中国両広地区のガラス小珠の生産の活発化や、さらに両広地区～江南～楽浪を結ぶ流通ルート、中国南部と東南アジア社会を結ぶ流通ルートを活性化させた可能性はないだろうか。ところで大賀（Oga & Gupta 2000）は日本の弥生後期のガラス小珠の出土数が増加している時期は、南アジアから東南アジアにガラス珠の製作が広がる時期と時期を同じくしており、それは日本のガラス小珠の需要が影響を与えたこと、日本が極東と南海の海運ネットワークに組み込まれていたことを示すものだとしている。しかし、弥生後期において特に増加するのが南海製のソーダ石灰ガラスではなく、中国南部に製作の中心があると考えられるカリガラスである。その点を考慮すると、弥生後期の弥生社会におけるガラス小珠の需要が、南アジアや東南アジアのガラス珠の製作の発展に直接寄与しているという見方は厳しい。この直接的な影響については、むしろ古墳時代について検討すべきではないだろうか。しかし日本における需要の増加が、カリガラス小珠の増産につながり、中国南方におけるガラス生産の活性化を後押しし、さらにそれがソーダ石灰ガラスの生産や流通にプラスの影響を与えた可能性はあると思われる。

またガラス小珠だけでなく、発掘数の多寡もあろうが、同時期に漢帝国と接触を有していた地域の中で、弥生社会は特にガラス製品を好んでいた社会とい

えるのではないだろうか。もちろん単に好んだというだけでなく、弥生社会においては、威信財交易の核となる品として、積極的な需要があったことを第Ⅰ部で論じてきた。中期のガラス璧やガラス管珠の下賜、そして後期においてもおそらく下賜といった漢帝国との公のやりとりの中で、ガラス管珠がもたらされたという状況があったことが、ガラスが威信財の核として扱われた大きな要因の一つと考えられる。一方で、楽浪という中国南方とのつながりが深く、ガラスが多数流通していた地域が弥生社会の対外交渉の窓口であったために、ガラス製品を好む嗜好が生まれた、もしくは拍車がかかったという可能性はないだろうか。

2世紀後半になると漢帝国の動揺により、この楽浪郡と長江下流域を結ぶ交易ルートは途絶えなくとも、ある程度の混乱に巻き込まれたと考えられる。後漢の衰退が後期後葉の変化を弥生社会にもたらしたと考えられるが、楽浪におけるガラス小珠流入の減少は、後期後葉に見られるガラス小珠の様相の変化と、対応していると考えられる。

次に、後期後半におけるガラス小珠の流通量の変化とその背景について考察したい。

第3節　弥生社会のガラス製品流入量の変化と東アジアの動向

第Ⅰ部第2・5章で取り上げたが、北近畿の丹後と北部九州では、後期前葉から中葉まで非常に多量のガラス小珠が副葬されているが、後期後葉にはいるとその数量が激減する。一方で、この二地域以外では、西日本においてガラス小珠は後期後葉に出土遺跡が増加し、また山陽や畿内、北陸でも、カリガラスのガラス小珠を多量に副葬する墓が出現する。さらに東海・中部高地・関東など、中部から東日本にかけても出土数が増加する。また後期後葉に、山陰・瀬戸内、もしくは東海や中部高地で、出土量が増加した小珠のその色調構成は、北近畿と共通しており、北近畿からの流入が想定されている（肥塚ほか2010：p.23）。このように弥生社会後期におけるガラス小珠は、非常に複雑な様相を見せている。

丹後においては、ガラス小珠が前代より減少した要因は、大陸の混乱という外的な要因だけでなく、丹後内における副葬品の規制、交易品として丹後外への搬出、という内的な要因を考察し、いずれにしても単一の要因ではその複雑な様相の背景を解きほぐせないことも述べた。

しかし、北部九州で減少したのはカリガラスの小珠だけではく、対馬や北部九州に見られる高アルミナソーダ石灰ガラスも、同様に減少している。後期後葉において一見増加したように見える弥生社会の搬入ガラス小珠は、北部九州や北近畿の出土数が大幅に減少したため、その全体量が減少していることは明らかである。全体量の減少の要因は、やはり谷澤（2011）が指摘したように、漢帝国の情勢混乱による影響であることは疑いない。漢帝国の混乱に伴い、弥生社会の窓口である楽浪地域などにもたらされる、漢帝国内におけるガラス小珠の流通量が減少したのであろう。

また要因としては、生産地における小珠生産の減少の可能性も考えらえる。第Ⅱ部第3章で取り上げたが、広州漢墓におけるガラス小珠の出土量は、前漢後期から後漢前期にかけての時期がピークであり、後漢後期には減少している。中国におけるカリガラス小珠の、漢代における出土量の推移を検討したわけではなく、あくまで広州における漢墓の出土品の様相であり、広州漢墓自体の隆盛と衰退についても考慮に入れるべきであるが、しかし後漢後期には、カリガラス製品の生産量が減退した可能性は十分考えられる。そうであれば、弥生後期後葉に見られるガラス小珠の流入の減少は、生産地におけるカリガラス生産の減退が背景にある可能性があろう。しかし生産の減退があった場合、これもまた漢帝国の情勢混乱が関係している可能性が高いと考えられ、広義には漢帝国の情勢混乱が要因といえるだろう。

一方で、ソーダ石灰ガラスの小珠の流入が減少している点については、これもまた漢帝国の情勢混乱により、インドや東南アジアのソーダ石灰ガラス小珠の流通が減少したと考えられる。カリガラス小珠とともにソーダ石灰ガラスの小珠が同様に減少している状況は、これらの小珠の流通が、ともに一度中国社会を経由して弥生社会へともたらされた傍証でもあろう。[4]

しかしその様な状況にもかかわらず、カリガラスの小珠の生産がかなりのボリュームで行われていたことは、広州漢墓の後漢後期の墓から出土するガラス

小珠の量（後漢前期の出土量のおおよそ2割）と、広西の墓から出土する後漢晩期のカリガラス器、そして何より弥生社会から出土するカリガラス小珠の量が物語っている。すなわち、両広地区において、カリガラス生産の規模が減少傾向にあったとはいえ、引き続き弥生社会にまで到達するような、相当数のガラス小珠を製造する生産力があったことは間違いないだろう。

しかし最終的に、中国両広地区のカリガラスの小珠は3～4世紀頃には、その生産が途絶えてしまったようである[5]。また鉛バリウムガラスの管珠をはじめとする、ガラス製品の製作も行われなくなる。これは漢帝国の崩壊が背景にあろう。それを受けて、弥生時代終末期から古墳時代前期への移行期には、青～紺（藍）色の色調をもつカリガラスの小珠や鉛バリウムガラスの管珠など、これまで中心的であったガラス製品の搬入が途絶えてしまう。さらにソーダ石灰ガラス小珠の搬入も、古墳時代中期前半に再開されるまで一時途絶えてしまう[6]。ガラスを入手できないという状況は、威信財交易で頭角を現してきた丹後などにとって、非常に大きな痛手だったのではないだろうか。

第4節　ガラス製品と鉄製品の様相からみる対外交渉の重層性

これまで弥生時代後期における対外交渉の目的として、鉄製品の入手が注目されてきた。しかしガラス製品の様相と鉄製品の様相は、必ずしも同一の交渉相手を示すものでもなく、また列島内における交易においても同一の様相を示さない。

野島永は、後期前半頃に「ナ」国以外の北部九州周辺地域と山陰や近畿地方北部で見られるようになった素環頭鉄刀の様相から、これらの地域が楽浪など独自の貢賜関係を結び、対外交易を行った可能性を指摘した。一方で、後期後葉～終末期の時期には、日本列島における鋳造鉄器出土量の飛躍的増大や地域性の顕現と共に、半島南東部弁辰地域に顕著な鉄剣や板状鉄斧など多くの韓系鉄器が、北部九州に限らず列島各地で増加することを指摘し、丹後でも同じ動きを見せることから、韓地域との交流がより密接になっていたものと捉えている[7]。しかしこの時期の丹後のガラス製品を見ると、その入手先が漢帝国から朝

鮮半島へと交渉相手がシフトしたとは考えられない状況を示す。

　弥生時代後期のガラス製品の入手先については、これまで朝鮮半島の原三国時代の社会は、後期の弥生社会のガラス製品の入手地と考えるのは困難であること、一方で楽浪地域がガラス製品の重要な窓口であったと考えられることを論じた。この構造は弥生後期後葉から終末期においても変化はない。ガラスの様相からは、後期後葉から終末期の丹後社会は、楽浪など中国社会と引き続き交渉を行っていた可能性が高いと考えられる。これは北部九州や山陰など、ガラス製品を対外交渉によって入手していた地域全体にいえることでもある。もちろん、鉄製品の入手についても、多層的な接触があったと考えられる。村上恭通は、丹後の様相について、後期初頭以降の墳墓で発見される鉄器には、朝鮮半島嶺南地域との関連性がうかがわれるとしている。また後期中葉以降の山陰、但馬、北陸出土の鉄器の様相については、朝鮮半島との関連性を指摘し、北部九州を介在しない大陸との交易が日本海沿岸地域各地の拠点集落で可能となっていたことを意味するとしており、さらに大刀については、朝鮮半島ではなく中国から直接受容している可能性を指摘している（村上　2001：pp.241-248）。

　このようにガラス製品と鉄製品の様相から見る交渉相手は必ずしも重なるわけではなく、それらの様相からは、後期後葉以降の直接的に対外交渉を行っていた集団または地域が、楽浪または中国社会と朝鮮半島南部原三国社会という、列島外の複数の重要な地域を窓口として交渉を行っていた可能性を示唆している。必ずしも交渉相手が重ならないという様相は、非常に重要である。すなわち鉄製品と共に出土しているそれらガラス製品は、単純に鉄製品の入手と結びついて搬入されたものではない、ということを示している。すでに第Ⅰ部終章でも検討したが、特に後期に見られるガラス製品の入手に関して、鉄製品交易の付随的な品物としての認識ではなく、その集団がガラス製品を明確な意図をもって入手していたことを、この交渉相手の様相があらためて示しているといえよう。

　ガラス製品の様相からは、鉄製品と同様にガラス珠類もまた威信財交易の核であり、その継続的な入手とルートの掌握は、特に丹後の首長達の死活を左右する重要な問題であったと考えられる。

弥生時代終末期以降、丹後で多数のガラス製品は見られないという状況は、対外交渉のルートが、漢帝国の混乱など列島外の事情により絶たれた結果、丹後社会を支えてきた威信財交易の核の一つであるガラス製品を入手できなくなった可能性を示唆する。丹後社会の没落は、単に日本海ルートの重要性が低下した（福永 2004：p.138）だけでなく、このような対外交易ルート（とガラス製品入手）の崩壊によっても引き起こされたと考えられよう。

ところで、これまで朝鮮半島の原三国社会と複数の弥生社会との直接的な交渉を、弥生側の遺物から検討してきたが、この交渉により弥生社会から朝鮮半島にもたらされたものが、第Ⅰ部第1章で検討した原三国時代後期の墳墓から出土する、列島製のガラス勾珠ではないだろうか。威信財・貴重品としてのガラス製品の価値を示すと共に、相互の興味深い交流を伝えるものである。原三国時代の遺跡から出土したガラス勾珠の製作地が、北部九州なのか丹後なのか、といった問題が明確になれば、相互の交流についてさらに分析が進むと思われる。

以上、第Ⅰ部で検討した弥生のガラス製品の様相と、第Ⅱ部で検討した弥生時代併行期のアジア各地におけるガラス製品の様相から、弥生社会とアジアとの対外交渉について考察を行った。

中期に見られるガラス管珠は、朝鮮半島無文土器社会や漢帝国とのつながりをあらためて明確に示す結果となった。一方でガラス小珠や塞杆状ガラス器の検討から、その背景にある対外交渉が、中期後葉にすでに多層的な状況にあった可能性が考えられることとなった。

また後期に見られるガラス製品の様相と、漢帝国や朝鮮南部のガラス製品の様相の対比から、ガラス製品の入手先、すなわち弥生社会の交渉窓口として、楽浪とのつながりがより明確に際立つことを示した。楽浪土城のガラス製品の様相の検討から、そこにおけるガラス製品入手のあり方は、下賜という形態も含む一方で、商業品も入手するといったような多層的な様相を見せ、それはすなわち当時の弥生社会の対外交渉における、多層的な交流を示していると考えられる。

特に弥生社会がガラス製品を好む傾向は、ガラス製品が豊富な楽浪の様相に

刺激された可能性も考えつつ、弥生社会のガラス小珠需要が、中国両広地区におけるガラス小珠生産の活発化や小珠流通の活発化を刺激した可能性をも示唆した。

　弥生社会のガラス小珠にみられる特徴的な分布の背景については、古代アジアのガラス製品との対比によって、興味深い結果が得られた。まず北部九州と北近畿はそれぞれ出土するガラス小珠の色調の割合が異なるが、それに対応するような色調をもつ列島外の地域は見られず、このような様相が現れた要因は、対外的な窓口の違いではなく、むしろ各地域の好みが反映された可能性が高いことを示唆する結果となった。

　また後期後葉における、ガラス小珠の複雑な様相のうち、弥生社会にみられるガラス小珠全体量の減少の要因として考えられる外的要因をあらためて検討した。その要因として、この時期の漢帝国の情勢混乱を背景とした、両広地区における生産量の減少、さらに楽浪への流入量の減少が考えられる。さらにインドや東南アジア製のソーダ石灰ガラス小珠も減少している点は、逆に中国社会を通じてこのタイプの小珠が流入していことの傍証となると指摘した。一方で、そのような状況にもかかわらず、一定量のカリガラス小珠が中国両広地区において生産され流通している様相については、中国国内におけるガラス製品の状況だけでなく、弥生社会のガラス小珠の出土量も重要な傍証となると考えられる。

　またこのようなガラス製品の様相からみる対外窓口は、鉄器の様相からみる対外窓口と異なっている部分もあり、弥生社会の対外交渉が重層的である点と、またガラスの入手が対外交渉の重要な部分を占めている点を示唆した。そして弥生時代終末期以降に見られる丹後社会の没落の要因の一つとして、威信財交易による地位を支えたガラス製品の入手が、外的要因により途絶えたことがあげられるのではないかと論じた。

　このように、弥生社会にみられるガラス製品は、当時の弥生社会の様相、弥生社会の対外交渉、そしてアジア世界の動きまでを映し出すものである。そこからは、中国を中心とした東アジア世界秩序の構築とその影響を、一方で東アジアや東南アジアを含めた汎アジア的な経済活動の様相をみてとることができる。今後はさらに中国や朝鮮半島、東南アジアにおけるガラス製品の研究を進

め、また一方で他の遺物の研究や史書の研究なども絡めて、汎アジア的な交流の様相の一端を再構築することを試みたい。

註
（1）岡村は、海を隔てた絶域からの朝貢は皇帝の徳の高さを示すモノであり、漢王朝は特にこれを歓迎した。漢鏡をはじめとする過分なほどの文物の贈与は、漢側の歓迎ぶりをあらわすものといえよう、と考察している（岡村 1999：p.50）。
（2）義昌茶戸里遺跡（李健茂他 1989 ほか）など。
（3）大賀 2010b：pp.223-224。なお、大賀は弥生時代に見られるガラス管珠の一部は長江中流域に生産地を想定しており、弥生社会への搬入は生産地との直接交渉を想定している（大賀 2010b・2010c）。
（4）対馬のソーダ石灰ガラス小珠が、朝鮮半島原三国社会経由である可能性が高いことは述べた。しかしソーダ石灰ガラス小珠の、朝鮮半島原三国社会への窓口も、漢帝国と考えられる。後漢後期併行期の原三国時代のガラス小珠の明らかな様相は不明であるが、漢帝国の混乱の影響を受けていたことは推測できよう。
（5）カリガラス器も漢代以降は見られない。
（6）肥塚ほか 2010：p.22。この原因は不明である。
（7）野島 2000a：pp.30-31。なお、野島は韓地域との交流の傍証に、紀元2世紀以降、朝鮮半島南部の首長墓と共に丹後地域の首長墓にもガラス小珠などの大量副葬が盛行することをあげているが、出土量の差が激しく、朝鮮南部を弥生社会のガラス小珠の入手先として想定することは厳しい、という点については、すでに指摘した。
（8）上述したように、漢帝国の混乱によって、ガラス製品自体も中国における製作と流通が激減したと考えられる。

参考文献一覧

〔日本語・文献〕

青柳種信　1976『柳園古器略考』文献出版社
綾野早苗　2000「津山市有本遺跡出土ガラス管玉について」『古代吉備』22　pp.62-68
新井　宏　2000「鉛同位体比による青銅器の鉛産地推定をめぐって」『考古学雑誌』85-2　pp.1-114
新井　宏　2007「鉛同位体比から見た弥生期の実年代に関する一試論」『考古学雑誌』91-3　pp.1-26
安藤広道　2003「弥生・古墳時代の各種青銅器」『考古資料大観6　弥生・古墳時代青銅・ガラス製品』小学館　pp.291-306
石川岳彦　2011「青銅器と鉄器普及の歴史的背景」『弥生時代の考古学3　多様化する弥生文化』設楽博己・藤尾慎一郎・松木武彦編　同成社　pp.195-215
石崎善久　2000「弥生墳墓の構造と変遷」『丹後の弥生王墓と巨大古墳』季刊考古学・別冊10　雄山閣　pp.65-72
石原由美子　1988「但馬の古代ガラスについて」『但馬考古学』5　pp.39-45
出雲考古学研究会　1985『荒島墳墓群』
出雲市文化企画部文化財室　2004「西谷墳墓群発掘調査速報展」資料
伊都歴史資料館　1998『伊都国発掘　'98　王がいた証』
井上裕弘　2000「北部九州の首長墓と甕棺」『大塚初重先生頌寿記念考古学論集』pp.685-712
井上洋一　1989「銅釧」『季刊考古学』27　雄山閣　pp.56-59
今村啓爾　1998「紀元前1千年期の東南アジアと中国の関係」『東南アジア考古学』18　pp.1-20
今村啓爾　2001「ベトナム、ランヴァク遺跡とドンソン文化」『東南アジア考古学最前線』第15回「大学と科学」公開シンポジウム組織委員会編　クバプロ　pp.48-58
岩永省三　1997『日本の美術370　弥生時代の装身具』至文堂
岩永省三　2004「考古学者から見た青銅器の科学分析」『科学が解き明かす古代の歴史』第18回「大学と科学」公開シンポジウム講演収録集　クバプロ　pp.110-119
上野祥史　2003「漢墓資料研究の方向性」『国立歴史民俗博物館研究報告』108　pp.67-91
梅原末治　1960「日本上古の玻璃」『史林』43-1　pp.1-18
梅原末治　1971「日本上古の玻璃補説」『日本古玉器雑攷』吉川弘文館　pp.131-143
会下和宏　1999「弥生墳墓の「副葬品」―中、四国、近畿、北陸地域を中心にして―」

『地域に根ざして―田中義昭先生退官記念文集』pp.27-45
会下和宏　2000「西日本における弥生墳墓副葬品の様相とその背景」『島根考古学会誌』17　pp.49-72
会下和宏　2002「弥生墳墓の墓壙規模について」『島根考古学会誌』19　pp.33-63
会下和宏　2011「墓域構成の変化、区画墓の展開」『弥生時代の考古学4　古墳時代への胎動』設楽博己・藤尾慎一郎・松木武彦編　同成社　pp.191-210
大賀克彦　2002「日本列島におけるガラス小玉の変遷」『小羽山古墳群』清水町埋蔵文化財発掘調査報告書Ⅴ　福井県清水町教育委員会　pp.127-145
大賀克彦　2003「紀元三世紀のシナリオ」『風巻神山古墳群』清水町埋蔵文化財発掘調査報告書Ⅶ　福井県清水町教育委員会　pp.72-90
大賀克彦　2010a「日本列島におけるガラスおよびガラス玉生産の成立と展開」『月刊文化財』566　文化庁文化財部監修　pp.27-35
大賀克彦　2010b「弥生時代におけるガラス製管玉の分類的検討」『小羽山墳墓群の研究』福井市郷土歴史博物館・小羽山墳墓群研究会　pp.213-230
大賀克彦　2010c「ルリを纏った貴人―連鎖なき遠距離交易と「首長」の誕生」『小羽山墳墓群の研究』福井市郷土歴史博物館・小羽山墳墓群研究会　pp.231-254
大賀克彦・肥塚隆保　2001「弥生・古墳時代の考古科学的研究」『日本文化財科学会第18回大会』研究発表要旨集
大塚和義　2001「ガラス玉の道」『ラッコとガラス玉　北太平洋の先住民交易』国立民族学博物館　pp.11-13
大塚和義編著　2001『ラッコとガラス玉　北太平洋の先住民交易』国立民族学博物館
岡内三眞　1982「朝鮮における銅剣の始原と終焉」『考古学論考―小林行雄博士古稀記念論文集　pp.287-844
岡内三眞　1993「朝鮮出土のガラス管玉」『早稲田大学大学院文学研究科紀要』39　哲学・史学編　pp.35-54
岡崎　敬　1976「解題―三雲遺跡とその時代」『柳園古器略考』文献出版
岡村秀典　1984「前漢鏡の編年と様式」『史林』67-5　pp.661-702
岡村秀典　1995「楽浪出土鏡の諸問題」『月刊考古学ジャーナル』392　pp.15-20
岡村秀典　1998「秦漢帝国の対外交渉とその美術」『世界美術大全集　東洋編』2　小学館　pp.323-328
岡村秀典　1999『三角縁神獣鏡の時代』吉川弘文館
岡村秀典　2000「儀礼用玉器の展開―春秋戦国時代の玉器」『世界美術大全集東洋編第1巻』小学館　pp.261-268
小澤正人・谷豊信・西江清高　1999『世界の考古学7　中国の考古学』同成社
小瀬康行　1987「管切り法によるガラス小玉の成形」『考古学雑誌』73-2　pp.83-95
小瀬康行　1989「古墳時代ガラス勾玉の成形法について」『考古学雑誌』75-1　pp.40-59

小田富士雄　1984「弥生時代円環型銅釧考」『古文化談叢』13　pp.103-132
小田富士雄　1987「初期筑紫王権形成史論—中国史書にみえる北部九州の国々—」『東アジアの考古と歴史』中　同朋舎　pp.755-803
小田富士雄・韓炳三　1991『日韓交渉の考古学　弥生時代編』六興出版
小田富士雄・武末純一　1991「6　日本から渡った青銅器」『日韓交渉の考古学』小田富士雄・韓炳三編　六興出版
小山田宏一　1995「副葬品」『季刊考古学』52　pp.48-51
春日市教育委員会　1995『春日市史』(上)
春日市教育委員会編　1994『奴国の首都　須玖岡本遺跡』吉川弘文館
春日市教育委員会文化財課　2001「弥生時代の鋳造工房跡—福岡県須玖坂本遺跡—」『考古学雑誌』86-4　pp.83-89
加藤紘一　2009『アートなガラスの材料学』里文出版
金関丈夫・坪井清足・金関恕　1961「山口県土井ヶ浜遺跡」『日本農耕文化の生成』日本考古学協会編　東京堂　pp.223-253
金関恕・佐原真編　1987『弥生文化の研究8　祭りと墓と装い』雄山閣
唐津湾周辺遺跡調査委員会編　1982『末盧国』六興出版
河上邦彦　1991「中国漢代墓の一つの墓制—面罩—」『古代の日本と東アジア』上田正昭編著　小学館　pp.286-311
岸本直文　2011「古墳編年と時期区分」『古墳時代の考古学1　古墳時代史の枠組み』一瀬和夫・福永伸哉・北條芳隆編　同成社　pp.34-44
木下尚子　1982「貝輪と銅釧」『末盧国』六興出版　pp.424-445
木下尚子　1987「弥生定型勾玉考」『東アジアの考古と歴史』岡崎敬先生退官記念論集　pp.541-591
木下尚子　2000「装身具と権力・男女」『古代史の論点2』小学館　pp.187-212
木下尚子　2002「細形(韓國式)銅剣文化の装身具」『細形銅剣文化の諸問題』九州考古学会・嶺南考古学会第5回合同考古学大会レジメ　pp.163-174
(財)九州環境管理組合　1991「平原弥生古墳出土琥珀色珠片等の化学分析結果報告」『平原弥生古墳　上』平原弥生古墳調査報告書編集委員会　葦書房　pp.225-260
京嶋　覚　2009「ガラス小玉鋳型出土の意義」『古代学研究』182　pp.28-38
金奎虎・肥塚隆保　2010「韓国出土の古代ガラスの概要」『月刊文化財』566　文化庁文化財部監修　pp.36-40
グエン・チュオン・キー(平野裕子訳)　2005「ベトナムの古代ガラス(1)」『GLASS』48　pp.64-72
グエン・チュオン・キー(平野裕子訳)　2006「ベトナムの古代ガラス(2)」『GLASS』49　pp.41-62
グエン・チュオン・キー(平野裕子訳)　2008「ベトナムの古代ガラス(3)」『GLASS』52　pp.56-83

クライン、ダン＆ロイド、ウォード編（湊典子・井上暁子訳）　1995『ガラスの歴史』西村書店
栗原朋信　1960「文献にあらわれたる秦漢璽印の研究」『秦漢史の研究』吉川弘文館　pp.123-286
黒川高明　2009『ガラスの文明史』春風社
小泉好延・小林紘一　1999「弥生・古墳時代のガラス材質」第1回考古科学シンポジウム資料
肥塚隆保　1996「化学組成からみた古代ガラス」『古代文化』48-8　pp.47-59
肥塚隆保　1999a「ガラスの調査研究」『日本の美術400　美術を科学する』至文堂　pp.33-43
肥塚隆保　1999b「古代のカリガラス」奈良国立文化財研究所年報1999-Ⅰ　p.38
肥塚隆保　2000「有本遺跡出土ガラス遺物の科学的調査」『田邑丸山古墳群・田邑丸山遺跡』津山市埋蔵文化財発掘調査報告書67　津山市教育委員会 pp.63-67
肥塚隆保　2001「古代ガラスの材質と鉛同位体比」国立歴史民俗博物館研究報告86　pp.233-249
肥塚隆保　2005「古代のガラス—最近の研究から」『科学が解き明かす古代の歴史』第18回「大学と科学」公開シンポジウム講演収録集　クバプロ　pp.144-152
肥塚隆保　2009「日本出土の古代ガラス—素材とその歴史的変遷」『GLASS』53　pp.3-9
肥塚隆保　2010「古代ガラスの科学」『月刊文化財』566　文化庁文化財部監修　pp.7-12
肥塚隆保・大賀克彦　2000「出土ガラスの考古科学的研究」奈良国立文化財研究所　古代ガラスシンポジウム資料　pp.10-15
肥塚隆保・大賀克彦　2001「出土青色系ガラスの材質と着色因子について」日本文化財科学会第17回大会　研究発表要旨集　pp.24-25
肥塚隆保・小暮律子　1998「三坂神社墳墓群出土ガラス玉類の分析」『三坂神社墳墓群他』大宮町教育委員会　pp.105-112
肥塚隆保・田村朋美・大賀克彦　2010「材質とその歴史的変遷」『月刊文化財』566　文化庁文化財部監修　pp.13-25
古代オリエント博物館ほか編　1991『南ロシア騎馬民族の遺宝展』図録　朝日新聞社
小寺智津子　2006a「弥生時代のガラス製品の分類とその副葬に見る意味」『古文化論叢』55　pp.47-79
小寺智津子　2006b「弥生時代併行期における朝鮮半島のガラス製品—管玉・曲玉を中心とする様相—」『古代学研究』174　pp.1-19
小寺智津子　2006c「弥生時代の副葬に見られる玉類の呪的使用とその背景」『死生学研究』2006年秋号　pp.163-196
小寺智津子　2009「弥生時代におけるガラス製品の改鋳とその背景」アジア鋳造技術史

学会研究発表概要集 3

小寺智津子　2010a「弥生時代のガラス釧とその副葬」『東京大学考古学研究室研究紀要』24　pp.45-63

小寺智津子　2010b「紀元前後のカリガラス製装飾品とアジア社会の交流」『東南アジア考古学会研究報告』8　pp.27-34

小寺智津子　2010c「小羽山 30 号墓出土のガラス製品—その様相と地域間交流—」『小羽山墳墓群の研究』福井市郷土歴史博物館・小羽山墳墓群研究会　pp.279-292

小寺智津子　2012『ガラスが語る古代東アジア（ものが語る歴史 27）』同成社

小寺智津子　2013『弥生時代及び併行期の東アジアにおけるガラス製品の考古学的研究』平成 25 年度博士論文（東京大学大学院）

小寺智津子　2015「西谷 3 号墓出土の珠類と副葬にみる社会」『西谷 3 号墓発掘調査報告書』島根大学考古学研究室・出雲弥生の森博物館　pp.201-218

後藤　直　2006『朝鮮半島初期農耕社会の研究』同成社

後藤守一　1921「硝子製壁断片」『考古学雑誌』11-12　pp.45-47

小林行雄　1964『続古代の技術』塙書房

小林行雄　1978「弥生・古墳時代のガラス工芸」『MUSEUM』324　pp.4-13

湖北省博物館編　1989『湖北省博物館　中国の博物館第二期第 6 巻』講談社

小松　譲　2008「佐賀県中原遺跡」『月刊考古学ジャーナル』570　ニューサイエンス社　pp.31-35

近藤光男　1977『戦国策（中）』全釈漢文大系 24　集英社

近藤義郎　1992『楯築弥生墳丘墓の研究』楯築刊行会

斉藤　努　2003「鉛同位体比産地推定法とデータの解釈について」『国立歴史民俗博物館研究報告』108　pp.257-279

早乙女雅博　2000『世界の考古学 10　朝鮮半島の考古学』同成社

島根県古代文化センター　2005『古代出雲における玉作の研究Ⅱ』島根県古代文化センター調査研究報告書 28

島根県立古代出雲歴史博物館　2007『弥生王墓誕生　出雲に王が誕生したとき』企画展図録

島根県立古代出雲歴史博物館　2009『輝く出雲ブランド　古代出雲の玉作り』企画展図録

島根県立八雲立つ風土記の丘編　2001『ガラスのささやき～古代出雲のガラスを中心に』2001 年度企画展「古代の技術を考えるⅡ」図録

蔀　勇造　1997「新訳『エリュトラー海案内記』」『東洋文化研究所紀要』132　pp.1-30

蔀　勇造　1999「エリュトラー海案内記の世界」『市場の地域史』地域の世界史 9　山川出版社　pp.250-289

清水眞一　1992「ガラス小玉鋳型についての一考察」『考古学と生活文化』同志社大学

考古学シリーズⅤ　pp.225-234
下條信行　1986「北部九州弥生中期の「国」家間構造と立岩遺跡」『児島隆人先生喜寿記念論集』pp.77-106
庄田慎矢　2006「朝鮮半島の玉文化」『季刊考古学』94　雄山閣　pp.85-88
杉原荘介・原口正三　1961「佐賀県桜馬場遺跡」『日本農耕文化の生成』日本考古学協会編　東京堂　pp.133-156
清家　章　1996「副葬品と被葬者の性別」『雪野山古墳の研究　考察編』pp.175-200
関野貞ほか　1927「楽浪郡時代の遺跡」古蹟調査特別報告第四冊　朝鮮総督府
瀬戸谷　皓　2000「弥生墳墓からみた但馬の鉄製品」『月刊考古学ジャーナル』467　ニューサイエンス社　pp.18-21
瀬戸谷　皓　2001「但馬における弥生墳墓の展開」『北近畿の考古学』両丹考古学研究会・但馬考古学研究会　pp.45-60
瀬戸谷　皓　2005「北近畿（但馬・丹後）の弥生墳墓」『季刊考古学』92　雄山閣　pp.58-61
高木暢亮　2003『北部九州における弥生時代墓制の研究』九州大学出版会
高久健二　1993「楽浪墳墓の編年」『考古学雑誌』78-4　pp.33-77
高久健二　2004「楽浪古墳文化研究の最前線」『楽浪文化と東アジア―楽浪郡研究の最前線』シンポジウム資料
高久健二　2005「韓国における原三国時代の墓制」『季刊考古学』92　雄山閣　pp.26-30
高久健二　2011「楽浪・帯方郡との関係」『弥生時代の考古学4　古墳時代への胎動』設楽博己・藤尾慎一郎・松木武彦編　同成社　pp.39-53
高倉洋彰　1973「墳墓からみた弥生時代社会の発展過程」『考古学研究』20-2　pp.7-24
高倉洋彰　1995『金印国家群の時代』青木書店
高倉洋彰　1999「副葬のイデオロギー」『季刊考古学』67　雄山閣　pp.29-33
高田貫太　2011「朝鮮半島原三国時代における墓制と日本列島との比較」『弥生時代の考古学4　古墳時代への胎動』設楽博己・藤尾慎一郎・松木武彦編　同成社　pp.68-87
高野陽子　2000「弥生大形墳墓出現前夜の土器様相」『丹後の弥生王墓と巨大古墳』季刊考古学・別冊10　雄山閣　pp.47-56
高橋　勇　1937「本年度楽浪土城発掘概況」『考古学雑誌』27-8　pp.47-50
武末純一　2002「弥生文化と朝鮮半島の初期農耕文化」『古代を考える　稲・金属・戦争』佐原真編　吉川弘文館　pp.105-138
武末純一　2004「弥生時代前半期の暦年代」『福岡大学考古学論集―小田富士雄先生退職記念―』小田富士雄先生退職記念事業会　pp.131-156
田口一郎　2002「金属器・玉類副葬の北関東弥生墳墓」『月刊考古学ジャーナル』491

ニューサイエンス社　pp.11-14
田崎博之　1987「唐津市宇木汲田遺跡における1984年度の発掘調査」『九州文化史研究所紀要』31　pp.1-58
田中清美　1986「近畿弥生社会の墳墓」『特別展示図録　早良王墓とその時代』福岡市歴史資料館　pp.1-24
田中清美　2007「たこ焼き型鋳型によるガラス小玉の生産」『大阪歴史博物館研究紀要』6　pp.1-24
田中清美・桜井久之　1987「大阪府加美遺跡Y1号墳丘墓出土の銅釧」考古学雑誌第73-2　pp.96-104
田中俊明　2011「文献からみた政治史」『弥生時代の考古学4　古墳時代への胎動』設楽博己・藤尾慎一郎・松木武彦編　同成社　pp.88-103
田中義昭ほか　1992『山陰地方における弥生墳丘墓の研究』島根大学文法文学部考古学研究室
谷　豊信　1983「楽浪土城址の発掘とその遺構」『東京大学文学部考古学研究室紀要』2　pp.129-155
谷　豊信　1995「楽浪郡時代の土城」『月刊考古学ジャーナル』392　ニューサイエンス社　pp.5-8
谷　豊信　1999「中国古代の紀年塼　唐末までの銘文と出土地の考察」『東京国立博物館紀要』第34号　pp.173-271
谷　豊信　2004「中国文明の観点から見た楽浪文化」『楽浪文化と東アジア―楽浪郡研究の最前線』シンポジウム資料
谷一　尚　1993『ガラスの比較文化史』杉山書店
谷一　尚　1997『世界のとんぼ玉』里文出版
谷一　尚　1998「中国の古代ガラス」『世界美術大全集　東洋編第2巻』小学館　pp.250-255
谷一　尚　1999『ガラスの考古学（ものが語る歴史2）』同成社
谷澤亜里　2011「弥生時代後期におけるガラス小玉の流通―北部九州地域を中心に―」『九州考古学』86　pp.1-39
玉城一枝　2004「縄文時代から古墳時代にみる翡翠文化」『特別展　翡翠展　東洋の至宝』図録　pp.94-105
田村晃一　1986「生産と流通」『岩波講座日本考古学3』岩波書店　pp.355-377
田村朋美・肥塚隆保　2010「三雲・井原ヤリミゾ地区出土ガラス小玉の非破壊材質調査」『三雲・井原遺跡Ⅵ―ヤリミゾ地区の調査―』糸島市文化財調査報告書1　糸島市教育委員会　pp.175-180
朝鮮古蹟研究会　1934a『楽浪彩篋塚』古蹟調査報告第一　朝鮮古蹟研究会
朝鮮古蹟研究会　1934b『古蹟調査概報　楽浪古墳昭和八年度』朝鮮古蹟研究会
朝鮮古蹟研究会　1935『古蹟調査概報　楽浪古墳昭和九年度』朝鮮古蹟研究会

朝鮮古蹟研究会　1936『古蹟調査概報　楽浪古墳昭和十年度』朝鮮古蹟研究会
都出比呂志　1989『日本農耕社会の成立過程』岩波書店
常松幹雄　2011「甕棺と副葬品の変貌」『弥生時代の考古学3　多様化する弥生文化』
　　設楽博己・藤尾慎一郎・松木武彦編　同成社　pp.216-237
鄭　仁盛　2002『楽浪文化の考古学研究』平成14年度博士論文（東京大学大学院）
寺沢　薫　1990「青銅器の副葬と王墓の形成」『古代学研究』121　pp.1-35
田　庸昊　2008「古代韓日の金属・ガラス製品生産関連研究の現況と課題」『日韓文化
　　財論集』Ⅰ　奈良文化財研究所学報77　奈良文化財研究所・大韓民国国立文化財
　　研究所　pp.241-297
東亜考古学会　1964『東方考古学叢刊』乙種5
東京国立博物館・読売新聞社編　2010『誕生！中国文明』図録　読売新聞社・大広
東方考古学会　1990『陽高古城堡―中国山西省陽高県古城堡漢墓』六興出版
長沢和俊　1970「オアシス路をつうずる東西交渉」『漢とローマ　東西文明の交流1』
　　護雅夫編　平凡社　pp.266-296
永島暉臣慎　2004「北朝鮮における楽浪遺跡の調査研究状況」『楽浪文化と東アジア―
　　楽浪郡研究の最前線』シンポジウム資料
中園　聡　1991「墳墓にあらわれた意味」『古文化談叢』25　pp.51-92
中園　聡　2005「九州甕棺社会のイデオロギー」『季刊考古学』92　雄山閣　pp.35-39
中山平次郎　1922a「明治32年に於ける須玖岡本発掘物の出土状態（一）」『考古学雑
　　誌』12-10　pp.587-610
中山平次郎　1922b「明治32年に於ける須玖岡本発掘物の出土状態（二）」『考古学雑
　　誌』12-11　pp.675-692
中山平次郎　1928a「爾後採集せる須玖岡本の甕棺遺物（一）」『考古学雑誌』18-6
　　pp.307-332
中山平次郎　1928b「爾後採集せる須玖岡本の甕棺遺物（二）」『考古学雑誌』18-7
　　pp.384-398
中山平次郎　1929「須玖岡本鏡片の研究（三）」『考古学雑誌』19-2　pp.108-128
西谷　正　1982「朝鮮先史時代の勾玉」『森貞次郎博士古稀記念―古文化論集』pp.187
　　-202
沼津市史編さん委員会・沼津市教育委員会　2002『沼津市史　資料編　考古』
沼津市史編さん委員会・沼津市教育委員会　2005『沼津市史　通史編　原始・古代・中
　　世』
野島　永　1996「近畿地方の弥生時代の鉄器について」『京都府埋蔵文化論集』3
　　pp.109-122
野島　永　2000a「弥生時代の対外交易と流通」『丹後の弥生王墓と巨大古墳』季刊考古
　　学・別冊10　雄山閣　pp.29-38
野島　永　2000b「弥生時代の鉄流通試論」『製鉄史論文集』たたら研究会編　pp.45-

66
野島　永　2002「丹後地域における弥生時代の鉄をめぐって」『青いガラスの燦き―丹後王国が見えてきた―』大阪府立弥生文化博物館図録24　pp.88-93
野島　永　2009「鉄器の生産と流通」『弥生時代の考古学6　弥生社会のハードウェア』設楽博己・藤尾慎一郎・松木武彦編　同成社　pp.43-52
野島　永　2010「弥生時代における鉄器保有の一様相」『京都府埋蔵文化財論集』6　京都府埋蔵文化財調査研究センター　pp.41-54
野島永・河野一隆　2001「玉と鉄―弥生時代玉作り技術と交易―」『古代文化』53-4　pp.37-51
野島永・野々口陽子　2000「近畿地方北部における古墳成立期の墳墓（2）」『京都府埋蔵文化財情報』7　pp.19-34
橋口達也　2005『甕棺と弥生時代年代論』雄山閣
林　巳奈夫　1999『中国古玉器総説』吉川弘文館
原田大六　1954「日本最古のガラス」『糸島文林』2　pp.4-9
原田大六　1991『平原弥生古墳』平原弥生古墳調査報告書編集委員会　葦書房
原田淑人　1936「夜光の璧に就いて」『考古学雑誌』26-7　pp.1-10
班固（小竹武夫訳）　1998『漢書3志下』筑摩書房
肥後弘幸　1991「丹後地域の弥生墓制」『京都府埋蔵文化論集』2　pp.15-29
肥後弘幸　1996「家族墓へのアプローチ―北近畿後期弥生墳墓の場合」『京都府埋蔵文化論集』3　pp.47-60
肥後弘幸　1999「近畿北部（丹後・丹波・但馬）の墓制」『季刊考古学』67　雄山閣　pp.71-76
肥後弘幸　2000「弥生王墓の誕生」『丹後の弥生王墓と巨大古墳』季刊考古学・別冊10　雄山閣　pp.57-64
平尾良光　2003「青銅器の鉛同位体比」『考古学資料大観6　弥生・古墳時代　青銅・ガラス製品』小学館　pp.346-368
平尾良光・佐々木美喜・竹中みゆき　1995「鉛同位体比法による春日市出土青銅器の研究」『春日市史』春日市史編纂委員会
平野裕子　2000「メコンデルタ港市遺跡出土古代ガラスの基礎研究」『髙梨学術奨励基金年報』平成12年度　財団法人髙梨学術奨励基金　pp.29-49
平野裕子　2001「ベトナムの古代ガラス―初期国家形成期における域内交流への一視点」『ベトナムの社会と文化』3　風響社　pp.352-376
平野裕子　2004「東南アジアの古代ガラスから見た域内交流とその展開」『GLASS』47　pp.52-66
平山郁夫シルクロード美術館ほか編　2007『シルクロードのガラス』山川出版社
広島県教育委員会　2012『広島県教育委員会　NEWS RELEASE』（9月7日付）
広瀬和雄　1993「弥生時代首長のイデオロギー形成」『弥生文化博物館研究報告』2

pp.1-36
広瀬和雄　1997『縄文から弥生への新歴史像』角川書店
広瀬和雄　1999「弥生墳墓と政治関係」『季刊考古学』67　雄山閣　pp.24-28
広瀬和雄　2000a「副葬という行為」『季刊考古学』70　雄山閣　pp.14-18
広瀬和雄　2000b「弥生王墓と巨大古墳の特質」『丹後の弥生王墓と巨大古墳』季刊考古学・別冊10　雄山閣　pp.10-18
福岡市立歴史資料館　1986『早良王墓とその時代―墳墓が語る激動の弥生社会』特別展図録
福島孝行　1996「弥生墓制に見る階層性の検討」『京都府埋蔵文化財論集』3　pp.39-46
福島孝行　2000「赤坂今井墳丘墓に見る階層性について」『京都府埋蔵文化財情報』7　pp.1-10
福島孝行　2010「卓状墓の展開」『京都府埋蔵文化財論集』6　京都府埋蔵文化財調査研究センター　pp.73-80
福島雅儀　2000「ガラス玉等の製作痕跡と技法の復原」『日本文化財科学会第17回大会研究発表要旨集』
福永伸哉　2002「交易社会の光と陰―時代のうねりと丹後弥生社会―」『青いガラスの燦き―丹後王国が見えてきた―』大阪府立弥生文化博物館図録24　pp.94-99
福永伸哉　2004「交易社会の発展と赤坂今井墳丘墓」『赤坂今井墳丘墓発掘調査報告書』峰山町教育委員会　pp.132-142
福永伸哉　2011「青銅鏡の政治性萌芽」『弥生時代の考古学7　儀礼と権力』設楽博己・藤尾慎一郎・松木武彦編　同成社　pp.112-126
藤尾慎一郎　2008「日韓青銅器文化の実年代」『新弥生時代のはじまり3　東アジア青銅器の系譜』春成秀爾・西本豊弘編　雄山閣　pp.138-147
藤田　等　1994『弥生時代ガラスの研究』名著出版
藤田　等　1996「日本・弥生時代のガラス」『古代文化』48-8　pp.38-46
藤田　等　1999「弥生時代ガラスの考古学的研究」第1回考古科学シンポジウム資料
藤原好二　1995「副葬品の配置と組成」『矢藤治山弥生墳丘墓』pp.87-96
文化庁編　1996『'96　発掘された日本列島―新発見考古速報展』朝日新聞社
文化庁編　2004『2004　発掘された日本列島―新発見考古速報展』朝日新聞社
北條芳隆　1990「古墳成立期における地域間の相互作用」『考古学研究』37-2　pp.49-69
北條芳隆　1999「墳丘とその巨大性」『季刊考古学』67　雄山閣　pp.19-23
北條芳隆　2005「螺旋状鉄釧と帯状銅釧」『待兼山考古学論集』大阪大学考古学研究室　pp.247-266
堀　敏一　1993『中国と古代東アジア世界』岩波書店
埋蔵文化財研究会　1988『定型化する古墳以前の墓制』第1・2分冊　第24回埋蔵文化

財研究集会
町田　章　1988「三雲遺跡の金銅四葉座金具について」『古文化論叢』20　pp.7-14
町田　章　2002『研究論集ⅩⅢ　中国古代の葬玉』奈良文化財研究所学報64
松井　潔　1996「山陰東部における後期弥生墓制の展開と画期」『考古学と遺跡の保護―甘粕健先生退官記念論集』pp.119-139
松井　潔　1999「因幡・伯耆・出雲の墓制」『季刊考古学』67　雄山閣　pp.54-60
松木武彦　1999「副葬品からみた古墳の成立過程」『国家形成期の考古学―大阪大学考古学研究室10周年記念論集―』pp.185-205
馬淵久夫・平尾良光　1985「三雲遺跡出土青銅器・ガラス遺物の鉛同位体比」『三雲遺跡』福岡県教育委員会　pp.78-82
馬淵久夫・平尾良光　1990「福岡県出土青銅器の鉛同位体比」『考古学雑誌』75-4　pp.1-20
馬淵久夫・平尾良光・西田守夫　1991「平原弥生古墳出土青銅鏡およびガラスの鉛同位体比」『平原弥生古墳　上』平原弥生古墳調査報告書編集委員会　葦書房　pp.206-211
三浦清・渡辺貞幸　1988「山陰地方における弥生墳丘墓出土の玉材について―西谷3号墓を中心に―」『島根県考古学会誌』5　pp.45-63
溝口孝司　1999「北部九州の墓制」『季刊考古学』67　雄山閣　pp.49-53
宮里　修　2001「多鈕素文鏡について」『史観』144　pp.65-84
宮里　修　2008「多鈕細文鏡の形式分類と編年」『考古学雑誌』92-1　pp.1-32
宮里　修　2012「日韓青銅器文化の併行関係と東北アジアにおける位置」『技術と交流の考古学』岡内三眞編　同成社　pp.324-335
村上恭通　2001「日本海沿岸地域における鉄の消費形態」『古代文化』53-4　pp.52-72
村上恭通　2011「東アジア周縁域の鉄器文化」『弥生時代の考古学4　古墳時代への胎動』設楽博己・藤尾慎一郎・松木武彦編　同成社　pp.54-67
茂木雅博　1997「古墳に副葬されるもの」『古文化論叢―伊達宗泰先生古稀記念論集―』pp.213-228
籾山　明　2011「金印と冊封体制」『弥生時代の考古学3　多様化する弥生文化』設楽博己・藤尾慎一郎・松木武彦編　同成社　pp.238-252
森　貞次郎　1980「弥生勾玉考」『鏡山猛先生古稀記念古文化論考』pp.307-341
森岡秀人　2011「列島内各地における中期と後期の断絶」『弥生時代の考古学3　多様化する弥生文化』設楽博己・藤尾慎一郎・松木武彦編　同成社　pp.176-193
柳田康雄　1983「伊都国の考古学」『大宰府古文化論叢』上巻　九州歴史資料館編　吉川弘文館　pp.1-31
柳田康雄　1993「北部九州の対外交渉」『弥生の王国　東アジアの海から』東アジア文化交流史研究会　pp.64-66
柳田康雄　2008「弥生ガラスの考古学」『九州と東アジアの考古学』九州大学考古学研

究室50周年記念論文集　pp.254-274
山崎一雄　1977「飯塚市立岩および春日市須玖岡本関係試料の化学分析」『立岩遺跡』飯塚市立岩遺跡調査委員会編　河出書房新社　pp.403-406
山崎一雄　1982「宇木汲田遺跡出土の銅釧およびガラス玉の化学分析」『末盧国』六興出版　pp.322-325
山崎一雄　1987『古文化財の科学』思文閣出版
山崎一雄ほか　1954「対馬と登呂から出土したガラス玉の化学的研究」『古文化財之科学』8
山崎一雄・室住正世・中村精次・湯浅光秋・渡会素彦　1980「中国および日本の古代ガラスの鉛同位対比」『日本化学会史』6
山田康弘　2008「装身具の着装意義」『縄文時代の考古学10　人と社会　人骨情報と社会組織』小杉康・谷口康浩・西田泰民・水ノ江和同・矢野健一編　同成社　pp.167-179
楊伯達・中野徹　1996『中国美術全集10　工芸編　金銀器・ガラス器・琺瑯器』京都書院
由水常雄　1978「東洋古代ガラスの技法」『MUSEUM』324　pp.14-23
由水常雄　1992a「古代のガラス」『世界ガラス美術全集1　古代・中世』求龍堂　pp.137-206
由水常雄　1992b「中国・朝鮮の古代ガラス」『世界ガラス美術全集4　中国・朝鮮』求龍堂　pp.122-192
由水常雄　1992c「日本のガラス」『世界ガラス美術全集5　日本』求龍堂　pp.113-175
由水常雄　2003『新装版　トンボ玉』平凡社
米田克彦　2009「勾玉祭祀の波及―弥生時代の中国地方を中心に―」『一山典還暦記念論集 考古学と地域文化』一山典還暦記念論集刊行会編　pp.103-122
米田克彦　2011「四国地方における弥生時代勾玉祭祀の波及」『玉文化』8　pp.23-40
李　健茂　1991「8　装身具」『日韓交渉の考古学』小田富士雄・韓炳三編　六興出版　pp.171-173
李　仁淑　1996「東西文化交流の観点から見た韓国の古代ガラス」『古代文化』48-8　pp.29-37
劉昇雁・黄一義　1988「東胡・鮮卑の文物」『吉林省博物館　中国の博物館第二期第3巻』吉林省博物館編　講談社　pp.158-163
渡辺貞幸ほか　1992『山陰地方における弥生墳丘墓の研究　Ⅱ部　西谷墳墓群の調査（1）』島根大学法文学部考古学研究室
NHK大阪放送局編　1992『正倉院の故郷―中国の金・銀・ガラス―展』

〔日本語・発掘調査報告書〕
福岡県
飯塚市立岩遺跡調査委員会編　1977『立岩遺蹟』河出書房新社
糸島市教育委員会　2010『三雲・井原遺跡Ⅵ―ヤリミゾ地区の調査―』糸島市文化財調査報告書第 1 集
春日市教育委員会　1976『大南遺跡調査概報』春日市文化財調査報告書第 4 集
春日市教育委員会　1980『赤井出遺跡』春日市文化財調査報告書第 6 集
春日市教育委員会　1988『須玖唐梨遺跡』春日市文化財調査報告書第 19 集
春日市教育委員会　1994『須玖五反田遺跡』春日市文化財調査報告書第 22 集
筑紫野市教育委員会　1993『隈・西小田地区遺跡群』筑紫野市埋蔵文化財調査報告書 38 集
那珂川町教育委員会　2003『那珂川町の歴史を掘る』安徳台遺跡群遺跡見学会資料
那珂川町教育委員会　2006a『安徳台遺跡群』那賀川町文化財調査報告書 67
那珂川町教育委員会　2006b『那珂川黎明―安徳台遺跡群出土品展』那珂川町の文化財 16
福岡県教育委員会　1963『須玖岡本発掘調査概報』福岡県文化財調査報告書第 29 集
福岡県教育委員会　1975『九州縦貫自動車道関係埋蔵文化財調査報告』Ⅵ
福岡県教育委員会　1978『山陽新幹線関係埋蔵文化財調査報告』第 9 集
福岡県教育委員会　1979『九州縦貫自動車道関係埋蔵文化財調査報告』28
福岡県教育委員会　1980『三雲遺跡Ⅰ』福岡県文化財調査報告書第 58 集
福岡県教育委員会　1981『三雲遺跡Ⅱ』福岡県文化財調査報告書第 60 集
福岡県教育委員会　1982『三雲遺跡Ⅲ』福岡県文化財調査報告書第 63 集
福岡県教育委員会　1985『三雲遺跡―南小路地区編―』福岡県文化財調査報告書第 69 集
福岡市教育委員会　1986『吉武高木』福岡市埋蔵文化財調査報告書第 143 集
福岡市教育委員会　1997『カルメル修道院内遺跡 4』福岡市埋蔵文化財調査報告書第 504 集
福岡市教育委員会　2000『上月隈遺跡群 3』福岡市埋蔵文化財調査報告書 634 集
佐賀県
相知町教育委員会　1986『伊岐佐遺跡群』相知町文化財調査報告第 1 集
佐賀県教育委員会　1979『二塚山』佐賀県文化財調査報告書第 46 集
佐賀県教育委員会　1994『吉野ヶ里』吉川弘文館
佐賀県教育委員会　2004『柚比遺跡群 3　第 3 分冊』佐賀県文化財調査報告書第 155 集
大和町教育委員会　1981『七ヶ瀬遺跡』大和町文化財調査報告書第 2 集
大和町教育委員会　1986『惣座遺跡』大和町文化財調査報告第 3 集
呼子町教育委員会　1981『大友遺跡』呼子町文化財調査報告書第 1 集

長崎県

上県郡峰町教育委員会　1981『峰町東沿岸地域埋蔵文化財発掘調査報告』
田平町教育委員会　1992『中野ノ辻遺跡』田平町文化財調査報告書第6集
長崎県教育委員会　1969『対馬』長崎県文化財調査報告第8集
長崎県教育委員会　1974『対馬』長崎県文化財調査報告書第17集
長崎県教育委員会　1977『原の辻遺跡Ⅱ』長崎県文化財調査報告書第31集
長崎県教育委員会　1999『原の辻遺跡』原の辻遺跡調査事務所調査報告書第11集

大分県

竹田市教育委員会　1987『菅生台地と周辺の遺跡ⅩⅡ』
日田市教育委員会　1999『吹上遺跡　第9次調査の概要報告』

熊本県

熊本県教育委員会　1987『下山西遺跡』熊本県文化財調査報告第88集

宮崎県

都城市教育委員会　1981『祝吉遺跡』都城市文化財調査報告書第1集

山口県

山口県埋蔵文化財センター　1989『羽波遺跡』山口県埋蔵文化財調査報告第121集

島根県

島根県出雲市教育委員会　2006『西谷墳墓群』
島根県教育委員会　1971『順庵原1号墳について』島根県文化財調査報告7
島根県教育委員会　2013『西川津遺跡・古屋敷Ⅱ遺跡』主要地方道松江島根線改築工事に伴う埋蔵文化財発掘報告書2
島根大学考古学研究室・出雲弥生の森博物館　2015『西谷3号墓発掘調査報告書』
松江市教育委員会　1983『松江圏年計画事業乃木土地区画整理事業区域内埋蔵文化財包蔵地発掘報告書』

鳥取県

鳥取県教育文化財団　1996『宮内第1遺跡・宮内第4遺跡・宮内第5遺跡・宮内2・63-65号墳』鳥取県教育文化財団調査報告書48
鳥取県教育文化財団・国土交通省倉吉河川国道事務所　2005『湯坂遺跡　福留遺跡』鳥取県教育文化財団調査報告書102
鳥取市教育委員会　1984『桂見墳墓群』鳥取市文化財報告書18
鳥取市埋蔵文化財センター　2010『松原1号墳丘墓　発掘調査説明会資料』

兵庫県

豊岡市教育委員会　1992『上鉢山・東山墳墓群』豊岡市文化財調査報告書第26集
豊岡市教育委員会　2002『妙楽寺墳墓群』豊岡市文化財調査報告書第32集
豊岡市教育委員会　2003『香住門谷遺跡群』豊岡市文化財調査報告書第34集
豊岡市出土文化財管理センター　1999『とよおか発掘情報』第7号
兵庫県教育委員会　1993『内場山城跡』兵庫県文化財調査報告第126冊

兵庫県教育委員会　2002『梅田東古墳群』兵庫県埋蔵文化財調査報告第 241 冊
広島県
広島市教育委員会　1984『中畦遺跡発掘調査報告』広島市の文化財第 29 集
三次市教育委員会　1980『史跡 花園遺跡―第 2 次調査と整備―』
岡山県
岡山県教育委員会ほか　1999『加茂政所遺跡・高松原古才遺跡・立田遺跡』岡山県埋蔵文化財発掘調査報告 138
津山市教育委員会　1998『有本遺跡・男戸嶋古墳・上遠戸嶋遺跡』津山市埋蔵文化財発掘調査報告書 62 集
春成秀爾ほか　1969「備中清音村鋳物師谷 1 号墳墓調査報告」『古代吉備』第 6 集　pp.7-21
京都府
岩滝町教育委員会　2000『大風呂南墳墓群』岩滝町文化財調査報告書第 15 集
大宮町教育委員会　1998『三坂神社墳墓群・三坂神社裏古墳群・有明古墳群・有明横穴群』京都府大宮町文化財調査報告書第 14 集
大宮町教育委員会　2001『左坂古墳（墳墓）群 G 支群』京都府大宮町文化財調査報告第 20 集
京都府教育委員会　1985『帯城墳墓群Ⅰ』埋蔵文化財発掘調査概報
京都府教育委員会　1987『帯城墳墓群Ⅱ』埋蔵文化財発掘調査概報
京都府教育委員会　1994『埋蔵文化財発掘調査概報』
京都府埋蔵文化財調査研究センター　1995『京都府遺跡調査概報』第 66 冊
京都府埋蔵文化財調査研究センター　1998『京都府遺跡調査概報』第 84 冊
京都府埋蔵文化財調査研究センター　2000『京都府遺跡調査概報』第 92 冊
京都府埋蔵文化財調査研究センター　2001『京都府遺跡調査概報』第 97 冊
城陽市教育委員会　1987『芝ヶ原古墳』城陽市埋蔵文化財調査報告書第 16 集
丹後町教育委員会　1983『丹後大山墳墓群』京都府丹後町文化財調査報告第 1 集
峰山町教育委員会　2004『赤坂今井墳丘墓発掘調査報告書』京都府峰山町埋蔵文化財調査報告書第 24 集
弥栄町教育委員会　1979『坂野』京都府弥栄町文化財調査報告第 2 集
大阪府
（財）大阪文化財センター　1982『巨摩・瓜生堂』
奈良県
奈良県立橿原考古学研究所編　1978『昭和 52 年度　唐古・鍵遺跡発掘調査概報』
福井県
福井市立郷土歴史博物館・小羽山墳墓群研究会　2010『小羽山墳墓群の研究』福井市立郷土歴史博物館研究報告

静岡県

浜松市博物館編　1993『城山遺跡』財団法人浜松市文化協会

〔中国語・文献〕

安家瑶　1984「中国的早期玻璃器皿」『考古学報』1984-4　pp.449-457
安家瑶　1986「中国的早期（西漢—北宋）玻璃器皿」『中国古玻璃研究—1984年北京国際玻璃学術討論会論文集』中国建築工業出版社　pp.86-104
安家瑶　1993「中国古代玻璃与日本吉野里的玻璃管飾」『中国考古学論叢』科学出版社　pp.415-421
安家瑶　2005「魏、晋、南北朝時期的玻璃技術」『中国古代玻璃技術的発展』上海科学技術出版社　pp.113-127
王世雄　1986「宝鶏、扶風出土的西周玻璃的鑑定与研究」『中国古玻璃研究—1984年北京国際玻璃学術討論会論文集』中国建築工業出版社　pp.131-137
王博・魯礼鵬　2007「扎滾魯克和山普拉古墓出土古代玻璃概述」『絲綢之路上的古代玻璃研究』復旦大学出版社　pp.126-138
関善明　2001『中国古代玻璃』香港中文大学文物館
干福熹　2005a「中国古代玻璃的化学成分演変及制造技術的起源」『中国古代玻璃技術的発展』上海科学技術出版社　pp.220-240
干福熹　2005b「中国古代玻璃—古代中、外文化和技術交流的見証」『中国古代玻璃技術的発展』上海科学技術出版社　pp.241-251
干福熹主編　1986『中国古玻璃研究—1984年北京国際玻璃学術討論会論文集』中国建築工業出版
干福熹主編　2007『絲綢之路上的古代玻璃研究』復旦大学出版社
干福熹・黄振発　1986「中国古玻璃化学組成的演変（編后）」『中国古玻璃研究—1984年北京国際玻璃学術討論会論文集』中国建築工業出版　pp.138-143
干福熹他　2005『中国古代玻璃技術的発展』上海科学技術出版社
后徳俊　1995『楚国的砿冶鬈漆和玻璃製造』湖北教育出版社
后徳俊　2005「先秦和漢代的古代玻璃技術」『中国古代玻璃技術的発展』上海科学技術出版社　pp.80-112
呉傳鈞主編　2006『海上絲綢之路研究』北海市人民政府・広西壮族自治区文化庁　科学出版社
高偉・高海燕　1997「漢代漆面罩探源」『東南文化』118　pp.37-41
高至喜　1985「論我国春秋戦国的玻璃器及有関問題」『文物』1985-12　pp.54-65
高至喜　1986「湖南出土戦国玻璃璧和剣飾的研究」『中国古玻璃研究—1984年北京国際玻璃学術討論会論文集』中国建築工業出版社　pp.53-58
黄啓善　1986「広西漢代玻璃制品初探」『中国古玻璃研究—1984年北京国際玻璃学術討論会論文集』中国建築工業出版社　pp.75-81

黄啓善　1988「広西古代玻璃制品的発現及其研究」『考古』1988-3　pp.264-276
黄啓善　1992「広西発現的漢代玻璃器」『文物』1992-9　pp.46-48
黄啓善　2005「中国南方和西南的古代玻璃技術」『中国古代玻璃技術的発展』上海科学技術出版社　pp.182-219
黄啓善　2006「広西漢代玻璃与海上絲綢之路」『海上絲綢之路研究』呉傳鈞主編　科学出版社　pp.154-163
黄雪寅　2005「散楽于内蒙古草原上的古玻璃器」『内蒙古文物考古』2005-1　pp.50-53
黄振発　2005a「中国古代玻璃的史料」『中国古代玻璃技術的発展』上海科学技術出版社　pp.62-79
黄振発　2005b「隋、唐、宋時代的古代玻璃技術」『中国古代玻璃技術的発展』上海科学技術出版社　pp.128-140
黄森章　1986「広州漢墓中出土的玻璃」『中国古代玻璃技術的発展』上海科学技術出版社　pp.82-85
史美光他　1986「一批中国古代鉛玻璃的研究」『中国古玻璃研究—1984年北京国際玻璃学術討論会論文集』中国建築工業出版社　pp.5-9
周世栄　1988「湖南出土琉璃器的主要特点及其重要意義」『考古』1988-6　pp.547-555
徐中舒・唐嘉弘　1981「古代楚蜀的関係」『文物』1981-6　pp.17-25
蒋廷瑜　2006「再論漢代罪犯流徒合浦敵問題」『海上絲綢之路研究』呉傳鈞主編　科学出版社　pp.207-213
趙虹霞・李青会・干福熹・承煥生　2007「広西合浦地区出土漢代古玻璃的質子激発X蛍光分析」『核技術』30-1　pp.27-33
張維用　2005「元、明、秦時代的古代玻璃技術」『中国古代玻璃技術的発展』上海科学技術出版社　pp.141-165
張平　2005「中国北方和西北的古代玻璃技術」『中国古代玻璃技術的発展』上海科学技術出版社　pp.166-181
程朱海・周長源　1986「揚州西漢墓玻璃衣片的研究」『中国古玻璃研究—1984年北京国際玻璃学術討論会論文集』中国建築工業出版社　pp.65-71
傅挙有　2005「中国古代早期玻璃研究」『湖南省博物館館刊』第2期　pp.222-257
班固撰・顔師古注　1997『漢書』二十四史2　中華書局
彭書琳　2006「合浦漢墓出土的佩飾品」『海上絲綢之路研究』呉傳鈞主編　科学出版社　pp.198-206
楊式挺　2006「略論合浦漢墓及其出土文物的特点」『海上絲綢之路研究』呉傳鈞主編　科学出版社　pp.20-33
李青会　2005a「中国古代玻璃出土文物簡編」『中国古代玻璃技術的発展』上海科学技術出版社　pp.252-280
李青会　2005b「中国古代玻璃物品的化学成分滙編」『中国古代玻璃技術的発展』上海科学技術出版社　pp.281-324

李青会・干福熹・張平他　2007「新疆不同歴史時期玻璃器的化学成分分析報告」『絲綢之路上的古代玻璃研究』pp.151-169

李文玫　2007「新疆営盤墓地出土的古玻璃器介紹」『絲綢之路上的古代玻璃研究』pp.139-144

山崎一雄・室住正世　1986「中国古代玻璃与日本弥生時代古墓中出土的玻璃之間的関係」『中国古玻璃研究—1984年北京国際玻璃学術討論会論文集』中国建築工業出版社　pp.47-52

〔中国語・発掘調査報告書〕
吉林省
吉林省文物工作隊・吉林市博物館　1982「吉林樺甸西荒山屯青銅短剣墓」『東北考古与歴史』1982-1

遼寧省
高青山　1999「朝陽袁台子漢代遺跡発掘報告」『中国考古集成　東北巻10』北京出版社　pp.768-777

東北博物館　1957「遼陽三道壕西漢村落遺址」『考古学報』1957-1　pp.119-126

劉俊勇　1981「旅順魯家村発現一処漢代窖蔵」『文物資料叢刊』4　pp.233-236

山東省
済寧市文物管理局　1983「巨野紅土山西漢墓」『考古学報』1983-4　pp.471-500

淄博市博物館　1997「山東臨淄商王村一号戦国墓発掘簡報」『文物』1997-6　pp.14-26

山西省
山西省文物管理委員会・山西省考古研究所　1964「山西長治分水嶺戦国墓第二次発掘」『考古』1964-3　pp.111-137

山西省文物工作委員会晋東南工作組・山西省長治市博物館　1974「長治分水嶺269・270東周墓」『考古学報』1974-2　pp.63-85

邊成修　1972「山西長治分水嶺126号墓発掘簡報」『文物』1972-4　pp.38-46

河北省
中国社会科学院考古研究所他　1980『満城漢墓発掘報告』(中国田野考古報告集、考古学専刊丁種第22号)文物出版社

河南省
河南省文物研究所他　1991『淅川下寺春秋楚墓』文物出版社

河南南陽市文物考古研究所　2008「河南南陽市陳棚村68号漢墓」『考古』2008-10　pp.33-39

中国科学院考古研究所　1956『輝県発掘報告』(中国田野考古報告集第1号)科学出版社出版

中国科学院考古研究所　1959『洛陽焼溝漢墓』(中国田野考古報告集第6号)科学出版社出版

陝西省

咸陽市文物考古研究所編著　1998『塔児坡秦墓』三秦出版社

蘇秉琦　1948『闘鶏臺溝東区墓葬』陝西考古発掘報告第一種第一号』国立北平研究院史学研究所

秦都咸陽考古隊　1982「咸陽市黄家溝戦国墓発掘簡報」『考古与文物』1982-6　pp.6-15

甘粛省

甘粛省博物館　1982「甘粛平涼廟庄的両座戦国墓」『考古与文物』1982-5　pp.21-33

江蘇省

徐州博物館　1988「徐州北洞山西漢墓発掘簡報」『文物』1988-2　pp.2-18

徐州博物館・南京大学歴史学系考古専業　2003『徐州北洞山西漢楚王墓』文物出版社

湖北省

湖北省荊州地区博物館　1984『江陵雨台山楚墓』中国田野考古報告集考古学専刊丁種第27号　中国社会科学院考古研究所編輯　文物出版社出版

湖北省荊州地区博物館　1985『江陵馬山一号楚墓』文物出版社

湖北省博物館・湖北省荊州地区博物館・江陵県文物工作隊　発掘小隊　1973「湖北江陵拍馬山楚墓発掘簡報」考古1973-3　pp.151-161

湖北省文化局文物工作隊　1966「湖北江陵三座楚墓出土大批重要文物」『文物』1966-5　pp.33-55

湖北省文物管理委員会　1966「湖北松滋県大岩嘴東周土壙墓的清理」『考古』1966-3　pp.122-132

湖北省文物考古研究所編著　1995『江陵九店東周墓』科学出版社

湖南省

湖南省博物館　1977「湖南韶山灌区湘郷東周墓清理簡報」『文物』1977-3　pp.36-54

湖南省博物館　1980「湖南湘郷牛形山一、二号大型戦国木槨墓」『文物資料叢刊』3　文物出版社　pp.98-112

湖南省博物館他　2000『長沙楚墓』文物出版社

湖南省博物館・益陽県文化館　1981「湖南益陽戦国両漢墓」『考古学報』1981-4　pp.519-549

広東省

広州市文物管理委員会他　1991『西漢南越王墓』(中国田野考古報告集、考古学専刊丁種第43号)文物出版社

広州市文物管理委員会・広州市博物館　1981『廣州漢墓』(中国田野考古報告集、考古学専刊丁種第21号)文物出版社

広西省

広西壮族自治区文物工作隊　1981「広西合浦県堂排漢墓発掘簡報」『文物資料叢刊』4　pp.46-56

広西文物考古研究所・合浦県博物館・広西師範大学文旅学院　2012「広西合浦寮尾東漢三国墓発掘報告」『考古学報』2012-4　pp.489-539

四川省

四川省博物館　1983「四川犍為県巴蜀土壙墓」『考古』1983-9　pp.779-785
四川省博物館・新都県文物管理所　1981「四川新都戦国木槨墓」『文物』1981-6　pp.1-16
四川省博物館・重慶市博物館・涪陵県文化館　1974「四川涪陵地区小田渓戦国土壙墓清理簡報」『文物』1974-5　pp.61-80
前西南博物院・四川省文物管理委員会　1958「四川巴県冬笋坡戦国和漢墓清理簡報」『考古通訊』1958-1　pp.11-32
馮漢驥等　1958「四川古代船棺葬」『考古学報』1958-2　pp.77-95

雲南省

雲南省博物館　1975「雲南江川李家山古墓群発掘簡報」『考古学報』1975-2　pp.97-156
雲南省文物考古研究所他　2001「雲南江川県李家山古墓群第二次発掘」『考古』2001-12　pp.25-40

内蒙古

伊克昭盟文物站・内蒙古文物工作隊　1980「西溝畔匈奴墓」『文物』1980-7　pp.1-10
伊克昭盟文物站・内蒙古文物工作隊　1981「西溝畔漢代匈奴墓地調査記」『内蒙古文物考古』1981-1　pp.15-26
内蒙古自治区文物工作隊　1965「内蒙古陳巴尓虎旗完工古墓清理簡報」『考古』1965-6　pp.273-283
張柏忠　1989「内蒙古科左中旗六家子鮮卑墓群」『考古』1989-5　pp.430-438
田広金　1976「桃紅巴拉的匈奴墓」『考古学報』1976-1　pp.131-144

新疆

新疆博物館他　2002「且末県扎滾魯克2号墓地発掘簡報」『新疆文物』2002-1・2　pp.1-21
新疆文物考古研究所　2001「新疆尉犂営盤墓地1995年発掘報告」『新疆文物』2001-1・2　pp.3-46

〔韓国語・文献〕

韓炳三　1976「曲玉의起源」『考古美術』129・130　韓國美術史學會　pp.222-228
韓國動力資源研究所放射化分析室　1991「古代琉璃成分分析表（微量成分）」『松菊里Ⅳ』國立博物館古蹟調査報告第23冊　國立中央博物館　pp.249-255
韓修英　2012「完州新豊遺跡出土竿頭鈴의研究」アジア鋳造技術史学会研究発表概要集6号　pp.18-22
國立中央博物館・國立光州博物館　1992『韓国의青銅器文化』汎友社

國立全州博物館・湖南文化財研究院　2011『金剛의新発見遺物』
崔恩珠　1986「韓國曲玉의研究」『崇実史学』第 4 輯　崇田大學校史學會
李健茂　1990「扶余合松里遺蹟出土一括遺物」『考古學誌』第 2 輯　韓國考古美術研究所　pp.23-49
李健茂　1991「唐津素素里遺蹟出土一括遺物」『考古學誌』第 3 輯　韓國考古美術研究所　pp.112-123
李健茂・尹光鎭・申大坤・李栄勳　1989「義昌茶戸里遺跡進展報告Ⅰ」『考古學誌』第 1 輯　韓國考古美術研究所　pp.5-174
李健茂・尹光鎭・申大坤・金斗喆　1991「義昌茶戸里遺跡進展報告Ⅱ」『考古學誌』第 3 輯　韓國考古美術研究所　pp.5-111
李健茂・尹光鎭・申大坤・鄭聖喜　1993「義昌茶戸里遺跡進展報告Ⅲ」『考古學誌』第 5 輯　韓國考古美術研究所　pp.5-114
李健茂・宋義政・鄭聖喜・韓鳳奎　1995「義昌茶戸里遺跡進展報告Ⅳ」『考古學誌』第 7 輯　韓國考古美術研究所　pp.5-178
李相吉　2002「裝身具를 통해 본 細形銅剣文化期의特徵」『細形銅剣文化の諸問題』九州考古学会・嶺南考古学会第 5 回合同考古学大会　pp.175-212
李仁淑　1987「韓國先史曲玉에 관한 小考」『三佛金元龍教授停年退任紀年論叢Ⅰ』考古学編　pp.357-369
李仁淑　1989「韓國古代琉璃의分析的研究（Ⅰ）」『古文化』第 34 輯　韓國大學博物館協会　pp.79-95
李仁淑　1993『韓國의古代琉璃―Ancient Glass in Korea―』図書出版創文

〔韓国語・発掘調査報告書〕
京畿道
尹世英・李弘鐘　1994『渼沙里』第 5 巻　文化遺蹟発掘調査報告　渼沙里先史遺蹟発掘調査団・京畿道公営開発事業団
忠清南道
韓炳三・李健茂　1977『南城里石棺墓』國立博物館古蹟調査報告第 10 冊　國立中央博物館
韓永熙・咸舜燮　1993『清堂洞』国立博物館古蹟調査報告第 25 冊
姜仁求他　1978『松菊里』Ⅰ　国立博物館古蹟調査報告第 11 冊
全羅北道
金建洙・韓修英・陳萬江・申元才　2005『完州葛洞遺跡』湖南文化財研究院・益山地方國土管理廳
尹德香　2000『南陽里発掘調査報告書』全北大學校博物館叢書 17　全羅北道長水郡・全北大學校博物館

全羅南道

崔盛洛　1987『海南郡谷里貝塚Ⅰ』木浦大學博物館學術叢書第8冊　木浦大學博物館・全羅南道海南郡

崔盛洛　1988『海南郡谷里貝塚Ⅱ』木浦大學博物館學術叢書第11冊　木浦大學博物館・全羅南道海南郡

李健茂・徐聲勳　1988『咸平草浦里遺蹟』國立光州博物館・全羅南道・咸平郡

慶尚北道

韓國土地公社・韓國文化財保護財団　1998『慶山林堂遺跡（Ⅰ-Ⅵ）』学術調査報告第5冊

國立慶州博物館　2000『慶州隍城洞遺蹟Ⅰ』國立慶州博物館学術調査報告第12冊　國立慶州博物館

鄭永和・金龍星・具滋奉・張容碩　1994『慶山林堂地域古墳群Ⅱ─造永EⅢ─8号墳外─』学術調査報告第19冊　嶺南大學校博物館・韓國土地開発公社慶北支社

嶺南大學校博物館・韓国土地公社　1998『慶山林堂地域古墳群Ⅲ─造永1B地域』学術調査報告第22冊

嶺南文化財研究院　2000『大邱八達洞遺蹟Ⅰ』嶺南文化財研究院学術調査報告第20冊　嶺南文化財研究院

慶尚南道

安春培　1984『昌原三東洞甕棺墓』釜山女子大學校博物館遺蹟調査報告第1輯　釜山女子大學博物館

申敬澈他　2000『金海亀旨路墳墓群』慶星大學校博物館研究叢書第3輯　慶星大學校博物館

申敬澈・金宰佑　2000『金海大成洞古墳群Ⅰ』慶星大學校博物館研究叢書第4輯　慶星大學校博物館

〔英語・文献〕

Zorn, Bettina, Hilgner, Alexandra (eds)　2010　*Glass along the Silk Road from 200 BC to AD 1000*, Verlag des Romisch-Germanischen Zentralmuseums, Darmstadt

Blair, Dorothy　1973　*A History of Glass in Japan*, Kodansha International.Ltd., Tokyo（邦訳1993「日本の硝子史」日本硝子製品工業会）

Brill, Robert H.　1999　*CHEMICAL ANALYSES OF EARLY GLASSES*, The Corning Museum of Glass, New York

Brill, Robert H., Barnes, I. Lynus & Joel, Emile C.　1991　"Lead Isotope Studies of Early Chinese Glasses" *SCIENTIFIC RESEARCH IN EARLY CHINESE GLASS*, The Corning Museum of Glass, New York, pp.65-83

Brill, Robert H., Barnes, I. Lynus & Joel, Emile C.　〔中文〕1986　「中国早期玻璃的鉛同位素研究」『中国古玻璃研究─1984年北京国際玻璃学術討論会論文集』中国建築

工業出版社 pp.36-46)

Brill, Robert H., Tong, Stephen S.C. & Dohrenwend, Doris 1991 "Chemical Analyses of Some Early Chinese Glasses" *SCIENTIFIC RESEARCH IN EARLY CHINESE GLASS*, The Corning Museum of Glass, New York, pp.31-58

Brill, Robert H., Tong, Stephen S.C. & Dohrenwend, Doris ([中文]) 1986 「一批早期中国玻璃的化学分析」『中国古玻璃研究—1984 年北京国際玻璃学術討論会論文集』中国建築工業出版社 pp.15-35)

Francis, Peter 2002 *ASIA'S MARINTIME Bead Trade*, University of Hawai'i Press, Hawai'i

Lankton, J. W. and Dussubieux, L. 2006 "Early Glass in Asian Maritime Trade: A review and an Interpretation of Compositional Analyses" *Journal of Glass Studies* 48, The Corning Museum of Glass, New York, pp.121-144

Oga, Katsuhiko and Sunil Gupta 2000 "The Far East, Southeast and South Asia: Indo-Pacific Beads from Yayoi Tombs as Indicators of Early Maritime Exchange" *SOUTH ASIAN STUDIES* 16, The British Academy, London, pp.73-88

掲載図版出典一覧

第Ⅰ部
第1章
　図1　肥塚ほか 2010
第2章
　図1　1：筆者撮影（鳥取市教育委員会所蔵）、2：筆者撮影（福岡市教育委員会所蔵）
　図2　筆者撮影（佐賀県教育庁所蔵）
　図3　1-3：筆者撮影（湯梨浜町教育委員会所蔵）、4-5：筆者撮影（京丹後市教育委員会所蔵）
　図4　1・7：藤田 1994、2：呼子町教育委員会 1981、3：筆者実測、4：福岡市教育委員会 2000、5・9：丹後町教育委員会 1983、6：三次市教育委員会 1980、8：津山市教育委員会 1998、10：鳥取県教育文化財団 1996、
　図5　11：兵庫県教育委員会 1993、12：原田大 1991、13：豊岡市教育委員会 1992、14：大宮町教育委員会 2001、15：福井市立郷土歴史博物館・小羽山墳墓群研究会 2010、16・17：兵庫県教育委員会 2002、18：大宮町教育委員会 1998、19：渡辺ほか 1992、20：佐賀県教育委員会 1979、21：福岡県教育委員会 1980、22：福岡県教育委員会 1981
　図6　藤田 1994
　図7　筆者撮影（京丹後市教育委員会所蔵）
　図9　1・2・6・9：藤田 1994、3・7・8・10：福岡県教育委員会 1985、4：原田大 1991、5・27・30：大宮町教育委員会 1998、11-13：柳田 2008、14：弥栄町教育委員会 1979、15：鳥取市教育委員会 1984、16・17：京都府埋蔵文化財調査研究センター 1998
　図10　18・19：弥栄町教育委員会 1979、20・21：岩滝町教育委員会 2000、22・23：京都府埋蔵文化財調査研究センター 1995、24：佐賀県教育委員会 2004、25・28・29：大宮町教育委員会 2001、26：丹後町教育委員会 1983、31：渡辺貞ほか 1992、32：長崎県教育委員会 1999、33：春日市教育委員会 1976
　図13　飯塚市立岩遺跡調査委員会編 1977
　図15　峰山町教育委員会 2004
第3章
　図1　藤田 1994
　図2　島根県出雲市教育委員会 2006
　図3　筆者撮影（出雲弥生の森博物館所蔵）

図4　岩滝町教育委員会 2000
図5　筆者撮影（与謝野町教育委員会所蔵）
図6　筆者撮影（東京国立博物館所蔵）
図7・8・9　小田 1984
図10　1：岡山県教育委員会ほか 1999、2・3：小田 1984
図11　岩滝町教育委員会 2000
図12　1：大宮町教育委員会 1998、2：兵庫県教育委員会 2002

第4章
図1・3・4　藤田 1994
図2　筆者撮影（中国広西壮族自治区博物館所蔵）
図5　福岡県教育委員会 1985
図6　柳田 2008
図7　藤田 1994
図8　那珂川町教育委員会 2006b
図9　藤田 1994
図10　淄博市博物館 1997
図11　蘇秉琦 1948
図12　河上 1991

第5章
図1　筆者撮影（京丹後市教育委員会所蔵）
図2　筆者撮影（対馬市教育委員会所蔵）
図3　1：筆者撮影（京都府立丹後郷土資料館所蔵）、2～4：出雲弥生の森博物館提供（島根大学文学部所蔵）
図4　筆者撮影（京丹後市教育委員会所蔵）

第Ⅱ部
第1章
図2　1-8・11：李健茂 1990、9・10：李健茂 1991、12-15：尹徳香 2000
図3　1：崔盛洛 1987、2・3・5：安春培 1984、4・6-8：申敬澈他 2000、9：崔盛洛 1988
図4　1-7：鄭永和他 1994、8-10：安春培 1984、11：申敬澈他 2000
図5　西谷 1982

第2章
図1　湖北省文物考古研究所編著 1995
図2　楊伯達・中野 1996
図3　劉昇雁・黄一義 1988
図4　1・2：湖北省荊州地区博物館 1984、3：湖北省文物管理委員会 1966、4：前西南博物院・四川省文物管理委員会 1958

図5　李文玟 2007
図6〜8　筆者撮影（東京大学考古学研究室所蔵）
図9　鄭仁盛 2002
図10　1：筆者撮影（韓国國立扶余博物館所蔵）、2：筆者撮影（韓国公州大學校博物館所蔵）、3：筆者撮影（佐賀県教育庁所蔵）
図11　劉俊勇 1981

第3章
図1　筆者撮影（中国広西壮族自治区合浦県博物館所蔵）
図2　筆者撮影（韓国新羅大学校博物館所蔵）
図3・4　1：グエン 2006
図4　2：筆者撮影（国立ベトナム歴史博物館所蔵）
図5　1：筆者撮影（中国広西壮族自治区合浦県博物館所蔵）、2：筆者撮影（中国広西壮族自治区博物館所蔵）
図6　1：関善明 2001、2〜4・6：筆者撮影（中国広西壮族自治区博物館所蔵）、5：筆者撮影（中国広西壮族自治区合浦県博物館所蔵）
図7　1〜2：著者撮影（中国広西壮族自治区博物館所蔵）、3：筆者撮影（中国広西壮族自治区合浦県博物館所蔵）
図8　1：広州市文物管理委員会・広州博物館 1981、2：広西文物考古研究所ほか 2012、3・4・7・8：黄啓善 1992、5：河南省南陽市文物考古研究所 2008、6：平野 2004
図9　古代オリエント博物館ほか編 1991

第4章
図1　Brill and Barnes *et al.* 1991
図2　平尾 2003
図3-7　新井 2000

初出一覧

第Ⅰ部

第1章　新稿

第2章　「弥生時代のガラス製品の分類とその副葬に見る意味」『古文化論叢55』2006年

第3章　「弥生時代のガラス釧とその副葬」『東京大学考古学研究室研究紀要』2010年

第4章　新稿

第5章　新稿

終　章　新稿

第Ⅱ部

第1章　「弥生時代併行期における朝鮮半島のガラス製品―管玉・曲玉を中心とする様相―」『古代学研究』174　2006年

第2章　新稿

第3章　第1節「紀元前後のカリガラス製装飾品とアジア社会の交流」『東南アジア考古学会研究報告』8　2010年

第4章　新稿

終　章　新稿

　今回再録するにあたり、いずれの論文についても新たな発掘資料を加えるなどデータの更新に努め、文言や表現について推敲を行った。しかし基本的な論の構成および考察内容に変更はない。

　なお変更を加えた点について以下、特記する。

　第Ⅰ部第2章では、ガラス管珠・勾珠のタイプ分類名について変更を行った。また旧稿発表以降に発表された、弥生時代のガラス製品の分類（大賀 2010b・柳田 2008）との比較検討を行っている。

　第Ⅰ部第3章では、旧稿で簡単にふれた円環形銅釧との系譜問題についてより丁寧に検討を行い、また京都府大風呂南墳墓出土ガラス釧の製作について新たな考察を若干加えた。

　第Ⅱ部第1章では、日本出土のガラス管珠・勾珠のタイプ分類名に関して第Ⅰ部第2章で変更を行ったため、本章でもそれを反映している。

　第Ⅱ部3章第1節では、旧稿をベースに大幅な加筆をしたものである。

おわりに

　本書は筆者が東京大学大学院人文社会系研究科より2013年10月に学位を授与された論文『弥生時代及び併行期の東アジアにおけるガラス製品の考古学的研究』をもとに、加筆・修正を加えたものである。

　本書の目的は、弥生時代のガラス製品の考古学的分析から、弥生社会の諸相に迫ることであり、さらにそのガラス製品の分析を核に、広く併行期のアジア世界のガラス製品を比較検討し、当時の対外交流や、古代アジア社会における弥生社会の立場を明らかにすることである。

　第Ⅰ部では、弥生時代におけるガラス管珠・勾珠・小珠・釧・璧の様相を個々に検討し、その背後にある弥生社会の諸相を考察した。これにより、弥生時代の国内、特に西日本におけるガラス製品の様相や所有、副葬の様相を把握することができた。中でも中期後葉の北部九州、後期後葉から終末期の山陰・丹後の三地域は特徴のある様相を示していることを明らかとし、この地域におけるガラス製品は、首長の権力基盤を示す外部社会の威信を象徴する財であったこと、特に北部九州と北近畿の丹後においては、首長達の新たな支配体制と紐帯を示すものとして所有・副葬されていたことを論じた。三地域は各々独自に対外交渉を行った中でガラス製品を入手したと考えられ、最終的にこれら弥生時代のガラス製品は、対外交渉をひとつの基盤とした社会の、隆盛と衰退を明白に示す遺物であると論じた。

　第Ⅱ部では弥生時代併行におけるアジアのガラス製品の様相をまとめ、弥生時代のガラス製品との対比を行うことにより、各地域のガラス製品の特徴や変遷を論じた。この研究から、これまで曖昧であった弥生時代併行期のアジア社会のガラス製品の様相が、かなりの程度明らかになったといえよう。最終的に、弥生社会のガラス製品の様相やその他の搬入品、そして弥生社会の動向、アジアのガラス製品の様相と漢帝国の動向など、多角的な方面から、弥生社会の対外交渉の様相とその大陸の窓口についてまとめを行った。弥生時代中期に

関しては、北部九州の二つの地域が、大陸からの働きかけの中で、東アジア社会とのつながりを深めていく動きが、ガラス製品の様相から示されることを指摘した。さらにそのような対外交渉の活動の中にも、すでに多層的な接触があることを示した。また弥生時代後期については、中国や朝鮮半島アジアのガラス製品の様相から、楽浪郡域が弥生社会、特に北部九州と北近畿の対外交渉の中心的な窓口であったことを論じ、公的だけでなく多層的なつながりがあった状況を示した。さらに弥生社会に見られる小珠の様相から、そのガラス小珠の需要が、アジアのガラス小珠の生産や流通に大きな影響を与えた可能性も示唆した。そのような中で、漢帝国の混乱に伴うガラス製品の流通量の減少は、威信財交易によりその地位を築いた丹後弥生社会の、没落の一因となった可能性を論じた。

　以上、本書は弥生時代のガラス製品の考古学的分析を核に、弥生社会、そして広くアジア社会へとその分析対象を広げていったものである。無論ガラス単体だけで論を展開するわけではないが、ガラスを中心に考察することにより、青銅製品や鉄製品を中心とした分析からとは異なる、新たな視点や解釈を示せたのではないのかと考えている。
　ガラス製品はともすれば単なる装飾品として、または奢侈品として、軽く扱われがちであるが、特に古代においては政治的・呪術的意味を付与されることが多く、その所有していた社会内部の様相を鮮やかに映し出す遺物である。また古代において各地で製作され、広く流通した品物として、そして現在まで残る遺物として、ガラスは稀有な存在である。古代東アジア、そしてアジア世界の交流を検討するためには、非常に適した遺物であるといえよう。
　今回の研究では、古代アジアにおけるガラス製品の流通の末端として、弥生社会がかなりの存在感をもって活動していたこともより明らかとなった。これらのような問題を読み解くためには、ガラス製品そのものだけでなく、共伴遺物や出土状況などの考古学的情報が重要であり、考古学的アプローチがまさにふさわしいといえる。今後は、列島では古墳時代の遺物へと対象とする時代を広げ、また大陸では葬玉をはじめとしたさまざまなガラス遺物へと対象を広げ、広く古代ガラスから東アジア社会の諸相やアジア世界の交流について考察

を行っていきたい。

　筆者がガラスを研究するきっかけとなったのは学部3年生時に参加した第1回考古科学シンポジウムにおいて、藤田等先生がその発表の中で簡単に触れた、「弥生時代のガラス勾珠と管珠には政治性があるかもしれない」という指摘に興味をもったことであった。ガラス製品に政治性はあるのか、それが研究として成り立つのかという疑問を後藤直先生に相談したところ、「無い、という結論がでたとしても立派な研究となる」という言葉に背中を押され、卒論研究を開始した。先生の言葉は、今も研究テーマを検討するときに肝に銘じる言葉である。しかし研究を始めたところ、古代ガラス製品と社会がもつ関係性の奥深さに魅了され、弥生社会だけでなく、海を超えて古代アジア社会まで漕ぎ出し、本書の基となった博士論文へと結実することとなった。

　東京大学考古学研究室においては、指導教官であった後藤直先生をはじめ、大貫静夫先生、早乙女雅博先生にさまざまな面でご指導いただいた。あらためてお礼申し上げたい。また多大な協力と刺激を与えてくれた、研究室の先輩・同期・後輩たちにも深く感謝したい。なお本書に関連した資料調査では、多くの方々や博物館・研究機関のお世話をいただいた。ここであらためてお礼申し上げたい。

　本書の刊行は、平成27年度東京大学学術成果刊行助成制度によるものである。ここに感謝の意を表したい。

　　　2016年3月

　　　　　　　　　　　　　　　　　　　　　　　　　　　　　　小寺智津子

古代東アジアとガラスの考古学

■著者略歴■

小寺智津子（こてら・ちづこ）
1969年、愛知県名古屋市生まれ。
1993年、東京大学文学部史学科西洋史専修課程卒業。三菱電機株式会社に勤めた後、1999年、東京大学文学部歴史文化学科考古学専修課程に学士入学。同課程卒業の後、2011年、同大学院人文社会系研究科考古学博士課程単位取得満期退学。2013年、博士号（文学）取得。
現在、日本学術振興会特別研究員（RPD）、国士舘大学21世紀アジア学部非常勤講師。

〔主要著作・論文〕
「弥生時代のガラス製品の分類とその副葬に見る意味」『古文化論叢』55、2006年。「弥生時代併行期における朝鮮半島のガラス製品」『古代学研究』174号、2006年。「弥生時代の副葬に見られる玉類の呪的使用とその背景」『死生学研究』2006年秋号。「弥生時代のガラス釧とその副葬」『東京大学考古学研究室研究紀要』24、2010年。『ガラスが語る古代東アジア』ものが語る歴史27、同成社、2012年。「弥生、古墳時代ガラス珠文化研究の展望」『玉文化』10号、2013年。

2016年4月10日発行

著者	小寺　智津子	
発行者	山脇　洋亮	
印刷	亜細亜印刷㈱	
製本	協栄製本㈱	

発行所　東京都千代田区飯田橋4-4-8
　　　　（〒102-0072）　東京中央ビル　㈱同成社
　　　　TEL 03-3239-1467　振替 00140-0-20618

©Kotera Chizuko 2016. Printed in Japan
ISBN978-4-88621-721-9 C3021